苏东坡传

刘小川 著

长江出版传媒
长江文艺出版社

图书在版编目（CIP）数据

苏东坡传 / 刘小川著. -- 武汉 ： 长江文艺出版社，
2024. 10. -- ISBN 978-7-5702-3777-7

Ⅰ. K825.6

中国国家版本馆 CIP 数据核字第 2024HB8426 号

苏东坡传

SU DONGPO ZHUAN

策划编辑：张远林

责任编辑：张　贝　　　　　　　　责任校对：毛季慧

封面设计：惟　妄　　　　　　　　责任印制：邱　莉　丁　涛

出版： 长江出版传媒 长江文艺出版社

地址：武汉市雄楚大街 268 号　　　邮编：430070

发行：长江文艺出版社

http://www.cjlap.com

印刷：湖北新华印务有限公司

开本：640 毫米×970 毫米　　1/16　　印张：31.25

版次：2024 年 10 月第 1 版　　　　2024 年 10 月第 1 次印刷

字数：373 千字

定价：56.00 元

自 序

中国古代，苏东坡这样的个体生命，可能绝无仅有：上下几千年，各类人杰无数，却没人比苏东坡更丰富。他似乎穷尽了生命的可能性，穷尽了中国文化的可能性。他抵达了生存的广度与深度的极限。

新千年之初，法国大报《世界报》评选他为全球十二位"千年英雄"之一，若干个国家才有一位。评选结果一出，国内主要媒体如《人民日报》，迅速作出了回应，以几大版的篇幅予以转载和评述。

为何称千年英雄？此事需掂量。

苏东坡生活在古代，却比现代人更为现代。他生命中的核心要素，提纯了人类文化的"遗传基因"。

在工业社会近乎无限分工的今天，全景式的巨人渐成稀缺资源。而物以稀为贵，苏东坡在今天的品牌价值，不言而喻。

1963年，朱德到了眉山三苏祠，激动不已的总司令挥笔写诗："一家三父子，都是大文豪。诗赋传千古，峨眉共比高。"

而拜谒过苏东坡故里的陈毅元帅也曾说："吾爱长短句，最喜是苏辛!"辛，指南宋的将军词人辛弃疾。

毛泽东手书的苏轼词《念奴娇·赤壁怀古》，堪称豪放书法与豪放词的绝配。

1

北宋蜀地有民谣：眉山生三苏，草木尽皆枯。

三苏占尽人杰用尽地灵，眉山百年内草木不旺。这事儿见于宋人笔记，不知是真是假。

我是苏轼的同乡，研究这个庞大的生命体二十多年，我能把他生命中最本质的东西揭示给当代中国的读者吗？

目 录

1

第一章　苏序的三种光

1

成都平原，俗称川西坝子，沃野千里，河流纵横。海拔约四百米，气候温润。先秦李冰父子造的都江堰，乃是四川人至今受惠的灌溉系统，农作物得天独厚了，又受到人造水系两千多年的呵护。巍巍秦岭挡住了北方的寒流，剑门雄关阻止了外敌的入侵。刘备在蜀地成就了他的帝业。唐玄宗遭遇安史之乱，带着杨贵妃往四川跑。杜甫避战乱，拖着一家子到成都盖草堂。

唐代天下州郡，有"扬一益二"之称：扬州第一；益州第二，号称十万户。益州的治所即是成都。

五代后蜀的国主孟昶，偕同大美女花蕊夫人，奢华至极，连溺器都是金子做的，惹得宋主赵匡胤挥师西进，灭蜀国。

宋代的版图比唐代小，而人口过之。

赵宋王朝的国家战略：对内重文抑武；对外输金求和。

全国三百多个州，一千五百多个县。州，又分上州、中州、小州。位于成都之南百余里的眉山，属于中州。

唐朝武则天做女皇的时期，有个丞相叫苏味道，做官善于骑墙观风，遇事颇能模棱两可，人称"苏模棱"，后来被贬到益州做长史。他的一个儿子在眉山定居，繁衍了苏氏家族。

公元 960 年，赵宋立国于汴梁（今河南开封）；1036 年 12 月19 日，苏轼出生于眉山。其间七十多年，北宋已历四朝：太祖、太宗、真宗、仁宗。

宋代眉山城的规模可能接近二十世纪七十年代，穿城三里三，围城九里九。古城墙高达二丈，厚一丈多。东西南北四道城门，高大而威严。城中大约七千户，几条青石板路，分布着各式青瓦房，也有茅草房。小街小巷纵横交错。西、南、北皆有大片的农田，一旦遭遇外敌，关上城门能自给自足。

州衙门在城东，苏轼的家在城西。

故事得从苏轼的爷爷苏序讲起。

2

有北方人血统的苏序身材魁伟。他酒量大，步子大，喉咙大。加上他的高大身材，朋友们戏称他"苏四大"。其实他还有一大：脾性大。

平时他乐呵呵的，对人和蔼可亲。可是一旦他认准了某些事，犟脾气就来了，九头牛也拉不回头。

他和儿子苏洵、孙子苏轼之间的故事，眉山人传了九百多年。

宋代的苏氏家族是眉山的望族，祖上还出过一位丞相苏味道，很不得了。老祖宗的荣光不单写在族谱的醒目处，史籍上更写得明白。眉山的士绅高看苏家，乐意与苏家通婚。苏序的妻子史氏，出自眉山的大户人家。后来他的孙子苏辙也娶了史家的女儿。

大族之间通婚，蜀中有个专用名词叫"江乡婚"。

苏家的财产并不丰厚。苏序手太散，不聚财。乡里有难时，他掏钱拿东西一般不迟疑，"急人患难，甚于为己"。他又豪饮，通常

2

呼朋唤友聚饮，而不是独饮。眉山城里的"二杆子"也不少，蹭酒喝的人总是屁颠屁颠跟在他身后，今天被他赶走了，明天又来了……

苏序的朋友多，什么人都有。

眉山城西的纱縠行有苏家经营的绢帛生意，乡下有苏家的一些田产。苏序几十年散财、剧饮，几乎把老底掏空，"以此穷困厄于饥寒者，数也，然终不悔"。他还有个口头禅：花出去的钱总会回来的。

老天爷果然照顾他。他穷一阵又富一时。无论贫和富，他都一样爽朗。

苏序平时也看书，那做派有点像诸葛亮或陶渊明："略知其大义，即弃去。"

苏东坡后来撰写《苏廷评行状》，回忆这位"疏达不羁"的祖父，字里行间充满了深情。

苏序有三个儿子，他为次子苏涣感到骄傲：因为苏涣考上了进士，轰动眉州五县。他并不看好幼子苏洵，认为苏洵性子野太像他自己。小苏洵通常在书斋里待不住，一溜烟没影儿了。

他偏爱次子。苏涣从小到大很少吃"笋子炒肉"（用竹篾片体罚人），苏洵则经常吃，被那些可怕的竹片子打得鸡飞狗跳，"开趟子跑"。及至苏洵十九岁离家远游时，邻里很有把握地评价说：洵娃儿是被他老子打出去的，训出去的，吼出去的。

苏洵娶程氏，也有两个儿子了，先后恭请父亲为孙子命名。苏序喝他的小酒，佯装没听见。苏洵只好自己给儿子取名字，长子苏轼，次子苏辙。

3

苏序对苏洵其实也是疼爱的，他对朋友透露，他曾花了三年的时光研究这个在学堂待不住的野娃儿，最后决定放苏洵出远门，游历天下，长见识，碰钉子。为此，嗜酒如命的苏序几乎戒酒。

他对苏洵的临行赠言是：看你野娃儿能野出啥子名堂来！

苏洵雄赳赳走出去，过个一年半载，灰溜溜回来了，做父亲的也不责怪，还问苏洵：你打算啥时候再出去？

程夫人为此闷闷不乐。可是她从不顶撞公公，她只是想：公公为何要这么做呢？

程夫人很长时间想不通。

左邻右舍也不理解苏序，认为苏序犟脾气发作，干傻事儿要干到底。偏叫儿子出去往路上扔钱，扔大钱，仿佛欠了几辈子的买路钱。俗语管这叫"憨娃儿憨花钱"，眉山人要笑掉大牙。

苏家做生意攒下的钱，大半花在苏洵身上了，作了他的游历盘缠。他游陕西，游荆楚，游中原，游江西，花光银子回来了，灰头土脸，语音混乱，衣裳破烂，怎么看都像个叫花子，眼中却隐隐约约地放出异样的光彩。

不过，谁注意他眼里的亮光呢？亮光不实在，摸不着，闪一会儿就灭……尽管他苏洵口若悬河，大谈外面的世界如何精彩，甚至开口闭口说朝廷大臣韩琦、范仲淹、欧阳修，小城听众竖起耳朵听了几回，末了，还是摇头。他们以不屑的口吻议论说：洵娃儿游不出啥子名堂，高谈阔论有啥用呢？过了而立之年的男人，连个乡贡举人都考不上。往外跑啥跑？白糟蹋银子！

苏洵的夫人程氏，是眉山豪绅程文应的女儿。程家也出了一个进士：程文应的儿子程浚。苏程两家联姻，曾经轰动方圆百里，带动眉山城许多人家的读书风气。连成都的体面人都纷纷竖起大拇指称羡。然而苏洵婚后这几年，真叫人大失所望。二哥苏涣，妻兄程浚，进士名头响，当官亦算顺畅，强过他苏洵不知有多少倍哩。

眉山人的意见对程夫人是有影响的。她以名门之女"下嫁"苏家，既要顶着受人轻蔑的压力，亲自出面去经营布帛铺子，又要照顾几个孩子，还得侍奉公公婆婆。她辛辛苦苦攒下一些钱，却被丈夫花到舟车、旅舍、小饭馆，"买路"买了几万里……她也不是舍不得花钱，而是希望丈夫走正路，埋头苦读，考举人，考进士，像她哥哥一样走仕途。

程夫人越来越郁闷。她通常沉默着，劳累着，并不数落丈夫。

几年下来，隐忍成了妻子的固定表情……

苏洵被城里的舆论和家里的郁闷气氛所包围，不大自信了。他所崇尚的战国人士也是先读书后漫游，而像他这样一回又一回地出远门，除了带回来几桩异闻趣事、几座城、几座山或几个大人物的名字供他夸夸其谈之外，还有什么呢？他感到自己"游荡不学"，有愧于连年操劳的妻子。妻子带到苏家的陪奁也所剩无几了。

程夫人为他积攒盘缠，将金钗银饰悄悄送进了当铺……

父亲赞成他出游，妻子反对他出游，叫他如何是好呢？

他已经游了三次了，以后还游不游？游，就要花钱。花钱买出息倒还说得过去，花冤枉钱，花买路钱，眉山百姓要把他"笑安逸"，嘲笑他和他的家族几十年。

他难免紧张起来，几回蹭到父亲房里想说点什么，苏序不理他，自饮洪雅县瓦屋山道泉茶。这道泉茶乃是洪雅道士的杰作……

这一年的苏洵三十多岁了，大主意还得父亲拿。

亲戚朋友都在议论苏家的这件大事，连学堂的教书先生都认定：村野汉子苏洵，绝对游不出名堂！

程夫人越发郁闷了，可她还是一声不响，操劳着，起早贪黑，经营着城西纱縠行的布庄，养育并教导两个儿子。

她屡屡望着公公的脸色，很想知道公公究竟怎么想。苏序对儿媳妇和颜悦色，但不透露半句想法。

这位怀揣大主意的苏家大人物，骑驴闲逛，喝酒吟诗。历史上的高人都这样。全城两万多人，都来猜他的想法才好呢，猜中了有大奖……

秋天，冬天，老头儿苏序每日骑驴出门，微雨不归。他的五寸胡子全白了，川西坝子的小风，为他梳理胡子。

4

次年春，又是出远门的好时节，苏序郑重宣布，择日举行家庭会议，讨论苏洵是否接着远游的问题。他把在蜀南做官的老二苏涣也叫了回来，还邀请了几位有学识的高邻。

三个儿媳妇与会旁听，七个乖孙子堂前戏耍。

位于眉山城西的苏家老宅占地约七亩，两进院子，一栋小楼。院中有口井，井边有黄荆树、荔枝树，年年丹荔挂满枝头。

苏序事前放话说，人人都可以谈看法，家里不搞一言堂。虽然事关重大，但他保证不拿一家之长的架子，谁说的有道理，就服从谁。

会议气氛活跃，大家畅所欲言。年轻的程夫人当众说话略有羞涩，却把几年来积在心中的不快，以得体的语言全讲出来了。她的想法很明确：丈夫先苦读，州试考中了乡贡士，然后再出游，到汴京城考礼部的进士。

进士苏涣和几个高邻都表示赞成。

苏洵见形势几乎一边倒，垂头苦脸说：以后不游了，以后要发愤，一心只读圣贤书……

他这一席话，像背诵检讨书。

程夫人面露喜色。苏洵耷下脑袋。

苏序喝着盖碗儿茶，摸摸小孙儿苏轼的"冬瓜脑袋"。

老爷子迟迟不表态，堂屋里十几双眼睛期待地看着他。

他一向是这样的，行事莫测高深。当年他"积粟"四千石，眉山很多人都以为他终于有了一点生意脑袋，要囤积居奇，等将来粮价高时卖个好价钱。他也不解释。平时拿着一本历书推算蜀中旱涝的周期。两年后川西坝子果然闹饥荒，他开仓放粮，救济了数百人，名动乡间。积粟救灾，是他平生引以为自豪的大动作。

而眼下，他面临着苏家的另一次重大抉择。

众目之下的苏序，慢悠悠开"金口"讲话了。

老三苏洵，在远游了三次之后，是否接着出家门，出夔门，在他苏序看来，绝不仅仅是一个花不花钱的小问题，而是苏氏家族能否走向兴旺的大问题。

话一出口，满堂惊异。

他凭啥这么说呢？是不是老得不中用了、只剩下一股犟脾气？

苏序喝着洪雅县道泉茶，谈形势了。此刻的蜀中，真好比当年诸葛亮的隆中，眉山高人苏序谈起了天下大势：

蜀中做生意已经大不如前了，赵宋立国后的数十年间，在蜀地实行专卖制度，盐、茶、铁和蜀锦被列为专卖物资。农工商赋税重。民间的生意人做点小买卖糊口罢了，想挣大钱几乎不可能，除非去勾结官府，而苏家几代人没有这个坏传统。

苏序一反平时的大喉咙，轻言细语讲道理。

他读书"略知大义"，看问题和眉山一般人是不同的。

苏洵听出弦外之音，渐渐有点儿兴奋了，程夫人则睁大眼睛望着公公。

一个高邻表情严肃地思忖着，捋须点头。

苏序又喝起盖碗儿茶了。堂屋一阵寂静。小苏轼竖起耳朵……

这个时候，苏序伸出了三个指头。

他说：三种光。

三种什么光呢？堂屋里没人听得懂，焦急地等他做解释。

他慢条斯理讲起来了。所谓三种光，不是指日光、月光、烛光，而是祖孙三代人眼中放射出来的光芒。苏洵每次回眉山，脸上虽然盖了一层厚土，眼里却有异光。而苏轼每次听父亲讲外面的大世界，小孩子的眼睛比秋夜天幕上的大星星还亮。就连他这个一大把白胡子的老头儿，每次听儿子描述汴京的人物、江南的山水、甘陕的高原，老眼也会闪闪发光。并且，发光的眼睛会不知不觉投向书籍……

苏序说着三种光，苏洵苏轼的眼睛顿时亮起来了。

祖孙三代人，这一天"六目奇亮"。

程夫人细听公公的一番话，脸上渐渐有了笑容。

她原是大家闺秀，进士的女儿，她能听懂话中的含义。她注意到轼儿眼中的那种光，真是她几年来从未见过的。她想：公公说的没错，发光的眼睛会投向书籍。

苏洵屡次出游，还有个特点，他在能人云集的成都或汴京频繁受到刺激，回家总要猛读一阵书，读上几个月之后，"游瘾"发作了，又想走出去。而他交往的人物层次越高，所受到的刺激也越大。所谓山外有山，人外有人，西蜀小城的苏洵有切实感受的。这样的感受，本身就是财富。虽然他本人只有一种模糊的冲动，要冲出去。

而程夫人凭借她良好的直觉意识到，丈夫出远门，至少对两个儿子有好处。

当天夜里，她第四次为丈夫打点行装了。次日，她悄悄典当了最后一支玉簪。

她抖擞精神，要把家里的重担一肩挑。

她的帮手可不多，只有轼儿的乳母任采莲，辙儿的保母杨金蝉。任采莲不到三十岁，健康，慈爱，手脚麻利，说话清晰。

5

苏序的笑声越来越爽朗了，洒满眉山城几条青石板铺成的街道。据说他在西边老宅打哈哈，东边的衙门里都听得见。他逢人就说诗，自称斗酒诗百篇，和二百里外绵州青莲乡出的那位李太白有一比。苏轼后来回忆他祖父的诗瘾："有所欲言，一发于诗。"

苏序带着一串孙子走乐山、下青神，鼓励他们爬树捉鸟跳水摸鱼。他发明了"骑读"，在牛背或马背上读书，让孙子们在平旷而丰饶的七里坝展开骑读竞赛，并且亲自示范，以古稀之躯翻到马背上，声如洪钟朗诵《诗经》。他身躯大，胡须长，手执黄卷，背负青天，让仰望他的小孩儿如慕天神。苏轼骑读第一，获得的奖品是一管著名的"张武笔"、两只装在竹筒里的斗蟋蟀。

苏轼获大奖，积极性高涨，成天往水牛背上跳，念书困了，他趴在牛背上睡觉，一只手搭牛角，另一只手拿书卷。水牛驮着他满城转，牛蹄悠悠踏着一块又一块青石板，散步似的，长时间不发一哞。苏轼睡牛背而手头的书从不掉地，"乡人异之"。

他仿效祖父为这个现象命名：睡牛觉。

他很能睡的。能念书，能贪玩儿，能生出奇思妙想……

祖父惊奇地注视着他的成长，老眼一再发亮。

祖父身上的好东西，后来都传到孙子苏轼的血液里了。包括挺拔的身材，豪爽的性情，仗义执言的勇气。苏轼也有野性子，野得有分寸，不像他父亲苏洵野起来就没个完。

苏轼在书斋里待得住，到野地里去戏耍又是娃娃头，爬树爬牛爬草垛的本领折服乡下儿童。他玩耍颇具想象力，正点子歪点子层出不穷，娃娃头不是选出来的，而是耍出来的。

堂兄苏不欺、苏不疑都听从他的指挥。

苏不危则是他的游泳伙伴。

先秦李冰造都江堰治水成大功后，蜀人筑堰成风。眉山城西有个小石堰，水深十尺"落不透"，是眉山小孩儿戏水的天堂。春水碧绿，夏浪滔滔，岸边的三棵大榕树乃是天然跳台，那枝干排开恐怕有三十丈，碗口粗的树干伸到了绿莹莹的水中央。

属鼠的苏轼，像猴子似的蹿上古榕树，一次又一次朝水中扎猛子，白皙而修长的身子漂亮入水，赢得岸边、水中的一片喝彩声。他还能踏浪渡河，手举衣衫衫不湿……

苏序的昏花老眼越来越被这个奇特的小孙儿所吸引。他当着程夫人的面，对高邻说：苏涣那三个"不"娃儿，看来都不如轼娃儿，轼娃儿出息大哩。

高邻开玩笑：三不难抵一四（轼），你早知轼娃儿将来会有大出息，何不亲自为他取名？

苏序神秘地微笑，说：天意莫测，天意莫测。

程夫人心中暗喜，而面上不表露。她倒时常夸赞三个"犹子"（侄子）苏不欺、苏不疑、苏不危……

苏序的七个孙子，先后都进了眉山的学堂。

"老诗人"苏序，进士苏涣，以不同方式教育着孩子的苏洵夫妇，为眉山城西纱縠行的苏宅营造了良好的氛围。

哦，还有那广袤的、说不清道不完的川西野地……

6

小时候的苏轼心智健全。他衣食无忧，心思越过了缺吃少穿带给人的种种纠缠。穷苦人家的孩子通常都立志早，能发愤，但心中也可能会有阴影，长时间挥之不去。穷孩子的发愤多半就是同这种阴影作斗争，等他战胜了阴影，幸福地掉头回顾，却发现错过了宝贵的童年。苏轼不同，他无忧无虑地生长，像一棵树，既有沃土，又有充足的阳光雨露。他成长的每一个细节都足够坚实。

一般来说，成大器的人，他的早年光景是既能读又能玩儿。感性，理性，甚至来点儿野性，三者相加，加出悟性。这里分寸感很重要。为父，为母，为师，当有把握细节的能力。

苏轼八岁入乡塾，十岁入县塾。乡塾老师是眉山城有名的道士，叫作张易简，他在天庆观中教学生。苏轼稚嫩的眼睛望着他，望了两年多。

宋代的和尚道士，不乏做老师的。

眉山这位张道士，穿着有阴阳图案的道袍上课，不总讲经学诗文，有时也讲讲鸡犬升天的故事。乡塾众多的学生当中，有个叫陈太初的，听得入迷。

道家的玄乎故事，蜀人称作"玄龙门阵"，一般学生听听也就罢了，这位陈太初能听出弦外之音。老师讲升天，他就会意地微笑着，一副怡然自得的神情。仿佛老师讲的故事里的主角不是别人，正是他陈太初。这个陈太初，后来也通过了科举，做过官，到了不惑之年，忽然决定：不再食人间烟火。他在自家门前按道家规矩打坐，不吃不喝。关于陈太初的奇闻逸事，苏轼晚年写入了他的笔记《东坡志林》，对走火入魔的童年玩伴陈太初有惋惜，有微讽。

苏轼的童年，受祖父和父母的影响大。和尚道士也吸引他，但不能迷惑他。后来的几十年间，他与和尚道士频繁交往，吸取僧道的精髓，融入他的价值体系……

君子之"不器"，童年有端倪。

小苏轼与祖父"隔代亲"，放学回家就要寻祖父。夏日里，祖孙坐于桐树的浓荫下，孙子为爷爷挥着大篾扇。

老祖父仰在摇椅上，缓缓地、随意地说着眉山城的许多事，银亮胡须随风飘起。苏轼想：祖父的银胡子里藏着的故事，恐怕比道士先生的道袍里的玄龙门阵更多。

家里常有老人来。和苏序交厚的眉山老头都是"活宝"，胡豆下酒放屁，吹笛子唱戏，龙门阵摆到了天上地下，讲峨眉仙山、青城道山、瓦屋雪山……

后来苏轼有名句："每逢蜀叟谈终日，便觉峨眉翠扫空。"

7

宋仁宗庆历初年，第四次远游的苏洵又游回眉山了，众人想听他畅谈外面的世界。邻里小孩儿纷纷凑过来，巴望听他海吹神聊，眼里也放出点什么光来。岂知苏洵闷声不响，一头冲进了书房"南轩"，自关禁闭似的，十天半月不肯出来。

邻居们疑惑地议论说：苏洵这次出远门，莫非受了啥子大刺激？没出息也就罢了，脑子可别出问题。

苏洵不管舆论，埋头狂读经典。

这一回，他在外面盘桓十个月，往返九千里，翻山越岭受折磨，又受了官僚脸色和言语的许多刺激；回眉山一言难尽，脑子倒变得格外清醒。他这么想：野性子要野出名堂来，必须扩大思维半径，而训练思维最好的方式是读书。

打量世界的眼睛要想亮起来，得先有"目射纸上"的功夫。

他这一发愤就是几年。家里到处都是书卷笔砚，墨香盖过了父亲的酒香。这对两个儿子的影响不言而喻。

他后来认为，父亲苏序和恩师欧阳修是他平生的两大知音……

8

苏序一天比一天老了，须眉尽白。酒量略有减小，喉咙和步幅还是很大。

有时候，祖孙三代人待在庭院里。苏序拿眼瞅苏洵，又瞧苏轼，喃喃说着什么。而程夫人在忙碌着，她从屋檐下匆匆走过时，也会望望那梧桐树下的祖孙三代人，心里泛起异样的感觉，嘴角眉梢有笑意。

俗话说，知子莫如父。而像苏序这么洞察儿子秉性的人，确实罕见。苏序力排众议叫儿子一次又一次花大钱远游，牢牢把握"三种光"，他直接决定了苏家的命运，间接影响了中国文化的命运。

牢牢把握是说，光是微妙之物，一般人把握不住。

这位西蜀小城的怪老头，思维半径不小，目光穿透性强。又正直，强悍，豪爽，能感悟语言的诸般妙用。这些好品质，将在他杰出的孙儿身上近乎无限地放大。

中国之有苏东坡，苏序当记一大功。

苏序曾有六个哥哥和两个弟弟，都未能长大，夭折了。他是眉山苏家的独脉、单传。也许天意如此，佑我中华文明。

宋仁宗庆历七年（1047），苏序卒于眉山老家纱縠行，享年七十有五。他成了眉山人世世代代景仰的神话般的人物。

苏序一辈子没出过四川，却让他的儿孙们足迹遍布天下。

今日遍布海内外的三苏后裔，已有数十万之众，名流俊彦辈出。

第二章　王弗

1

苏轼长到十七八岁，渐渐出落得一表人才。他是那种体形稍显瘦削的年轻人，个头高，眼睛细长，鼻子直挺。他走路的姿势很像祖父苏序，一阵风似的刮来刮去。他喜欢笑并且笑声富于感染力，不笑时则常常沉思。说话当然是眉山口音，只是书读多了，词汇丰富，土语就用得少一些。他与戏台上常见的才子判然有别：面色红润，决不面如傅粉；走路也不迈方步，除非他暗地里模仿教书先生；口不择言，高兴了就凭着性子乱说一气，旁人永远听不到他的娘娘腔。上县塾的时候，他曾对老师刘微之说：韩琦、欧阳修，他们也不是天人吧？老师大吃一惊。在这位官办学校的刘教授看来，韩琦、欧阳修就是天人。

这个故事也表明，苏轼待在西蜀的小城，却把京城的大人物搁在心里。

苏轼的读书方法之一是抄书，比如班固的皇皇巨著《汉书》，他年轻时就抄了两遍，难怪他的书法那么好。而他成功的法宝是"愉快读书法"。他嗜书如命。母亲引导他读《后汉书》，讲范滂的故事，培养他的正气和勇气。父亲则大谈个性鲜明的先秦人物，刺激他读《战国策》的欲望，还故意把这本书藏起来，弄得很神秘。

苏轼在家里翻箱倒柜、旮旮旯旯寻个遍，才捧得几卷《战国策》在手，如饥似渴偷偷读，恨不得将每个字吞进肚子里去。

他偷偷读，父亲则偷着乐……

苏轼的史学素养极好。史识是指洞察历史的能力，不是指历史知识的堆砌。

眉山的孙氏书楼，藏书达数万卷，唐僖宗、宋太祖均有御笔题匾。眉山的普通人家也有读书的风气，苏家、史家、程家，浓郁的书卷气，带动九街十八巷，波及小镇、山村。

2

苏轼长成帅小伙子了，他对异性敏感么？

苏洵对大儿子的婚事已有考虑。他和程夫人商议后，挑选了一户六十里之外的人家。

那是眉州属地青神县，城里的小南街，有女名王弗。苏轼十八岁的这一年，王弗十五岁。

王弗是青神县乡贡进士王方的女儿。

苏家自从出了一个进士苏涣，显然门第又看涨。眉山的几户进士之家，通过联姻抱成团。王方有慧眼，看中了苏子瞻。双方的父母提亲时，王弗刚满十五岁。

宋仁宗至和元年（1054）仲夏，十六岁的王弗嫁给了十九岁的苏轼。

有趣的是，也是这一年，十七岁的苏辙也和眉山史家的姑娘成亲了。史姑娘生得健美，与身长八尺的苏辙颇般配。

苏洵让两个儿子在家乡成亲，自有深谋远虑：将来苏轼、苏辙远赴汴京求取功名时，不必再牵挂婚姻大事。

苏洵的这个决定，程夫人很是认可。夫妇俩的这些年，闹别扭少了，彼此的认同、默契多了。

娇羞的王弗嫁给挺拔的苏轼，小日子"抿抿甜"（眉山土话，含糖于齿舌间的那种细腻味觉）。闺中少女所有的幻想都落到了实处。苏轼真是没得挑呢，无论是相貌、性格还是学问。他在南轩读书，通常一坐就是几个时辰。与苏辙谈古论今时，他的声音，他的笑语，王弗隔着几间屋子都听得见。

南轩是相通的两间大书房，苏洵用一间，苏轼、苏辙共用一间。苏家三父子，常常为一些学术问题争论得面红耳赤，从书桌旁争到饭桌旁，有时程夫人也会发表几句她的意见。这眉山城西的一家子，真是举家向学呢，书本面前又一律平等，不以父为尊，不以子为贱。王弗和史氏很快就融入其中了，闲时手中总有书卷。

夏秋两季的下午，苏轼常与堂兄苏不危一起去岷江游泳，从东门外的"王家渡"下水，一直游到"马家渡"，拍浪击水数十里。他选择风疾浪高的七月横渡浩瀚的岷江。王弗坐渔舟随他漂流，也在江边的古榕树下为他守衣裳。有一天，苏轼从岷江对岸独自往回游时，天色忽然大暗，暴雨如注，雷鸣电闪。苏轼正游到江心，波涛和雨雾将他的身形淹没。王弗吓慌了，高声呼喊他，喊声被一个个雷声阻断。她吓哭了，不停地在岸边奔跑。过了好一会儿，苏轼才出现在下游三百多尺的江面上，他的双臂交叉挥动着，身子在水雾与波浪间忽隐忽现。王弗朝他奔去。因水流比平时湍急，苏轼游上岸又费力不少。他喘息方罢，笑着对王弗说：今日领教了大江的气魄！

翌日，苏轼早起读书如常。他对弟弟描述在雷雨中横渡岷江的感觉：那波浪连山而来，那暴雨排空倾下，那闪电撕裂天地，那炸雷轰天巨响……苏辙听得直发愣。浩渺的岷江之中，每年七八月都要淹死人的。

苏轼说：我也不是故意冒险，碰上了，玩玩那咆哮的江神、怒吼的雷神。

苏辙说：哥哥有豪气，小弟可不敢。

苏辙从小就趋于安静，攀树爬墙跳水那些小孩子的顽皮事儿，他一般不参与，只是从旁观看。苏轼童年时，"狂走从人觅梨栗"，他爬树摘梨子或寻板栗，也不问树是谁家的，摘了果子便吃。"健如黄犊不可恃，隙过白驹那暇惜。"他玩起来是不管不顾的，身上显然有父亲的那股子野性。而苏辙比较守规矩，只吃买来的水果。

青年苏辙身高八尺，约一米八的个头，身子单薄，面容沉静。苏轼健壮而挺拔，个头约一米七六。当代苏学专家王水照先生，考证过苏轼的身高。

苏轼淋过了一次暴雨之后，似乎淋雨上瘾，八月里几次下"偏东雨"，大风刮得老树弯腰，街上行人乱跑，苏轼却从家中走了出来，木屐踏着青石板，悠然漫步于豪雨中，享受那份在密集的雨点中窒息的感觉。他走到了城墙上，远眺峨眉仙山。

王弗不给他送雨伞，只为他熬姜汤……

眉山上了年纪的人当初弄不懂苏序、苏洵，现在，他们又对苏轼感到好奇了，说：苏子瞻爱淋坝坝雨，淋成了落汤鸡他居然不生病，怪！

偏东雨，坝坝雨，生雨，是蜀人常用词。

王弗心想：子瞻并非去淋雨，他是在养气哩。亚圣孟子讲过："吾善养吾浩然之气……"

苏家几代人都崇拜孟子。城里的文庙有苏序捐的亚圣小塑像。

蜀中九月天凉了，十月中旬起霜冻，飘起了雨夹雪。苏轼穿深衣戴斗笠，骑驴去江边垂钓，茫茫大江，一笠一竿，他体验着唐人

"独钓寒江雪"的意境。

王弗又想：子瞻读书重感受哩，他呀，他啥都想去试试！

苏轼感受着周遭世界，世界就始终"世界着"。而王弗细致入微地感受着夫君。苏轼读书，有所谓"八面受敌法"，他善于提取书中蕴含的各种能量。"观其大略"如诸葛亮。好读书亦求"甚解"，小异东晋的陶渊明。

苏轼下笔写文章，有"天风海雨逼人"的态势。

十九岁的苏轼，与王弗的新婚如此美好，没有一点消磨意志的迹象。他活得很明确：必须考上进士，方能大展宏图。这叫"奋厉有当世志"。

王弗崇拜着自己的丈夫，同时睁大眼睛，想发现丈夫的一些不足。比如：丈夫总是口无遮拦，有时对人言语刻薄。苏家长辈如果行事欠妥，丈夫从来不沉默。连做了州官的二伯苏涣都有点怕他。

王弗开口规劝时，苏轼说：猫狗都要表达，生而为人，怎能遇事变成哑巴?!

王弗劝不动丈夫，转而从公公的《名二子说》中寻找证据。苏洵这篇短文，专门阐释两个儿子的名字，评价苏轼他是这么说的："轼，吾惧汝之不外饰矣。"

岂料苏轼闻言大笑，对王弗说：知子莫如父矣，不外饰正好，符合圣诫，君子坦荡荡嘛。

此间苏洵外出已多日，盘桓于雅州地面，拜访他几年前在江西认识的官员雷简夫。这雷简夫如今做了雅州太守。苏家三父子将参加乡试，赴汴京应礼部试，苏洵先行展开了人事铺垫……

第三章　北宋的大人物

1

宋仁宗嘉祐元年（1056）初，三苏父子走一百多里路去了成都。

此间，以京官户部侍郎的身份坐镇益州府的，是一个叫张方平的北宋大人物。

金陵人张方平有两渴：嗜酒如渴，求贤若渴。

他身边的人，如果听到他的金陵土语：渴啦。他们便会送上美酒，而不是奉上香茶。张方平五十岁仍是百杯不醉，当年他在汴梁与"醉翁"欧阳修斗酒，请龙图阁学士包拯做裁判，整整斗了一百杯，未见高下。双方都憋足了气，斗酒长达三个时辰，闹得很不愉快。他二人曾于庆历年间因政见不合而翻脸，包拯设宴调和前嫌，不料两个犟男人喝成了斗鸡眼儿。"观斗"的官员评价说，张方平个头甚大，比欧阳修高出一尺，腰围大了三圈，所以，当以欧公为胜。张方平大叫不公，也不管那德高望重的黑脸包大人，当场拂袖而去。

张方平到成都，军政两摄，要务甚多。其中一件大事，是为朝廷选拔人才。蜀地向来是藏龙卧虎，但"蜀人不好出仕"，必须把人才发掘出来。张方平早听说眉山有个处士叫苏洵，苏洵还有两个天才儿子。处士就是民间有才华的读书人。朝廷希望"野无遗贤"，寻觅处士是地方长官的职责之一。

朝廷重臣张方平亲自写信，邀请苏洵去成都。苏家三父子的机会来了，而且来得正是时候：苏轼、苏辙这几年已做足了应试的功课。苏洵让家人传阅了这封重要信件，他自己倒不露声色。

程夫人非常高兴，催丈夫早日登程。公公苏序当年讲的三种光，现在终于落到了实处。张方平是个大人物哩，人称张侍郎，他修书相邀，言辞诚恳，颇有礼贤下士的古风，眉山城里的人奔走相告呢。不独苏洵脸上有光，程夫人也是喜色连连。她再累，心里也受用啊。

苏家有了喜事，贺客盈门，苏洵像父亲一样宴请宾朋，七盘八碗的，银子花得如同淌水，却唯有程夫人清楚，家用已是入不敷出。

苏洵迟迟不动身，妻子催他时，他说：见张侍郎不能随便见的。

三父子上成都，马车需有一辆，盘缠要有若干，穿戴不能让惯于挑剔的成都人笑话，还要为张大人精心挑选一份礼物，表明眉山的书香门第识得礼数……所有这些事儿，都由程夫人亲自张罗。而苏家的三个男人日后还将去汴梁，花销更大。

程夫人喜着，忧着，劳累着。这两年她的身体不大好。

而苏洵是唱着歌朝成都进发的。他对两个儿子说，古代贤士出山，要击节而唱。蜿蜒而颠簸的官道上，苏洵和苏轼轮番歌唱，苏辙远眺初春时节平原上的风物。

到了成都，马车直奔益州府衙。张方平闻讯后，以贵宾礼亲自迎到大门外。

一席长谈之后，这位翰林大学士对苏洵青眼有加，当即表态，要上书朝廷，推荐苏洵做成都学官。"勿谓蜀无人，蜀有人焉，眉山处士苏洵其人也！"

苏洵的兴奋度可想而知，须知他眼下连个举人都不是。四十几岁的人，屡考不中，倒是锐气不减。真正的处士有这气派。他谈起战国时的孟子、韩非子，口若悬河，目透精光。张方平是何等眼力的人，何况他又是高官。高官能帮助乡野高人。当苏洵征求他的意见，苏轼、苏辙是否先考州试，再入京考进士，张方平摆摆手说：贤侄轼、辙，不是寻常之人，宜越过州试，直接进京参加礼部的考试，一考定前程，免得耗费大好光阴。

三苏父子大喜过望。

直接进京应考，须有高官举荐。而张方平这样的大人物，一般书生想要见一面都很困难，更不用说请他写荐书。成都官绅子弟众多，"游士"成群结队。张侍郎有好贤之名，大量游士就围着府衙的高墙转，寻找机会。其中不乏携重金走后门的，走不通。更有自以为才高八斗的，呈给张侍郎的文章却如同泥牛入海。于是成都的有钱人家盛传：张方平这个人不好对付，他只看真才，不看真金。

张方平凭借多年的经验，对游士比较警惕，对处士怀有好感。

游士要游，处士要"处"。后者一般都显得矜持，念书真用功，不会把精力花在腿上和嘴皮子上。苏洵早年也是典型的游士，后来渐渐不游了，到四十岁，他一"处"就是六年，读破万卷书。恰好在此时，他遇上看重处士的张方平。

有些处士处了一辈子没人知道，由于多种原因而功名无望。苏洵先做游士后做处士，他的游与处都发挥了作用。张方平年前写信邀请他，他没有马上赶赴成都，而是过了一段时间，大约不止两个月。张方平写道："久之，苏君果至。"

眉山处士苏洵，倒是真能处的。蜀人管这叫稳得起。稳个十天半月显然不够。眉山这边的苏洵稳起，"稳坐钓鱼台"，而成都那边求贤若渴的张大人就会着急。苏洵读书主攻《战国策》，对春秋战国策士们的成功术了如指掌。

苏洵是游士、处士、策士的三位一体。

而张方平在成都，对三苏父子"待以国士"。国士就是国家级的人才了，只等金榜题名，便可踏上通往士大夫的道路。

张方平所讲的国士，并非一句客套话，国士会享受国士的待遇，三苏父子在成都的吃住行皆有讲究，"出有车食有鱼"，入住贵宾馆。两兄弟还长得一表人才，英气勃勃，今日打马去武侯祠，明日又坐车去拜谒杜甫草堂，顺便看看王建墓、玉局观、摩诃池、文君琴台、薛涛故居，他们在成都真是出尽了风头。

游士们不高兴了，许多游士在"大城市"游了很久还是游士，三个从眉山来的"乡巴佬""县老表"，倒成了万众争羡的国士。

苏辙写诗感慨："成都多游士，投谒密如栉。纷然众人中，顾我好颜色。"

张方平送给苏洵一辆从金陵带到蜀地的辎车（轻便小马车），以便他父子随时到成都。

三苏回眉山，坐等好消息。

可是朝廷的批复累月不下，苏洵担任成都学官的事悬而未决。老苏陷入郁闷，居家闭门不出，苦着一张脸。

眼看到了三月中旬，大苏小苏驾辎车，赶去成都拜见张方平，请这位身居高位的父执为他们做决断。张方平也正在考虑这件事，当着两个年轻人的面思忖良久，终于下决心，直接写信给欧阳修。

欧阳修时任礼部侍郎兼侍读学士，他举荐人才的名望更在张方平之上。两人因政见不同，中断往来已经有七八年了，同在汴京时，连公事都尽量避开对方，私交更谈不上。张方平是脾性很大的人，他提笔给欧阳修写信，确实需要克服不小的心理障碍。

而这种正人君子的风度，对年轻的苏轼、苏辙有表率作用。

这一天，张方平在府中写罢荐书，痛饮蜀中美酒。二苏陪饮。两兄弟的酒量加起来也不及张方平。苏轼大醉。张方平把盏指着北方说：他日老夫回汴京，定与你欧阳永叔再斗一百杯！

九分醉的大人物绕"庭树"三匝，呼欧阳十余遍……

2

大苏和小苏连夜赶回眉山，向郁闷中的父亲报告消息。

苏辙学过"六艺"，御马车颇在行，出了成都南大门，挥鞭向眉山，马蹄扬起一路轻尘。苏轼仰在后面呼呼大睡，车子驰向渡口，轮子在乱石间颠簸时，他一个大翻身猛坐起来，抬头望去。嗬，碧空里有个大月亮。

周遭十几里，错落着尚未开完的、一人多高的油菜花和绿地毯似的麦苗。西蜀的暮春时节，乡野景色最是撩人。

从成都到眉山要过三道河，夜渡也不贵，只比白天多出几文钱。苏轼的袖袍中银子充足。张大人不仅写了亲笔信，还资助了三苏入京的盘缠。苏轼每过一道河，总要多给摆渡的艄公几枚铜钱。他对弟弟解释说，遇上喜事与人分享，西蜀历来有此一俗。何况，艄公半夜起床为他二人撑船，着实辛苦。

苏辙频频点头，细听兄长教诲。

过王家渡时，苏轼立于船头，听艄公用粗麻绳勒着长长的篙竿，那声音颇别致，"嘎嘎"的，透着劲道，带出清水寒，春宵暖，把满天的星星都勒进去了。江面宽阔，船移月动，远处尚有几点渔火。暮春渔家忙着撒网，不舍昼夜。

苏轼低吟父亲的诗句："岷山之阳土如腴，江水清滑多鲤鱼。"

苏辙坐在船舱里，望着哥哥镶在月轮中的修长背影。七八个大星星在天边闪烁，眉山东门码头那几棵大榕树遥遥在目。苏辙想起杜甫的佳句："星垂平野阔，月涌大江流。"

几十年后，陆游骑驴到眉山，惊呼："孕奇蓄秀当此地，郁然千载诗书城！"

苏氏兄弟从成都夜归眉山，乃是平生仅有，所以印象很深。

轻便的马车驰入纱縠行的宅院，苏洵的房间里还亮着灯光。他在灯下打盹儿，程夫人面壁而卧。忽闻庭院中响起马车的声音，苏洵慌了，"倒屣而出"，一眼瞥向刚从马车上跳下来的苏轼。大苏的性格一向不外饰，喜怒形于颜色。老苏奔出房门的第一眼，不会去瞧遇事沉稳的小苏。

月光下的苏轼面有喜色。他大步走向等候多时的父亲，一面从袖袍中拿出张侍郎的信件，双手呈上。

苏洵转身回屋阅信时，那目光有如电抹。

张方平，欧阳修，他们都是天下士子景仰的大人物啊。眉山布衣之家，居然与两位京师翰林大学士结缘！

苏洵伸左手猛拍脑壳，又揪头发，证明自己不是在做梦。

他再次倒屣而出，完全忘了倒穿鞋子的不便，竟然走得顺当。苏轼忙问父亲何往？苏洵以爽朗的笑声作答。晋唐的高人们不都是这样吗？"仰天大笑出门去，我辈岂是蓬蒿人！"

苏洵这一大笑，吵醒了全家人。

墙角笼子里的大公鸡误以为天亮了，伸长脖子，抖着鸡冠高声鸣叫。左邻右舍鸡鸣四起。

鸡与鸡次第打鸣，人向人传递喜讯……

3

苏洵性子激烈而行事谨慎，他又骑快马专程去了雅州，拜见太守雷简夫。雷简夫也给欧阳修写了一封推荐信。

苏洵当年几番远游，为眼下做了铺垫。

三苏很快就要启程了，此一去山高水长，归期难测。苏家喜悦的气氛中也夹杂着忧伤。

三苏远行，耗费银子多，不说别的，单是买下三匹足力长远的好马，就得用上几处田庄一年的收成。如何是好呢？苏洵颇费踌躇："一门之中，行者三人，而居者尚十数口。为行者计，则害居者；为居者计，则不能行。"

看来只能顾行者了。程夫人毅然建议，卖掉石佛镇那一块苏家最好的肥田。苏洵黯然应允。他带着两个儿子这一走，将给程夫人留下什么样的一个家，不言自明。

程夫人曾经有个爱女叫苏八娘，嫁到她的娘家，做了哥哥程浚的儿子程之才的妻子，却受婆婆虐待，几年前抑郁而亡。苏、程两家从此结怨。程夫人中年丧爱女，遭到沉重打击，又兼连年劳累，身子是大不如前了。

现在，丈夫和儿子即将远离家乡，程夫人再一次鼓足勇气，把家里的重担一肩挑。

苏轼望着母亲的花白头发，心里一酸。不知道为什么，这一天母子闲话，苏轼长时间拉着母亲的手不肯松开。

母亲的手上不见蔻丹，只有老茧……

次日一早，天色微明，三苏父子骑马上路了。程夫人带两个儿媳妇和任采莲送至城门外。亲友故旧数十人纷纷来送别，其中史家的人来了好几个，程家人一个没来。程夫人本因离别而忧伤，此刻环视送别的人群，再添几分抑郁。不过，她尽量让自己显得从容，微笑着，嘱咐着，不叫丈夫和儿子看出她内心的隐忧。这许多年来，程夫人的为人，一直是这种风格，隐忍，慈爱，识大体。

三匹马远去了。

程夫人的眼泪夺眶而出。

三苏父子走出很远了，苏轼忽然停辔掉头，看见母亲还站在城墙下，那一头花白头发在暮春的风中飞飘。

4

三苏此去汴梁，主要走陆路北上，马行向剑门关，过古栈道，翻越终南山，抵长安再向洛阳。由于赶路，也无暇流连途中的景色。头一天过绵州地面时，恰好天晚歇息，顺道去江油看了李白故里。夜宿官道旁的小客栈，倒是饱餐了一顿江油名菜辣子鱼，这辣子鱼的吃法是边剖边煮边吃，鲜辣香，类似后来的火锅。父子三人吃痛快了，美美地睡了一觉，五更天让店家唤醒，草草吃了几个馒头便上马。走出二三里地，听见道旁矮树上有人跷着二郎腿唱歌。

苏洵笑道：莫不是强人剪径？

老苏熟读兵书，也曾经练过几路拳，仗剑走千里。他下马观察路两边，看有没有拴在树上的绊马绳。

那矮树上唱歌的人仰面一笑，似乎翻身滚下来，草丛中就势再一滚，仿佛要攻道上行人的下三路。苏洵反应快，刹那间往后退了几步。苏轼兄弟还在发蒙，那滚到路边的人已倒身下拜。

这人抱拳说：乡人巢谷，拜见乡贤三苏！

苏洵还礼道：巢谷先生请起。

这个操着地道的眉山城口音、名叫巢谷的人站起身来，嘿嘿一笑，憨憨的样子。他看上去三十来岁，一张瘦脸，双目有异光，布衣草鞋，腰带上插着一管笛、一卷书。

苏洵等他说个缘由，此人却无多言，回身于草丛中寻出一个大布袋，从布袋中取出一只腌鹅、三葫芦蜀酒，呈与老苏，一面说：腌鹅是煮熟的，饥饿时撕了便吃。蜀酒送乡贤，以壮行色。

巢谷说完，也不管苏家父子正拱手言谢，嘿嘿笑两声，转身扬长而去。拐弯时他又唱起歌来了，苏轼细听那歌词，却听不清楚。

苏洵叹曰：家乡有异士，巢谷是也。

三匹马日行百里，四月过秦地，五月入中原。马累坏了，他们换乘毛驴。到汴京城碰上了连日大雨，蔡河泛滥，洪水入城。父子三人暂栖兴国寺，吃粗食，居陋室。苏轼全不在意，滂沱大雨中他还上街散了一回步，踏着满街的浊水。

七月，苏轼、苏辙考举人轻松过关。苏轼考了第二名。中举的书生们欢呼雀跃，苏轼一点都不得意。他的目标是考上进士。

进士又分三个等级，第一等称"赐进士及第"，其次叫"赐进士出身"，第三等为"赐同进士出身"。进士及第的前三名，称作状元、榜眼、探花。

苏洵探问儿子的志向时，苏轼随口说：只在状元与探花之间。而苏辙比较低调。父亲和哥哥出门转悠，他待在兴国寺温习功课。

这一天，苏洵怀揣两封推荐信，带了苏轼，前往"汴梁甲第"的高官住宅区，拜谒鼎鼎大名的欧阳修。坐车去还是骑驴去呢？老苏为这个细节伤脑筋。京城骑毛驴难免有些掉价，雇马车却要花费银子。苏轼说：骑驴去吧。节省几两银子，重阳节打打牙祭，喝几盅东京菊花酒。

三苏住在京城的这些日子，过得很清苦，吃肉打牙祭，三五天才有一回。

老苏带着大儿子骑驴走豪门，到了欧阳修的府第前，下驴张望。那朱漆大门像一张冷漠的脸。两个守门的士卒，模样倒不吓人。

老苏上前作揖说：烦请通报，蜀中布衣苏洵，拜见欧阳大人。

一个士卒说：欧阳学士上朝未归，苏先生请稍候。

另一个士卒进大门搬了长凳子出来，请客人坐。他瞅一眼苏轼戴的七寸高的巾帽，好奇地问：蜀中学子，都戴这种帽子么？

苏轼摇头说：我自己做的。难看吗？

士卒笑道：不难看，倒有几分别致。先生给帽子起个名儿，回头我也请裁缝做一顶。

苏轼随口说：叫子瞻帽吧。

半个时辰过去了，不见欧阳修的车驾。苏洵挺直腰板端坐着。苏轼就近转悠，沿朱门大宅的高墙走出百余步，又信步走回来。高墙内的高树上，蝉声如雨。这是下午，初秋的太阳斜照着。

士卒瞅苏轼走路的样子说：这西蜀小城的布衣后生，倒是不怵京师的上等人家。

苏洵捋须微笑。他是见过世面的人，叩访过不少贵胄之家，早年也曾犯过几回怵，后来才学会了挺腰杆。而苏轼无所谓挺与不挺，他天生不知折腰屈膝哩。二十岁的年轻人，这气度从何而来呢？从祖父来还是从父亲来呢？从书本读来？从岷江大浪与瓢泼大雨中练出来？

苏洵招呼儿子说：你也坐坐吧。

苏轼坐到父亲身边。那门边的士卒端详着他的七寸巾帽。

远处响起车子的声音，士卒喜道：欧阳学士回府啦。

高车上有个戴乌纱帽的白面瘦男人，五十来岁，几分沉思的模样，车子平稳行驶他也摇晃，显得体轻。驾车的后生膀大腰圆，吆喝着三匹棕色大马。车停了，那白面瘦男人如梦初醒，拿眼使劲看两个恭恭敬敬立于马旁的陌生人。

欧阳修"一目眇"，眼皮子耷拉。又高度近视，他早就不习惯远处看人了。

苏洵呈上张方平和雷简夫的荐书。

欧阳修略看了看，启齿笑道：方平老儿的书法，还是十年前的水平嘛。也好，也好，他肯修书与我，可见你父子三人的确是蜀中高士。信上还提到一位苏子由，他怎么没来啊？

苏轼躬身答：舍弟在兴国寺温书。

欧阳修凑近苏轼打量，叹息似的说：一表人才呐。

写过《醉翁亭记》、名满天下的"六一居士"欧阳修，是个其貌不扬的小个头，"面白过耳，唇不包齿"。幼年随他父亲"宦游"到了江南，父亲早逝，母亲一直不改嫁。他念书用功，高中进士，名列金榜第十四。他娶了名门望族的千金做妻子。二十多年仕途顺畅，政声极佳。眼下他官居三品，位高而权重，即将担任进士考试的主试官。

欧阳修对苏洵说：二位请进吧。

老苏大苏走进欧阳修的府第了。这是一般人可望而不可即的。全国各地的学子，视欧阳修如神明，有些地方的人甚至说：生不用封万户侯，但愿一识欧阳修！仁宗朝的大臣，经欧阳修举荐者甚多，其中包括包拯、王安石、司马光、梅尧臣、曾巩。

老苏窃喜。苏轼谦恭而气貌如常。

欧阳修在前厅与苏洵谈话时，不时拿他的近视眼去瞧头戴巾帽的苏轼。他阅人无数，却被这个年轻人吸引住了。他简单问了苏轼几句便打住话头，略做沉思状，冲苏洵笑笑。他看了看三苏的文章、书法，一面品着香茶。他称赞苏洵的文字中透露出的务实精神，夸张方平、雷简夫有眼力，推荐到京师的人才果然与众不同。

对苏洵的两个儿子，欧阳修不做评价，只不时扭头去望苏轼的脸。这大人物的一只近视眼凸起，另一只眼被夺拉下来的眼皮遮去大半。就是这样一双眼睛，近乎神经质地不断朝苏轼望去。

薄暮时分二苏告辞，欧阳修送客到大门外，对苏轼说了几个字：多读《孟子》。

苏轼躬身答：小可谨记。

二苏骑上毛驴，暮色中悠悠地去了。汴梁街道宽，御街长达数十里。坊市相接，改变了唐朝城市住宅区与商业区分隔的格局。夜市的灯火随处可见，行人和车马往来穿梭。

苏洵异常兴奋，驴背上几乎要"夜嚎"。他是知道深浅轻重的人：进欧阳修的家品茶吃饭，是一件何等荣耀的事！然而欧公轻描淡写，待西蜀布衣像对待老朋友，毫无"示宠"之意。古之君子礼贤下士，见面如友，说的就是这层意思了。

酒后的苏洵不无得意，他扭头问儿子：欧公单单评价我的文章，何也？

苏轼说：成都张侍郎也曾把父亲比作司马迁。

苏洵摆手道：岂敢，岂敢。司马迁可是汉代文宗啊。

他摆手幅度大，说话嗓门高，惹得大街上的行人纷纷朝他看。

苏轼真为父亲感到高兴。老父已经是年近半百的人了，屡试不中，积郁难消。入仕唯靠大人物的举荐：他实在不愿再考了。这一年当中，父亲同时受到当世两位高人的高看，怎不眉飞色舞？至于欧阳修未提他和苏辙的文章，并不奇怪。兄弟二人将于明年春天考进士，而欧阳修作为主试官，不会轻易赞扬。苏轼考举人高中第二名，前景看好。也许欧公掂量到这一点，只不明说。他以老师的口吻嘱咐苏轼多读《孟子》，不正是着眼于苏轼将来入仕后的为政方向吗？

老苏与大苏，在汴梁城的暮色中骑驴穿行，心中各有所乐。过汴河上的那座著名的朱雀大桥时，苏洵眺望巍峨皇宫，捋须自笑。

5

不久，欧阳修向朝廷奏上《荐布衣苏洵状》，竭力推荐苏洵免试做官。推荐书长达数百字，称苏洵的二十篇文章"不为空言而期于有用"，恳请朝廷用此贤才。欧阳修这么荐人是不多见的，朝廷官员纷纷询问：苏洵是哪方高人？连宰相富弼、枢密使韩琦也听说了苏洵的名字。这两位政界和军界执牛耳的人物，对欧阳修向来很尊重。

九月初九重阳日，韩琦设家宴，欧阳修带二苏同往，明示提携苏洵之意。事前他向韩琦打了招呼，韩琦说：永叔请自便吧，带谁都行。

欧阳修邀请老苏、大苏，却对小苏有个说法：苏轼去宰相府第，只是随侍父亲。苏辙并不多心，一味埋头诵读。苏辙考举人的名次不如哥哥，正暗暗使劲呢……

重阳这一天，晴空不知几万里。苏洵天不亮就在五亩小庙兴国寺徘徊，听和尚撞响晨钟。他转了一大圈回住处，苏轼还在睡梦中。老苏想：轼娃儿倒沉得住气，像他爷爷。

欧阳修派车驾到僧舍接走了二苏。

韩琦的府第，堪称京师第一流的私家园林，逢佳节设家宴，排场很大，百十人忙碌，迎接一群高官的到来。韩琦本人五十多岁，"貌美"，一副老贵族的风度。他博学而又通晓军事，是个文武通才。

今日的宾客中，有富弼、包拯、范镇、欧阳修、司马光、王安石等。范镇是蜀人，生得相貌奇伟，人称范蜀公。包拯面黑，天下皆知，而虎背牛头的王安石似乎比包大人更黑……这些人既是朝廷大臣，又是翰林学士，他们的名字之响亮，对天下读书人真是如雷贯耳。苏轼在蜀地便对他们心向往之，现在一下子见了许多人，不禁心跳如鼓。他意识到，当代政坛文坛和学界的巨人们聚到一块儿了，闲赏菊桂，痛饮美酒，抚琴泼墨，纵谈国是。

苏洵"忝陪末座"，位置靠近王安石。

王安石此时三十多岁，为朝廷群牧判官，主管畜牧业。他又是"翰林学士知制诰"，负责为皇帝起草诏命，强于一般的翰林院学士。他穿着有污渍的半旧官服，不喝酒，不应酬，不看歌舞，坐在那儿仿佛睡着了，长身子不时摇晃。他借口如厕，到菊桂争艳的园子里散步去了，过了好一阵才归座，撒开官袍坐下，若无其事的样子。韩琦以东道主的身份过来敬酒，他起身婉拒。韩琦一笑要走开，包拯脸上却挂不住了，黑起来了：王安石对本朝的军事首脑怎么能这样傲慢无礼呢？王安石算是他的下属，他不出面看来是不行了，于是端了酒杯过来，劝王安石把酒喝下。

韩琦侧身回视。王安石与包公面对面，"黑对黑"，王安石闲瞅韩琦，仍把那"牛头"轻轻一摇。包公朝他瞪眼睛，他却拱手对这位顶头上司、直接领导深施一礼，笑着用他的江西口音说：介甫不饮酒，包公不可强。

王安石字介甫。

包公说：重阳佳会，韩公敬酒，你王介甫表示一下都不行吗？

王安石答：不行。

黑包公何许人也？什么样的古怪刁钻人，包公没见过呢？可是这一天，王安石让他领教了啥叫古怪。断案无数、威震八方的包龙图没辙了，扭头求助于欧阳修：欧公，王介甫是你弟子，你不能对他说几句吗？

半醉的欧阳修笑道：介甫是出了名的牛脾气。他拒人劝饮，牛劲儿十足，除了当今皇上，恐怕谁劝都没用。这样吧，介甫的酒给我，我来饮双杯，不负半生醉翁之名。

包公越发气得面黑如炭，胡须乱飘。韩琦略显尴尬，他也做过王安石的顶头上司，当年批评王安石就碰过钉子。富弼摇头，他以宰相之尊，却不便助韩琦一把，担心王安石当众给他难堪。

司马光用钦佩的目光望着王安石，他当晚回家写日记："介甫终席不饮，包公不能强也，某以此知其不屈。"

宴席上，苏轼的位置在父亲的末座后面，座席和放酒菜的几案都小了一号，不过，他已经很知足了。今天这场大人物之间的"大戏"，他有幸目睹。他欣赏王安石，对包公的强人所难不以为然。

苏洵的态度刚好相反，他对王安石侧目而视，并且"侧"了好几次。王安石察觉了，根本不予理睬。

席间，王安石表演书法，笔势如"横风疾雨"，苏轼暗暗称奇。韩公、富公、包公皆叹赏，并不计较饮酒时的不愉快。司马光评价说：介甫心中风起云涌，下笔方有纵横之势。

王安石大笑，说：知我者，君实也。

司马光字君实，年龄和王安石差不多。两个三十几岁的年轻人，在宰相和枢密使的面前毫无拘束，仍旧谈笑自如。王安石还放肆，不给黑脸包公的面子……苏轼今日，真是感慨良多！尽管因其布衣之子的卑微身份，大半天没讲过几句话，可是心里始终有一种说不出的舒畅。

京师大人物，名不虚传哩。高官兼鸿儒，那才叫风度！

重阳佳节，傍晚时分，这一群锦衣夹杂着布衣的男人登楼远眺，在百尺高楼上盘桓多时。苏洵赋诗曰："佳节久从愁里过，壮心偶傍醉中来。"

欧阳修望着富弼、韩琦说：苏洵半生远游，苦读，报效国家的壮心犹存啊。

富弼点头道：苏洵不容易。

王安石和司马光在廊柱间说着话，苏轼在几步之外凭栏倾听。温和的司马光招呼苏轼过去，问了几句蜀中的情形。王安石插话：西蜀化外之地，数百年无才俊。

苏轼说：那倒不见得。王安石笑道：西汉的司马相如有点出息，却是一靠拍汉武帝的马屁，二靠娶临邛县富家女卓文君为妻。

苏轼浅浅一笑，说：司马相如不值一提。

王安石斜睨他：蜀人就是口气大。

苏轼说：学士的口气也不小啊。

司马光笑道：你二人一见面就抬杠，不是好兆头。

王安石拍拍苏轼的肩膀，对司马光说：这年轻人像我当年。

王安石和苏轼的个头一般高，也都壮实。司马光略瘦。三个人站在一处，各有气度。苏轼比他们小了十几岁，又穿旧布衣，置身于两位锦袍大学士之间，不卑不亢，言笑自如。

那十步开外的欧阳修，伸长脑袋，睁大病眼，朝苏轼瞅了好几回。

夕阳下去，秋风起来，楼中满是菊花的清香。

6

苏洵希望"不试而官"，虽有欧阳修、张方平、雷简夫的举荐，却长时间无消息。汴梁的十月已是天寒地冻，朔风刺骨。苏洵等得心焦，又不便常去欧阳修的府第打探。而随着来年春天进士考试的日期逼近，作为主试官的欧阳修也不能轻易见客了。苏轼安慰父亲说：一旦有消息，欧阳大人会派人来通报的。

苏洵性急，哪里听得进去。他干了两件事，一是连夜跑到郑州去迎接返京任职的张方平："雪后苦风，晨至郑州，唇黑面烈，僮仆无人色。"苏洵吃尽苦头，未能接到张方平，倒是在郑州城外十余里，碰上一个姓宋的大官的车驾，那排场之大，惊煞路人："从者数百人，足声如雷。已过，乃敢上马徐去，私自伤至此。"

苏洵干的第二件事，是分别给韩琦、富弼写信，批评两位大臣的军事路线和执政方针，言辞尖锐，充满了布衣精神，"处士横议"，但未免得罪人。苏洵倒不是缺乏眼光，他缺的是进言的策略。他二十多年的游士兼处士生涯，形成了典型的布衣风格。在当权者看来，他说话是天一句地一句，不知深浅，不懂世故。

苏洵这两个动作，收到的唯一效果是自寻烦恼。

他陷入郁闷。这一年，先是张方平、欧阳修把他的胃口吊得很足，接下来，京城官场的现实局面又打击他的雄心壮志。

三苏父子的性格中都有激烈的一面，而老苏为甚。年纪不饶人了，他求官心切，心态和行为都有些混乱。他父亲苏序一辈子不求官，反而几十年逍遥自在。

翻过年，是嘉祐二年（1057）了。三苏居京师过得辛苦，看别的人家过年大鱼大肉，自家餐桌上每天摆着"三白饭"：一碗萝卜、一碟盐、三碗米饭。

考试日期临近，大苏小苏一脸菜色。

欧阳修已率领一群考官，进驻礼部考场，"锁院"五十天。

嘉祐二年的进士考试，是欧阳修扭转宋代考场文风的一次成功的试验，他为此蓄力已久，并且形成了一个团队。他要借"高考"来推行肇始于唐朝韩愈的古文运动，事实上是思想运动，所谓文以载道，无非是让天下学子扩大心胸和视野，扔掉雕词琢句的四六骈文。从唐太宗的时代起，骈文一直是科举的重头文章。欧阳修要打破这个僵化的教育格局。

而苏轼碰在了节骨眼上。北宋立国已近百年，这样的机会是头一次。如果考华丽而空洞的骈俪文，苏轼这种讲求实学的人未必能考上。京城和各地的学子，善于写骈文的多如牛毛。

礼部隶属于尚书省，所以礼部的考试又称省试。三年考一次，取进士数百人。考试采用糊名制，杜绝考生与考官之间的暗箱操作。考场极大，考生各有一间仅能容身的小屋，称"场屋"，吃喝拉撒睡都在里边，一居数日。考完阅卷之后，礼部择日"放榜"，黄金榜上有名字的举子就称进士了，从此将踏上仕途，享受俸禄，荫及子孙。

苏轼名列第二，人称"苏榜眼"。

苏辙也高中了。

老苏的兴奋劲儿就可想而知啦，他写诗说："莫道登科易，老夫如登天。莫道登科难，小儿如拾芥。"

7

嘉祐二年礼部放榜的这一天，主考官欧阳修差点挨打。

考生落第闹事并不稀罕，但这一年闹得很厉害。欧阳修主持变科举，事先也曾作过宣传，而许多考生积习难改，下笔仍是骈文那一套，以僻字险韵争胜，拿语言作排场，洋洋洒洒而空话连篇。结果，纷纷落榜。欧阳修推荐人才不含糊，黜落举子更是毫不留情。

于是，"士人汹汹"，他们大闹于礼部附近，截住欧阳修的高车大马，群情激愤，捋袖挥拳要痛打主考官。幸好数百士卒闻讯赶来，欧阳修才逃过一劫。闹事的考生不能接近他，就辱骂他，焚烧他的画像，朗诵生祭他的祭文：欧阳新冢，黄土高耸……哀哉欧阳，猝然死亡……

欧阳修困于车中甚久，走走停停，听了若干遍生祭自己的祭文，天黑才回到家中，踉跄入重门，仰面对天哈哈大笑。他呼来儿子欧阳发，痛饮几十盅美酒。这老头是激动型的大人物，白面泛红，闪闪发光。他喝酒也奇怪，动不动就站起身，转着圈儿喝，一只手还朝着夜空挥舞。"文章太守，挥毫万字，一饮千钟。"他这几十年喝过来，醉翁大名朝野皆知。今天他实在是太高兴了，虽然他一生中的这次高峰体验，也包含了遭围攻、听祭文的体验。

朝中士大夫，大多数人支持他的变革。宋仁宗是最大的支持者。

这次礼部放进士榜，放出去八百多人，创历届进士之最。八百多人到各地去做官，将播下古文运动的种子，改变士风，影响民风，新思维的种子漫天播撒。

韩愈"文起八代之衰"，欧阳修变革了几百年的科举陋习，掀起轰轰烈烈的古文运动、思想运动。

欧阳修饮到半夜还处于兴奋状态，他对儿子说：我干了这件事，足慰平生，虽死无憾！

欧阳发后来回忆："榜出，士人纷然，惊怒怨谤。其后，稍稍信服。而五六年间，文格遂变而复古。"

古，主要指先秦诸子的思想和学术境界。例如苏轼的文风被比作孟轲。宋代的"回行之思"气势宏伟，越过秦、汉、晋、唐，直指源头性的三代（夏商周）。

欧阳修既是大诗人、文坛领袖，又是史学大家，是《新唐书》和《新五代史》的作者之一。他还是北宋首屈一指的收藏家、古物鉴赏家、教育改革家，是古琴高手、围棋圣手、无与伦比的伯乐……

这个其貌不扬的老头，强劲的生命力呈辐射状，五彩斑斓。

他的人才直觉好得出奇，是若干年练出来的直觉。他初见苏轼，便被这个年轻人吸引住了。

苏轼应该是状元！

欧阳修阅卷时犹豫了很久，疑心那糊名考卷出自他的弟子曾巩之手，为避嫌，录为第二名。"知贡举"的欧阳修，大笔一挥成定局。事后得知真相，他对副考官、龙图阁学士梅尧臣嗟叹不已。

阅卷之后，放榜之前，欧阳修与梅尧臣连日琢磨苏轼，得出结论：一个长居偏远蜀地的年轻人，由于读书得法，其目光亦能穿越历史文化，融汇古今，与京师刚刚展开的新思维高度合拍。而他长远的目光，又能配以切近的现实筹划。这一点，不能不叫人叹赏。

苏轼的确很能考，目标明确，像他崇拜的白居易。他后来被称为中国文化的集大成者，其中也包括他非凡的科考本领。士大夫的生活道路，济苍生的政治理想，考不上一切免谈。年轻的苏轼头脑清醒，认准了目标就心无旁骛，这大约是优秀人物的共同特征吧。

礼部的考试文章，题目叫"刑赏忠厚之至论"，苏轼头一次阐述他追怀尧舜的仁政理想，令人感到意外的是，他终身朝着这个方向奋斗。换句话说，他的政治理念，在青年时代就趋于成熟了。另外，他惊人地大胆，试卷中杜撰圣君尧帝广施仁政的典故，闹得副考官梅尧臣查史料一头雾水。问他时，他竟然说："想当然耳！"

按考试规则，杜撰典故万万不可，何况是杜撰圣人。苏轼在试卷中说："皋陶曰'杀之'三。尧曰'宥之'三。"

当梅尧臣把这个插曲告知欧阳修时，欧阳修"为之绝倒"。他仰望着身长九尺的梅尧臣说：幸亏苏轼文章落在你我的手上，不然，后果严重。

三月八日，上了贡士榜的士子们列队入崇政殿，拜见宋仁宗，并接受"殿试"。八百余人当中的前三名，排在最前列。苏轼望着登基已近四十年的一代明君，心中涌动着感恩之情和担当天下的壮志。

苏轼在写给同榜状元章子平的文字中说："仁宗一朝，十有三榜，数其上之三人，凡三十有九，其不至于公卿者，五人而已。盖为士者，知其身必达，故自爱重而不肯为非。天下公望，亦以鼎贵期之，故相与爱惜成就，以待其用。"

这段话，昭示了苏轼以身许国的赤子之心。"自今为许国之始！"

汴梁的春天多么迷人。此间苏轼大激动，浩然之气沛然于胸。他分别给各位考官致谢启，议论精当，情理交融。欧阳修对梅尧臣说："读轼书，不觉汗出，快哉快哉！老夫当避路，放他出一头地也！"他对儿子欧阳棐说："三十年后，世上人更不道著我也！"

嘉祐二年的苏轼，年方二十一。天才横空出世。

欧阳修是具有多重显赫身份与极高声望的顶级人物，却预言苏轼将来比他强，苏轼的光芒将会遮盖他。

苏轼写信给一位副考官说："人不可以苟富贵……有大贤焉，而为其徒，则亦足恃矣。"大贤指欧阳修。他做了欧阳修的门下弟子。

礼部放榜的当天，苏洵便写了一封家书回去。他对程夫人说，两个考中进士的儿子将逗留京师，等待朝廷的任命，难定归期。

汴梁的五月榴花照眼、牡丹争艳，苏轼上街溜达时，竟有市民认出他来，高叫苏榜眼。他心里高兴，沿着御街走到朱雀门，踏上朱雀大虹桥，眺望这一带的豪华建筑、高塔古寺，欣赏汴河两岸的青青垂柳。

苏轼注目桥下的河水，想起了岷江，想起了眉山城西纱縠行的家，忽然有一种莫名的不安。

回到兴国寺，他把这种不安告诉了苏辙。

苏辙说：哥哥这是想家心切，家里不会有事的。

这天夜里，苏轼梦见母亲站在眉山东门外的城墙下，挥着手，告别似的，那花白头发在大风中飘着……

六月，驿卒快马报凶信：程夫人已于四月初八病逝于眉山。三苏父子同声大恸。

苏轼哭天抢地，朝西南方向扑通跪下。

第四章　凤翔故事

1

程夫人享年四十八岁。程夫人的去世，是由于操劳过度，积郁成疾。她曾生下三个女儿，都夭折了。尤其是苏八娘，嫁给她兄长的儿子程之才，备受婆婆的虐待，十八岁，含恨死去。苏程两家从此反目。这件含着内疚的伤心事，数年压在程夫人的心头。她只一味默默操劳着，为丈夫，为两个出色的儿子。

病入膏肓时，她看到了丈夫从汴京写来的家书。轼儿辙儿双双高中，一夜间传遍了眉山城。眉州太守闻讯，赶来祝贺。程夫人在任采莲的帮助下，穿戴整齐了，含笑端坐于病榻旁，强打精神，向前来贺喜的官吏们、亲友们逐一致谢，在她生命的最后时光，显示了苏家女主人的风采。

程夫人去世前，将报喜家书捂在自己的胸前。到九泉之下，她还要展开细读……

八月，三苏父子奔回眉山，抚棺痛哭。苏家人哭成一团。任采莲拖长嗓子、哭诉程夫人的生前事，桩桩件件叫人断肠，四邻亦闻哭声。

王弗此前病了一场，她悲伤，自责，认为自己身为长房媳妇，没能照顾好婆婆。婆媳相处三年，程夫人就像她的亲娘。任采莲几

42

次安慰她，才使她从自责的情绪中缓过来。

苏轼抚棺哭叫，通宵长跪不起。王弗病后体弱，她哭累了，却坚持跪在丈夫的身边。

苏洵《祭亡妻文》曰："归来空堂，哭不见人。"

他对妻子养育并教导儿子抱着无限的感激："唯轼与辙，仅存不亡。咻呴抚摩，既冠既昏（婚）。教以学问，畏其无闻。"

现在儿子有了大出息，苏洵告慰亡妻说："亦既荐名，试于南宫。文字炜炜，叹惊群公。二子喜跃，我知母心。非官实好，要以文称。"

程夫人葬于城东十几里的一座青山上。

翰林大学士司马光，为程夫人撰写墓志铭，盛赞她的美德，她的贤惠与坚韧。

苏氏兄弟循古礼，丁忧守制二十七个月。

苏轼苏辙进京前已有妻室，不然的话，婚期也要推迟。

兄弟二人住草庐，为母亲守墓四十九天，逢七烧纸钱。白天读书，夜里观星斗，倾听江声和山间的风声。

丁忧的日子里，苏轼写了五十篇策论，瞄准朝廷的制科考试。他以在籍进士的身份到成都，拜访益州太守、前朝宰相王旦的儿子王素，为蜀人恳请减赋税，他写道："蜀人劳苦筋骨，奉事政府，但……有田者不敢望以为饱，有财者不敢望以为富。"

苏轼的重民生，由此发端。尚未踏上仕途，先已为民请命。

王素采纳了苏轼的建议，在他的权限内，减蜀中赋税若干，并让他十几岁的小儿子王巩向苏轼问学。苏轼与王巩从此定交。

嘉祐四年（1059）秋，苏洵决定举家离蜀。

这时候，二十一岁的王弗有了身孕。

他们要走了，远离故土，不知何时才能回来。在程夫人的坟前，王弗向婆婆报告了自己怀孕的消息……

苏洵心情矛盾。走是一定要走的，他写诗感慨眉山说："古人居之富者众，我独厌倦思移居。"苏家从此告别了几百年来的居住地，告别了布庄的生意、田庄的稼禾，即将解舟南行，下渝州、出三峡、抵荆州，再骑马北上。苏洵知道，将来他多半是躺进了棺材里方能回归故土。

苏洵为程夫人造了六尊菩萨——观音、大势至、天藏、地藏、解冤结、引路王者——供奉于如来堂，并作《六菩萨记》。曾让妻子"耿耿不乐"的苏洵，这几年，对程夫人的歉疚之情有增无减。

九月初，苏家十余口在东门外的王家渡下船。苏轼的几个堂兄苏不疑、苏不危、苏不欺，以及眉山史家的、青神王家的亲戚皆来送行。大榕树下站满了人，百十双手挥动着，妇人含泪，男人抱拳。

船开了，倏忽已在半里外，苏轼突然看见人群中还立着巢谷。他对苏辙说：这巢谷神出鬼没的。既然来了，何不现身？

船行下水，一帆风顺。沿途风物惹发诗情。

"故乡飘已远，往意浩无边。锦水细不见，蛮江清可怜。奔腾过佛脚，旷荡造平川……"

苏轼立于船头，江风吹动他的衣襟。那嘉州的三江汇合处，高达三十六丈的凌云寺弥勒佛，令天地河流尽染神的光辉。

"我家江水初发源，宦游直送江入海。"后来有人说：此二句是苏轼的诗谶……

舟行六十日，一千六百八十里，走过十六个州郡，三十六个县。两岸常见壁立千仞，常听猿猴啼叫。宜宾、涪陵一带，蜀地连接着贵州连绵千里的山脉。"船上看山如走马。"

船行经三峡，峭壁夹岸对耸，水石相激，轰轰隆隆，大大小小的旋涡吞船头，追船尾，狰狞面目犹如凶神恶煞。船体与巨石每天要碰好几次，所幸这种渝州船工历时数月打造的硬木坚船，专门对付三峡石头。

"扁舟转山曲，未至已先惊。白浪横江起，槎牙似雪城。"

蜀人出川，选择水路的并不少。三苏带着女眷，若走陆路翻过秦岭，将更为艰难。

舟出三峡，将神女十二峰抛在身后，水域陡然变得宽广，楚天楚地一望无际，船上响起了一片欢呼声。苏轼即兴赋诗："游人出三峡，楚地尽平川。北客随南贾，吴樯间蜀船。江侵平野断，风卷白沙旋……"父子三人一路上写诗，后编入《南行前集》，苏轼几乎占了一半。千里向仕途，也朝着诗境。

2

嘉祐五年（1060）春，三苏父子从陆路抵达汴京。

苏氏兄弟到吏部办理了注官手续，分别被任命为县主簿，类似办公室主任，均辞不受。

宋代官吏，拒绝任命是常事，小到县吏大到宰辅。

苏轼参加由宋仁宗亲自主持的"制科"殿试，又考了第一。这第一叫作"制科三等"，宋代开国一百年，考上三等的，苏轼之前仅一人。一二等皆虚设。苏轼在皇帝的御座前，写下五千字的文章，直接面试，对答如流。老皇帝显然被这个英气逼人的年轻人给吸引住了，看文章，观书法，听他滔滔不绝，虽然他批评朝政的尖锐言辞实在是不好听。比如他指责后宫花销太大，而仁宗本人勤政不足。言下之意，此时的宋仁宗有点像晚年的唐玄宗，老待在深宫里，莫非后宫有个杨贵妃式的超级佳丽？

老实说，仁宗心里也不大舒服。虽然他常挨大臣批、自视从谏如流胜过唐太宗，但苏轼年纪轻轻，出言未免太重。普通人初见面尚且客气，何况他赵祯，乃是在位近四十年的一代明君！苏轼竟然指责他勤政不足，这可不是小问题。还说后宫花销大，这分明是"批评"了皇帝尚嫌不足，又批太后、皇后、嫔妃、皇子、公主。三宫六院，让他一竿子给扫了。

皇帝出粗气，龙须遇大风。做大宋皇帝多少年，他啥风没见过呢？可能这一次的风最大，龙须被吹得翘上嘴巴，直指隆准（皇帝的鼻子）。

考官欧阳修、司马光力举苏轼，解开了老皇帝心里的疙瘩。

仁宗不愧是仁宗，朱笔一挥：录苏轼为制科试三等。

仁宗当天回后宫，对曹皇后感慨说：朕为子孙后代得了两位清平宰相啊。

另一位指苏辙。苏辙制科试入四等。

考试前有个小插曲：考生们报名很踊跃，主考官开玩笑说，苏氏兄弟在此，你们觉得有希望吗？于是考生散去大半。

几年一次的制科试，录取名额不超过五个。考生们春夏秋冬熬更守夜做准备，却被眉山来的苏氏兄弟一朝吓退。

考期临近了，苏辙偏又生病。宰相韩琦下令延期。

这两兄弟的风光可想而知了。他们的文章风格成了全国考生的典范，京城民谣说："苏文熟，吃羊肉；苏文生，吃菜羹！"

苏轼、苏辙如此风光，他兄弟俩的仕途该是一帆风顺了吧？

其实不然。

二十六岁的苏轼再次"名震京师"，却也不是人人都为他叫好。一人出头万人鼓掌，那根本不可能。

推崇经义之学的王安石，不喜欢苏轼的带有策士气质的文风。

他公开对人讲：如果我是考官，我就不取他。

朝廷对苏辙的"商州军事推官"的任命书，由于王安石不肯写，事情便耽搁下来，无限延期。时称"学士不撰词头"。北宋官场的这个现象颇为奇特。

苏轼以京官大理评事的身份出任凤翔签判，任期三年。凤翔在陕西，距京师一千二百里，地僻人稀，山高水远。诏令一下，举朝哗然。百年罕见的大才，仁宗亲口对曹皇后讲的"清平宰相"，为何要放到边穷之地？凤翔那地儿，西夏兵常来袭扰，二十年前范仲淹指挥宋军，与西夏兵打过大仗……

谁在装怪下绊子呢？是那个浑身长虱子的江西人王安石吗？综合各种情况，王安石疑点多。

老苏几乎气昏头了，拍案大骂王介甫，还熬夜抄写声讨王安石的檄文《辨奸论》，一百份。苏轼劝父亲消消气，歇歇手，老苏哪里肯听。

《辨奸论》流传甚广，苏洵的文集、《古文观止》皆有载。文中痛骂王安石"阴贼险狠，与人异趣……囚首丧面而谈诗书"。他年过半百的苏洵，竟然骑马去了汴梁甲第王安石府，向看门人掷下一卷《辨奸论》，掉转马头便走，只朝"王门"叫喊一声：王介甫藏大奸，老夫心中有数！

当初他痛失爱女苏八娘，召集族人对程家父子口诛笔伐，也是这股子劲头。

不过，他用眉山话叫骂，王府的看门人未必听得懂。看门人只对那马上老头的"悍相"印象鲜明，拾了书，转身就撒腿小跑，迅速报告了王翰林。

安石看罢《辨奸论》，也是气得"牛背高耸"。次日上朝，登上了崇政殿，他却一点不声张。听大臣们瞅他耳语，佯装未见。

郁闷中的苏洵也有好消息，欧阳修做了副宰相，并提举主持太常修礼，命苏洵修礼书。礼是纲常秩序，修礼书责任重大。他上任，观点鲜明："遇事而记之，不择善恶，详其曲折，而使后世得知，善恶自著。"

苏洵把这修礼原则报告欧阳修，欧阳相公完全赞同。

史家要讲真话。难怪张方平称赞苏洵有司马迁之风。

苏洵走到哪儿都离不开一池清水，京师的宅子南园有池，池中的木假山乃苏洵之最爱，千里迢迢从故乡园子搬来的。这罕见的根雕木假山，后随苏洵棺椁水路返乡，现存于三苏博物馆之木假山堂，紧挨着苏序挖的那口千年水犹甘的老井。老井颇神奇，至今水清澈。

这一年，苏辙暂领京官虚衔，住汴京陪老父。

四十来岁的任采莲也陪着苏洵。

苏轼安顿好这一切，携了娇妻幼子，向陕西凤翔，踏上了他的仕途第一站。

3

苏轼到陕西凤翔做签判，苏辙送他到郑州。沉默的苏辙骑一匹瘦马，衣裘单薄，在风中缓缓行进。不久，下雪了，野地白茫茫，远山莽苍苍。苏轼仰面迎着落地无声的雪花，吟诗云：

> 人生到处知何似？应似飞鸿踏雪泥。泥上偶然留指爪，鸿飞哪复计东西……

苏轼早期的诗作中，这可能是最好的一首。漂泊在外的人，读着它会生出相似的感慨。

苏辙送哥哥，骑马出郑州城十几里。同胞兄弟未曾分离，此一别千里之遥。做哥哥的豪气干云，此间也黯然赋诗："登高回首坡垄隔，但见乌帽出复没。苦寒念尔衣裘薄，独骑瘦马踏残月……"

苏辙瘦而高，瘦青年骑着一匹瘦马。哥哥勒马回首望他，只见坡垄间的乌帽时隐时现。时在五更天，残月照群山……

王弗带着两岁的儿子苏迈坐在马车上。

京城的太学正马梦得，迷上苏轼，竟连官也不做了，跟随苏轼远走僻地。

苏东坡的"粉丝"，千年以来何止亿万，这马梦得是第一个。

此人自称做梦了得，所梦之事，常有应验。他追随苏轼，也是追随他自己的美梦。他久居太学，有学生的顽皮劲儿，一路上唱曲翻跟头，以博他的偶像一笑为乐。

凤翔是西北重镇，是春秋时代秦穆公因之以成霸业的地方。有古陨石形如瑞凤飞翔，故名凤翔。城中有个著名的饮凤池，池边供着古陨石。城外可见秦岭主峰之一的太白山。

苏子瞻到凤翔府上任半年多，州县诸事刚上手，烦心事就来了。

凤翔调来了新太守，苏轼与他合不来。

苏轼制科殿试第一，全国官吏皆知。京城的大名人下基层做官，却跟主要领导闹起了别扭。先前的太守姓宋，对苏轼颇尊重。

这一年苏轼二十七岁，凤翔新太守五十多岁。

太守叫陈希亮，眉山青神县人，王弗的同乡。陈希亮与苏洵也属旧交，按常理，他应该照顾苏轼才是，可他对苏轼严格得不近情理。他个子小，眼睛有点斜视，习武，嗜酒，训斥部属喉咙大，动不动就暴跳如雷。"面目严冷，语言确访，好面折人。"部下都怕他。苏轼在自己的职权范围内做了几件事，比如减免凤翔境内的"衙前役"，这种连年不断的徭役，强拉百姓做义工，为戍边甘陕的宋朝军队运送军需物资。苏轼既为"签判"，有签署官文和部分决断的权力。他推行仁政，减免积欠，受到小民的称颂；他一手策划了规模宏大的城内湖——东湖，并扩建饮凤池，既为古城添美景，又为城市排涝防旱。衙门里他也不摆架子，人缘好，同僚下属亲切地称他"苏贤良"。

然而陈希亮上任三个月，发布了一道命令：谁也不许叫苏轼为苏贤良。

年轻气盛的苏轼为此很不高兴：皇帝都对他客气呢，这行伍出身的怪老头却压制他，横挑鼻子竖挑眼，生怕他的才干盖过了一把手的政绩。有个小吏偷偷叫他苏贤良，那陈希亮眼力不济耳朵倒灵，抓过小吏用鞭子猛抽。

军用皮鞭破空扬起，"抽肉"三十鞭。

苏轼宅心仁厚，哪里见过这个？听那小吏声声惨叫，忍无可忍了，大步趋前，劈手要夺太守的鞭子，被府衙的同僚拉开。

陈太守鞭指苏轼说：你敢对上司不敬，我就抽你！

苏轼往前跨了一步，冷冷地瞧着陈希亮。

双方不相让，彼此盯着。

太守眼睛小而目光如刀，他手中的军用皮鞭停了一会儿，再次挥向可怜的小吏……

苏轼为此郁闷了好久，想念弟弟苏子由了，写诗说："忆弟泪如云不散，望乡心与雁南飞。"

又写五言诗："诗成十日到，谁谓千里隔？一月寄一篇，忧愁何足掷。"从凤翔寄往汴京的信十日可达。

中秋节到了，如果苏轼不去知府厅参加例行的宴席，将被罚铜，少则五斤，多则八斤。钱币分金银铜，八斤铜不是小数。苏轼知道这处罚的规矩，可他不去。中秋节是亲人团聚的日子，这一天他陪王弗，逗苏迈，念叨京师南园的老父、任妈、弟弟。午后接到官厅的宴请通知，他随手递给苏迈玩弄。

黄昏，秋空万里无云。

太白山中月亮升起，清辉洒满庭院。苏轼叫马梦得去请来挨鞭抽的小吏共饮。王弗阻拦说，这么做恐有不妥，陈太守若知晓，反于小吏不利。苏轼摇头。

那小吏倒爽快，随马梦得进了院门，入座举酒便饮，仍是口称苏贤良。王弗很为难，小吏入座时强作无事，那背臀鞭伤显然未愈，如果他再挨上三十马鞭……

月下的王弗，欲说又止。

马梦得豪饮，小吏剧饮，苏轼小饮……

王弗对小吏说：过几天就是重阳佳节了，我下厨做蜀菜，再请你与子瞻、梦得共饮，好吗？

小吏起身拱手道：嫂子是担心我挨抽，深谢嫂子！可我这人百十里人称"倔娃"，爹娘生的犟脾气，中秋偏要陪苏贤良，看那陈老头将我怎么地！

苏轼笑道：倔娃好绰号，我倔，你倔，马梦得也倔。来，咱们举酒邀月，那月宫里砍桂花树的吴刚也是个倔老头，万年砍不休，痛饮桂花酒。

这时，院门外忽然响起一阵脚步声，有人朗声说：凤翔陈季常，奔酒香来也。

门被推开，一个腰挂宝剑、抱着酒坛子的半醉后生踉跄而来，望苏轼倒地就拜，口称：苏贤良在上，陈小侠再拜！

这后生却是陈希亮的幼子，名慥，字季常，专爱舞枪弄棍，结交四方豪士，享有大侠名头。苏轼为凤翔百姓减轻衙前役，深得陈慥敬重。于是，中秋节备了好酒登门拜访。

苏轼也略知这陈慥，上前扶起他，笑道：你不怕陈太守拿马鞭子抽你？

陈慥说：他抽我就吼，习惯了。

这陈大侠闯荡江湖有年，自称"一世豪士"，天不怕地不怕，单单畏惧两个人，一是他父亲，二是他老婆。

四条汉子觥筹交错。圆圆的月亮悬在夜空。

王弗为客人斟酒。苏迈跳上父亲的膝头……

那太白山中隐隐传来虎啸狼嚎，王弗悚然一惊。陈慥笑道：嫂子莫怕，大虫远在几十里外呢，大月亮惊了它。再说有我这腰间长剑，虎狼莫敢近。

陈慥的佩剑长四尺余，剑鞘镶了宝石，剑刃出鞘，寒光四射。

苏轼看剑，对着月亮细端详。父亲苏洵也有一把剑，比陈慥的宝剑差远了。

苏轼点头道：好剑啊，不知季常剑术如何？

马梦得也说：大侠舞醉剑，让我等饱饱眼福。

那陈慥脱裘袍，一身紫绿色相间的紧衣，操了长剑在手，舞起来了，庭院中游走，加速，后仰，旋转，人与剑浑然一体，月色中左腾右挪，好看且实用。有一棵碗口粗的金桂树花香四溢，陈慥腾空而起，握剑的右手只一挥，桂花枝铿然落地，他上前拾了，躬身献与嫂夫人王弗。

王弗嗅桂花，苏轼嘬美酒。马梦得兴起，满地扯起跟头，又"倒翻空"，倒立倒走二十余步，"倒贴"院墙纹丝不动。小苏迈兴奋得哇哇叫……

四条汉子，王弗母子，中秋之夜俱欢畅。那半里外的官府官宴倒是有些冷清。陈希亮板着脸，瞪圆了一双小眼。他喉头颤动，老是嘀咕：好你个苏子瞻，官厅设宴你不来，居家自饮乐开怀。老夫罚你五斤铜，不，罚你八斤铜！

部属张璪，去苏轼的住处探听了情况，报告了陈希亮。这张璪与苏轼是同年进士，官场称"同年"，二人也有私交。

气歪了脸的老太守大笔一挥写下罚单，"罚苏签判轼铜八斤"，又狠狠盖上大官印。张璪忙称：太守处罚及时，以儆效尤。

其他几个官员嗫嚅着附和。

陈希亮怒目向上，盯那浑圆月亮，仿佛月亮也惹他。

次日，苏轼到府衙汇报公务，太守不见他。下午再去，太守在后堂高卧。一群官员足足等了两个时辰，日头落山了，秋虫唧唧，蝉声如雨，夹杂着官员们的耳语、叹息。苏轼闭目"养气"，倒蓄了一肚子的气，终于忍不住，冲着后堂喊叫：陈太守睡足否？大白天困觉，误了公事又当何罪？

府中"五曹"（功曹、兵曹、法曹等）皆失色，纷纷闪开，离苏签判远点。

而苏轼话音未落，那官服整齐的老太守已从后堂冲出来，直奔苏轼，几乎脸碰脸地咆哮：老夫闭门写奏章，你小子竟敢胡言乱语！

苏轼傻了眼。陈希亮手中确实拿着墨汁未干的上奏札子。

接下来，太守升堂听汇报，对其他下属各有称赞和详尽指示，对苏轼的工作不置可否，三言两语打发了。苏轼出衙门时，又有小吏传太守令：三日内务必交罚铜八斤，否则，加倍罚铜。

苏轼踏着暮色大步回家，对王弗连呼：气煞我也，老犟驴欺人太甚！

王弗做了几样家乡菜，斟上陈慥送的长安好酒，仍按眉山老家的习惯，把饭桌摆在庭院当中，烛光月光双照着。

苏轼横竖吃不下，搁了筷子，绕老槐树而走，呼呼喘气。王弗静静地望着夫君，并不问老太守陈希亮何以欺人太甚。

苏轼转了几圈，复坐下，把下午发生的事略略说了几句。王弗细听后，低头寻思片刻，抬眼莞尔笑了。

苏轼瞅她：笑啥呢？

王弗说：陈太守这事儿，有几分蹊跷呢。

苏轼问：何以见得？

王弗说：下午你当着那么多同僚的面顶撞老太守，犯了官厅戒条，他既能罚你，又可上奏朝廷参你一本，把你赶出凤翔府，赶到更僻远的属县去。可是他为何让你继续做他的副手呢？你兴师动众造东湖，重修饮凤池，这么大的事情，他并未从中作梗。再说，他在府中吼你几句，吼完也就罢了，并没有加倍罚铜呀。

苏轼不语。王弗的话显然有道理。他牵头的造湖大事，太守虽然不表扬，但也毫无阻拦的意思，官银任凭他动用……

苏轼气消一半，还是乐不起来。陈希亮从后堂冲出来向他咆哮的凶相仍在目前，挥之难去。他想：那老头分明是要治我，戏耍我，挫我锐气，长他威风……

年轻的苏轼脾气不小，当有天下名士的潜在支撑。苏轼这"脾气"内涵复杂，另有家族遗传、野性环境、为官刚直（因无私而无畏）等元素。

浩然之气初养时，要碰钉子，要生怨气，乃至生恶气。

一切豪放之"放"，都有压抑在先。

4

次日，王弗带了下人，将罚金送到府衙，并且拜访了陈太守的夫人，请她宽恕苏轼的言语莽撞。王弗回家后，软语再劝苏轼。据她观察，老太守也是一位好人，凤翔十个县，治理得井井有条。王弗猜测，老太守也许是故意对年轻官员严厉呢。

宋人初仕称"磨勘"：磨炼，勘察。

苏轼听不进去。他问王弗：你去见了太守夫人？

王弗点点头。苏轼顿时不高兴，背过身去。王弗眼中泪光点点。过一会儿，两口子又和好了。王弗以家乡后辈的身份去拜见太守夫人，究竟无大错。

然而那陈希亮仍然对苏轼十分严厉，公务小不如意就升堂问责，根本不管什么同乡不同乡。小个头的大喉咙，几回吼苏轼：磨你勘你算轻的，你敢触犯法规，越级言事，老夫可以抽你！

苏轼给宰相韩琦写过《上韩魏公论场务书》，恳请朝廷降恩典于凤翔百姓，减免或补偿"衙前"苦役。这举动在他的顶头上司看来，叫越级言事，犯了官厅条例。

堂上高坐的陈希亮闲理胡须，堂下的苏签判气得浑身抖，寻思报复。

不久，机会来了。

陈希亮花费许多心血，在府衙后圃建了一座凌虚台，请苏轼写赋。大才子一挥而就，非但不歌颂太守的政绩，反而加以嘲讽：自秦汉隋唐以来，多少著名的楼台宫殿，"宏杰诡丽，坚固而不可动者，岂特百倍于台而已哉……，而破瓦颓垣无复存者。"这《凌虚台记》，是罕见的直接讽刺上司的辞赋。大字楷书相当漂亮，他还在官厅高声朗诵，抑扬顿挫，表情丰富。州府官吏们听得心惊肉跳，无人敢称赞苏签判的辞赋与书法。

苏轼搁笔时，脸上有得色。他等着老太守的反应。

陈希亮看了一遍，环视众人曰：写得好！讽意明明白白，不像那司马、扬、班的辞赋，谏君王也是藏着掖着。子瞻大才，名不虚传。

陈希亮下令，《凌虚台记》不改一字，刻上石碑，立于台前。

苏轼望着老太守，木了好半天……

出了府衙，苏轼独行于山风吹来的细雨中，想起王弗说过的那些话，不禁仰面一叹。

王弗这样的妻子，深知用什么方式劝丈夫，以她温柔的慧眼看人事，看到了事物的"本质性结构"。她是尽她之所能，弥补伟岸丈夫的性格缺陷。事后证明，她对老太守的猜测是正确的。陈希亮为官几十年，对训练年轻人才有一套行之有效的方法。他认为苏轼"年少暴得大名"，必须加以锤炼，让苏轼吃点苦头。他也的确性子倔，两年中从未向苏轼做过任何解释。后来，他因收受其他州府送来的好酒而下狱，一世清名毁于几个酒坛子，抱冤叫苦，竟气死在狱中。而苏轼已经有了不少官场体验，慢慢回忆老太守，怅然写道："轼官于凤翔，实从公二年。方是时年少气盛，愚不更事，屡与公争议，至形于言色……"

苏轼官于凤翔，和陈希亮的儿子、号称豪士的陈慥交上了朋友，后来时有馈赠，友情一生不渝。也许在苏轼内心，这是对老太守的一种补偿吧。

苏轼徘徊城内的孔庙，对战国时代遗留下来的十个石雕大鼓极感兴趣，可是石鼓上的几百个秦国古字他读不懂。唐代的韩愈也不懂，写《石鼓歌》叹息。苏轼作同题诗云："旧闻石鼓今见之，文字郁律蛟蛇走。细观初以指画肚，欲读嗟如钳在口……"

他约了凤翔县令胡允文，拜访了当地的几位知书老者，想解开石鼓铭文的奥秘，未能如愿，倒是与胡允文成了无话不谈的好朋友。

在岐山，他又结识了画竹的名家文同，一见如故，互相激赏。苏轼的画笔偏爱竹石图，当起于凤翔。

苏轼爱交朋友，走到哪儿交到哪儿。他待人至诚，自己又魅力十足，才名兼具，交友容易。可是问题也随之而来：谁是好人谁是坏人呢？孔子讲慎交，而苏轼毫不在乎。

不与坏人打交道，如何识得奸佞心？

再者，坏人身上也有优点，犹如君子行事也会犯错……

苏轼在凤翔的另一大艺术收获，是花钱买下了唐代大画师吴道子画于门板上的四尊佛像，准备带回开封献与老父。吴道子画佛陀在山林间设坛讲经，坛下僧众神态各异，各有所悟的样子。

苏轼赞曰："当其下手风雨快，笔所未到气已吞。"

不过，苏轼更喜欢王维画竹，往往三两竿便参透禅意。面对两个顶级画师的杰作，苏轼评价起来有点犯难了，却终于说："吾观二子皆神俊，又于维也敛衽无间言。"

苏轼对王维的画，实在挑不出半点毛病。

看画、饮酒、接待朋友，造访青山绿水，在凤翔的日子很舒服了。

考进士的"同年"张璪，在《凌虚台记》刻碑之后，老往苏轼的居所跑，或专门请教诗文，或顺道讨口酒喝，并与马梦得"见面熟"，称兄道弟；唤苏迈叫侄儿，抱起来左亲右亲。苏轼念张璪同年又兼同事，以礼相待，王弗却对他不冷不热。

这一天，夜里宽衣上床时，王弗对丈夫说：张璪伪善，子瞻须留意。

苏轼笑道：真善克伪善！何况张璪自有长处。

王弗说：你看谁都像好人，将来吃亏咋办呢？

苏轼拍拍她的红脸蛋说：人不吃亏，难成大器。有你在我身边，我也不怕遭人算计。

王弗亮眼扑闪：婆婆当年在眉山叮嘱过我，要为夫君打量周遭，掂量各色人等。

苏轼说：你这心思，我是知道的。难为你这些年一点都不唠叨，对我说话也瞅着时机。

他忽然思念起遇事常隐忍的母亲，望着有烛光映照的蚊帐顶，良久无语。他想：母亲唠叨几句也好哇。

于是，转而对妻子说：你想事儿的习惯挺好，说出来更好。

王弗点头。

5

苏轼喜欢游山。

终南山中多庙宇，寻僧访道是苏轼的一大乐趣。有一座唐代的开元寺，寺中多古物、古画，苏轼往往匹马而入，一看就是大半天，日落时分方策马而回。他一个人在山林中穿行，身影在草木之间时隐时现，圆圆的落日照着他的长脸，也照着他云去风来般的沉思。

抬眼千山远，低眉心绪多……

他岂止在审美？他还悲悯着人世间。

凤翔境内天灾严重，要么洪水滔滔，要么久旱不雨。这一年冬，旱情又严重了，三个月不见一滴雨，地里的庄稼眼看枯死。心焦的不只是农夫，天灾关系到所有的人。苏轼率众祈雨，每日望着大晴天烧香叩拜。到三月，终于有了点雨水，人们小心翼翼地企盼着，不敢期望过高。好像习惯了无雨的天气，不再相信老天爷了。

暮春的雨，断断续续地下着，有一天夜里，忽然变大了，并且接连下了三天。凤翔人这才欢呼雀跃，额手称庆："官吏相与庆于庭，商贾相与歌于市，农夫相与抃于野。忧者以乐，病者以愈，而吾亭适成。"

这亭即是喜雨亭。"亭以雨名，志喜也。"苏轼挥笔写下了著名的《喜雨亭记》。

从仕途第一站起，苏轼的眼睛就盯着民间，这使他不可能沉浸于亦官亦文的优哉游哉的生活。凤翔穷人多，衣不蔽体的流浪汉随处可见，他们为何穷呢？苏轼寻思着，看见城边的一户占地数百亩的豪宅，不禁大发感慨："当时夺民田，失业安敢哭？谁家美园囿，籍没不容赎。此亭破千家，郁郁城之麓。"

凤翔城外有个李姓大地主，其庄园的富丽堂皇，整个关中都少见。庄园的豪华是土地兼并的结果。北宋的地方豪强，搞土地兼并很厉害。一遇灾荒年，有点土地的人也没法过活，只好打土地的主意：卖祖田以求活。而灾年频仍，实力雄厚的地主趁机大肆吞并，诡计多，下手狠。美轮美奂的庄园，巧夺天工的亭榭，到苏轼眼里就变了味，它是以千家的破败为代价的。

"朱门酒肉臭，路有冻死骨。"苏轼与杜甫，乃是一脉相承。

诗人不愤怒，如何有好诗？

苏轼的这种"民间精神"非常宝贵，而且他是贯彻始终的。如果苏轼一到凤翔就同李姓地主打得火热，屁颠屁颠写帮闲文章，赞美大地主的庄园闲适而优雅，讨来几锭银子、三五顿酒饭，那么，他的文字再好，也不过是挖空心思赞美皇帝的司马相如之流。

苏轼到凤翔，盯上了李家花园，专程去观察了三次，绕着高高的围墙转悠，横竖看它不顺眼，于是发为文字。一首诗奈何不了背景深厚的大地主，却表明了一种立场，一种对中国知识精英来说是不可或缺的立场。

富豪、权贵，苏轼两者都不买账。除非是富而有仁，当官为民。苏轼不仇富的。苏家在眉山经营布庄几十年，向往着富足的生活。然而有钱者不顾穷人死活的巧取豪夺，岂是正人君子之所为！

苏轼诗一出，凤翔十县流传。

那李姓地主恼羞成怒，扬言要报复。他先去找太守陈希亮，备下纹银三百两，美酒十坛，却吃了老太守的闭门羹。他悻悻然，恶气撑圆了肥肚皮，派家丁偷袭苏轼于终南山中开元寺下，欲暴打苏签判，用棍棒封住诗人的嘴巴。

时为五月黄昏，山径曲折而幽暗，苏轼正骑马观望景色呢，坐骑忽然遭了绊马绳，他身子一晃栽下马来。一群山贼装束的家丁从草丛中"嗖嗖"蹿出，各持大棒逼近他。然而几十丈外一声大喝，全身披挂的陈季常纵马呼啸而来，手中长剑乱舞，马后还跟着几条怒目狂奔的大汉。

地主的家丁落荒而逃。苏签判仰面大笑，恰好应和了寺中暮鼓。

密林深处，群鸟惊飞。

为山中遇袭这事儿，王弗很担忧。子瞻外出时，她总叫马梦得跟着。其实她多虑了，陈季常一旦拔剑亮相，凤翔地面上的恶人打手，再也不敢暗算看上去文质彬彬的苏签判。

苏轼上街闲溜达，居然有城里的泼皮请他吃酒，称他苏豪士。泼皮们的理由是：陈豪士敬重之人，自然也是豪士。

吏民同呼苏贤良。李姓地主病一场。

有人慕名前来拜访苏轼了，此人名叫章惇，字子厚。

第五章　章惇

1

福建人章惇生得相当魁伟，食量大如牛，据说他三口能吞下一只肥鸡，两口能喝空一斗美酒，说话百步可闻。他是文武双修的汉子，和苏轼一样，也是嘉祐二年的进士，在朝廷为新科进士专设的"鹿鸣宴"上打过拱手。他文章写得棒，剑术十分了得。陈季常与他比试过，只数招，便甘拜下风，呼章惇为章大侠。

这章惇却是私生子，有见不得人的内心隐秘。北宋犹重伦理纲常，章惇对此讳莫如深。谁敢就出身的问题暗示他一句，他会以性命相拼。

章惇考上了进士，做了官，狂野性子不改，动不动就挥拳打人，虽然有时候是替人打抱不平。他是善恶混杂、正邪相间的人物，胆大妄为又饱读诗书，欧阳修研究了他好几次，仍对他拿不稳，推荐给开封府尹包拯试用。那章惇一介小幕僚，竟与名满天下的包大人较劲，"对吼"。年轻人高大，老前辈黑壮，老少相争惊动了仁宗皇帝。欧阳修赶紧上札子，请朝廷将章惇调走。

有关章惇的离奇怪诞的故事，京城一度盛传，东西御街以及大相国寺那一带尤其传得厉害。居南园的三苏父子只是略有所闻。

苏洵对章惇这种人是嗤之以鼻的。苏家人以道德形象知名于世，一向对"非道德"保持着警惕性。而苏洵老了，对道德感有某种不自觉的依赖。他写《辨奸论》猛攻王安石，带出了他的心理划痕，透露出他的内心消息。而道德的固化倾向，显然不利于生命体的持续壮大。

道德这东西，尚须细思量。

道德走了极端，就是画地为牢。

苏轼一生讲道德，并未给人留下"道德固化"的印象。也许生命张力的奥妙就藏在其中。

而苏轼生命张力之大，抛给后世七彩喷射的谜团。

2

章惇拜访苏轼，苏轼笑脸相迎。

章惇时为商洛县令，商洛离凤翔不远。他约苏轼同游岐山，苏轼慨然应允。"二人相得甚欢，同游南山诸寺。"

章惇身上有某些吸引苏轼的东西。此人块头大，举止洒脱，声如洪钟，一看就不是泛泛之辈。这个福建男人是天不怕地不怕的，怕他的则不仅是人，连鬼都怕他。岐山中有一座老屋时常闹鬼，方圆百里无人不晓，樵夫、和尚、行者，没人敢在老屋附近逗留。山民绘声绘色地描述说：那鬼屋中居住的"丑鬼"长约四尺，外形有点像猴子，能在空中飞，吃人专咬脖子，喝人血咕咕作响。一群丑鬼吃饱了还在月下跳舞哩，怪叫声吓死胆大汉。

章惇闻之冷笑。他不顾众人的劝阻，偏要上山，带了宝剑、酒葫芦、牛羊肉，昂然进入鬼屋住下，接连住了几个夜晚，狂饮狂啸，吹灯睡觉，鼾声响如雷。于是，"山魈不敢出"：鬼在远处徘徊哩。鬼郁闷，不敢回鬼屋，大鬼小鬼皆成密林中峡谷里的可怜兮兮的流浪鬼……商洛人奔走相告，说章县令不怕鬼，倒是鬼有几分怕章县令。

鬼散了。太阳照着闹鬼的老屋，老屋附近，渐有人语声……

山魈不可怕，山中的老虎同样不足惧。有一回，苏轼和章惇策马游山，碰上了一只白额吊睛的大老虎。坐骑惊嘶，苏轼吓得冒冷汗，欲掉转马头。章惇说：不怕，有我呢。只见他大踏步迎着猛虎上。吊睛虎在十丈开外，奇怪地望着他，对他的举动有点吃不准。那章惇挥舞粗壮胳膊，猛虎还是不动，看他要怎地。

章惇手中有个金灿灿的物什：那是一面铜锣！只见他把铜锣高高举起来，朝石头上一阵猛掼。锣声大作，老虎转身便逃。

苏轼惊而后笑，擦着额头上的冷汗……

章惇不怕鬼，不怕虎，苏轼情不自禁要高看他，逢人便讲：商洛令章子厚了不起哩，很有冒险精神……苏轼如此这般地描绘着，讲他这些日子的亲眼所见，凤翔的听众个个竖起了耳朵。有才的羡慕有胆的，所谓缺啥想啥。二人过从甚密，相与游山。苏轼欣赏山中景致，吟咏或是沉思。章惇则借山势进一步显示自己的胆量。

大山深处，有个叫仙游潭的地方，一座废弃的独木桥通向古寺，桥两侧绝壁万仞，桥下墨绿色的潭水深达千尺，蛟龙游走，怪兽露头。那长满青苔的滑溜溜的独木老桥，凡人万万去不得。章惇笑嘻嘻推苏轼上桥过潭，在绝壁上留下墨迹，苏轼连称不敢。

谁敢呢？除非是神仙。苏轼像孔夫子一样爱惜自己宝贵的生命，倚古木片刻，即兴赋诗云："犹有爱山心未至，不将双脚踏飞梯。"

章惇摇头不语，只瞅那危险木桥。他是不说就能干的那种男人。只见他平步走过独木桥，用一根绳索系于树上，然后像猴子似的跳来跳去，挥舞毛笔。不多时，石壁上留下了六个大字："章惇

63

苏轼来游。"他返身，再过晃荡着的湿滑废桥，仍神色不变。

苏轼上前，抵其背曰："尔日后能杀人。"

章惇曰："何也？"

苏轼曰："能自判（拚）命者，能杀人也。"

章惇大笑。仙游潭两侧的百丈绝壁，回荡着他的怪异笑声。

章惇不惧鬼与虎，堪称勇士。视生命如同儿戏，却是过分了。苏轼对人性洞察幽微，看出这种人能量太足，野性嚣张，将来有可能贻害无穷。章惇哈哈大笑，仿佛受了莫大的夸奖。

当时的苏轼可没想到，章惇日后要杀的，恰好是他自己。

古人重交游，因为交游是一种宝贵的经历，是"养浩然之气"的途径之一。比如杜甫跟随李白游，从李白身上汲取了不少能量。苏轼与章惇游，格外看重章惇的胆魄。苏轼一生的交游极其广泛，他之所以能成千年大器，和他善于多方借力有关。在陕西凤翔磨勘两年多，他快满三十岁了，已有足够的定力。章子厚天不怕，地不怕，鬼不怕，魅惑了不少当地青年，却不足以吸附苏子瞻。

章惇身上有邪气鬼气，苏轼变废为宝，将邪气处理成豪气。他的词作被称为豪放派，其中也有章惇的一点贡献么？

有趣的是，章惇的身上也有儒雅之气。《宋史》称："惇豪俊，博学善文。"他带着部下苏旦等人几次来到凤翔，与苏轼切磋诗文书法，和陈慥比试枪棒功夫。后来他以武功出色而升官。王安石变法，他是主力干将之一。北宋末年他做了宰相，辅佐宋徽宗，配合蔡京，弄权的本事不在蔡京之下。

北宋版图不大，然而能量巨大的人物比比皆是，比之盛唐犹有过之。到南宋，版图又缩小一半，光耀史册之人仍然层出不穷。

北宋九个皇帝，宋仁宗在位的时间最长，超过了四十年，近于唐玄宗。而宋仁宗的治国智慧，显然强于唐玄宗。仁宗老而有智，玄宗却是老糊涂，妄动刀兵拓边，内政交给宠臣奸相，他又迷佳丽，想神仙，终于导致百年兴盛的唐帝国突然衰败。仅一次安史之乱，唐朝人口锐减三千万，从接近五千万降到一千多万，这就足以抵消唐玄宗的一切功绩。

宋仁宗治下，广开言路，广纳人才。朝廷抑制太监、酷吏，谨慎奖励边功，严防武人称雄。文化精英们从不同的方向跻身权力中心，大抵保证了朝廷和地方吏治的清明。正气充沛的官员拥有话语权并形成气候，皇帝不能为所欲为。为历史所罕见。

章惇文武双修，豪气邪气兼具。这类"混合型"的复杂人物，在北宋有足够的成长空间。简单地说，人，是各式各样的人。文化的多样性培育着人的多样性。而差异构成张力，生活世界异彩纷呈……

章惇到凤翔找苏轼，与苏轼交游，也是受了这位大才子的吸引。他有武艺，他力大胆大块头大，他要显摆这些东西，希望能牢牢吸住苏轼的眼球，在生命能量的意义上把苏轼给比下去。他住鬼屋，吓老虎，海量饮酒，过独木桥飞身题字于绝壁，逞苏轼所不能，反而暴露了他的不自信。章惇的外形高大威猛，而内心深处长期纠缠着的自卑感却有点像曹操。他的"出身"问题真是不好说，首先他自己就不能面对。别人更不能讲。

章惇又像曹操一样有文化。他能掂量苏轼的分量。

君子向来有所不为。士大夫不较"生猛劲"。

苏轼运腕于书画，思考国政，批评皇帝，关注庶民，沉吟诗章，照拂家人，呵护朋友，探访奇山异水……这生存姿态丰富而潇洒，章惇也不是庸常之辈，他哪能没感觉？

苏轼有野性，更有日渐充沛的浩然之气。待以时日，这股浩然之气将把野性纳入自身……

3

章惇约苏轼同游，显摆了好几回，横竖占不得上风。他大苏轼一岁，个头比身长近八尺的苏轼还高两三寸，膀大腰圆，高视阔步，走在凤翔城的街上，平地刮起一阵旋风，以彪悍著称的秦地汉子也"惊为异士"。

夏初，这股旋风再次刮进了苏家宅院。还是左佩长剑，右提酒坛子。章惇随身携带的这两样标志性的东西，含义不言而喻。苏轼既不善舞剑，又不能豪饮。

章惇如此装扮，苏轼知其意，付之一笑。

黄昏，酒后，那章惇穿一件丝裤子，脚蹬鹿皮短靴，系了五寸宽的绿林腰带，"唰"的一声拔出长剑，在院子里舞将起来。招式古朴，剑意苍凉。挺、横、削、刺、挑、勒，忽快忽慢，剑光闪烁。

星月明时，剑气犹酣……

章惇舞剑不玩虚招，招招制敌要害，据说这是秦国名将白起的剑法。陈季常也是个练家子，苦于名气大而剑术疏，对精通白起剑法的章县令佩服得五体投地。

马梦得、张璪、苏旦等人亦围观。王弗携了小苏迈站在廊柱旁。

苏轼目注章惇，眼睛一眨不眨。

章惇收剑时，众人围上去。那陈季常半醉，嚷着要看宝剑。章惇忽将剑身抖了一抖，冲着对面的苏轼笑笑，头也不回，剑刃倒转，直刺他身后的马梦得，叫一声：吃剑！那剑尖在马梦得的咽喉处停下，剑身犹抖，杀气逼人。马梦得顿时吓得面如土色，急忙身子一仰后空翻，连翻三次，翻到了一丈开外。

陈季常说：梦得兄虽然反应迅速，却已迟了一步。章县令的利刃再进一寸，汝命休矣。

章惇仰面而笑。马梦得惊魂未定。

王弗略皱眉，转身进屋了。

章惇复对苏轼说：从我学剑如何？我不收子瞻的学费，我来了，你备下酒肉，叫我一声师傅便可。

苏轼摇头笑道：你做商洛县令，我为凤翔签判，哪有这闲工夫。

章惇又说：子瞻今日不学，只恐他日后悔。

苏轼拍拍他宽阔的后背：向学之事正多，刀枪棍棒，非我所乐矣。

陈季常趋前忙道：我乐，我乐。

章惇摆手：你乐非我乐。古剑法岂能轻易授人？

苏轼说：季常诚恳，你就教他几式吧。

章惇这才答应陈慥，但不受弟子拜师礼。只说：你陈季常秋后到我商洛县衙，带上十坛好酒，我点拨你三招。

苏轼说：子厚收学费不薄啊，三招赚来十坛好酒。

章惇笑道：我这三招可管他用上三十年，够便宜啦。不是你苏子瞻发话，我还不肯教呢。

夜过三更了，章惇性起，还要饮酒啖肉。王弗与仆娘只好再下厨，升火烹饪，马梦得捉鸡，墙角的鸡笼子里群鸡扑腾。

席间，陈季常笑眯眯殷勤伺候。

初夏夜空晴朗万里，弯弯新月，满天星斗。

苏子瞻不善饮。章子厚呼季常换大杯，那口气，分明已在使唤徒儿……

几条汉子饮至五更方散。章惇不宿凤翔府的馆驿，带了随从苏旦，纵马直奔商洛，马踏山间官道，黎明前的寂静中，响起一阵"嘚嘚嘚"的马蹄声。那章惇又不时蓄气呼啸，震草木，吓猛兽，惊鬼魂……

苏轼回房，略略洗漱，听章惇的坐骑迅速远去，十里之外，犹闻那大喉咙迤逦长啸，他不禁对王弗说：章惇必为一世之雄。

王弗说：恐怕是个奸雄。凤翔人也传他在汴京干的那些缺德事。

苏轼闭目片刻，睁眼道：章子厚在正与邪之间。就看他日后造化，或为豪杰，或做奸雄。

第六章 十年生死两茫茫

1

苏轼在凤翔做签判期间，宋仁宗高寿去世，宋英宗继位。

九月，苏轼的三年"磨勘期"已到，按吏部制度将回转汴京任新职。择日启程时，王弗染了风寒。她的身子原本一直比较弱，却一直渴望再生儿女。苏家从苏序的父亲那一辈起，生子易凋零，形成了家族繁衍的意志。王弗身为长房媳妇，怎能不尽力呢？五月里王弗怀上了，正欣喜呢，六月又流产，她伤心流泪，复伤了身子。在苏轼面前她总是强启笑颜，尽量让丈夫委身于凤翔州县最后的公务。王弗这不经意的举动，真是程夫人的化身呢。八月底，她将息得差不多了，准备动身时，却又卧病，咳嗽，发热，浑身酸软。

苏轼决定推迟行期。从凤翔到汴京千余里，车马要走一个多月。病人经不起陕地山脉的风雨颠簸。

然而朝廷新派到凤翔的签判，带来两个消息，一是朝廷文书催苏轼年底要进京，二是苏洵也卧病多日了。

苏轼犯了踌躇，思之再三，还是决定延后登程。凤翔太守陈希亮支持他，上书朝廷为苏轼解释。此时，陈希亮因收受其他州县赠送的十余坛好酒，正受到监察御史的秘密调查。

延后进京的事定下了，王弗却催着苏轼早日启程。

眼下还是深秋，如果路途顺畅，孟冬可达汴梁。而苏轼曾与陈希亮商议，为夫人王弗的病身，要等到来年开春再走。官员们中间这也是常事。有赴任新官晃晃悠悠，千里走半年的。

可是汴京的老父患病是真，苏轼再经妻子催促，于是，决定启程。

临走前，苏轼携王弗去了东湖，流连于宛在亭、喜雨亭、君子亭，抚摸那块神奇的、状如凤之飞翔的古陨石。湖中犹有残荷，湖边杨柳、竹子、花木环绕。登台而望，数百亩东湖尽收眼底，凤翔人出入于秋风碧波与横穿湖面的亭台楼榭之间。

凤翔三年，苏轼做诗文近二百篇。东湖也是他的手笔，他所得意的北方式的园林作品。

后世九百多年，东湖又添了许多景点。凤翔东湖，杭州西湖，皆与苏东坡相连。东湖风光绝佳处，凤翔人建了一座鸳鸯亭，亭前有苏轼和王弗的雕像。

袅袅兮秋风，东湖波兮木叶下……

治平元年（1064）冬，苏轼一家子上路。

过长安，宿华阴，迎来了漫天飞雪。苏轼携妻居客栈多日，等天晴时再走。赋诗《华阴寄子由》，有云："三年无日不思归，梦里还家旋觉非……"

车马行至郑州地界，大雪又飘扬，铅云低垂，寒风欺人。道路泥泞，前不巴村后不挨店的。风雪中走了几个时辰，王弗在车内不停地咳嗽。她把御寒的衣物往儿子身上裹。

到郑州城里住下，苏轼为她熬药煎汤。病情稍见好，她又催促上路。从郑州到汴梁，一路咳嗽声。后来苏轼每每忆及这一段风雪路，王弗那剧烈的咳嗽声就在他耳边响个不停。

正月，赶到汴京，恰在朝廷规定的期限内。父子相见，兄弟聚首，妯娌二人拉着手儿说不够，任妈要插嘴的；小孩儿互相追逐，马梦得单人逗乐……南园苏氏一家子，其乐也融融。

苏洵确实曾卧病半月多，现已转好，能饮酒，能著书。

2

苏轼到朝廷专设的登闻鼓院报到。这登闻鼓院是通达民情的常设机构，吏民有冤屈，有举报，皆来擂鼓投书。鼓院不是虚设。磨勘三年后的文职官员，通常要到登闻鼓院干一段时间，再定新职。

察民情，洞悉民间的各种疾苦，乃是为官者首重之德。历朝经验证明：无德之才，往往要干坏事……

英宗继承了仁宗的治国理念。英宗身体不好，许多朝政，曹太后、高皇后替他扛着。三十多岁的高皇后，貌美，勤学，善思，她对苏轼的才华人品早已心向往之。

身穿官袍的苏轼，每日骑马去上班。初春红日头，周身暖洋洋。

王弗病体未愈，却如同在凤翔那样，一心希望夫君别为她操心。七分病她只显出三分来。过年了，南园的家中连日大热闹，迎来欧阳修、张方平、王巩、刘挚等许多贵客，王弗忙里忙外，累乏了，只到僻静处歇一会儿，打起精神，走路还加快步子。苏辙的夫人史氏对此有察觉，王弗要她莫声张。王弗如此年轻，年轻人怕啥病呢？

三月里，汴京城闹春瘟，王弗带苏迈去了一趟街市，染上了。夜里，她身子滚烫。子瞻在登闻鼓院值宿。

王弗要强，瞒着她的病身。当初程夫人在家里也是这样。

四月，王弗病转沉重。

苏轼急得团团转，请名医诊治，效果不明显。

五月，病入膏肓。王弗高烧不退，每日双颊赤红。下旬几天回光返照，她自知难起，将不久于人世，拉着她的子瞻，她的迈儿，缓缓说了许许多多，还说青神县的亲人，眉山城的高城墙：十五岁的那一年，她远足去看郎，三月的玻璃江水呀，瑞草桥边青青小路，田野中的油菜花铺天盖地，峨眉山万佛顶尽染春晖……

苏子瞻背过脸就泪如雨下。

最亲爱的人也拽她不住，玉手滑向阴间。

一〇六五年五月二十八日，曾经那么鲜艳生动的王弗穿上了寿衣、寿鞋，被四个一身素服的妇人抬到了灵床上。她那长睫毛覆盖着的灵动美目，再也睁不开。

举家悲戚。苏轼连日大号啕，恩师欧阳修也劝不住。

六月初六，苏轼殡夫人王弗于京城之西。苏洵吩咐说，将来归葬王弗于眉山程夫人墓旁。

苏轼作《亡妻王氏墓志铭》云："君得从先夫人于九原，余不能，呜呼哀哉！余永无所依怙……"

王弗嫁给苏轼，刚好十年，从活泼的少女到贤惠的少妇，那么好的一个人，那么鲜艳的一张脸，忽然就没了，就没了。生有限，死无常，苏轼悲痛而又惶恐，对命运之神的安排一片茫然。

次年四月二十五日，苏洵病殁于京城，享年五十九岁。

短短几年间，苏轼的父母妻子相继西去，最疼他、也最理解他的人从他身边消失了。死亡，与我们的伟人的照面方式竟然是这样！他才三十岁。体验亲人们的死亡也是上苍对苏轼的一种磨炼吗？

苏氏兄弟回眉山丁父忧，船上放着两副棺木。

宋英宗赐银一百两，宰相韩琦、副相欧阳修各赠三百两，其他官员所赠不一。苏轼皆辞不受，只愿皇上给父亲追授官爵，以了老人未竟的心愿。英宗准奏，诰封苏洵为光禄寺丞，官六品。

当时一两纹银，大约相当于眼下的三百块钱。

苏轼葬父亲和妻子于眉山城东之可龙里，在今天的东坡区土地乡苏坟山，苏洵、程氏、王弗，均葬于此，青山绕陵墓，万松伴英灵。苏轼丁忧近三年，手栽松苗三万棵。兄弟二人带着几个年幼的孩子常常待在那儿，躬身栽树培土，仰看蓝天白云。

那地方太美了。至今隐约有气场，弥漫于周遭。

王弗墓前的清风如泣如诉，仿佛述说着她的幽怨：她与苏轼，欢娱太少了。欢乐的时光总是过得太快，十年一晃而过。苏轼说过的，要和她生同衾死同穴，可是后来，他的陵墓远在河南郏县（今属平顶山市）……

王弗频繁走到苏轼的睡梦中，似乎要补上夫妻恩爱的好时光。苏轼细腻回应她，爱不够怜不休。又是一个十年，阴阳时向梦里缠绕，然而梦要醒，美满的梦境会突然中断。诗人深陷在无可奈何的情绪中。

熙宁八年（1075），任密州太守的苏轼写下《江城子》：

> 十年生死两茫茫，不思量，自难忘。千里孤坟，无处话凄凉。纵使相逢应不识，尘满面，鬓如霜。　　夜来幽梦忽还乡，小轩窗，正梳妆。相顾无言，唯有泪千行。料得年年肠断处，明月夜，短松冈。

阴阳隔天地，相爱至深的男女永无消息。这是人类永恒的绝望之一。想念亡人越深切，越能"触摸"到这种绝望。

苏轼对王弗的怀念，是不知不觉的，倏然而至的——这更接近怀念的本质。他事先并无一个计划，要在亡妻十年祭为她写点什么。伟大的艺术品，好像都跟意志没关系。是的，没关系。感觉是慢慢积聚，自发地寻找它们的喷发点：这个谜一般的漫长过程也许正好是艺术吸引人的奥秘所在。诗人提纯了普通人的深切感受。《江城子》语句平实，对应日常生活的场景，七十个字，说尽无穷思念。浓郁的哀伤衬托出王弗凄婉而美丽的形象。

3

苏轼居父丧二十七个月，思念双亲、祖父和妻子。四位至爱亲人，几乎时时萦绕在心。王弗墓"凿为二室"，苏轼"期与子同"，希望将来能与爱妻同墓，九泉下再说悄悄话。

王弗墓在程夫人墓旁，婆婆媳妇生前和睦，死后相依，也会每日拉家常，诉不尽子瞻子由，道不完苏迈苏过……人世间发生的事情她们皆有知呢，年复一年说不累。

苏不疑、苏不危、苏不欺，三个苏轼的堂兄，都来墓地帮着栽松树；青神王弗的家人，堂姐表弟，男男女女好几十个，迤逦向山岗，哭王弗，跪栽松，烧纸钱。

棺内躺着的王弗，送一阵清风悄然作答。那风，入夜犹拂人衣袖……

"明月夜，短松冈。"

眉山城东郊外的那几座山不高，千亩松林，二十一世纪的今天，依然郁郁葱葱，年年清明有好风。

苏轼筑草屋于墓旁，常去山中守墓。任妈劝他不必如此，逢七上山烧纸钱，四十九天烧七次，就符合孝道与风俗了。苏轼不肯。他要居墓园。此间他独身，自从王弗谢世于汴京，他一个人已经过了近两年。苏辙有时上山和他一起待两天，更多的时日居城西纱縠行老宅，照顾妻子儿女。史氏颇健康，骨血旺，虽然她才二十六岁，已是三个孩子的母亲。嫁给苏辙那年，她也只有十五岁。

苏辙高而瘦的身影下山远去时，挺拔的苏轼立于小山岗，望望蓝天白云，看骑马的弟弟没入短松林中……

山中雨水多，苏轼闭门盘腿读书。阳光灿烂时，躺在青草坡上读，拿枯树枝练书法，学那东晋的王羲之。铺开绢帛写"策论"，凝神想朝廷的那些事儿。汴京不远，只在目前。

守墓的年轻人，魂绕亲人，心系天下。

熙宁元年（1068）七月，丁忧期满。十月，独身约三年半的苏轼，续娶王弗夫人的堂妹王闰之为妻。有人劝他回汴京后再谈婚事，理由是：以苏轼的名望，将来的前程，联姻京城的朱门大户简直易如反掌。这对仕途进步显然有好处。但苏轼不予考虑。娶王闰之的理由简单而充足，一是告慰王弗英灵，二是情系眉州山水。

这一次离开家乡，真不知几时才能回来，再为逝去的亲人们守墓……

苏轼苏辙第三次南行北上，从眉山城东门外的水码头上船，顺水下三峡，官船过荆州，车马向汴梁。

又见鹅毛大雪，旷野白茫茫。

过境郑州时，他们听见很多人在议论朝廷，面色紧张。

这一年，宋神宗继位。

熙宁二年，朝廷将有大风暴，迅速波及全国各地。

制造大风暴的人是王安石。

第七章　牛形人王安石

1

王安石需要从头细说。他是江西临川人，大苏轼十几岁。

宋人笔记："安石，牛形人也，敢为天下先。"

史籍又称他："牛头虎背，目如龙睛。"

王安石长得黑壮，蹲着走路，身子前倾。这习惯，源自他童年跟随父亲王益宦游几千里。磨勘与宦游是宋代官员的常态。王益磨勘三年后，官身如飘蓬，几年间在江南换了不少地方，又到蜀中梓州做通判。通判仅次于太守，并有监察太守密奏朝廷的特权。通判与太守，一般要互相掣肘。王通判脾气不大好，只因多年未能当上太守。几个儿子都挨过他的打骂。

王益辛苦，他儿子王安石更辛苦，七八岁就跟在父亲的屁股后头，走远路，住鸡毛小店，翻秦岭，过剑门关危险的栈道，听虎啸猿吼，昼夜提心吊胆。这小孩儿有时锦衣玉食，有时蓬头垢面。

父亲千里入蜀也带着他，可能是有意锤炼。

梓州（今四川三台）道上有个神庙，当地人盛传：前来拜神庙的官员若遇风雨，将来能做大官。"士大夫过之，得风雨送，必至宰相。"

王益进庙的那一天恰好风雨大作，于是窃喜。神像前烧完高香之后，他拉着儿子昂然走进庙门外的风雨中……

王通判入蜀，风雨拜神庙，后来若干年却未见升迁。他非常郁闷，但时人有新解：那一年梓州神庙的风雨是冲着王安石的。

王安石随父颠簸仕途，却能饱读圣贤书。

宋仁宗庆历二年（1042），二十多岁的王安石高中进士第一名，被当时的枢密使晏殊做了手脚，名列第四。

年轻人气得"牛背高耸"……

王安石磨勘初仕，去扬州做判官。顶头上司是韩琦。韩琦是老贵族兼名臣，身材伟岸，相貌漂亮，官服一尘不染。扬州府的官吏都向太守看齐，穿戴像模像样，唯有王介甫官服肮脏，有时候还斜戴官帽。韩琦提醒他，过两天他又忘了。韩琦不高兴。王介甫还经常点卯迟到，包括韩太守在内的众官员等他许久，他才蓬乱着头发冲进府衙。韩琦冷冷地抛下一句：年轻人，劝你趁着精力旺盛，夜里多看几卷书。

扬州繁华，妓馆章台称冠于江南。韩琦的言下之意，是王介甫把精力用到妓女们身上去了。其实，介甫对妓女没兴趣。夜里他真是用功，遍览儒道经典。通常熬夜到四五更才睡下，天亮了，脸不洗就朝衙门冲。领导批评他，嘲笑他，他一声不吭。三年，从不对顶头上司作一句解释，只在日记中写下几个字：

"韩琦貌美，余一无可道。"

牛形人王安石可真够牛的。三年磨勘期，关系到一生的前程，却未能修改他的个性。王介甫还是王介甫。苏轼初仕凤翔府与太守陈希亮拧着，也是才气、名气加牛气的结果。

宋代，牛这个形容人的字眼广泛流行，后来司马光执政，性子倔脾气牛，被人呼为司马牛。

王安石在扬州抵触顶头上司，付出了代价：磨勘期满，他待官于京城近两年。显而易见，韩琦对他的评价有碍他的仕进。

待官的时光真难熬。不过，身居京城，有益于这个一心想干大事的官员：他闭门读书，上街思索。

四年前的政治风暴历历在目：那是庆历二年，他初中进士，曾目睹了由范仲淹、欧阳修等人发起"规模阔大"的庆历新政。新政首先把矛头指向贪官和庸官，"明黜陟，抑侥幸，择长官"，大刀阔斧整顿吏治，文官武将概莫例外，触动了大面积的官僚利益，于是，招致大批官员的剧烈反弹。宋仁宗动摇了，担心朝廷两派相争，陷入不可收拾的乱局。皇帝下诏，将范仲淹、欧阳修、韩琦等力主新政的大臣贬出了京师。

待官于京城的王安石，关注着朝廷动向，想了很多事情。在他看来，庆历新政本不错，却不该先拿官吏的既得利益开刀。新政轰轰烈烈，雷声大而雨点小；攻击面太大，力量不够集中，范仲淹等人的失败不足为奇。酝酿多年的庆历新政，一年便收场……

这一年的王安石二十七岁。诸葛亮初出茅庐也是二十七岁。安石家中有诸葛丞相的画像。

不久，官帽又来了：王安石做了鄞县（今浙江宁波）的县令，他对修水利、兴学校、约束官吏、改善农民的处境都有浓厚兴趣。几年间政绩不错。

嘉祐元年（1056），在地方干得出色的王安石调往京师任群牧判官，从事畜牧业。从州县跳到京城去做官，称改官。改官并不容易，一般需要活动。王安石能进京，可能是由于朝廷大臣兼文坛领袖欧阳修的举荐。

王安石是个关心家庭的人，进京后将弟妹拢集到身边，操心他们的仕途和婚嫁。弟弟王安国、王安礼先后登上仕途，有趣的是，二人到后来，都不肯附和哥哥的变法主张，分歧很大，一度反目。

而一般职业官僚不会这么干：三兄弟同朝做官，正好结党营私。

王安石居京师两年多，又外放，做常州太守，迁江东提点刑狱，一如既往地政绩卓著，断案公正。朝廷召他还京，让他担任三司度支判官。三司是盐铁、户部、度支的合称，掌国家财政收支。王安石埋头研究经济，大约起于此时。他对周朝的"泉府"特别感兴趣。泉者，钱也。他发现《周书》的大部分篇幅都讲利，和亚圣孟子重义轻利的主张不一样。

汴京人口逾百万，商业发达。王安石喜欢独自上街溜达，观望那些大大小小的商铺，有时和农民、僧道、士兵们交谈。

2

嘉祐初年，做着京城高官的王安石有不少趣谈。

他认识了年轻气盛的苏东坡，领教了脾气火暴的苏洵。他和苏洵，一见面就互相不喜欢。名震京师的眉山三苏当中，王安石对性情温和的苏辙倒是有好印象，后来组建变法机构，把苏辙拉进去委以重任。不料苏辙与他政见不合，跟他闹别扭。三苏，一个比一个令他头疼。尤其是苏洵，不止一次当众给他白眼，还写《辩奸论》流传官场，认为他的古怪举止表明他是伪君子，胸中藏有大奸。

这四个人，均属"唐宋散文八大家"。加上欧阳修、曾巩，宋代的六位占全了。欧阳修的豪华府第，常有名士聚会，诗酒酬唱，歌舞流连。苏洵一介布衣，对"财政部"要员王安石爱理不理。王安石呢，同样对苏洵还以不屑。欧阳修以恩师的身份居中调停，不管用。苏洵连讥带讽，王安石闭目养神。有一天傍晚在欧阳府后花园，昏昏欲睡的王安石突然睁眼，将目光射向苏洵，苏洵先一愣，随即以眼还眼。

眼睛打仗，难解难分。宋人笔记描述：四目皆如射，如利箭之破空……

苏洵回家，对两个儿子说：介甫鼠辈耳，不足与谋。

苏洵平生所重，乃是《战国策》，言谈夹带策士的味道。而王安石在欧阳府中公开表示，《战国策》是旁门左道。苏、王二人相抵牾，这可能是主要原因。大苏和小苏誉满京师，前程似锦，老苏不希望王安石来搅扰。

王安石又认识了司马光，两个人一见如故，钦佩对方的才学和人品。不是你拜访我，就是我拜访你，从早晨就谈到半夜三更。

司马光对王安石唯一的不满，是这位仁兄的衣袍里总有虱子爬出来。司马光对人说：介甫大才，什么都好，只是名士风度有点过……

魏晋名士，有"扪虱而谈"者，名气与虱子相连。

王安石一般不洗澡，很少换衣服。好朋友和他在一起，很是丢面子，又不好明说。怎么办呢？他们想出了一个主意：到高级寺庙洗沉香木桶浴，希望王安石能上瘾；并以新衣服偷换他肮脏的旧衣服。王安石浴后很舒畅，穿了新衣便走。朋友们窃喜。但过一阵再请他去寺庙泡一回高级澡，他不去了，说浪费时间。

王安石曾疑惑地问朋友：一件袍子不能穿上三个月吗？

他不讲卫生，声誉却很好。妻子吴氏买来一个貌美而又善解人意的江南小女子，作为丈夫的生日礼物。可是"礼物"当天就被辞退了，买女孩儿花的九十万钱也不用索回。王安石板着脸批评妻子说：介甫平生不好色，朝野皆知。你要毁我半世清誉吗？

吴氏显得很委屈，而心里偷着乐。京城的贵妇圈中，这事儿传得很快。贵妇们哀声叹息，吴氏越发洋洋得意……

王安石的夜晚，有大堆古籍相伴。青灯一盏照千年。

嘉祐年间，宋仁宗请臣子入宫钓鱼，王安石"陪末座"，一条鱼没钓起来，倒把盘子里的几十颗球状鱼饵吃光。仁宗不解，皱着眉头"视之良久"，王安石照吃不误，津津有味的样子。

仁宗、英宗，都看重王安石，却对这江西奇人有些吃不透。

王安石对日常物事视若无睹，他究竟在想些什么呢？

他给皇帝写过一封几千多字的长信《上仁宗皇帝言事书》。苏轼也给皇帝写长信。北宋士大夫，直接给皇帝写信的，远远不止他们两个。而这些大臣们未必担任谏官、言官之职。他们通盘考虑国家大事，有了想法就写信，观点丝毫不隐瞒。大臣之间的争论更是家常便饭，有时在皇帝跟前也大吵大闹。

广开言路，是赵宋立国之本。士大夫说错话不治罪，干坏事不砍头。谏官们甚至可以"风闻言事"，不必对言论的真实性负责。唐朝的谏官属丞相管，宋朝的谏官则直接受皇帝的领导。大胆说话，有制度保障。高官多是文化人，而文化人相对单纯，培养政客的多重面孔有难度。优秀的文人学者，于治国理念上往往是一根筋，不善于见风使舵。要他转变立场，除非你能够说服他。良好的修养源自长期的学养：他满脑子子曰诗云，很难一肚子坏水……

王安石绞尽脑汁写长信递上去，未见回音。仁宗既不在便殿"召对"，也不叫宰执传话。王安石为此苦闷了半年。他了解仁宗，老皇帝想保持现状。可他也是四十多岁的人了，仕宦二十年，担心来日无多。——谁知道老皇帝能活多久呢？

信中有些句子，后来广为流传："臣于财利，固未尝学，然窃观前世治财之大略矣。盖因天下之力，以生天下之财；取天下之财，以供天下之费！"

王安石以理财为先的变革思路露出了端倪。朝廷不是缺钱吗？为什么不取天下之财以供天下之费？

宋仁宗不理睬王安石的变革长信，但对安石本人是信任的，委以重任，叫他出使辽国。整整一年，王安石经河南向河北，饱览了塞上风光，绕道返回，写诗无数。对一个诗人来说，这当然是美差。

安石回京述职，受表彰。朝廷命他同修起居注，待在皇帝的身边，记录天子的言行。这莫大的恩宠，一般官员求之不得，可是王安石不受。他上了七次辞状，隔数月，又上五次辞状。朝廷不允。双方拧上了。朝廷的官吏把敕书送到他家里，四处寻他不见：原来他一直蹲在厕所里。官吏左等右等，不耐烦了，将敕书放在桌上，扭头便走。刚走到大门口，忽听身后脚步声急，那黑脸虎头的王安石追了上来，硬将敕书塞还官吏。

这件事传遍了百官。王安石辞官的次数和方式，创下官员之最。

他不愿意到老皇帝身边去修什么起居注。

朝廷终于让步，改命他为翰林学士知制诰，舍人院办公，起草诏令。他接受了。

皇帝下诏，由翰林学士负责文字工作，俗称"撰词头"。能登翰林院者，自是笔力不凡，他们起草的诏令，不单富于文采，更有个人发挥。这一类文章，现散见于宋人文集，翻翻颇有趣。很有些官方文件，可作美文欣赏。

3

王安石任知制诰两年多。

仁宗皇帝居于深宫，偶尔露一回面，接受百官的朝拜。他的身体状况是国家机密，太监们讳莫如深，说话语焉不详，或如蚊子哼哼。王安石又忍不住了，写《上时政疏》，批评皇帝说：

"以臣所见，方今朝廷之位，未可谓能得贤才；政事所施，未可谓能合法度。官乱于上，民贫于下。风俗日以薄，财力日以困穷。而陛下高居深拱，未尝有询考讲求之意……"

和上次写言事书一样，仁宗皇帝没理他。

值得注意的是，此间的王安石尚看重风俗。后来苏轼反对熙宁新法的一大理由，却是指责他破坏风俗。

嘉祐八年（1063），宋仁宗驾崩。

这一年，王安石的母亲去世，他辞去官职，回江宁（金陵）丁母忧。三年之内，一心感念母亲的大恩，把朝廷抛到脑后。宋朝的丁忧制度十分严格，所有的官员都必须丁忧。丁忧也叫服丧、居丧。丁忧之时，社会身份悬空。

王安石是孝子。他一直睡在母亲的灵堂，地上只铺点麦草。守孝之人不能把自己弄舒适。冬天也是这样。入夜，一根烛，几卷书。三年一千天，烛光照着这个怀念母亲的中年男子。他瘦了，也更黑了，而眼睛的亮度有增无减。他研究经学、史学，揣摩人性，猜想五行（金木水火土）。他开始创立自己的学说：荆公新学。

有个太守朋友派人来送信，王安石正席地而坐。送信的人只当他是府中老仆，把信给他，要他呈送学士。王安石接过信拆开便读。送信人大怒，呵斥道：大胆仆役，这信是你能拆看的么？

旁人急忙提醒：他便是舍人院的王大学士呀。

送信人惊出一身汗，顾不得叩头谢罪，转身便走，边走边嘀咕：好个王舍人，好个王舍人……

舍人、学士，在宋朝是了不得的称号。

居丧期满，朝廷以原官召回王安石，他以身体差为由，拒绝赴京。诏令屡下，他屡辞。双方再一次拧上了。朝廷不能强迫他，更不能开除他。

仁宗之后的英宗，是个病歪歪的皇帝。朝政交给他母后。

蓄志已久的王安石，对这病人和垂帘听政的曹太后不感兴趣。他闲居江宁，拿一点俸禄，开几间课堂，虎头龙睛对着一张张后生脸。他研究古书、古字，常有新解，自鸣得意。

授徒讲学，名播四方。古之圣贤皆如此……

江宁一带及附近州县，常有官员向他通报各类政务、吏事。

他每天熬夜，一支笔在纸上随意画着。

朝廷使者从汴京来了，手拿诏书，怀揣官帽，一路羡煞多少士子。而王安石待之以礼，拒之以辞。江南江北，盛传着牛形人王安石的离奇故事。仕途那么窄，想挤上去的人又那么多；要做上京城的高官，更比登天还难。所有这些世俗的东西，王安石无动于衷。

他快到知天命的年纪了，莫非一点不心慌？

牛形人"视物如射"，可能已经射到了历史的深处，并以此建立自己的坐标，把握自己的历史机遇。这大概就是所谓高人。高人的特征是历史感强，对时间的感觉异于常人，他眼中的二十年三十年，只在弹指一挥间，而常人的目光能抵达两三年就算有远见了。

辞官、讲学、行事古怪，三件事带给王安石一个相同的结果：提升知名度。这中间有自我炒作的成分么？人活世上，总有追求，不求利，却可能求名。古今圣贤，谁见过无名氏的身影呢？连隐士都会在儒家圣典《论语》中留下他们的大名。孔夫子讲隐士谈逸民，时时显得很恭敬。

江宁的几年，王安石显然做了两手准备。如果英宗寿命长、在位久，他的政治抱负很可能付之东流。

他在钟山唱歌，在金陵街头踽踽独行，一副隐者的飘然姿态。他喜欢骑毛驴，山道上晃晃悠悠，腰间挂个小号酒葫芦。他不算卦。时常在驴背上望天不语。山风吹来了山雨，淋湿他的三寸胡须……

天气多变，人寿无常。英宗很快死掉，神宗坐上龙椅。

王安石盯上了血气方刚的宋神宗。

4

宋神宗年少时读书用功，一如王安石。他叫赵顼。

神宗做太子的时候，最不想看的就是父皇英宗的病容。国家就像病人，患重病而不自知。这话是苏轼公开讲的，神宗印象极深。

当年宋太宗被北方的契丹人追杀，身中两箭，侥幸逃脱；随行嫔妃被契丹人掳走，做了奴隶，生下契丹子……神宗对臣下提起此事，泪流满面。这是国耻。而眼下年年向北辽、西夏输金求和。堂堂大宋帝国，一百多万军队，这算什么事儿啊！

然而老臣富弼对神宗的复仇心理不以为然。神宗召富弼谈话，从正午谈到黄昏。富弼说："陛下临御以来，当先布德泽。且二十年未可言用兵……干戈一起，所系祸福不细。"

神宗默然。

他坐龙椅，卧龙床，嘴边嘀咕着两个字：介甫，介甫……

王安石这个名字，对神宗来说，几乎如雷贯耳。他有个近臣叫韩维，议事常有精辟之语。他表示赞许时，韩维总是说：这不是我的观点，是我的朋友王安石讲的。而京师盛传王安石的大名，甚至有不少高官视之为"圣人复出"。神宗迫切想要见见这位百年不遇的高人，诏下，却遭到王安石的婉拒。

神宗纳闷了：这王安石对先帝这样，对朕也这样。真有病呢，还是挟名自重另有图谋？

高人本难求。刘备求孔明，三顾茅庐方请得大贤出山。神宗不生气，复命王安石任江宁太守，王安石没上辞状，接受了。

王安石此举，可能真有点玩弄高人名头的意思。他掌握主动，也把握着分寸。如果拒绝做江宁太守，他就过分了，惹神宗生厌。高人之为高人，来点儿手段亦正常：孔明先生不是让刘玄德顶风冒雪白跑了两趟吗？

高人的"出"，有讲究的。朝廷人事复杂，王安石这次"出击"，务必直抵皇帝左右，不能按常规一步步往上爬。政治时机稍纵即逝，等他爬到了皇帝身边，一切已是明日黄花……姜太公、诸葛亮也是这么考虑的吧？高人的高明处，就是敢于打破常规，决不能从基层干起。

由此可见，技术层面的政治智慧，在宋代，已经高度发达。

宋神宗想着王安石，王安石也想着宋神宗。君臣二人不能见面，神交而已。王安石学姜太公一点不着急，稳坐钓鱼台。人生到了最关键的时刻，这牛形人把牛劲按下，气定神闲的样子，治理州郡毫不费力。谁让他是千年长成的古木良材呢，他写《古木》诗，对外宣称："世无良匠勿相侵!"换言之，千年古木期待着良匠，伐为栋梁之材。

年近半百的高人，坐等年轻皇帝的召唤。

钟山里，长江畔，都会响起他那奇特的、有些沙哑的歌声。他捋捋三寸须，朝青天微笑着。有时盘腿坐田埂，与老农民交谈。起身时象征性地拍拍屁股上的尘土，脏兮兮地去了。老农望他背影愣半天……

王安石是诗人学者，在政治上又老谋深算。而这两种气质由它们各自的惯性所推动，向来不易糅合。也许北宋有这个气场。文人主政绵延百年，生长出奇特的、令后世感到惊讶的脑袋，并且不是单个，而是长出一批。学术与政治，尚在分流的途中，尚有产生交互作用的空间。

黄庭坚说："王介甫终日目不停转。"

这目不停转的模样酷似阴谋家。但是，王安石谋国不谋家，政治手段服务于他的政治理想。

他在江宁，几乎独自勾画着重振帝国雄风的蓝图。

而蓝图一旦实施，所有的人都将大吃一惊。

5

宋神宗果然忍不住，频频问他身边的大臣：介甫这人怎么样？

神宗的言下之意是：王安石能当宰相吗？

赞成王安石当宰相的，倒不是附会宋神宗。宋人马永卿《元城语录》说："当时天下舆论，以金陵王安石不作执政为屈。"

司马光直接给王安石写信，称："窃见介甫独负天下大名三十余年，才高而学富，难进而易退。远近之士，识与不识，咸谓介甫不起则已，起则太平可立致，生民咸被其泽。"

安石为宰相，朝野呼声大。温公对荆公，评价尤高。

然而朝廷反对的声音也很大。左相韩琦对神宗说："安石为翰林学士则有余，处辅弼之地则不可。"参知政事（副相）唐介说："安石好学而泥古，论议迂阔。若使为政，必多变更，以扰天下。"

看来，京师的大臣们，对隐于江宁的王安石不是不了解。

最有趣的是侍读（皇帝的老师）孙固，神宗接连四次问他，王安石究竟怎么样？孙固每次的回答都一样："宰相自有其度，安石狷狭少容。必欲求贤相，司马光、吕公著、韩维其人也。"

第四次，他索性写在纸上，懒得再与皇帝费口舌。

孙固，《宋史》有传。单凭上述记载，他就显得可爱。

皇帝的意图碰上了来自四面八方的阻力。

宋神宗一如唐太宗，被他心直口快的臣下搞得不愉快。不愉快却要忍着。宽松的政治环境得来不易，既定的言路不可堵塞。他要珍惜。他也必须珍惜。

熙宁元年（1068），诏下，召王安石入京为翰林学士。朝野紧张关注着。王安石似乎不当一回事儿，迟迟其行，途中又走了几个月，写诗，会友，游山戏水。

高人之"出"要潇洒。

迟迟其行，有巨大的广告效应。全国的焦点人物首推王介甫。

王安石抵京，刚到阁门报到，急不可耐的宋神宗就"越次召对"，破例在便殿和安石谈话。由于事关重大，这次谈话被后世学者反复书写。王安石一身破官服，气宇轩昂入皇宫。黄衣太监带路，一路上都在小跑，气喘吁吁讨好他。

北宋大臣厉害，太监说话总像蚊子叫。这一点，盛唐望尘莫及。

神宗对王安石的穿戴作风早有耳闻，此刻微微一笑，表示理解。

神宗赐座，安石也不推辞，在龙椅前坐下。

神宗问："治国以何者为先？"

安石答："治国以择术（统治术）为先。"

神宗问："唐太宗如何？"

安石答："陛下当师法尧舜，唐太宗何足道哉！"

神宗说："愿闻其详。"

安石侃侃而谈："尧舜之道，至简而不烦，至要而不迂，至易而不难。但末世学者不能通晓，以为高不可及耳。"

神宗不禁动容，离座趋前说："卿再言之。"

安石捋须而笑："陛下倒不必急在一时。今以天下之大，人民之众，百年承平，学者不可谓不多矣。而虑无人助治，是陛下择术未明，推诚未至，即使有贤人，亦将为小人所蔽，卷怀而去。"

安石说到兴奋处，连比带画的；又起身踱步，双目闪闪发光，两条长臂交叉挥舞。这情形，仿佛再现了诸葛亮在茅庐中对刘备的那一番高论。国家的未来，只在他的三寸不烂之舌。

安石忽然朝殿门走去，神宗急忙唤他，好像担心这位贤人"卷怀而去"。贤人转过身，微笑了。

少顷，安石退。上《本朝百年无事札子》。这是他写给皇帝的第二篇大文章。第一篇写给宋仁宗，石沉大海；现在写给宋神宗，石破天惊。文章在历数了朝政的各种弊端之后，总结说："天下无事，过于百年。虽曰人事，亦天助也。"

高人高论。当时除了王安石，也许再无人把话说到这种程度。国家百年承平，一半在人事，一半在天助。换句话说，国运长久也是碰了运气而已。神宗前的几个皇帝，他们一百年的文治武功，被王安石一句话打了对折："伏惟陛下……知天助之不可常恃，知人事之不可怠终，则大有为之时，正在今日！"

神宗把王安石的奏书连夜读了好几遍，热血沸腾，夜不能寐。有几个关键词，火苗般在他眼前跳动：

"变风俗，立法度。"

"正为经术以理财为先。"……

翌日上朝，百官济济一堂，神宗只看见王安石，只听到王安石发出的声音。朝堂孕育着大风雨，所有的官员都面色凝重。

退朝时，神宗又留下安石单独谈话。

皇帝的心思昭然若揭了。王安石的治国主张，以"邸报"（官方小报）的形式流布于京师。变革的细则未出台，其方向，其力度，已令人咋舌。

6

熙宁元年七月，王安石畅游汴梁八角镇的西太一宫。三十多年前，他随父宦游曾到过此地。他在道观的壁上挥笔题六言诗：

> 三十年前此地，父兄持我东西。今日重来白首，欲寻陈迹都迷。

诗句含蓄，想说的话都在言外。三十年人事感慨，透出他此时际会风云、即将大展平生抱负的心境。后来苏东坡读到壁上的原作，叹曰："此老野狐精也。"

然而高人之外另有高人，感觉不对劲了。高人是谁呢？

八月，朝廷按惯例举行郊祀（祭天地），神宗也依例赏赐中书、枢密二府。他初登皇位，对政务和军事两大机构当有所表示。国库再吃紧，皇帝手上可不能吃紧。多少官员盼着这一天呢。针对这件看似不起眼的事，司马光与王安石针尖对麦芒了。

这一年河朔（河北）受灾，朝廷为救灾款大伤脑筋。司马光请神宗免了对官员的赏赐，把钱用于灾区。神宗征求王安石的意见，王安石不同意。他说，国用不足，是由于理财不善，靠节约解决不了大问题。区区万贯赏赐，何必大惊小怪？

司马光冷笑：善理财者，不过是加赋税、刮地皮而已。

王安石摇头：君实此言差矣。善理财者，民不加赋而国用丰饶。

司马光愤然抨击：真是岂有此理！天地所生财货百物，不在官府就在民间。变尽法子夺民财，其害甚于加赋！

两个大人物，治国方略截然对立。都是心中雪亮的人，几句对话下来，已知对方路数。老朋友要翻脸，实在是因为分歧太大。原则问题，毫无妥协的余地，不伤及个人私谊是不可能的。司马光从欢呼王安石到抨击王安石，前后不过数月光景。介甫要兴风作浪，置天下苍生于不顾，君实怎能袖手旁观？这位胸中激荡着历史风云的大学者，亦能洞察当世。他是主张"养民"的，同时约束全国的官吏，使他们各守其责，厉行节约。也许此间的司马光并无一整套治国的措施，但王安石的"骤变"意图初露，他立刻嗅出了危险，并将自己毫无保留地、迅速地置于安石的对立面。

皇帝面前的几句简单争辩，却有刀光剑影。

大人物的念头，对国家举足轻重。

司马光的个人生活相当简朴，以至造访他的朋友抱怨说，到他家，不要说酒不能足，肉不能饱，就连蜡烛也惜着用，一次只点一根。金莲烛是皇宫所赐，能点一圈火，烛照十丈开外。司马光这不是浪费宝物吗？可是去他府上的人，除了苏轼，谁也不敢提醒他再点一根烛。冬天，造访司马光府上的人明显减少，因为客人与他长时间对谈，他从不生炭火……

王安石同样不奢华，他连酒都不喝。近女色更谈不上。一个北宋高官，如果他拒绝酒色，就等于拒绝了高官的生活方式和社交圈子。而王安石享有盛名，则说明像他这样的异类，尚未逸出一般官员的视线。一般官员是既想奢华，又想"圣人复出"，让大宋帝国在百年之后能持续地繁荣下去。

皇帝也这么想。

他对声称"善理财"的王安石寄予厚望。

民不加赋而国用丰饶……王安石究竟有哪些高招呢？

7

熙宁二年（1069）初，王安石官拜参知政事。同期，请置"制置三司条例司"，神宗当日批准。这是一个全面推动新法的领导机构。三司相当于财政部。新机构放在财政部，表明新法的主要目标是理财，充实国库。这个条例司，显然独立于朝廷的权力格局之外，它直接听命于皇帝，不受中书、枢密二府的任何约束。变革也涉及军事，最高军事长官枢密使却无权过问。

王安石变法度，先变机构。权力运行要畅通。条例司的人选由他自己定，三员大将，吕惠卿、章惇、曾布。就个人能力而言，这三个人确实很出色。王安石把苏辙也拉进去，任检详文字，职同吕惠卿。苏辙写过一篇文章，痛陈朝廷的若干弊端，王安石表示赞赏，请苏辙参与他的变革大业。

王安石既是变法的理论家，又是实践者。他亲自执笔，笔下"横风疾雨"，书法和书写的内容完全合拍。横风疾雨扫九州……

条例司一经组建就异常忙碌，起草新法的工作有序展开，各办公室几乎每夜都是灯火通明。朝廷的其他部门，工作量骤然减少，很多官员闲着没事干，观望的，焦急的，骂娘的，白天佯装镇静、半夜奔走敲门的……百态纷呈。

议论蜂起，举朝哗然。

四月，条例司派出八个钦命提举官分赴各路，考察农业、水利、漕运、刑狱、赋税、方田等，为制定变法条例提供依据。路，是州以上的有专业区分的行政单位，提举官类似部长。也许是王安石的有意安排，八大提举官，于同一天同一时刻离开汴梁，八支队伍，车盖摇摇马蹄嗒嗒，市民聚道围观，有略知内幕者，悄声散布着朝廷将有大动作的小道消息。

王安石是制造轰动效应的大师。短短几十天，新法已酿成必行之势，邸报一份接一份，山雨欲来风满楼，由京师波及全国。

王安石一口气推出三大新法，交给朝廷讨论。他稳操胜券，因为皇帝比他还急，频频催问他的进展情况。

日理万机之余，他独自溜出去，沿着汴河散步，穿便服，蹬草鞋，系一根布腰带，活像山里的老农民。没人认识他，他觉得很有趣。而他心里想的，笔下写的，即将掀起全国范围内的大风暴。

他不介入社交，偶有闲暇就神出鬼没，皇上、部下往往不知他的行踪。可是有一个人一直在找他，见一次吵一次，他躲避，这个人就写信，或在街头堵住他。

此人是他的好朋友曾巩。

曾巩反对他，态度极其坚决。说服不了他，曾巩就自请离京，放弃京师繁华到遥远的越州去了。曾巩此举，是不想和王安石发生更大的正面冲突。王安石黯然神伤。

但这仅仅是个开头。

8

王安石搞变法，应该说理由充足。士大夫普遍认同，变法有舆论基础。早在仁宗朝，苏轼就撰文说："夫天下之未平，英雄豪杰之士，务以其所长，角奔而争利，惟恐天下一日无事也，是以人人各尽其材……天下既平，则削去其具，抑远天下刚健好名之士，而奖用柔懦谨畏之人。不过数十年，天下靡然无复往时之喜事也。"

苏轼撰文时二十几岁，议论相当精辟。承平日久，各级官员容易昏睡，墨守成规，不思进取。北宋官场有个流行词：享国。皇室享国，官员享国，到处都有歌舞宴乐的享受。到神宗朝，享国一百年了，日子真舒服。然而"三冗"问题（冗官、冗兵、冗费）日趋严重，国家财政空虚，一旦打大仗，遭大灾，凶多吉少。王安石说："百年无事，亦天助也。"但是天命这东西却是猜不透、靠不住的，百年之后，还能支撑多少年，谁的心里都没数。皇帝希望江山永固，又难以回避摆到明处的历史现象：汉代江山姓刘，唐朝江山姓李，大宋江山姓赵，往后姓啥呢？历朝历代多少个皇帝啊，国运长的几百年，国运短的几十年，甚至几年……

变革是大势所趋。但怎么变，又是一个大问题。渐变还是骤变，对天下苍生，"所关祸福不细"。

二者有如冰炭不容。

苏子瞻终其一生，是坚定的渐变派。他形容渐变说：要让白昼不知不觉变成黑夜，不能从酷暑一下子跃入严冬。

牛形龙睛包公脸的王安石，大力推行骤变。这头野牛要发足狂奔，牛车上拉着大宋帝国、几千万黎民百姓。

王安石动作快，上半年成立制置三司条例司，下半年，三大新法出台。

七月，颁行均输法。

九月，颁行青苗法。

十一月，颁行农田水利法。

另有涉及徭役、商贸、军事的免役法、市易法、保甲法、方田法，正紧锣密鼓地制订着，书写着。据说条例司的官员，除了苏辙，全都受到王安石书法风格的影响，横着来竖着去的，宛如风雨交加。

高人率领着一批年轻人，呼哧呼哧拉大车。一代高人捋须而笑，年轻人活蹦乱跳。可是这拨年轻人却大半是小人。他们天生是小人么？未必。急于进身，迅速往上爬，为升官不择手段，才使他们摇身一变而为小人。吏治之坏，常坏于这种氛围。

王安石亲自排练的大戏，自定为英雄角色，岂料小人七手八脚把他变成伤心伤肝的悲剧人物。这是后话。

王安石倚仗皇权顺利了，其他朝廷大臣步履蹒跚。

针对五位宰执重臣，当时的官场流行五个字：生老病死苦。怎么讲呢？王安石生，曾公亮老，富弼病，唐介死，赵抃苦。

曾公亮七十一岁了，长期做宰相，养成了凡事悠着点、观风向看局势的作风。王安石这么搞，他不表态。可是新法与反新法的斗争必然激烈，有着敏锐政治嗅觉的曾公亮，不得不掂量他还有多少"悠着点"的空间。

富弼明确反对王安石，对皇帝说："大抵小人惟喜生事，愿深烛其然，无使有悔。"神宗听不进去。生事有啥不好？不生事坐享富贵就好么？不过，神宗对富弼这位三朝老臣非常尊重，虽然他心里偏向王安石，却对富弼礼数周到，恩宠有加。变革大业，神宗希望富弼帮他一把，可是君臣的心思不对路，各自的殷切希望都落空。王安石春风得意马蹄疾，富弼装脚痛，数月不出家门。他上章十几次辞相位，做个地方官。神宗不得已，终于批准。老臣临行别君王，君王流泪了。问他谁可替代，富弼举荐文彦博。神宗沉默良久，反问：王安石如何？富弼不答。再问，亦不答。

皇帝眼泪汪汪，仰天长叹。

富弼一走，王安石把一个叫陈升之的人扶上了宰相位。此人是个跟屁虫。

唐介对王安石有宿怨。他是火暴脾气，口才一般，偏偏喜欢辩论。当众与王安石辩新法是非，辩一次输一次，回家生不完的闷气。恶气憋成了背上的恶疮，竟然一命呜呼。

唐介死了，赵抃冲上去，也和王安石辩论，还是辩不赢，气呼呼回转阁内，弹指叫苦。熙宁二年（1069），赵抃叫苦不迭，宰相办公室，人人听够了他的唉声叹气，看够了他的愁眉苦脸。次年乞外放，到杭州做了知州。

王安石作为新法的理论家，非常能辩。四个执政大臣，没一个是他的对手。赶走三个，气死一个。他在家里练习辩术，墙上一大堆论敌的影子。去掉四个，又生出几个……司马光、苏子瞻、范纯仁，个个是顶尖高手，超级辩才，王安石能逐一将他们打败吗？范纯仁是范仲淹的儿子，正直、博学，均如乃父。

还有老上级韩琦，还有恩师欧阳修，还有知谏院范镇……

究竟是为什么，熙宁新法招致这么多人的反对？

9

先看影响面最大的青苗法。乡下的农户，每年到了正月青黄不接的时候，要向地主借贷，夏秋还钱，半年加息三分以上。青苗法从地主手中夺利，以官方贷款取代私人贷款，半年取息二分。王安石的本意是好的，抑制了地主，又减轻了农户债务。他以前做县官、州官，搞过试验，很成功。但青苗法在短期内推行全国三百州，问题层出不穷。首先是地方官吏为政绩搞强行摊派，并暗中加息，勒索农民。农民还不起官债，举家逃亡，官府派人追捕，关进监牢。逃亡的农户多了，青苗法的补充措施紧急出台，将十户农民结为一保，其中若出现逃亡户，其他农户要赔偿逃亡户欠下的官债。这就把富裕户也牵涉进去了。一户跳墙，九户慌张……其次，一般农民没见过大把的钱，贷款到手，心花怒放。尤其是那些不知生活艰辛的后生，一溜烟扔下锄头扁担就跑，进城吃喝嫖赌，过上了城里人的好日子，再也不想回家。

再看让朝廷获利最多的市易法。这是王安石的商贸大法，把原本属于商人的利润收入国库。汴京是商品集散地，商人做买卖，大小商家各有赚头。王安石让官方资本进入市场，成立"市易务"，等于购销批发总公司，兼营银行业和典当铺。资本的运行有权力作后盾。商家须从总公司进货，或用现款，或以财产作抵押。货源和批发价均由官方控制，商人的利润空间大大萎缩，亏本的，破产的，不计其数。可是生意还得做下去，商人不做买卖，难道要喝西北风。于是，年复一年，大宗银子源源不断流入官府。王安石兴奋至极，下令在全国十几个大城市全面铺开，设市易务，而京城的市易务升格为提举市易司，掌控全国的下属机构。

变法的第一炮：均输法，也是在行商的手中夺利。

另外，王安石大搞专卖，盐、铁、茶、酒、绢、矾等，由官方严格控制。这些物资，以前也专卖，但民间私贩多，朝廷管不过来，只好睁一只眼闭一只眼。基本物资的巨大利润，朝廷与民间共享。王安石要调整这个绵延百年的利益格局，不惜动用各地的军队打击私贩，确保专卖。抓人，甚至杀人，后者通常针对有武装的私贩。

免役法、方田法，均有生财的高招。前者一改大多数民户须服徭役的"差役法"，人人可免役，但要按户等出助役钱，以前受到照顾的贫下户、单丁户、女户不免；后者通过重新丈量全国的土地，登记造册，按地势及土质优劣定税额，严防土地隐瞒和偷漏税。因北宋各州县瞒报的土地数额巨大，方田法收效显著。

保甲法，则是王安石的民兵制度。规定以十户为一保，五十户为一大保，十大保为一都保，挑选有财力和能力的人担任保长、大保长和都副保正。每户选一丁，农闲时操练武艺。每一大保选出"巡警"五人，捕捉盗贼，强化治安。保内出现了杀人越货的罪犯，知而不告，连坐治罪。按王安石的设想，这个遍及天下的民兵组织，和平时期维护地方秩序，打起仗来补充正规军。

保马法、农田水利法，都是调动民间力量的思路，节省财政开支。

同时整顿军队，"减兵习战"，深得宋神宗赞许。

"介甫终日目不停转"，他在江宁一待五六年，脑子里转的东西，大抵如上述。有些源自古法，比如青苗法源自周公的"泉府"；市易法取自汉武帝倚重的理财高手桑弘羊。熙宁年间十来个新法，此二法为重头戏。安石看古书，直接看到当下。令人诧异的，是他坐在书斋里想出来的新法大都具有操作性。没有讨论草案的班子，从成立制置三司条例司到新法出台，仅半年光景。一经推行，翻江倒海。高人的确有高招，善理财不是编故事。一张大网撒下来，民间财富藏不住。赵宋立国百年，好比一潭深水，大鱼老鳖有的是。王安石的龙睛能穿透深水，小鱼小虾悉数打捞。犹如巨鲸张口，一次就能吞下成吨的鱼类。

国库看涨，皇帝高兴。

年轻的皇帝想打仗，收复燕云十六州，雪宋太宗之耻……

新年正月初一，王安石写了一首《元日》：

> 爆竹声中一岁除，春风送暖入屠苏。千门万户曈曈日，总把新桃换旧符。

王安石心情蛮好。新法初试锋芒，一切都在预料中，包括反对他的声音。干大事，成大业，没人反对才奇怪呢。波及全社会的重

98

大举措，势必伤害一些人的利益。这很正常嘛。古往今来皆如此。辅佐成王的周公旦那么厉害，不是还有一群小人围着周公狂呼乱叫吗？王安石觉得自己跟周公不相上下了。牛形人奋力向前，身后拖着庞大的帝国。一亿人啊，这可了不得，城市人口两千万！

王安石破例喝了酒，醉醺醺满街走。这是他快乐的小秘密：神不知鬼不觉，溜出家门，离开阁门。衣衫破旧如当年，甚至跣足、散发、不洗脸。吕惠卿为他介绍了一种洗面的方法，用芫荽汁反复洗，效果好。王安石模仿孔子的语气说："天生黑于予，芫荽其如予何？"又有朝廷太医想为他去黑，说他的面色是"垢污"所致，建议用澡豆，一洗了之。王安石说："天生黑于予，澡豆其如予何？"

真是一头大黑牛。

他已经过了知天命的年纪，自负三十年，视天下为流俗，以"三不足"安身立命：天命不足惧，人言不足畏，祖宗之法不足守。这是他的战斗口号，又拿去做进士考试的文章试题。

黑牛王安石，"敢当天下先"。

然而大戏刚刚拉开了序幕，高潮迭起在后面。

第八章　斗牛士苏子瞻

1

时光稍稍回溯：熙宁二年（1069）初，王安石刚刚担任参知政事，大权在握。一系列新法正在紧锣密鼓地酝酿中。

苏轼从眉山返京，抵郑州，已经闻到了变法的气味，可他此间的心思，尚系于别处。在郑州住的馆驿，恰好是苏洵当年住过的。那是嘉祐二年（1057），三苏父子初进京，苏洵为了迎接器重他的张方平，顶着原野上的茫茫大雪，骑着一匹劣马，以老迈之身赶赴郑州……

苏轼回到阔别三年的汴京南园，房舍庭院依旧，而老父、王弗已去矣。高槐古柳菜园子，处处触景生哀。老父毕竟以寿终，王弗香消玉殒却只有二十七岁。

苏轼绕古柳而徘徊……

正月十五吃汤圆，任妈、王闰之忙了半天，转石磨，揉粉子，搓汤圆。肉馅儿糖馅儿，馋坏了几个小孩儿。苏轼勉强吃下两个汤圆，搁下筷子出去了。

庭院清辉弥漫。月正圆。

汤圆，月圆，而苏轼的心仿佛缺了一大块。

无助的思念，比那铺天盖地的清辉更多啊。

苏轼靠在古柳上，呆望大月亮。

隐隐约约听得裙裾动，王弗来否？

却是王闰之来了，她端着一碗冒着热气的汤圆，说：只舀了三个汤圆，子瞻你吃了吧。

柔柔的青神语音，和她堂姐王弗几乎一模一样。

眼下的王闰之二十岁。她十八岁与苏轼定下亲事，苏轼丁父忧期满，脱下素服（除服），方迎娶她于眉山城西之纱縠行。这几个月，王闰之不独举止言语像王弗，连她做的菜，搓的汤圆，绣的香囊……也如同出自王弗的手。

王弗待字闺中时，常带她玩儿。姐妹俩的外貌与性情颇为相似，所不同者，是王弗自幼受她的进士父亲王方的影响，闺中读过不少书，十五岁许配给苏轼后，更有心向学，稍得空闲就拿起书卷。而王闰之则留意于烹调、女红，偶尔读点诗词。她关心餐桌上的苏轼，胜于关心书斋里的苏轼。后来她也曾努力过，揣摩丈夫的诗文书画，加以称赞，苦于说不到位。苏轼并不苛求她。

王闰之字季璋，是眉州青神县王介的幼女。堂姐妹一大群哩，她被唤作二十七娘。

闰之与苏轼，年龄相差约十五岁。还在做闺女的时光她就景仰着堂姐夫苏轼。青神县城的女孩儿，谁不景仰苏轼呢？王闰之眼中的苏轼，乃是身材修长的官人，风度翩翩，谈吐可不一般。至于苏轼具体谈什么，她的兴趣倒有限。

兴趣有限是说，她的目光深入不下去。

这会儿是元宵节的夜晚，时近二更天了。汴京的大月亮，和眉山的月亮有些不一样呢。南园地势偏高，"一似山居"。苏轼靠在庭院北侧的光秃秃的古柳上。

苏轼吃汤圆，喝下半碗"滚汤"。

王闰之抿嘴笑了。她生着一排整齐的细齿。杏唇细齿也像王弗……

苏辙和史氏从屋子里走出来，几个人立在庭院中。苏辙望着哥哥说：汴京的月亮比凤翔如何？

苏轼说：太白山下，山高月小。汴梁月恰似大炊饼。

史氏笑问：月亮炊饼可以吃吗？

苏轼笑道：天狗吃月，我等凡人没这口福。

王闰之说：月亮刚升起的时候，又黄又大。我也听说过天狗吃月，可是没见过。

苏轼说：我九岁的那一年见过一次，天狗躲在暗处吃，几乎把月亮吃掉一半，它可吃安逸了。到了第二天夜里，月亮竟又复圆。我躺在床上看它，左右想不通，月亮怎么又圆了呢？母亲说，嫦娥手巧，织锦把残缺的月亮给补上了。

两个年轻女人举头去看月亮。

苏轼谈兴方起，却忽然沉默下来了。

月能复圆，人不能。

三更月中天，五更人未眠。

2

次日下午，苏轼从史馆骑马回南园，家里来了客人。

客人是章惇。

章惇在商洛县做了几年县令后，设法改官，从地方调到东京汴梁，领了京官虚职，急咻咻奔走权贵，要捞个"差遣"的实职。京城有官无职的官员多，竞争激烈。章惇在商洛县的任上也不乏政绩，可他留在汴梁的坏名声经久不消，谁用他谁就会沾上他的"秽名"。

身长八尺的章大汉着实郁闷，辗转敲豪门，屡吃闭门羹。三朝元老富弼根本不见他。副宰相曾公亮虽然见了他，却支支吾吾地搪塞他。章子厚一怒之下，故态复萌：偏于皇城御街大相国寺赁个民屋居住，携妓出入，并且勾引贵妇，借寺庙的香火点燃男女欲火。

他还把这破事儿拿到社交场合宣讲，只省略了妇人姓名。似乎珍重这段情。

宋英宗治平三年（1066），章惇自称：官运走低，艳福走高。

宋神宗熙宁元年（1068），王安石抵京，组建变法机构：制置三司条例司。三十几岁的章惇官运来了。

福建人吕惠卿是王安石的"护法沙门"，他到大相国寺拜访章惇，畅叙同乡之谊，转达王安石的问候。章惇早闻介甫大名，一听来劲了。政治直觉告诉他：老谋深算的王安石与血气旺盛的宋神宗遇合，必有一场历史大戏。

章惇在京师放纵，引发朝廷的一片骂声。王安石听到了，对此人感到好奇，派人调查后，认为可用。章惇私生活方面的坏名声，王安石不予考虑。他自己就是从骂声中走过来的。那些个大臣还骂他误国害民哩。相比之下，章惇闹点儿风流事算啥呢？

介甫、子厚，都是要干大事的人，不计较鸡毛蒜皮。如果道德律令妨碍了他们干大事，那么，这道德就要靠边站。

但是，不知道为什么，王介甫和章子厚见过一次面以后，不想与此人有深交。王介甫举行家宴，章子厚接不到请柬。

章惇进条例司协助吕惠卿炮制新法，显示了才华。王安石叫人传话表彰，并不召见。章惇郁闷，放话说：用我者介甫，弃我者也是介甫！

吕惠卿将此言告知王安石，安石不语。

后来安石退居金陵半山，向人透露他初见章惇时留下的印象：阔嘴猛牙，虎行狼步。

牛形人王安石，对生猛如章惇者有一种奇怪的、近乎生理的厌恶。章惇的阔嘴猛牙，令人联想丛林动物的吞噬，吞掉美妇颜色，吞吃官场对手。

章惇有仰面大笑的习惯，哈哈哈，声震屋墙，百丈之外犹可闻。王安石偏能听出其中的"浪声色语"。

安石用人首重才华，交友却要看重人品。

3

今日章惇到南园，是奉命劝说二苏到条例司共事。他坐官车来的，两匹马拉的轻便官车，车上的几坛子开封好酒，是王安石送给二苏的礼物。另有一坛"虎鞭液"，系章惇所赠。章惇说，他常饮此酒，虎性十足。

苏轼烹调待客，苏辙一旁陪着。而章惇的屁股上仿佛有弹簧，饮完一盏茶他蹦起来了，拨拨炭火，厅中走来走去，大喉咙鼓吹新法。

苏轼品茶，倾听着。苏辙有点激动。

章惇引用一些大臣的话说，王介甫登高位，可谓"圣人复出"。

苏轼说：介甫一代奇人。可是新法究竟如何，还要看它的实施。

章惇走近苏轼，作密语状：年内，几个大法要推开！

苏轼摇头：不宜过速！事关全局，要多方掂量。

章惇一笑：你苏子瞻何时变得婆婆妈妈的。介甫新法阻力多，非有迅雷不及掩耳之势不可。你这几年闲居老家，泡温柔乡，政治敏锐性退化啦。

苏轼说：也许吧。可是为政的原则不能丢。短短一二年就搅动天下，百姓受不了。

章惇说：青苗法、差役法、保马法、方田法，明摆着对庶民有好处嘛。

苏轼默然。他向来认同变革，仁宗朝就给皇帝写过长信。他对王安石的看法，也和老父有所不同。朝廷官员不思进取，昏昏度日，确实需要王安石的"棒喝"。

章惇临走，诚邀二苏到条例司参与变法大计，并且明说，这是王相公的意思。这大块头男人三两步跳上马车，亲自驾驭，马鞭儿轻轻一挥，空中"啪啪"连声，马蹄绝尘而去。

南园门口的苏轼赞道：好身手，又写得好文章。

苏辙点头道：国家患病，臣子多懦弱，章子厚猛士矣。

日暮时，任妈在厨房拖着眉山口音唤：吃夜饭了，吃夜饭了。

苏迈和他的两个表姐妹学地道的眉山腔：吃夜饭啰，吃夜饭啰。

苏辙抱着酒坛子，那是王相公的赠品，汴京班楼酿的名酒"琥珀光"。座中除了小孩儿，女眷也喝几盅。宋代一些酒，度数已不低，俗称烧酒。京城名楼如班楼、太和楼、白矾楼、状元楼，都兼营酿酒业，批发量相当大，每日可供城里五千多户中小酒肆歌台之用，这还不算皇家的酿酒业。

七八个酒杯斟满了，荤菜素菜各五种。四方烛台照着八仙桌旁的十余张脸，等苏轼发话呢，大伙儿好动箸举杯。

苏轼还在想事儿，换了平时，酒菜的香味儿早把他唤醒了。

苏轼瞧着酒坛子说：介甫要在东京搞市易务，啥意思呢？

苏辙想了想说：东京各类商家生意红火，朝廷可能要插一手。

苏轼说：动用官银做生意？加重商家的赋税？

苏辙笑道：新法还在酝酿阶段，我们先喝这东京名酒。

苏轼扭头对弟弟说：荆公美意不可却，子由，你先到条例司干一阵再说吧。当然啦，主意你自己拿。

屋子里两盆炭火暖烘烘，一家子喝酒吃菜。子瞻喝烧酒，三口脸通红。子由稍好一些。

天上星月俱无。南园的夜色黑如漆。

4

暮春时节，到条例司担任检详文字的苏辙，回南园，显得不开心。

这一天，他忧郁地对苏轼说：介甫新法施行开来，恐怕弊端甚多。吕惠卿那人，专事希合，一脸谄相。王珪、李定、谢景温等人，对王相公也是一味逢迎，拍马屁的功夫一个赛一个啊。

王珪官居参知政事，是王安石的另一个跟屁虫。而谢景温则想方设法把自己的女儿嫁给王安石的弟弟。李定对母亲不孝，朝野皆知，但他奔走权贵很有心术……

苏轼问：章惇如何？

苏辙说：章惇对介甫搞的这一套似乎完全赞同，但不知他心里究竟怎么想。章子厚表面上大大咧咧，其实城府不浅。他文笔好，书法漂亮，办事效率高。

苏轼说：熙宁新法已成必行之势，而介甫身边小人成堆。这很危险。子由啊，听你口气，对新法有抵触？

苏辙叹息：不仅我抵触，曾布、程颢，他们初进条例司的时候热情高涨，如今发现了新法的若干漏洞，提醒王相公，相公听不进去。

曾布是曾巩的弟弟。程颢是程颐的弟弟，二程理学，后为宋、明、清的官方学问。

苏辙又说：王相公的两个同胞弟弟，王安国、王安礼，对熙宁新法的抵触情绪，更胜于我辈啊。听说他们和介甫几乎闹翻了，一见面就争吵不休。

苏轼仰天感慨：曾氏兄弟、程氏兄弟、王氏兄弟、苏氏兄弟，皆对王介甫骤行新法不以为然。可是介甫性子拗，他身边又聚拢了一批速进之人。皇上还破例召见他们，这些人的尾巴翘得很高啊，我担心，他们一旦成气候，会左右王相公和皇上！

苏辙问：哥哥对介甫新法也不赞同？

苏轼说：宋朝立国百余年了，积弊甚多，变革是大势所趋。然而冰冻三尺非一日之寒，破冰也不能求一夕之功。国家久病，身体虚弱，断不可下猛药。我在史馆仔细研究了即将出台的新法，老实说，介甫不乏高明处。但新法本身问题不少，短期内又强力推行，天下扰扰，百姓堪忧！

话说到这个份上，兄弟二人沉默了。

南园庭院中的那树玉兰花盛开着，硕大而洁白的花朵缀满枝条，宛如忧国忧民的士子之心。

5

苏轼忧心忡忡，王安石踌躇满志。

熙宁之初，史馆八品官苏子瞻，与权倾朝野的大宰相王介甫，展开了一场不对称的激烈争斗。

王安石变法中的理财思路，主要想触动两种人的利益：一是大地主，二是大商人。北宋土地兼并普遍，商业竞争激烈。乡下的富豪，城里的巨贾，呈迅速生长的态势。王安石眼力好，看透了这一层，集中火力向这两个强势集团开战。江山是皇帝的江山，国库焉能空虚？把商贾和地主的利益拿走，在他看来倒是顺应了天意：皇帝就是天子嘛。他的变法思路，不同于范仲淹的，是并不触动"冗官"。他甚至反对节约，提倡官员享受，得到应得的俸禄和赏赐。也许这是他减少变法阻力的一种策略吧？范仲淹的失败，败在他首先拿官吏开刀，使本来支持"庆历新政"的宋仁宗，迫于形势翻脸，将其逐出京师。

王安石为官，一辈子廉洁自律，却对部属宽松，全不计较小节。吃点喝点，玩玩娱乐场所，他佯装没看见。他是工作狂，倒鼓励他手下的年轻人准时下班。若加班，一定奖赏丰厚。他的人才观，是把才干放在首位。几员大将，吕惠卿在朝廷可以说臭名远扬，因他公然宣称，除了王安石通通不买账；章惇是个能量巨大而秽名昭彰的魔头；李定公然不服母丧，闹得全国舆论总攻击……这些人在条例司活跃得很。王安石领导他们，通过他们又掌管几十个后生，在熙宁之初的两三年内，工作效率奇高。黑牛弹琴，"百兽率舞"。

王安石看重的德，只限于部属忠于皇上和他本人。这一条决不含糊，却也形成了他的软肋，日后经不起恶意攻击。

王安石一手掀起的新政风暴，对一般官员并无损伤；对部属，更提供了进身的快速通道。可是令他想不到的，是几年间腹背受敌：官员在前面横身挡路，部属在他身边反手捅刀……

条例司一群干将，苏辙是首个并且公开反对王安石的部属。君子对君子，针锋相对在明处。青苗法试行之初，苏辙与哥哥一同研究后，发现弊端甚多，建议王安石要慎重。

王安石说："君言诚有理，当徐思之。"

可是过了一个多月，京东转运使王广渊禀报："放青苗钱，年可获息甚巨。"王安石决定向全国推开。

苏辙几番与他争辩，力陈青苗法将对农民造成莫大的伤害："虽曰民不加赋而国用饶足，然而法术不正，吏缘为奸，掊克日深，民受其病！"

王安石不耐烦了，反问苏辙：你想换个部门工作吗？

苏辙一气之下递上了辞呈，并上疏皇帝："每于本司商量公事，动皆不合，臣已有状申本司，具述所议不同事，乞另除一合入差遣。"

苏辙被调到陈州做了学官。

其时，苏辙三十三岁，苏轼三十五岁。兄弟二人服父丧近三年，回汴梁不到一年，双双卷入反对王安石的斗争。按今天某些人理解的官场路数，他们回到久违的京师，应该观察动静，辨认风向，以免仕途栽跟头。王安石的权力如日中天，他们不趋附也就罢了，却又何必赤膊上阵对着干？这里边究竟藏着什么玄机？

答曰：无玄机。

一切皆坦然，可以摆到阳光下。兄弟二人的修养使得他们把天下苍生可能遭受的灾难视为自己的灾难，条件反射般地跳起来了。儒家文化的精髓注入血液，使他们有了一种"文化本能"。达则兼济天下，这可不是奇怪的高调、脱口而出的空话。铁肩担道义，妙手著文章。这话意味着：文章和道义，具有某种源头上的亲密关系。只有在源头上方能理解：何为知识分子的超越意识；只有在源头上方能领悟：为什么说百姓的幸福重于泰山，而区区一顶乌纱帽轻如鸿毛。

苏子瞻、苏子由，价值观一致而性情迥异。苏轼壮怀激烈，苏辙绵里藏针。苏轼猛打猛冲，苏辙稳扎稳打。兄弟俩官都不大，而影响力非同一般。尤其是苏轼，越职言事，超常发挥，变换攻击策略，调动他的浑身解数抗击王安石。熙宁初年的汴京城，数他最忙：史馆发议论，写奏章；两上皇帝书，屡敲宰相门；面对铁腕皇帝宋神宗毫不客气，联络高官结成统一战线……

反变法阵营中，先来看陕西人司马光，如何狠斗"拗相公"王安石。

6

司马光长期治史学，也是个绵里藏针的人物，混合了经验主义和理想主义，而政治原则性有如钢铁。王安石从江宁来到汴京担当重任，他曾为之欢呼，给予极大的舆论支持。御史中丞吕海对王安石早有防范，袖章（将奏章笼于衣袖中）弹劾，司马光还批评吕海说："众喜得人，奈何论之？"可是时隔数月，司马光也感觉不对劲了，立刻对王安石倾力发难。二人本是老朋友，又同为翰林学士知制诰、皇帝身边的左膀右臂……可是这些"关系"，一夜之间变得一钱不值。道不同，要反目。没有任何妥协的余地。司马光连写三封长信，要王安石悬崖勒马、"改过从善"，在他看来，一系列新法必将置天下人于水深火热之中。青苗法、均输法、市易法，变暴敛为巧夺，使"财聚于上，而散于下"。

司马光是保守派，而保守并不是简单意义上的贬义词。一个国家能延续百年、"粗至太平"，肯定是有原因的。有很多东西值得保存并守护。守护是说：护送成功的经验到未来。所以，保守本身就具有某种前瞻性，保存、护送而出色者，有能力打通历史与未来。保守与激进，都有一个度的问题。把握分寸，其难度，大于保守或激进的抉择。

司马光三封长信七八千言，总结出王安石的四条严重错误：生事、征利、侵官、拒谏。而所有这些，已经导致"士夫沸腾，黎民骚动"。写到最后，司马光提醒这位昔日的老朋友说：

"谄谀之士，于介甫当路之时，诚有顺适之快，一旦失势，必有卖介甫以自售者矣。"

介甫闻言冷笑，不相信他一手提拔的亲信会出卖他。

他回信反击司马光，《答司马谏议书》称得上一篇好散文，立论明确，论据清晰，情绪饱满又不过火，变法之志因受到强劲攻击而愈加坚定。信中说：

> 窃以为与君实游处相好之日久，而议事每不合，所操之术多异故也……今君实所以见教者，以为侵官、生事、征利、拒谏，以致天下怨谤也。某则以谓受命于人主，议法度而修之于朝廷，以授之于有司，不为侵官；举先王之政，以兴利除弊，不为生事；为天下理财，不为征利；辟邪说，难壬人，不为拒谏。至于怨诽之多，则固前知其如此也……

王安石表示，不可能如司马光所言，"一切不事事，守前所为"。熙宁诸法，开弓没有回头箭。

二人尖锐对立，半辈子友谊难以为继，绝交不可免。

司马光在历史的紧要关头力敌新法，要"救天下之民"。王安石也强调"膏泽斯民"。看来都是以民为本，但谁更有效呢？

没过多久，宋神宗的御座前又有一场争辩，吕惠卿出场，王安石旁观。吕惠卿辩不过司马光，转而恶语相向，进行人身攻击，闹得皇帝出面调停。司马光始终"气貌温粹"，而吕惠卿脸铁青，手发抖，骂人之后长时间说不出一句话。

旁人议论说：一个陕西人，一个福建仔，怎么厮合得来！

王安石一直不动声色。他不能在气度上输给司马光。

这一年王安石官拜宰相。而神宗施行平衡战略，升司马光为枢密副使，司马光不受。他上章对皇帝说："陛下诚能罢制置条例司，追还提举官，不行青苗、助役等法，虽不用臣，臣受赐多矣。"

司马光讲这番话也是下赌注：以自己的名望和才干，促使皇帝调整治国大略。如果皇帝采纳他的意见，他就留下。否则走人。留在枢密院，必定配合王安石，他做不到。而走人意味着什么呢？意味着全家老幼几十口卷铺盖，离开生活了若干年的繁华京师。

神宗下旨，旧命重提，请司马光担任枢密副使。司马光再上辞状，以含有忠告和警告的口吻对皇帝说：

> 今言青苗之害者，不过谓使者骚动州县，为今日之患耳。而臣之所忧，乃在十年之外，非今日也。

司马光断言：十年之外，百姓无复存者矣。

百姓不复存，跑光了死绝了，君王毛将焉附？不知道宋神宗读了这个辞状会怎么想。

司马光走了。去洛阳一待十五年，埋头写他的巨著《资治通鉴》。无力改变本朝皇帝，且做后世帝王师……

满朝文武关注他的离去。各部门"大抵默默"，唯有条例司的人拍手称快，喝酒庆祝。王安石去掉了最大的对头，赶走了三十年的老朋友，既高兴，又惆怅。条例司的庆功宴他不参加，独自溜上东京街头。

高人击退了另一个高人，那滋味却有点怪。汴河旁杨柳下，王安石回想着御史中丞吕诲的那张脸。吕诲曾于四、五月两度弹劾他，言辞比司马光更激烈：

> 臣伏睹参知政事王安石，外示朴野，中藏巧诈，骄蹇慢上，阴贼害物……徒文言而饰非，将罔上而欺下，臣切忧之！误天下苍生，必斯人矣……如安石久居庙堂，必无安静之理！

吕诲列出王安石十大罪状，弹章被神宗封还。吕诲乞外调，六月举家离京……王安石此刻的思绪，跳跃于吕诲、司马光之间。谏官走了，对头走了，宰执大换血，宰相府枢密院均听命于他。朝堂之上，唯有他一个人的声音才是声音，反对他的声音都被他灭掉了。黑牛、野牛、铁牛、蛮牛……四蹄对付八方，双角抵垮劲敌。王安石面对众多的责难有过反省么？也许有吧。然而高人行事，哪能中途改弦更张？他自视为一头巨牛，足踏大地头撞青天，奋勇向前。

司马光将行，神宗请吃饭（赐宴），希望他举荐一名谏官以替代吕诲。司马光举苏轼。神宗当时应允，下来转问王安石，王安石一口否定。苏轼这种人，比吕诲更难缠，怎能让他当谏官？

神宗无奈，只得"听命"于王安石。铁腕宰相说一不二。

王安石不让苏轼当谏官，就能阻止他发出声音吗？

安石心里，委实没底。

熙宁三年（1070）将结束，又是新年将至，王安石还有心情写去年《元日》那样的诗吗？他感到奇怪的是，接连几夜做梦，梦里都有苏子瞻。子瞻化身为大力神，手执铁绳来套他的牛脖子……

7

王安石拜相前后，苏轼两次上书皇帝，一次与皇帝直接对话。言辞尖锐激烈，对皇帝丝毫不留面子。古之君子，确实能把百姓的祸福置于个人的命运之上。当时的情形，一般人都能看清：宋神宗力挺王安石，其骤变意志不可动摇。皇帝要朝东，"食君之禄"的臣子们偏要向西，这是什么缘故呢？盖因变法事关重大，为臣者，稍有远见良知，很难做出别样选择。如果是一般朝政，大臣们糊涂一点未尝不可：干吗非得跟皇帝、也跟自己宝贵的乌纱帽过不去呢？

熙宁新法来势太猛，激活了潜伏在士大夫血液里的"文化本能"。反对王安石是群体现象，从高官到小吏，各个层面都有勇士。姑且不论是与非，单就站出来讲话的勇气而言，已经足以垂范后世。

朝廷发不出声音，不少官员就选择离京，到州县，继续和王安石对着干。保社稷也是佑家族。二者在士大夫的眼中唇齿相依。

苏轼官小能量大，又"性不忍事"，所以他能超常发挥。仁宗朝他是变革的鼓吹者；英宗朝他在陕西凤翔历练、在老家眉山思考；神宗上台，骤行新法，他亮出了反抗者的姿态，和王安石斗争到底，一直斗到他为官各地、贬谪万里至岭南蛮荒之地。渐变与骤变不两立。然而苏轼与王安石，又是另一种意义上的心照不宣的朋友，政治严重对立，文化高度认同。元丰年间在金陵，二人促膝谈心谈不够。这事颇奇特。北宋高人的胸怀，看来不是虚构。

苏轼并不一概反对熙宁新法，但新法来势太猛，他不可能反对五个赞成三个。针对极端，他要用另一种极端反制它。

苏轼年轻，精力旺盛，旋风般在京城刮来刮去，官小声音大，位卑名头响。朝廷王公大臣，一半是他的朋友，另一半是他的欣赏者、崇拜者。英宗的遗孀高太后，堪称他的"粉丝"。宋神宗如果忘了吃饭，那一定是刚刚读到苏轼的新作……

苏轼反对王安石的理由是：

> 国家之所以存亡者，在道德之浅深，不在乎强与弱；历数之所以长短者，在风俗之厚薄，不在乎富与贫。道德诚深，风俗诚厚，虽贫且弱，不害于长而存。道德诚浅，风俗诚薄，虽强且富，不救于短而亡。

苏轼为何这么讲呢？他不赞成国家富强吗？其实这番话具有很强的针对性。他所担心的，是朝廷挖空心思夺民财，百姓遭殃。历史上教训多，而苏轼对历史了如指掌。他维护民间的自由贸易，反对官方资本垄断市场，对市易法深恶痛绝。这和他的祖辈在眉山纱縠行世代经营小产业有关，商人赚一点钱，天经地义。再看青苗法，青苗法之前有常平仓和广惠仓，农民青黄不接时，有国家的储备粮平抑物价。这本来挺好，是惠民的举措，而青苗法颁行，却让农村的富户贫户一同遭殃。朝廷大放青苗债，"年可获息甚巨"，朝廷是通吃天下的大赢家。

再者，风俗与道德，维系着社会生活，乃是国家长治久安的柔性力量，与军力的强大、国库的充实有异曲同工之效。破风俗，毁道德，将使国本动摇。苏轼是生活大师，能看到王安石的龙睛看不到的、生活中的细微层面。

苏轼说："夫兴利以聚财者，人臣之利也，非社稷之福。省费以养财者，社稷之福也，非人臣之利。"

朝廷大刮地皮，对谁最有好处呢？对官吏最有好处。苏轼这是跳出自己的利益圈讲话，并且一针见血。朝廷倡导敛财，各部门、各州县必定"兴利以聚财"，变尽法子搞钱，绞尽脑汁生财。"利孔百出，不专于三司。"——以前财政部门干的活，现在所有的部门都抢着干。官员利字当头，必定横征暴敛，制定各种苛法，滋生众多酷吏。"兴利以聚财，必先烦刑以贼（害）民！"

百姓的日子过不下去，谁是终端受害者呢？是皇帝。江山易主社稷改姓，皇帝恐怕连西北风都喝不成，因为皇权的更迭往往伴随着血腥与杀戮。

苏轼寥寥数语，暗示了这些言外之意。

宋神宗也不傻，他能看懂的。

苏轼和司马光一样提倡厉行节约，省费以养财，从皇宫和官员手中取利，以养天下。这些话，私心重的官吏谁愿听？而所谓私心，是被朝廷的风气给鼓动起来的。人性本自私，但私欲断不可膨胀，社会、文化的一大功能，无非是将私欲限制在某种程度上。个体的能量要释放，整体的和谐更须维系。所谓健全社会，无非是在二者间取得平衡。如果官风撼动民风，全社会持续地见利忘义，大鱼吃小鱼，小鱼吃虾米，动物本能充分调动，丛林法则盛行人世，那将是一种什么样的可怕景象？

苏轼的民本思想，同时闪烁着人本的光辉。

苏轼引用孟子的哲学家般的语言提醒皇帝："其进锐者，其退速。"

财是聚起来了，却不会放在国库官厅不动。各级官员要花销，要讲排场。北宋官僚与盛唐比奢侈，一些名臣也不能免俗，比如吕蒙正每天喝一碗鸡舌汤，要杀掉一百只鸡。享国百年之后，还要提高享乐的档次吗？藏富于民，则消耗速度慢，一般小民挣钱辛苦，哪有大手大脚坐吃山空的传统？

十年蓄积的民财，一年就可能被刮走吃空，所以苏轼对皇帝说"其退速"。

《再上神宗书》火药味儿十足了：

> 陛下自去岁以来，所行新政，皆不与治同道。立条例司，遣青苗使，敛助役钱，行均输法，四海骚动，行路怨咨……今日之政，小用则小败，大用则大败，若力行不已，则乱亡随之！

苏轼对皇帝，一点不客气。"所行新政，皆不与治同道"，这等于说，皇帝近年之所为，全是乱搞一气！照这么强行搞下去，好端端的一个国家，乱亡随之而来！

话说绝了。

然而宋神宗还是不生气。估计是做好了心理准备。新政推行以来，皇帝几乎每天挨骂，习惯了。老祖宗立下的家法，开言路，不治言论罪，这一点他可不敢丢。苏轼严厉批评他，这已经是第三次了。熙宁二年（1069）他对苏轼示以恩宠，突然在便殿召对，苏轼进殿劈头就高声说："陛下求治太急，听言太广，进人太锐！"

宋神宗听闻未出一言，只直愣愣盯他，胸脯剧烈起伏，嘴唇颤抖。

苏轼跪下，请皇帝息怒。

然而君臣对峙的局面毫无松动。苏轼"平身"后，御座前傲然如松。

过了很长时间，神宗缓过气来，定睛看苏轼，才徐徐说："卿三言，朕当详思之。"

苏轼聆听圣谕特别兴奋，出皇宫就骑马串朱门去了，四处宣讲他与皇上的便殿对话。王安石听到了，当晚气得吃不下饭。

一个小小的八品官苏子瞻，让皇帝和"拗相公"大大头疼……

8

苏轼形容宋神宗："盲人骑瞎马，夜半临深池。"诗句形象而又大胆，京师百姓也盛传。

他几乎逢人就打比方说：要让白天不知不觉地变成黑夜，绝不能从酷暑一下子跃入严冬，气候大起大落，人的肌体承受不了。

苏轼还跑去敲曾公亮的门，希望老宰相出面，劝皇帝收手。曾公亮叹息说："上与安石如一人，此乃天也。"

知谏院范镇，以朝廷第一谏官的身份弹劾王安石，恶斗了几个回合，斗不过，自请离京。但他呈给宋神宗谢表中的几句话传遍了东西两京："陛下有纳谏之资，大臣进拒谏之计；陛下有爱民之性，大臣用残民之术。"王安石听到了，气得浑身发抖，下令让范镇以户部侍郎致仕，削去应得的恩典。范镇上书皇帝曰："臣言不行，无颜复立于朝。"他自己走掉了，不劳王安石来驱逐。

范镇离京，一些官员不敢去送行，因为吕惠卿明里暗里打了招呼，威胁官员，谨防头上的乌纱帽。苏轼全然不惧，他到范镇的宅第，说："公虽退，而名益重矣。"范镇怅然答："使天下受其害而吾享其名，吾何心哉！"

按宋制，官员求去，要荐人代替。范镇举荐的孔文仲，参加了当年的"制科"试，这种考试，通常是升官的信号。孔文仲却在考场上写下九千言，力论新法之不当。考官宋敏求大笔一挥定为优异，安石闻报大怒，将孔、宋二人赶出京师。

岂知苏轼饱蘸浓墨，手书孔文仲的文章若干份，在百官中传阅。他的书法太棒了，官员们"索阅甚急"，生怕看不到。

于是，王安石狠狠盯上了苏轼。

大宰相看这史馆小官非常不顺眼。

他的手下谢景温，翻旧账弹劾苏轼，说苏轼几年前在回眉山丁忧的途中动用官船，沿途贩卖私盐、瓷器。事情闹大了，韩琦、欧阳修出面，指出这根本不可能：苏轼的父亲去世，包括英宗在内的各方赠银近千两，苏轼一概不收，怎么会官船夹私货赚几个小钱？

谢景温呈报王安石，安石不表态。他不想一棍子把苏轼打死。才华横溢的苏子瞻，打死可惜了。但苏轼必须走。安石与神宗商量，神宗的意思是"与知州差遣"。安石不同意，让他的宰相办公室另拟一道命令：苏轼通判颍州。神宗瞅诰书愣半天，提御笔改了一个字：通判杭州。

此间的王安石，几乎和皇帝平起平坐。

不过，他倒无意罗织党羽架空皇帝。一切只为国家，他没有私心杂念。家里还是老样子，王氏府第很寻常：一座普通官宅。有人讨好卖乖，请神宗赐给他一所豪宅，他把这个人连降三级。

夫人吴氏又给他张罗漂亮小妾，他遣散小妾后大发雷霆。

夜里睡不着，王安石徘徊中庭，凌晨给皇帝写信，希望鲜花丛中的年轻人不要迷女色。君臣合力，让熙宁诸法冲破一切阻力。

王安石犹如纤夫，拉着大宋这条船逆水而上。急流险滩，纤绳勒进肌肉，他咬牙瞪眼不吭气。还使出拳脚，对付一拨又一拨强悍政敌：这个尚未打趴下，那个又冲上来了。今天赶出京师的，明天到地方生乱。清理外部环境刚有起色，内部又闹将起来……王安石纵有三头六臂，比诸葛亮还诸葛亮，可他能把一艘万吨巨轮拉到他的目的地吗？

变法困难重重，阻力来自各个方面。大臣们原则性之强，出乎他的预料。不是两三个，而是一大批，老中青梯次分明。这些人不惧高压，不怕丢乌纱帽，远离汴京到州县，照样和他较劲。这究竟是为什么？他触动了国家的根本利益了吗？难道国库不是日益充实么？官员们的俸禄（包括灰色收入和地方小金库）有增无减，他们非但不领情，反而跟他缠斗不休。

王安石会意识到，他的对手和他一样，把国家的根本利益摆到了个人利益之上。他触动了根本，这些人才不顾一切反对他。莫非他错了大方向？他拽着帝国在错误的道路上越走越远？

王安石的变法思路，可能四十多岁就趋于成形了，酝酿若干年，五十岁得以强劲实施。他认为自己看清了历史，真理在他这一边。冥顽不化的是他的对手，而不是他王安石。

对他来说，有两件大事：神宗的态度和变法派内部的团结。

变法骨干曾布，于制置三司条例司酝酿之初，已在王安石手下干，堪称年轻的变法派元老。他哥哥曾巩与安石闹翻，并未影响他继续留在条例司。王安石称赞他说："法行之初，众议纷纷，独惠卿与曾布始终不易。"可是到了后来，市易法在京城试行两年后推向全国，曾布忽然掉转枪口瞄准新法。也许忍无可忍了。曾布上疏皇帝，竟然说："历观秦汉以来，衰乱之世，恐未之有也。"他独自上街调查，多次询问过往行人，回家再写奏书说：市易法"是挟官府而为兼并之事……所召问行人，往往涕咽"。

曾布还发现官员借朝廷的专卖制度做起了大生意："近差官往湖南贩茶，陕西贩盐，两浙贩纱。"

曾布越过王安石，直接向神宗报告，安石大怒。而曾布不等他开除，自行离开了条例司。曾氏兄弟，一如苏氏兄弟。更让王安石着恼的，是他自己的两个弟弟也公开唱起了对台戏。王安礼、王安国，几乎是他这个当哥哥的一手拉扯成人又送上仕途的。他上班很累很累了，打马回府第，转与家人团聚，希望纠结的心情得以舒展，绷紧的神经得以松弛，可是安国、安礼动不动就找他辩论。双方动怒，一度失和：不见面，见了面也绷着脸不说话。

王安石真是很伤心呐。

他手下有个变法理论家程颢，王安石将其收于麾下。苏辙率先被调走，程颢心里打鼓了。他原是崇尚仁义道德之人，却发现自己糊里糊涂成了搜刮民财的"帮凶"，于是，马上拍屁股走人，携家人到贵州山区去做小官。贵州的穷乡僻壤，挡不住他的慷慨陈词，一封接一封长信写给皇帝、大臣。程颢站到了"敌人"的阵营里，全身披挂，挥舞着理论武器，单挑王安石。他曾经做过新法的吹鼓手，甚感内疚，所以指斥新法格外起劲。俨然弃暗投明，奋力洗刷身上的污点……

王安石真是很沮丧呐。

皇帝又如何呢？事实上，皇帝也动摇了。

韩琦罢相后去了大名府，几年间没闲着，走乡串户，做了大量调查，并选择时机上疏皇帝，针对青苗法下结论说："是官放息钱，与初抑兼并、济困乏之意绝相违戾。欲民信服，不可得也。"

神宗本已受到大臣们的夹击，韩琦再来一重炮，终于身子不稳了。年轻人彻夜不眠。翌日，小范围讲话说："琦真忠臣，虽在外，不忘王室。朕始谓可以利民，今乃害民如此！"

神宗一席话，显然要传给王安石听。

王安石火冒三丈，挥笔疾书，狠狠质问皇帝：这么三心二意的，天下事何事可成？

神宗沉默。安石辞职。

君臣斗了一个回合，以臣子的胜利而告终。新政风暴席卷全国，王安石中途撂挑子，神宗可承担不起。于是殷勤挽留，亲往宰相府。安石收回辞呈。

新法继续推行。城里也搞起了青苗贷款，官吏忙着收息或抓人。到处可见神色慌张的流浪汉。大商户冷清，小商户关门。官员得意，百姓颓唐。王安石的眼睛只看国库的进账数字。

到后来，一代名臣文彦博借华州山崩，掀起新一轮的舆论潮，称市易法导致天怨人怒。"聚敛小臣希进妄作，侵渔贫下，贴累朝廷。"神宗再一次动摇了。百姓能欺，天却不好惹。"天不祚宋"，大宋皇帝可就惨啦：天下大乱，皇帝滚蛋！

王安石挺身而出，当着神宗的面，"指天而语"：谁知天意如何？人之所为，亦不必合天意！

这惊世骇俗的言语，倒使神宗惊魂稍定。文彦博重重的一击不见效，乞外放，到河阳（今河南孟州市）去了。

新法风暴接着刮，风势却已减弱。神宗与安石见面，有时会露出一副做了亏心事的样子。二人几年合谋，以钢铁般的意志谋取天下财利，谋到头，发现朝廷富了，民间穷了。这不会捅出什么大娄子吧？小民欠官债吃不起饭，背井离乡，失掉安全感……他们总有一天要造反。神宗视察国库也不那么兴奋了。后来用兵西夏，战火烧到甘陕边城，他耳边只听见士卒哀嚎、银子像海潮哗哗往外倒。古人讲慎用兵，恐怕是有些道理的吧？

宋神宗身形不稳：刮出去的风暴又反弹回来，刮到了御座前。

王安石使出牛劲给皇上挺着。

第九章　恩师暮年

1

苏轼三十六岁通判杭州。时在熙宁四年（1071）。

王安石想让他通判颍州，宋神宗改了一个字，把苏轼继凤翔签判之后的第二个地方要职放在杭州。杭州十万户，几十万人口，"市列珠玑，门盈罗绮"，繁华称江南第一，也是王安石生财的首重之州。宋神宗于熙宁四年下诏，派苏轼去杭州，有他自己的想法。他不能让王安石在人事问题上趋于专断，把他这个皇帝架空。另外，他对熙宁诸法已有疑虑……

苏轼不急于启程。升官不同于贬官，贬官接到诰书，三日内就得走人。

老朋友刘贡父，大画家文同，因触犯王安石而被贬出京师，送行者寥寥，包括那些讨要过文同字画的官员。苏轼设宴，为他们壮行色。

时为三月末，南园春和景明。苏家的妇人们提前两天就开始忙碌了，杀鸡宰鹅烤乳猪。苏轼屡入庖厨，手上抱着未满一岁的"长头儿"苏迨。烤乳猪这道菜是祖父苏序最爱吃的，呼为"嫩香脆"，任妈是炙烤的行家，掌握火候，配制作料。她指挥着仆人们，把烤乳猪的铁盆子、木架子置于院子当中，日将暮时升炭火，一只十几斤重的乳猪在火上翻转，不多时，嫩嫩的肉香溢出来，夜色中既好看又馋人。

刘贡父笑道：我明天留书与介甫，不说别的，只描述一下暮春之夜，南园苏家，这香喷喷的烤乳猪盛宴。

文同忙摆手：使不得使不得。那牛形人气量小，再有贬书下来，我二人可吃罪不起。

文同一向言语谨慎，改官到京城不足一年，忍不住议论了几句新法之不当，便被贬到西蜀陵州（今眉山市仁寿县）去。而刘贡父不怵王安石，满城皆知，他常拿介甫身上的虱子开玩笑，说虱子与介甫前世有缘，今生为朋。介甫吃了他几回"闷谑"，显示宰相气度付之一笑。刘贡父上书朝廷反对青苗法，居然把王安石比作汉武帝手下有名的酷吏张汤，安石大怒，贬刘贡父为泰州（今江苏泰州）通判。

苏轼设夜宴为他二人送行，要传于百官的。以刘贡父的性格，他会逢人便夸南园的烤乳猪。

烤得黄酥酥的乳猪终于上桌了，主仆皆有份，啖得嘴流油。那院墙下的黑狗急了，汪汪汪叫个不休，苏迈喂它香酥骨头……

苏轼呼来纸砚笔墨，为刘贡父赋诗一首，其中说："莫夸舌在齿牙牢，是中惟可饮醇酒。读书不用多，作诗不须工。海边无事日日醉，梦魂不到蓬莱宫。"

这首诗作，第二天就在汴梁传开了。次年，苏轼与刘贡父重逢于扬州，有诗云："去年送刘郎，醉语已惊众。"

刘贡父得了诗，吩咐他的随从收好，对苏轼拱手笑道：子瞻墨如猪，难怪你喜欢吃这浑圆之物。

苏轼亦笑，随口作答：刘郎吃猪又得猪，日后运气好如猪。

刘贡父问：猪的运气好么？

苏轼答：眉山人常言，猪有猪福气。

文同说：子瞻为墨猪，贡父是福猪。

苏轼大笑：文与可原本心中雪亮，偏向世人装蠢猪！

文同似有不悦。苏轼含笑斜睨他，少顷，又开口道：今日南园夜宴，三头活猪对两头烤猪。

满堂哄笑。女人们笑弯了腰，脑袋奇长的小苏迨笑得咯咯咯，爆炒豆似的。

刘贡父说：三头猪拱不翻一头牛。我等远离东京，王介甫最高兴。

苏轼说：介甫大才，可惜他太孤傲。熙宁新法不乏奇思妙想，如果慢慢来，虚心问贤，广纳大臣们的智慧，边推行边纠正，或可成大功。

刘贡父摇头：介甫牛性子，他爹娘生就的。

文同说：介甫牛，子瞻也牛，这开年就干了两件大事，力阻宫廷低价购买浙江商人的元宵灯；奋笔书写了两封奏折，即后世所谓《上神宗皇帝书》《再上神宗书》，言辞掷地有声啊！我是佩服得紧。

文同讲的两件事，发生在这一年的元月和三月之间，朝野盛传。浙江商户精工制作的四千盏上品宫灯，在开封府推官苏轼的直接干预下，原价卖与宫廷。东京商户奔走相告……

苏轼笑道：与可平生谨慎，我不行。

文同说：仕途险恶，谨慎点好，谨慎点好。

刘贡父拍拍他的肩膀：与可下笔画竹石图，硬朗爽快，行事何如妇人焉？

文同胆小，酒量倒不小。他翻着眼皮说：今夜不瞒二位高人，我文与可下笔爽快，盖因平日里为人行事，真不够爽快！

苏轼点头道：此言妙，一语中的。我苏子瞻酒量差，这二十年真是想喝得很呐，天天喝成一张关公脸。蜀人管这叫缺啥想啥。

文同举杯，喃喃重复：缺啥想啥……

2

初夏，苏轼举家离汴京，乘舟下汴水出都，朝陈州（今河南淮阳）进发，去见苏辙和致仕（退休）的张方平。官船上主仆七八个人，任妈近六十岁了，苏迨一岁半，苏迈十三岁，王闰之二十四岁。

苏轼喜欢立于船头，眺望汴河两岸的人家。耳边传来妻儿的嬉笑，迎面更有一阵阵的水上凉风，吹动青色的官服，抚摸健康的肌肤。苏轼心情不错。此去通判杭州，官六品，为东南第一州的官府要员，位在州佐之上。凤翔他是签判，签判的权限、俸禄比通判差了一大截。通判一职，有朝廷赋予的督察太守的职权。通判弄权时，常常把太守弄得很难堪。

官船行汴水，一帆风顺。

忽见后面有轻舟赶来，舟中有个穿官服的青年男子，面黑体壮，朝苏轼深施一礼，自报姓名曰王雱。这王雱跃上苏轼的官船，呈一锦盒，盒中装着文房四宝：笔墨砚帛。苏轼细看时吃了一惊，那几样看似寻常的东西竟然是御赐宝物，慌忙跪接，一面说：多谢圣上赐墨砚，微臣自当勤事学问。

那王雱乐了，咧嘴笑道：子瞻错矣，笔砚墨帛虽是皇宫之物，却是家父转赠给你的。家父乃当今圣人，"光于仲尼"，我是小圣。子瞻啊，虽然你反对新法不识时务，但我父亲对你的才华还是认可的。他本想亲自为你钱行，我说不必啦。我家的御赐宝物多的是，

126

转赠你文房四宝，是要你多留心文事，其他的含义也不用我多说。你是聪明人，不似韩琦、范镇。

苏轼说：韩公、范公，和你父亲一样，亦是本朝名臣。

王雱仰面而笑：那两个家伙只配吃剑！好啦，子瞻珍重，小圣去也。

顷刻间，王雱的小船已在百丈外。

苏轼愣了一会儿，喃喃说：小圣大圣，恐怕是父子相圣吧？

王雱，是王安石的独子，天生异秉，看书过目不忘，考进士走仕途，不靠他父亲的门荫；又天性怪异，娶妻生子，老怀疑他那年轻漂亮的妻子与人有染，儿子不像自己的骨血，"貌不类己"，没事就恫吓婴儿，竟然把刚满周岁的儿子吓死在摇篮中。妻子大恸，转与王雱乱拳厮拼，家里闹得乌烟瘴气。王丞相只好亲自裁决，把儿媳妇嫁给看门人了事。

这故事满城皆知。王雱进入制置三司条例司，复与吕惠卿斗上了……

苏轼叹曰：父子俱出众，却都是斗争好手啊。

他估计，条例司的那些速进之人，章惇、李定、吕惠卿、王雱……恐怕要争权夺利缠斗不休。

不过，他赴杭州任，离京师很遥远了。

何况眼下好风好水，官船破浪向陈州。

兄弟不相见，屈指已两年。恩师张方平更是十余年未得一面，不知他老人家尚能饭否？

苏轼一行抵陈州，盘桓七十天。兄弟二人"风雨对床"，诉说着家事、国事、文事。

金陵人张方平，眼下一大把年纪了，喝酒用大杯，啖肉端斗碗，朗笑，阔步，夜里鼾声如雷。

酒酣，张方平密语苏轼：欧阳老儿近来情绪不佳，你兄弟二人去颍州看望他时，宜多抚慰。

苏轼说：恩公也去颍州如何？

张方平沉吟道：醉翁身体差了，我找他斗酒一点没劲。你苏子瞻相邀，老夫就陪你兄弟俩走一趟吧。

3

苏轼一家人在陈州一住就是两个月，复去颍州欧阳修的府第，逗留三十多天。苏轼此番赴杭州任，估计要走上小半年。

颍州（今安徽阜阳）也有西湖，欧阳修的庄园在颍水之畔。

六十五岁的欧阳修患消渴病，明显见老了，醉翁饮酒，三杯为限。苏氏兄弟及张方平来，他勉强多饮了两杯，便咳嗽不止。

恰逢欧阳修的生日，府中家妓鱼贯列，丝竹声起。苏轼"插花起舞为公寿"，希望博恩师一笑。

欧阳修笑了，笑得有些勉强。

苏轼酒量差，为恩师寿辰豁出去了，边舞边饮，喝下去十余杯，是平时酒量的几倍，红脸如血，舞步踉跄，醉态可掬。他的舞蹈风格有点像胡旋舞，动作夸张而逗笑，头上插花摇，脚下青砖动。家妓们捂着嘴儿娇笑。其中一个面目姣美的洛阳女子，不时扭头去看欧公，担心他坐久了，病体不支。

醉翁观苏轼插花跳舞，高兴了，复命斟酒，一饮而尽。

他对张方平说：醉翁是徒有虚名了，不能与你斗百杯。

张方平笑道：《醉翁亭记》名传天下，醉翁之名，非欧公莫属。

欧阳修问：文章名，饮者名，真能传下去？

张方平答：我这把平庸老骨头，死了埋了，不消几年，世上就会把张方平这个人忘得精光。醉翁不朽，六一居士不朽啊。

欧阳修听这话如饮甘露，捋须微笑着，却说：方平此言差矣。

他伸手指苏轼，又对张方平说：当庭舞者谁？百代苏子瞻啊！想当初，你我二人冰释前嫌，联手荐他，也荐老苏与小苏，单凭这一点，安道、永叔俱不朽矣。

张方平字安道。欧阳修字永叔。

年近七旬的张安道望望苏子瞻，再看看苏子由，想起西蜀眉山九泉下的苏洵，不禁一声长叹。他连饮六杯酒，且为欧公寿。

场面颇为动人。洛阳女子悄悄举袂拭泪。她跟随欧阳修多年，受恩图报，居汴梁，移青州，迁颍州，歌舞侑酒，伺候起居，真是无微不至。朝廷大臣待家妓、侍妾好的，欧阳修是一个，享仁厚之名三十年。曾有弟子戏之曰：老师左手举荐贤才，右手呵护佳丽，风范胜过了白香山。

然而近年来，欧阳修受到两件事的折磨。

熙宁二年（1069），欧阳修知青州（今山东益都），以三朝重臣之余力，拒绝实施朝廷颁布的青苗法，触怒宋神宗。宰相王安石曾是欧阳门下弟子，不敢对老师发难，却把老师调离青州，接下来，又以委婉的方式剥夺了老师的实权，让老师享受食邑四千户，在颍州庄园养老。欧阳修原是"庆历新政"的发起人之一，时隔二十多年，目睹青苗法在许多地方实施的过程中伤害了农民，于是挺身而出，在自己的管辖范围内拒不执行，抵制他当年的门下士、眼下朝廷的铁腕大宰相王安石。他像司马光一样"不识时务"。司马光去了洛阳，长居"独乐园"，写历史学巨著《资治通鉴》。欧阳修被迫迁颍州，修订他的《新唐书》《新五代史》。

熙宁诸法轰轰烈烈，一代名臣无能为力。

另一件事发生在熙宁元年（1068），涉及欧阳修的名誉。朝廷有人弹劾他,攻击他"帷薄不修",与儿媳妇吴氏有染。帷薄不修,特指家中帘子后面发生的丑事儿,意思与民间用词"扒灰"同。这事儿起于欧阳修夫人的堂弟薛宗孺,姓薛的做官乱来,贪污受贿,事发,紧急求助,求欧阳修施以援手帮他一把。欧阳修拒绝,薛宗孺"怨修切齿",就编造了欧阳修的扒灰故事,四处嚷嚷:欧阳修一辈子冠冕堂皇讲修身,约束天下士人,他本人却偷偷干坏事,乱伦缺德,欧阳修帷薄不修,帷薄不修……

这个姓薛的家伙为保官帽,不惜把包括他堂姐在内的欧阳修全家人推向火坑。故事传到朝廷,立刻被一帮速进小人别有用心地加以利用。家庭事件迅速升级为政治风波,连皇帝都被惊动,朝野议论纷纷。欧阳修百口难辩。虽然后来澄清了真相,宋神宗亲自给他写信,称赞他的道德修养,"帷薄不修"的风波得以平息,但欧阳修遭中伤,受重创,抑郁伤身。上表自乞外放,永远离开京城。

士大夫担当天下,苦于不能救百姓于水火;承载道德风俗,却遭到"非礼乱伦"的诬陷,欧阳修生命中的这两个核心价值区域受到前所未有的打击。一夜之间他白发萧萧,走路要用拐杖。泛舟颍水之上,抚琴屡发悲声。糖尿病使他视力更差,看家妓们的面容也看不清了,自嘲青红蓝绿莫能辨,恰似杜甫暮年飘荡于洞庭湖所发出的叹息:"老年花似雾中看。"

而今日苏轼、苏辙携家眷为他拜寿,张方平不顾老迈之躯为他一饮几十杯,他笑了,虽然笑容里隐隐约约有泪光闪烁。

欧阳先生六十五,苏轼插花为他舞……

几天后张方平返回陈州。苏氏兄弟继续逗留。曾巩也从外地赶来,为老师尽一份孝敬之心,并带来王安石赠送的厚礼:一只玉麒麟。欧阳修视玉麒麟良久,叹曰:孔子暮年见麒麟,知死期近矣。

曾巩说:盛世麒麟现,与乱世不同。

欧阳修摇头：介甫搞的那一套，害民不浅呐。

苏轼说：介甫至孝，对老师也是敬爱有加。

欧阳修再摇头：他敬我，就收回青苗法，撤销市易务！

苏辙望着兄长和曾巩说：王相公眼下的日子也不好过。我们不提他。

欧阳修点头道：不提那黑牛！

欧阳修暮年的一大心病就是王介甫，比之帷薄风波犹有过之。眼看着王介甫扰动天下，他这做老师的，只能居家长吁短叹。为官四十年，无论做京官还是地方官，欧阳修无愧于君，无愧于民。他早年曾与范仲淹共事，折服于范公"先天下之忧而忧"的伟人情怀……

这几年他忧国忧民，早也忧晚也忧，忧思没个尽头。衣带渐宽终不悔，为民消得人憔悴。

欧公庄园里，颍州西湖畔，苏子瞻击节而唱："平山栏槛倚晴空，山色有无中。手种堂前垂柳，别来几度春风。　文章太守，挥毫万字，一饮千钟。行乐直须年少，尊前看取衰翁。"

这首名词《朝中措》，是欧阳修四十多岁时作于繁华扬州之平山堂。他中年知扬州，政声极佳，调走后，手种的杨柳被扬州百姓亲切地呼为"欧公柳"。

苏轼吟唱《朝中措》，心有向往焉。此去杭州做通判，为官，为人，为文，向他敬爱的先生看齐。

欧阳修听着苏子瞻唱他二十年前写下的词，眼睛再一次潮湿了。

一群人坐画船，游颍水，洛阳女子轻启歌喉，唱《采桑子》："群芳过后西湖好，狼籍残红，飞絮蒙蒙，垂柳阑干尽日风。笙歌散尽游人去，始觉春空，垂下帘栊。双燕归来细雨中。"

欧阳修为颍州西湖写下了十首《采桑子》，佳句连连，恰到好处地融入颍上风光，为美景添诗意。

欧阳修对苏轼说：你去杭州，为钱塘湖写几句。白居易的七律《钱塘湖春行》，杭州人家喻户晓。以你诗才，不妨与他比个高低。

苏轼笑道：试试看吧。

曾巩说：子瞻不谦虚。

欧阳修说：诗人谦虚无好诗。

曾巩以散文著称，诗赋一般。苏辙亦然。

欧阳修一代文宗，诗笔，史笔，散文笔，书法笔；又集古一千卷，藏书一万卷，酒一壶，棋一局，琴一把，更以一老翁优游于五者之间，是为"六一居士"。

兴趣如此深广，不敌忧思如潮。

欧阳修意味深长地对苏轼说：你在杭州若不称意，不妨寻僧访道。杭州三百六十寺，寺寺有高僧呐。

苏轼点头道：弟子谨记。

第十章　杭州

1

"东南形胜，三吴都会，钱塘自古繁华。"

这是柳永描绘杭州的名句。

宋人笔记《枫窗小牍》云："汴中呼余杭，百事繁庶，地上天宫。"

宋仁宗赞美杭州："地有湖山美，东南第一州。"

苏轼初夏从汴梁出发，深秋才到位于凤凰山右麓的杭州府衙，携家眷住进通判南厅。北厅住着另一个通判，姓鲁，名有开。

北宋的大州，一般设两个通判。

杭州太守沈立，是个面善的官员，他召集群僚为苏通判设宴洗尘，饮酒节制，言语谨慎。倒是鲁通判口口声声提到朝廷，把皇上和王丞相挂在嘴边。官吏们附和，谈起向各县农民追讨青苗钱的日常事务。鲁通判瞅苏轼一眼，似乎有意提高嗓门说：两浙（浙东、浙西）的盐商、茶商、纱商、粮商，近来也猖獗得很，公然蔑视坐镇杭州市易务的朝廷提举官，搞武装贩运，昼伏夜行，对抗朝廷的专卖制度。对这些胆大妄为的商人，下手要狠，该抓的一定要抓。如果他们竟敢武力拒捕，杀无赦！

鲁通判还做了一个砍头的手势。

苏轼默然。移目看鲁通判时，脸上没表情。

年初他上书神宗皇帝，抨击熙宁诸法，并且力阻朝廷低价购买浙江人制作的四千盏宫灯；年底到杭州，面对区区鲁通判而作声不得。他沮丧地想：青苗法、市易法，推行江南已成气候。

偌大的豪华官厅，二十多个官吏分两排席地而坐，太守沈立居中，鲁通判、苏通判一左一右，位于群僚之首。依次下去，是长史、监司、诸曹、主簿、校尉等。几案上美酒佳肴，席前美娘歌舞助兴。朝廷大刮地皮，州县也得好处，像杭州这种农商赋税居全国之冠的地方，官吏们虽然忙碌，但日子也过得颇为享受。吃喝玩乐，稀松平常。"新进"官员，一个个年纪轻轻，养得白白胖胖的，人人拥有一张"享国脸"，张口吞吃两浙美味，斜眼抛向三吴美娘。他们七嘴八舌，一半人讲两浙、淮南土话，苏轼听不懂。

新官上任情绪不高。

沈立只向他敬酒，不谈公事。

鲁通判今日嗓门高，大有欺生、示威之意。苏轼在京城几次顶撞皇帝，反对王安石，杭州的官员多有议论。苏子瞻的才气与脾气，江南官府谁不知道呢？鲁通判带头嚷嚷，想给苏子瞻一点颜色瞧瞧，挫这个大英才的锐气。

形势比人强。英才喝闷酒。

鲁有开"初战告捷"，那表情越发丰富……

2

夜里，苏轼回到设在州府南厅的家，独坐灯下良久。王安石派儿子赠送他御赐的笔墨砚帛，用意再明显不过了。而师尊欧阳修嘱咐他去山中找和尚，也是担心他"性不忍事"，惹火烧身。

苏轼披了裘衣出门，徘徊于官邸庭院中。寒夜寂然，凛冽的空气中有湖水的气息。天幕上星星真多，真亮啊。凤凰山有峰如削，几百尺隐入苍穹，北斗七星仿佛悬挂峰巅，闪烁于峰峦一棵孤松的虬曲枝干上。

良辰美景道不得，诗人心中郁闷多。

次日家里始动炊，依照风俗祭灶，邀请四邻。任妈、王闰之忙碌半天，弄了许多菜，冷盘热碗，兼有西蜀与汴京风味。居北厅的鲁通判借故不来，只派个属吏到南厅应付。苏轼浑不计较，频频邀客共饮。酒后得绝句二首，唤来笔墨，当着客人们一挥而就。"眼看时事力难任，贪恋君恩退未能……"

鲁通判派来的那个属吏，把这两句记熟了，嘴角眉梢有得意色。

苏轼拿醉眼去瞟他，微微一笑，扭头吩咐下人说：诗寄陈州子由。子由做小州学官，比我这个大州通判强多啦。

苏轼嗓门高，故意说给那探子模样的属吏听。

到杭州的第三天，苏轼带了仆夫，出钱塘门三里，去孤山访问惠勤、惠思二僧。这两个和尚是欧阳修的旧交。孤山在钱塘湖中，一峰孤耸于万顷碧水，看上去十分壮观。孤山由此得名，山中寺庙香火旺盛。苏轼坐船过去，扁舟短棹，朝着那孤独而傲岸的山峰。

苏轼第一次解舟下西湖，不是游湖，是去孤山访问和尚。他在山中待了三个时辰，用了斋饭，拜了佛陀，品了香茶。

时在腊日，湖山之上铅云低垂，下午的天光已逼近薄暮。两个和尚送苏通判出寺，邀请他得空再来山寺品茶。

苏轼再次下西湖，坐看孤山暮云，片片绕浮屠。归家不忙吃饭，一首古体诗信手拈来："天欲雪，云满湖，楼台明灭山有无。水清石出鱼可数，林深无人鸟相呼。腊日不归对妻孥，名寻道人实

135

自娱……"

凤凰山上孤松，钱塘湖中孤山，恰是苏轼此间心境写照。

西湖万般娇媚，秋冬晴日亦然。苏轼初与湖水结缘，遇上天欲雪的腊日气候。他心里也裹着灰色云团，仿佛为来年春夏的佳句喷射作铺垫。

他的一大公务是判案，审理被衙役捕快抓进监狱的犯人。姓鲁的通判负责抓人，苏通判主管审讯。而所谓犯人，大部分是还不起青苗贷款的农民、贩盐卖纱的商人。所有这些小民，以前的日子过得好好的，享受着鱼米之乡的丰饶。青苗法、市易法一经颁行，州县骚动，城乡慌乱。

王安石的熙宁新法中，助役法、方田法、保马法、保甲法、农田水利法等，各有成效和弊端。颁行于熙宁四年（1071）的教育法，变更科举制度，废除近百年的诗赋论取士，场屋专考经义，使举子专攻三经中的一经，知识面变得相当狭窄，波及全国的学风士风。当时及后世，对王安石变科举诟病甚多。欧阳修、苏轼等人更是痛心疾首……

乡下放青苗钱，城里设市易务，则是诸法重中之重。王安石的本意不是害民，但新法推行的过程中，"上下交争利"，官吏变尽法子乱来，弊端百出。地方政府忙着贷款给农民，更忙着抓捕逾期不还贷款的大小农户。农民十户编为一保，十保编为一大保，穷户欠账逃跑，富户亦受株连；私贩盐茶酒帛等基本物资的行商，被朝廷的军队昼夜追赶，一旦落网，人财两空。武力拒捕则性命难保。

短短两年时间，州县牢狱人满为患。常有新监狱破土动工……

苏轼高坐于官厅堂上，面对一拨又一拨的所谓囚犯，心情沉重。沉重是由于他从上到下看得太清。看清而不能有所作为，于是格外揪心。

除夕到了，苏轼仍然在忙着审理并清点犯人。他详细询问了几个余杭的农民，挥笔写下一首诗。

《题官厅壁》："除日当早归，官事乃见留。执笔对之泣，哀此系中囚……不须论贤愚，均是为食谋。谁能暂纵遣？闵默愧前修。"

官厅中的属吏、衙役面面相觑。苏轼这首五言诗写满了一堵大墙。行草字像一声声沉重的叹息。有个下属上前对他耳语，劝他止笔。他充耳不闻。

其实，苏轼这么干，心里有盘算的。

过厅的囚犯们看见了墙上的诗，有识字的人念出声。感激的，诧异的，迷茫的，表情各异。通判大人为他们写诗，并没有立刻赢得他们的一致好感。许多人见惯了官吏的凶悍和狡诈。

少顷，鲁有开带着酒气和几个人来了，他走进官厅，瞥一眼写满字的墙壁，皱眉念了几句，直接嘲笑苏轼说：子瞻对刁民大发慈悲，是批评本官捉人太多吧？大才子诗句好，笔墨苍劲饱满，却不该题写官厅。

苏轼笑道：我若写在别处，鲁大人能看见吗？

姓鲁的咧嘴笑笑：原来苏大人专门写给我看啊。

苏轼说：众人已经看过了，鲁通判姗姗来迟。

姓鲁的脸色变了，盯着苏轼说：我鲁某是不敢妄加评论，请沈太守来看看，如何？

苏轼说：好呀，我正有事向太守禀报。

沈立到了。他也不管鲁通判的神情，只欣赏苏轼题写的五言诗，慨然道：听说十几年前仁宗皇帝殿试，观子瞻书法，龙颜大悦。

鲁通判说：苏子瞻引领一代书风，我也钦佩有加。只是官厅里写这种诗，恐有不妥。囚犯本已难管制，不宜纵容。子瞻诗云"谁能暂纵遣"，囚犯看了会怎么想？盼官府放他们回家过年吗？

苏轼说：我正有此意，要禀报沈太守。牢狱中有不少轻罪系囚，只要他们的家属立下字据作保证，不妨回家过年，元宵节后再入狱。

鲁通判冷笑：苏大人说得轻巧。系囚都是抓来的刁民，想让他们自动返回牢狱，岂不是大白天说梦话！

苏轼说：小民渴盼团聚，他们回家半月，必是举家欢欣。我们这些做官的，施以仁政不好吗？

鲁通判嚷道：本官捉人艰难，子瞻放人轻松，岂有此理！请太守大人明断。

杭州府两个通判较上劲了，官厅中，诗壁下，一群官吏紧张观望，没人敢插话。鲁通判有朝廷的背景，而苏通判是宋神宗亲自放到杭州的。

就看太守沈立如何表态了。

太守发话：轻罪系囚，可以回家过年。

姓鲁的将袖袍一拂，切齿说：本通判拒不签署公文！

沈立扭头瞧着他。

按宋制，州太守签署的公文，通判联署方能生效。如果姓鲁的不合作，沈立、苏轼签署无效。

沈立很生气。这鲁有开居然当众顶撞他。

苏轼笑道：不签也罢。今日你不签，明日我不签。

鲁通判的眼珠子开始打转了。他刚才忘了，两个通判失和，会互相制衡，诸事掣肘。二人若同时写奏折闹上朝廷，他自忖未必占得上风。

这家伙犹豫了。寒冬天气额头冒汗。

沈立板着脸再问：签吗？

鲁通判嗫嚅道：这大过年的，下官……遵从太守旨意。

苏轼拍拍他的肩膀说：你我共助太守，做点善事不难。

鲁通判朝苏轼翻眼皮，口服心不服的样子。

熙宁四年的除夕夜，苏轼半夜才归家，三更与守岁的家人们团聚，四更又到官厅"视事"。晨光初露后，他带了侍从和马梦得，快马往返于几所牢狱，清点出轻罪系囚三百七十余人，派衙役分几路通知他们的家属前来立字据。对"重罪"系囚，则安排了年货，从初一到初五皆有肉食，严禁狱卒鞭打犯人。

到正月初三，苏轼才将诸事办妥。协助他的州县官吏们吃了一通酒之后散去了，他独坐官厅，瞅着墙壁上的题诗，舒出一口长气。

青苗法、市易法通行天下，他一个六品"别驾"不能阻挡大势，只能干一点力所能及的事情。数百名系囚回家过年，几百个家庭在酸楚的氛围中迎来意外之喜，苏轼细想他们的容貌举止，不禁嘴角上扬。

他哼着江南小曲回家，逗逗苏迈，抱抱苏迨，进厨房看任妈和王闰之学做浙西菜，尝一片菜板上的腊肉，边嚼边唱眉山民谣："菜板上，切腊肉，有肥又有瘦。你吃肥，我吃瘦，小娃儿啃骨头。嘿唉……小娃儿啃骨头。"

杭州的通判南厅，一如汴京的苏家南园，正房厢房各五六间，庭院中有花树，有古柳，有菜园子，有一群鸡和小猫小狗。墙角马厩里的三匹良马分槽而食。

温馨的家，家在凤凰山下。

3

二月阳春，三月暮春，苏轼忙于州县的各类公务，没空闲感受好湖山。大诗人身在美景中不着急，灵感未来时，笔墨蓄势而已。

暮春时节的江南，繁花似锦。太守沈立、通判苏轼带一群官吏赏花于著名的吉祥寺，寺中盛开着几十种鲜艳春花，海棠、芍药、石榴、玫瑰、玉兰、茉莉……杭州市民数千人涌入寺中，拜佛，看花，买东西，尝食物，观服饰，瞅俊男俏女。这杭州吉祥寺类似汴梁的大相国寺，既是礼佛的场所，又是好玩儿的地方，僧俗两盛，香火的气味中掺和着浓浓的酒香。

太守想要营造的，是所谓吏民同乐的氛围。沈立到杭州近两年，虽然执行新法，却也尽量体恤百姓；又尊重苏轼的主张，压制鲁通判等人的嚣张气焰。苏轼特于吉祥寺大雄宝殿前书赠他四个字：湖上棠阴。千人围观大书家向一幅六尺绢帛挥毫，夸了书法又赞太守。

甘棠乃是美政之誉。

沈立将要调走，百姓有不舍之情。小民历来如此，得一好官不易。中唐的白居易调离苏州时，全城市民哭送，刘禹锡写诗说："苏州十万户，尽作婴儿啼。"

苏轼频频向太守敬酒，脸比春花红。他和沈立的头上皆被人插满了鲜花，其中海棠花占了一半。官帽不知何处去也，人面春花相映红。苏轼举目望去，插花的人多为少男少女，他自己三十七八岁了，沈太守年近半百，都是满头春花摇曳，花瓣落到脸上，花香沁人心脾。苏轼大醉，被属下扶了，踉踉跄跄归去，途中抬醉眼，望望街市行人，行人也纷纷笑指他哩。苏轼醉吟："人老簪花不自羞，花应羞上老人头。醉归扶路人应笑，十里珠帘半上钩。"

4

沈立调往汴京，新太守上任了，名叫陈襄，字述古。陈述古也是熙宁新法的反对派，官居翰林学士知制诰，曾上书神宗曰："青苗法为商鞅之术，乞贬王安石、吕惠卿以谢天下。"王安石愤怒，将他调离京师。他知陈州仅一年，接圣旨，迁升杭州太守。

宋神宗把陈述古放在杭州，有他特殊的考虑。

陈述古是做过大京官的，到杭州来，与苏轼气味相投。二人时常关起门来谈朝政，避开鲁有开。他们身居杭州，闻到了朝廷飘来的微妙气息：皇帝与王大宰相已有矛盾。而王安石与其亲手提拔的吕惠卿之间，更有对立之势。吕惠卿是条例司一帮"速进小人"中的佼佼者，速进不知足，更想当宰相，扳倒他的恩人王安石……

熙宁五年（1072）的王安石，受到皇上和部下的双重"夹击"。

然而来自另一个方向的袭击，火力更猛。袭击者是一介小吏。

郑侠，一个不懂拳脚功夫的真正的侠士，王安石当年的学生，汴京城毫不起眼的安上门门吏。福建福清人，学识渊博，宅心仁厚。郑侠家里穷，他考中进士踏上仕途，全家老小眼巴巴望着他。王安石认为他是大才，几次想提拔他，被他拒绝了。理由简单：郑侠认为新法害民，拒绝到王安石手下干。

郑侠执意待在安上门，有他自己的打算。他每天看见大量的流民涌入繁华京师，一再为之震撼。他寻思着，要把他的震撼传入深宫。怎么办呢？写信吗？许多高官写信上章没结果，皇帝要么"留章不发"，要么"封还词头"。郑侠决定画《流民图》，配上文字呈给皇上。他原本是个丹青好手，又倾注了一颗悲悯之心。他的画笔下，有骨瘦如柴的老者，伤心哭泣的大汉，蓬头垢面的村姑，吞吃垃圾的儿童……最悲惨的是官军押着的几个囚犯，可能是一家人，短衣、赤脚，形如饿鬼，身上还背着拆房子拆下来的椽子：这是仅剩的家产了。

郑侠动用他手中的一点权力，谎称有急事越职上奏，调驿马驰送深宫。宋神宗反复看《流民图》，双泪长流。太皇太后曹氏、太后高氏都哭着指责他。神宗的弟弟更是恨得脸色苍白，兄弟俩在后宫激烈争吵，神宗动怒说：朕治国无能，你来吧！

说罢，拂袖而去。

此事传入宰相府，王安石一声长叹。手下问：是否将郑侠抓起来问罪？王安石摇头说：不必。

可是吕惠卿瞒着王安石，以擅调驿马的罪名将郑侠投入大牢。郑侠每日挨打，受酷刑，吃猪食，仕途也毁了。不过他显得很从容，有时还乐得直笑。后来听说神宗皇帝直接下令暂停青苗、市易诸法，打开各地官仓，放粮救济流民，郑侠顿时泪如雨下……

再看吕惠卿，这个人据说很能干，在条例司人称"护法沙门"。他是一辈子都认为自己了不起的那种小人。熙宁初年他宣称：对古人他只崇拜孔夫子，对今人则只知王安石。紧跟王安石五六年，他暗暗生出了另一副嘴脸，拆主子的台，献媚于皇上。他把王安石写给他的亲笔信披露给宋神宗，信中有"勿使上知"等语，神宗一看脸就黑了，认为王安石对他不忠。

吕惠卿审时度势，眼瞅着王安石受郑侠一击元气大伤，他再施以拳脚，轻轻地一推，便使这牛形巨人仰面倒下。他公开叫板王安石，排挤王安国，恶斗王雱，并使王雱三十三岁就丢了性命。他有办法叫王安石伤心伤肝伤脾伤胃，因为他这个做心腹弟子的，最了解恩师的身子骨。

郑侠、吕惠卿，一正一邪，使铁腕宰相王安石摇摇欲坠……

这消息迅速传到杭州，陈述古立刻找苏轼密谈，对复杂的朝政作出判断：王安石若罢相，未必是一件好事。朝廷那帮小人已成气候，他们会变本加厉，培植党羽，打击良吏，变弄花招勒索天下。

苏轼说：不出半年，朝廷定有敛财新招。皇上年轻，血气方刚，总想着与北辽、西夏打大仗。

苏轼的言下之意是：打大仗要花大钱的。即使王安石下台，宋神宗也不可能遏止他那急剧生财的强烈欲望。吕惠卿、王珪、李定这帮人将有可乘之机。

陈述古点头不语。苏轼分析朝政的话一针见血，却又是朝廷大臣与地方官员高度敏感的话题。宋神宗登基之初，三朝重臣富弼曾进言："陛下……二十年未可言用兵。干戈一起，所系祸福不细！"

然而宋神宗发誓要收复五代时石敬瑭献给契丹人的燕云十六州，雪宋太宗身中两箭、嫔妃被契丹人掳去做奴隶的奇耻大辱。皇帝的"最大疼痛"，在熙宁四、五年，一般反对新法的大臣都避而不谈。苏轼不仅谈，而且谈得入木三分。

陈述古对苏轼，油然而生敬意。十几年前苏轼高中进士后所说的话，言犹在耳："自今为许国之始！"

时局动荡之际，以身许国，是需要非凡勇气的。苏轼抵制熙宁诸法的流弊，已经导致他仕途不畅：本该"与知州差遣"，做一个州的最高长官，却在王安石的直接干预下改任杭州通判。这事儿，各地官员皆知。

陈述古说：子瞻啊，有些话不宜为外人道。

苏轼叹口气：我天性如此，尽量谨慎吧。

5

北厅的那个通判鲁有开，近日又趾高气扬了，动不动就炫耀他与吕惠卿"有旧"。他对王安石的兴趣直线下降，甚至鄙夷王安石肮脏的生活习性。京城的吕惠卿反咬恩师，下狠口，杭州的鲁通判小狗似的吠叫起来。陈太守很生气，斥责鲁通判，姓鲁的竟与太守争口舌，官厅里喉咙大脖子粗，群吏皆闻，交头议论……

陈述古对苏轼说：鲁某人嚣张，他有背景啊！

杭州执行青苗法四年多，实施市易法近两年，力度一直不够，与两任太守沈立、陈述古变着法子的抵制有关。盐的专卖也成问题，私人贩盐屡禁不绝，武装贩运时有所闻。杭州的风气又影响同样富庶的湖州、越州、苏州。朝廷敛财，地方阻力不小。而宋神宗本人对某些新法也存疑虑，使地方长官的模糊执政有了空间。

眼下，苏轼与陈太守共同担心的是：如果王安石罢相，吕惠卿当政，朝廷将进入空前的黑暗期。介甫毕竟是正人君子，吕惠卿则是小人之尤，若与王珪、李定、蔡确等人结党共谋，势必摆弄年轻气盛的皇帝，祸乱天下。

陈太守三天两头愁眉苦脸，苏通判去安慰他。

凤凰山的半山腰有个巨型建筑望海楼，高达一百多尺，建于唐朝，二百年风雨不动安如山。登楼台望钱塘江，夏初已见潮涌，浪扑崖石，飞珠溅玉。钱塘门外的一座古寺前，有望湖楼，楼高台阔，杭州人称之为观湖最佳处。人在楼台凭栏，从脚下铺向远方的湖面显得极为开阔，天苍苍水茫茫，那座著名的孤山耸立于万顷碧波，波上舟楫往来不绝。长竿画鱼的渔夫，吆喝卖花的小船，踏浪戏水的后生，仰面唱歌的吴娘……

七月的这一天，黑云翻滚，暴雨将至，苏轼拉着陈太守到望湖楼喝酒，只一小吏伺候着，不须红袖歌舞侑酒。

太守醉颜红，苏轼诗兴浓。

《望湖楼醉书》："黑云翻墨未遮山，白雨跳珠乱入船。卷地风来忽吹散，望湖楼下水如天。"

陈太守大呼：望湖楼今得子瞻诗矣！

苏轼到杭州半年多，连得两首好诗。

晴天游湖又不同，云白，天蓝，山青，湖绿。

而细雨微风至，湖面起涟漪，层层涟漪铺向空蒙的山色。西湖暴雨先得好诗，细雨蒙蒙的湖面如何肯罢休？造物来请艺术家，共铸汉字神话。

苏轼的另一首七绝《饮湖上初晴后雨》，把湖光山色之美轻轻推到了今天：

水光潋滟晴方好，山色空蒙雨亦奇。欲把西湖比西子，淡妆浓抹总相宜。

历代诗人写西湖，此诗公推第一。

苏轼之前，西湖本无定称。郦道元注《水经》，称明圣湖；唐人传说湖中有金牛，称金牛湖；中唐的白居易治湖，筑石函泄水，百姓因敬爱太守而称石函湖；宋初称放生湖。苏轼此诗一出，西湖，西子湖流传中外，名称定下了，金牛湖、石函湖、钱塘湖、放生池之类则逐渐被人们遗忘。一首二十八个字的小诗，精确而优雅地提炼了西湖风光，并为西子湖永久命名。西施为古典美女之首，西湖为天下湖泊景色之最。

月夜坐小船，随风漂荡于湖中，苏轼形容躺在船头的感觉说："水枕能令山俯仰，风船解与月徘徊。"

他后来描写钱塘江八月观潮："欲识潮头高几许，越山浑在浪花中。"

游湖之外，他寻僧访道，谈禅说空，过金山寺，遭遇了不明飞行物。《游金山寺》中有云："是时江月初生魄，二更月落天深黑。江心似有炬火明，飞焰照山栖鸟惊。怅然归卧心莫识，非鬼非人竟何物？"

苏轼补记："是夜所见如此。"他留下的诗近三千首，这类补记罕见。中国人遭遇不明飞行物，苏轼未必是头一个，却是最早记录下来的。

还有茶道。山林里的老和尚，个个善品茶，互相不服气。苏轼发明了"三沸水"，老和尚折服了。泉水文火煮新茶，一沸水太嫩，三沸水又太老，而妙处在于靠听力和嗅觉把握二沸水。苏轼煮茶，明显技胜一筹，群山诸寺，和尚们甘拜下风。后来他在密州的超然台上，犹自怀念杭州品茶，《望江南》有云："休对故人思故国，且将新火试新茶，诗酒趁年华。"

苏轼茶瘾大，据说一次能饮七盏酽茶，茶醉有别于酒醉。他酒量小，平生引为憾事，于是专心茶道，从选择茶具、取水、观火到嗅茶香。日本人、朝鲜人善茶道，也曾受惠于他。

在杭州西面的於潜县，苏轼游寂照寺，迷上了竹子。风一吹它弯弯腰，雨一来它沙沙响。川西坝子，眉山老家，竹子是房前屋后寻常可见的景观，不稀罕，不可缺。苏轼题诗说：

> 可使食无肉，不可使居无竹。无肉令人瘦，无竹令人俗。
> 人瘦尚可肥，俗士不可医……

寂照寺的和尚个个清瘦，苏轼这首小诗令他们雀跃。
今日杭州寂照寺，仍将这首家喻户晓的小诗视为骄傲。

6

熙宁六年（1073）的炎夏时节，苏通判带人巡视杭州各县。他出城门，坐船抵余杭县，夜宿绿野堂，召余杭县令谈公务至半夜三更。次日一早，他从余杭转道临安，在临安的净土寺吃过午饭，美美地睡了一觉，醒来伸个懒腰，倚床头吟诗曰：

　　鸡鸣发余杭，到寺已亭午。参禅固未暇，饱食良先务。平生睡不足，急扫清风宇……

　　苏轼很善于睡觉，马背上也能抽空打呼噜。其旋风似的工作作风，倚马听讼，道旁断案，寺庙里批文书、见下属，甚至将官厅"搬"到西湖边，"却将公事湖中了"。这风度，这做派，杭州的官员们称羡不已，又不敢贸然仿效。

　　他也不是工作狂。能吃，能睡，能玩儿，夜上山岗赏月，晨下湖泊观渔，年轻体壮，马行车行舟行步行，要把锦绣江南体验一个饱。他学湖州人发明的"长竿钉杖画鱼"，钉杖画水，画了几尾鱼，就自称画鱼郎；又学扎春夏时候姑娘们摇舟叫卖的花球……

　　七月中旬在临安，苏轼畅游城西五十里之天目山，一口气登上山顶，前后左右远眺，凉风习习吹动官袍。山下炎热，山上清凉。寺中和尚奉香茶，谈佛讲禅。黄昏里苏轼酒后小憩，马踏月色归杭州，不便惊动家人，径直去了望海楼中歇息，偏又辗转床榻，望着窗外挂于古槐树枝的一轮明月，嗅着夜西湖的气息，心怦怦跳。于是，翻身下床，口中嘀咕：兴未尽，兴未尽矣！

　　一溜烟出了望海楼，修长而匀称的黑影奔下数百级石阶。

　　苏轼驾小艇，漂荡于月光下的茫茫西湖，与西子般的湖水百般亲近。夏季里的月下西湖，妙不可言。

　　湖面真安静啊，诗人就像湖上的精灵，与每一道碧波说着悄悄话、体己话。他真想扎个猛子潜入深水呢，又怕唐突了月光中的睡美人。

西子湖于半梦半醒间，与他缠绵。

不须举头去望月。他闭目睡了一会儿，睁眼时满湖清辉，禁不住美得"哎哟喂"，似乎被美神释放的万千光箭所击中，美得身子疼，倏然站起，长臂向绮梦般的夜空排开，要揽月入怀。

哎哟喂，哎哟喂……

原来月在天。原来人如仙。

苏轼朝着荷铺十里的茫茫湖面长啸了。远处有渔歌桨声相呼应。

"三更向阑月渐垂，欲落未落景特奇……渔人收筒及未晓，船过惟有菰蒲声……菰蒲无边水茫茫，荷花夜开风露香……"

月亮。西湖。苏轼。

这个仲夏夜的梦游般的体验，苏轼下笔平淡，像是写日记。

大诗人都这样，不会强作奇语。

拂晓时分，苏轼回家，针对这次的巡视自我总结说："我行得所嗜，十日忘家宅。"

7

苏轼爱独处，亦喜聚。

官员应酬多，杭州为甚。富裕的官绅们请苏轼吃饭排起了长队。苏轼一般不愿意让人失望的，他又是美食家，对江南菜、对各类海鲜抱着浓厚的兴趣。"好吃嘴"起于童年，是程夫人给"惯"的。凤凰山下的通判南厅，也是苏轼的家，每天都有人来敲门，送上请柬。饭局一个接一个，笑脸一张又一张。官绅请陈太守，必请苏通判，不一定请那个时常板着脸的鲁通判。苏轼答应了这个，就不能拒绝那个。餐桌上五花八门的东西确实好吃，酒也香，羹也美，小吃的花样数不清。更有歌舞妓轮番侑酒，三吴美娘鱼贯而入。

这种生活方式也让苏轼沉醉不已。人世间一切美好的东西都会让他沉醉，这与官方推崇的儒家戒条相背。苏轼从峨眉山下、岷江之畔到中原，到西北，到江南，不改家族遗传、地域培养的野性子，反而发扬光大。他见识过了黄土高原、平旷中原，又贪婪地嗅着锦绣江南的气息。

红裙加美酒佳肴，谁不喜欢呢？理学家不喜欢，如程颐、程颢兄弟；某些政治家不喜欢，如王安石、司马光。

苏轼喜欢。生活大师的美誉，不是一般人所能得到的。

令人诧异的倒是，苏轼能从喜欢中抽身。

有诗为证："笙歌丛里抽身出，云水光中洗眼来。"

酒喝多了，内热淤积，虚火上浮，"登临病眼怯秋光"，秋光比之炎夏毒日头减弱了光芒，苏轼患眼疾，感到秋光射目。云水光则比秋光更柔弱一些，云水之光能洗眼睛。

看来，美酒佳肴轻歌曼舞，不能流连。

人间天堂，也可能变成"酒食地狱"。

苏轼抽身，不与美好之物过度纠缠。这种抽身，古今绝大多数人做不到。

这一天，苏轼接到文同写来的一首诗，诗中告诫："北客若来休问事，西湖虽好莫吟诗。"

苏轼对马梦得说：文与可还是那样啊，谨小慎微。

文同这两句诗的意思是想让苏轼做哑巴，不仅做哑巴，还得像个文盲。文同认为自己是最了解苏轼的，然而事实上，文同很不了解苏轼。面对西湖这样的美景却不吟诗，苏轼就不叫苏轼了。历代游西湖者，何止亿万，不写诗的苏轼不过是其中一个，是没于"众在"中的一种存在。纵有后来的西湖苏堤，有个凝固的风光，却也显得孤零零的。好事须成双，有了"欲把西湖比西子，淡妆浓抹总相宜"这样的诗句，情形就为之一变。这首诗是荡漾开来的风光，滞留于西湖的每一道波纹，它那散漫的永恒映衬了另一个凝固的永恒。如果苏轼谨小慎微如文同，置身东南好湖山而不置一词，那岂不是损失太大？

文人见不得美景，一见就诗情涌动。一般人见了美景，赞叹几句也就罢了，文人却能摄其精髓。中国古代文人的一大功劳，是激活了中国的山山水水，使之从一种散漫的状态中剥离开来，提升为固定的审美对象。这所谓固定，并非要扼杀感觉。好的诗句或绘画，向来是能够激活感觉的，它们并不武断。恰好相反，诗句或画面指向了审美的多元和散漫。它们在提升的同时也在做着还原的工作。一切优秀的作品均在此列。

苏轼通判杭州的三年间，既要问事，又要题诗，两者都给他种下了祸根。

国家处于因骤变而引发的动荡之中，苏轼紧张关注着，北面来的京都客，他哪有不问的；西湖风光如此之美，他若不激动，不沉迷，不题诗，他还是苏轼吗？文同所担心的这两点，恰好是苏轼的生命中两个最大的喷发点。与之相比，仕途算什么呢？官帽算什么呢？入仕为做事，为实现士人"大济天下苍生"的理想，但是，要拿美政理想换取仕途通畅，苏轼这样的人办不到。

8

熙宁六年（1073），京城来了"提举两浙盐事"的大臣卢秉，督导盐事，捉拿私贩。卢秉还带来了北方强悍的军队，昼入杭州城，旌旗蔽空，兵器林立，威震杭、湖、越、苏、常几大州。卢秉本人见了谁都面无表情，对杭州太守陈述古，说话也不客气；对苏轼只斜目瞟一眼，倒与鲁通判执手言谈，表情有所松动。

姓鲁的亢奋了，到处模仿卢秉的语气讲话：杭州施行新法不力，上缴盐税太少，必须扭转局面！

鲁通判还着戎装，执长剑，带兵袭击海边的盐户，连夜追捕逃亡的盐枭。

卢秉不满苏轼对触犯盐法的系囚发慈悲，找苏轼谈话。苏轼对这位朝廷提举官以礼相待，转过身去官厅视事，仍按既定的条例办。卢秉大发雷霆。杭州可是他提举盐事的第一站。

后数月，盐法在两浙强制执行。

沿海各地的制盐炉户，铤而走险的大小盐商，均被官府刑狱追索，武力赶杀。百姓或戴枷入狱，或抱头鼠窜。有个做母亲的因穷困日久，复欠许多官债，不想活了，竟然先杀子，后上吊……

盐税剧增，白花花的银子流向朝廷。卢秉设宴庆功，苏轼称病不参加，在家中愤然提笔给枢密使（军事首脑）文彦博写信："两浙之民，以犯盐得罪者，一岁至万七千人而莫能止。"

一年抓了近两万人，犯盐者还不能止，为什么？盐法触动了百姓生计的根本。文彦博拿着苏轼的信向宋神宗汇报，神宗转与王安石商议。结果是：苏轼的上书被束之高阁。皇帝选择了国库的进账数字，弃两浙生民于不顾。

卢秉在杭州仁和县的汤村盐场开凿一条运盐河，命苏轼赴汤村督导工程，征调民夫，苏轼还得服从命令。时值雨夹雪天气，偏僻的小村泥泞不堪。苏轼为小民叫屈："盐事星火急，谁能恤农耕？薨薨晓鼓动，万指罗沟坑。天雨助官政，泫然淋衣缨。人如鸭与猪，投泥相溅惊。"

农民被迫弃农事修运河，千百人日复一日在泥中打滚，贱如鸭与猪。苏轼又赶赴盐场更多的盐官县去，天寒地冻，乡野到处刮阴风，《寄州衙同僚》云："新月照水水欲冰，夜霜穿屋衣生棱。野庐半与牛羊共，晓鼓欲随鸦鹊兴。夜来履破裘穿缝，红颊曲眉应入梦……"

豪放子瞻也有狼狈不堪的时候，蜷成一团睡野庐，与牛羊做伴，整夜感受夜霜穿屋，手冰脚凉。靴子、裘衣破了，他梦见灯下缝补衣裳的"红颊曲眉"。那梦中的女性应该是夫人王闰之。

苏轼回杭州不久，再去湖州，协助漕司视察太湖的堤岸工程。

王安石的农田水利法，重点也在江南，他派沈括去治理太湖。沈括改太湖南岸的木堤为石堤，石堤高八尺，长百余里，缓解了太湖水连年泛滥之灾，同时打击了围田占地、阻湖水畅泄的地方豪强。苏轼认为沈括这个江南人博学而有干才，欣然与之论交，学习工程技术。苏轼和沈括对医学有相同的兴趣，探讨各类良方颇为投机……

湖州距杭州一百五十多里，苏轼一去近半年，其间返杭数次，居家两三天又打马上路。投身水利事业，不知疲惫。可见他对王安石变法不是一味持反对态度。另如助役法、方田法，苏轼也大致赞同。他坚决反对的是波及面最大的青苗法、市易法。前者害农民，后者损商家。

湖州太守孙觉，字莘老，是苏轼定交于汴京的老朋友，二人邀请沈括，并辔同舟而游，吃洞庭湖边的橘子，品顾渚山的紫笋茶，剥啃梅溪的木瓜，饱尝吴兴厨子烹制的各种淡水鱼。苏轼饮酒高兴了，写诗对孙太守说心里话："嗟余与子久离群，耳冷心灰百不闻。"

二人横议朝政，沈括默默听着，有时也附和几句。

沈括是个有心人，记忆力超强。苏轼所吟的诗篇，他听一遍就能记下。

孙觉的女婿在汴京国子监任职，诗文写得好，书画亦佳。孙觉拿出女婿的一卷诗请苏轼看看，苏轼阅半卷，已"耸然惊异"。

孙太守的女婿名叫黄庭坚。

9

宋神宗熙宁五、六年，正当壮年的苏子瞻通判杭州，兼职湖州，足迹到了无锡、苏州、常州、润州（今江苏镇江）。勤政的身影旋风般刮着，忧民之心毫不掩饰。沿海产盐地，由于官府力行盐的专卖制度而导致盐价高涨，城乡百姓买盐艰难，长期淡食，不敢多放盐。苏轼一声长叹："岂是闻韶解忘味？迩来三月食无盐。"

孔子闻韶乐而沉醉，三月不知肉味。杭州的小民也像孔夫子那样，闻韶乐而忘盐味么？苏轼一针见血，讽刺盐法。

七古名篇《吴中田妇叹》：

> 今年粳稻熟苦迟，庶见霜风来几时。霜风来时雨如泻，把头出菌镰生衣。眼枯泪尽雨不尽，忍见黄穗卧青泥。茅苫一月陇上宿，天晴获稻随车归。汗流肩赪载入市，价贱乞与如糠粞。卖牛纳税拆屋炊，虑浅不及明年饥。官今要钱不要米，西北万里招羌儿……

这是一个大官站在小民的立场上讲话。苏轼自幼读《孟子》，牢牢记住了"民贵君轻"。他也忠君，但决不唯皇命是从。朝廷大刮民脂民膏，苏轼下笔针锋相对。

农民盐户卖牛纳税，卖牛买刀，苏轼奔波乡野辗转田畴，看得很明白，想得很痛苦。两浙富庶之地，不堪朝廷重逼，国运欲长久，哪能这么干！宋仁宗时代是比较谨慎的，并不大肆敛财。宋神宗上台，王安石骤行新法，变尽法子生财，巨爪伸向全国三百二十州。司马光面对皇帝愤然曰："十年之外，百姓无复存者矣！"

两浙百姓，离乡背井的，举家迁徙的，已经不是什么新鲜事。

苏轼巡视杭州各县，余杭、临安、富阳、新城、於潜、盐官。在"春入山村处处花"的新城县，他吃惊地发现，不少年轻的山民揣着青苗贷款进城消费，于是慨然写道："杖藜裹饭去匆匆，过眼青钱转手空。赢得儿童语音好，一年强半在城中。"

农民处于温饱线上，手里难得有许多现钱。尤其是不懂得生活艰辛的年轻人，他们没文化，目光短浅，欲望又盛，不朝城里跑才怪呢。吃喝嫖赌样样来，啥本事都没学到，只学会了城里人的好语音……苏轼正是在这些细微的地方，确认了新法的大漏洞。

这首直抒胸臆的小诗，直接讽刺王安石的第一大法青苗法，使一些跟随苏轼的官吏心惊胆战。

熙宁六年（1073），新法推行的力度加大，苏轼十分苦闷，写信给朋友说："虽有江山风物之美，而新法严密，风波险恶，况味殊不佳。"

江南的体验，印证了他在蜀地的生活印象。百姓安居乐业，这多好啊。可是上面动个念头，下面就乱成一锅粥。

他写诗并编成集子，刻印百十本供朋友们传看。不少人到杭州来看他，他对人完全没有城府，王弗生前是最担心的，在汴京、在凤翔，她睁大一双慧眼，含笑打量每一个到访的客人。眼下的王闰之，一门心思带孩子，操持家务。前后两位夫人，真有高下之分。

沈括把苏轼的集子带到京城去了。苏轼乐呵呵地认为，沈括先生欣赏他的诗歌。

欧阳修病逝于颍州，苏轼大恸，伏地不起。设祭于孤山寺院，悲诵祭文曰："呜呼哀哉，公之生于世，六十有六年。民有父母，国有蓍龟，斯文有传，学者有师。君子有所恃而不恐，小人有所畏而不为……今公之没也，赤子无所仰庇，朝廷无所稽疑……而小人沛然自以为得时。譬如深渊大泽，龙亡而虎逝，则变怪杂出，舞鳅鳝而号狐狸……"

苏轼哭欧阳修的这篇祭文，痛彻心肝，并且立场鲜明，充满了大无畏精神。联系当时"风波险恶"的官场背景，尤觉苏轼勇气逼人。他讲欧公之没也，朝廷无所稽疑，可是他的笔下字句，亮出了质疑朝廷、追问新政、痛批小人的勇者姿态。

苏轼的祭文迅速传开，南方和北方的官员、学子、庶民，传抄成风，不识字的农夫也请人解释。

苏轼并非不计后果，他只是勇于承担后果，有一副能担道义的铁肩膀。自从通判杭州以来，所见所闻所亲历者，积郁蓄愤委实太多。

祭文淋漓酣畅，结句是："盖上以为天下恸，而下以哭其私，呜呼哀哉！"

欧阳修之没也，欧公门下弟子苏子瞻，将锤炼得更为强悍。

新城县令晁君成的儿子晁无咎，二十出头才华横溢，正式拜苏轼为师，成为苏门中的第一个弟子。

10

熙宁六年（1073）秋，两浙受天灾，冬粮不继。苏轼奉命去常

155

州、润州发放官仓的粮食，救济灾民。他一去数月，水陆兼程，奔波于常润道上的十几个县。

过年了，除夕之夜，千家万户团聚，他还在严寒中夜宿官船，《除夜野宿常州城外》：

> 行歌野哭两堪悲，远火低星渐向微。病眼不眠非守岁，乡音无伴苦思归。重衾脚冷知霜重，新沐头轻感发稀。多谢残灯不嫌客，孤舟一夜许相依。

苏轼太累了。夜里睡不暖和，倚床挑灯写诗，诗中也发愁苦语，思念久违的乡音。初到杭州那一年的除夕夜，他在官厅心忧系囚，题诗于官厅壁上。如今夜宿常州城外的孤舟，水冷，霜冻，星寒，脚僵，手木。他以放粮官的身份，却并不进城享受华屋炭火与美酒佳肴。也许船抵常州城外已是夜幕四垂，他将就着在舟中过，不去惊动城内的官吏。除夕夜，他宁愿自己苦一点。

这个细节，苏轼本人应该是不在意的。不在意更说明问题：苏轼为官历来是这样，他早就习以为常了，意识中不留划痕。他非但不扰民，连官吏、属下也不打扰，孤舟孤灯过除夕，写下两首七律，思念家乡而已。他自己并没有意识到，如此风范，在中国两千年的官吏史上是不多见的，足以垂范于任何时代。

三月他离开常州，转赴润州，行走田野间，写诗复呈旷达之态："多事始知田舍好，凶年偏觉野蔬香。"

陈述古写诗催他回杭州去，说："锦袍公子归何晚？独念沟中菜色民。"

山沟里满脸菜色的小民，牵动着苏轼的心。五月，他那旋风般的伟岸身影出现在无锡和苏州。盛夏时节返回杭州城，初秋再动身，前往临安、於潜、新城诸县，视察蝗虫灾情，组织捕蝗事宜。他写信告诉朋友："轼近在钱塘，见飞蝗自西北来，声乱浙江之涛，上翳日月，下掩草木。"

熙宁七年（1074）十月，苏轼调任密州（今山东诸城）太守。

作为地方官，他的才干有目共睹。

11

苏轼担任"杭州别驾"三年，和两任太守合作愉快，尤与陈述古交厚，情同兄弟。新太守杨元素也跟苏轼一见如故，畅叙同乡之谊。鲁有开未得升迁，还是做通判，长期当副职。这使他很是想不通：忠实执行新法、厉行盐法的人原地踏步，一贯抗拒并讥讽新法的苏轼倒升为太守。

鲁有开于重阳节设宴凤凰山上，专为苏轼送行，杨元素、张子野在座。

张先将和杨、苏二人同赴湖州。杨太守去湖州有公务，顺便送苏太守。

鲁有开痛饮美酒，头一回推心置腹地对苏轼说：这两三年，我多次掣肘于你，你不计较，有话当面讲，从不打我的小报告。你苏子瞻胸次广，我鲁有开体会深呐。使君此去知密州，总揽一州政务，仕途上风光好。我鲁某人不才，愚钝，运交华盖，老死杭州算了！

苏轼笑道：终老于人间天堂，福禄寿如张子野，有开兄夫复何求？

鲁通判一拍脑袋：是啊是啊，我鲁有开三生有幸，终老人间天堂，葬于西子湖畔，夫复何求！

苏轼点拨昔日的"政敌"毫无保留。鲁通判受感动，看样子要抹离别泪，却又抱怨说：子瞻留诗词给许多人，独于我只言也无。

事实上，苏轼写诗提到过鲁有开，填词不涉鲁通判。诗词为心声，苏轼勉强提笔也难。他书写了一幅《饮湖上初晴后雨》，赠送给这位共事了三年的同僚。

笙歌未歇，苏轼抽身而出，独自漫步于凤凰山。

秋空，西湖，远山……

苏轼三十七岁到杭州，眼下三十九岁。

三年，弹指千余日，苏轼的足迹踏遍数州几百里，造福于百姓，更为深受新法之苦的两浙百姓鸣不平；他寸寸亲近好湖山，留下不朽的诗章，命名了西子湖；他的第三个儿子苏过生于杭州；他交了很多朋友，包括和尚、道士；他迷上曲子词，为日后引领宋词做了铺垫；他"性不忍事"，一再讥讽朝廷新贵，为将来的悲怆命运埋下伏笔，而钱塘女孩儿王朝云进入凤凰山下的苏家，从此跟随他转辗南方和北方，始终与他共命运，成长为一个受人尊敬的美好女性。

苏轼与杭州，缘分真不浅。

他怀疑自己的前生是杭州人，写诗说："前生我已到杭州，到处长如到旧游。"在胶西密州，他写信告诉杭州的朋友："一岁率常四五梦至西湖上，此殆世俗所谓前缘者。"

是否有前缘，上帝才知道。

苏轼倾心于这片富饶而又美丽的土地，后来买田于杭州万松岭、常州宜兴，打算与江南山水厮守到老。

熙宁七年（1074）的重阳佳节，苏轼在高约二百米的凤凰山顶，眺望茫茫大湖，漫步林中小路。山下的南厅隐隐约约传来人语声，他分辨着闰之夫人、任妈、长子苏迈、次子苏迨、幼子苏过……

次日举家登程，朝着胶西密州。

第十一章 密州

1

熙宁七年（1074）十月，苏轼陆行向密州。在杭州出行坐惯了舒适的官船，如今舍舟登车，长途颠簸，又值初冬，木叶凋零，雨雪下得道路湿滑，朔风卷得灰云千里。江南的许多妩媚，忽然让位给齐鲁大地的粗犷与苍凉。苏轼一行车马相连，从海州（今江苏连云港市）渡过青河，日行六七十里，夜宿驿站，人马都饱吃了一顿。

驿站周围一般栽苜蓿饲马，苜蓿摇曳一大片，迎风瑟瑟作响，更添旅人几分惆怅。

为官者身不由己，必须朝着四面八方。

苏轼带着家眷，向位于鲁西南的密州城行进。任妈六十几岁了，不服水土，不惯马车山行。苏轼一路上小心伺候，担心任妈病倒。风雨天就在驿站歇息，天放晴才上路。任妈跟着他在杭州享福，转赴密州吃苦，并无一句怨言，还照顾一岁半的小苏过。

长子苏迈已长成英俊少年，骑马佩剑，学护路的士卒，挥剑砍荆棘，弯弓猎狐兔。苏轼善于骑射，当初在凤翔与章惇、陈慥等人交游，练得马背上的好身手。父子二人纵马奔向野林子时，士卒们持枪荷戟跟随，防备强盗袭击苏太守。

宋代的山东比较穷，民风强悍，好汉奔走。一些偏远地方，强人聚啸山林，对抗官府，打家劫舍。

密州是宋置的京东防御州，苏轼奉旨前往，有意重挽雕弓。他在杭州的时候，已向营将讨教骑射功夫，也练长剑，玩玩枪棒。身为太守，他披挂御敌或纵身捕盗的可能性不大，练武聊备不测。另外，纵马挽强弓，他也觉得有趣。在杭州的温柔乡中泡久了，眼下拉硬弓感到吃力，于是每天勤练臂力。

苏辙在济南做官，苏轼写长调《沁园春》寄给他："孤馆灯青，野店鸡号，旅枕梦残。渐月华收练，晨霜耿耿；云山摛锦，朝露洅洅……微吟罢，凭征鞍无语，往事千端。　　当时共客长安，似二陆初来俱少年。有笔头千字，胸中万卷；致君尧舜，此事何难！……"

长安指京师汴梁。二陆，西晋的陆机、陆云兄弟，初到京城洛阳，风光一时。

《沁园春》题序云："赴密州，早行，马上寄子由。"

苏轼朝山东走，下笔始见豪气。

命运安排苏轼走山东，唤醒他身上固有的野性。

2

苏轼上任就忙着治理旱蝗之灾，马不停蹄奔走各县，同时请求朝廷减免密州的赋税。他在田坎上写公文，文不加点。麦田里的风鼓荡着他的官袍，他抬起头来，原野一望无际。

密州的丛林中常有剪径大盗出没，苏轼治了蝗灾腾出手来，又对付这些大盗。他上书文彦博说："（密州）风俗武悍，特好强劫。"

灾荒年，劫匪更凶，强者呼啸于道路，弱者辗转于沟壑。苏轼捕盗打黑不留情，同时讲策略分而治之。对那些饥寒起盗心的犯人，量刑往往从宽。对欠下命债的重犯，也详询案情，可杀可不杀的，不杀。这样一来，工作量倍增。

苏轼到官厅视事，从早晨忙到天黑。过年家里难见他的身影。

熙宁八年春，密州发生了一件事。

京东转运使派来了一支近百人的捕盗队，由三班使郭啸率领。这帮悍卒自恃有背景，到密州地面上敲诈勒索，激怒山林好汉，双方血腥斗杀于州县街巷，市民惊恐，呼官兵为匪卒。苏轼去找郭啸，以地方长官的身份命令他管束部下。郭啸说：本使捕盗辛苦，苏太守不来慰问，倒横加指责，是何道理？

苏轼掌握的证据不足，郭啸得以要横。

市民农民屡遭勒索，怨声载道，这对新上任的太守是个严峻考验。

苏轼暗中鼓励百姓提供那帮匪卒勒索地方的证据，只几天时间，人证物证充塞官厅。可是大部分匪卒闻风而逃，连郭啸都带着十几个人躲到常山里去了。如果这些人都变成了聚啸绿林的强盗，那密州就永无宁日。

苏轼思得一计。

他升堂判案，详细询问了几个提供证据的人，然后下判词说：尔等的申诉前后矛盾，呈给本官的物证也不够充分。三班使郭啸，素为京东转运使大人所倚重，他带来的官兵会搅扰地方、鱼肉密州的百姓吗？岂不冤屈了好官？

堂下有一条汉子大叫不服，苏轼喝令：杀威棒伺候！

衙役挥大棒，汉子哀声起。堂下众人敢怒而不敢再言，拿了眼瞟那挨打的汉子，一棍一棍扎实地疼在众人眼里心里。

一日之内，密州城风传苏轼与郭啸"官官相护"。

四散的官兵陆续回来了，认为苏太守终归是向着他们的，官不护官，倒去护民，岂不是脑子有毛病？郭啸回密州城，还请苏轼喝酒，呈上纹银二百两，绢五十匹，良马四匹。这些钱物都是他抢来的，欲与太守分赃，从此相安无事。

苏轼布下二百府兵，将郭啸的捕盗队一举拿下。

束手就擒的郭啸大叫：姓苏的，你设计害我！京东转运使张大人会找你算账！

苏轼笑道：本官已上书文丞相，你那位张大人，恐怕自身难保。

郭啸蔫了。这人罚银二百两，入狱三十天，并削职为民。其手下则被收编，充了府卒，不肯留下的，作鸟兽散……

这事轰动了密州城。那个吃杀威棒的汉子，竟然是苏太守的侍从马梦得。市民称颂，太守巧施苦肉计，制伏三班使郭啸。

马梦得习武有年，不怕挨打的。山东膏药有奇效。

梦得说：我吃些皮肉苦不打紧，吃些酒肉便可。

他半月不沾荤了，馋得厉害。

苏轼说：官厅开宴，酒肉管够。

州府的官吏纷纷说：太守来了这么久，未曾召我等啖肉。

3

苏轼制伏郭啸，对远近的剪径强人也起到了震慑作用，可谓大功一件。他原本想动用一百官银，设大宴庆功，却又听人说城门外的路边多弃婴，于是带僚属出巡，并吩咐下属，庆功宴暂缓。

东、西城门外，果然发现了几个裹得好好的、摆在阳光下的弃婴。

这些婴儿若是到夜里没被人捡去，就会被游荡的野兽叼去。婴儿的父母选择好天气抛弃亲骨肉，显然希望好心的人家拾去收养；又不敢大白天弃于城内，怕人撞见吃官司。

苏轼愤怒，对通判刘庭式说：吕惠卿那厮，陷民于水深火热！

其时，吕惠卿终于扳倒了他的恩师王安石，做了宰相，推行臭名昭著的"手实法"，命天下民众申报财产，课以占家产总数五分之一的重税，并重奖那些敢于揭发瞒报户的告密者，搅得全国各地民怨沸腾。苏轼曾给另一个宰相韩绛写信，痛斥手实法，但毫无结果。

宋神宗用吕惠卿，狂敛民财以扩充武备，这皇帝已近丧心病狂。

山东受盐法、手实法及各种专卖法之苦，复遭旱、蝗两灾，民不聊生。密州的弃婴事件并非孤立的现象，其他州县也有。

苏轼命令部属，想办法收养弃婴。并紧缩官府开支，从官钱中拨专款买米，送给贫穷的母亲们，让她们至少能把婴儿养到一周岁。苏轼这么做的理由是：一年后母子生情，再也割舍不开了。事情如他所料，此后密州的弃婴大大减少。

仁慈的官员总能想出仁慈的办法。

官府的庆功宴照样举行，只是银子减少一半……

苏轼拿出私蓄充入官银，专款养弃婴，带动城里的富户捐赠。并建了一支寻母马队，专门寻觅弃婴的父母。

寻母马队，成了密州一景。

常有抱着孩子的母亲到州府谢太守，泣不成声。百姓广传，全城为之动容。

苏轼对属下们感慨说：杜甫曾言，"致君尧舜上，再使风俗淳"。我等不能致君尧舜，淳厚一地风俗而已。

苏轼做官，把风俗、道德看得非常重。

4

密州真穷，连苏轼这个太守有时也须挖野菜充饥。这也表明他为官清廉——堂堂太守，若是一心想弄点好吃的，想必不会太艰难。只苦了通判刘庭式。太守亲自挖野菜，通判岂可袖手旁观？逢着青黄不接的时节，这两位父母官便沿着城墙寻杞菊。密州百姓众口相传，争睹这一奇观。

苏轼把几种野菜带回家，请熟知乡野的任妈指点，唤家人品尝。

他在《后杞菊赋》中说："余仕宦十有九年，家日益贫，衣食之奉，殆不如昔者。及移守胶西，意且一饱，而斋厨索然，不堪其忧。日与通守刘君庭式，循古城废圃，求杞菊食之，扪腹而笑。"

苏轼已经做了十九年的官，从州佐做到太守，反倒"家日益贫"。

苏轼吃野菜，应该是面带菜色了，然而一年下来，"面貌加丰，发之白者日以反黑"。杭州的酒食地狱，他一病再病。密州"斋厨索然"，他反而长胖了。看来，要么是野菜营养好，要么是他吃野菜的时候心情好。他一面吃野菜，一面修了一座"超然台"，写下著名的《超然台记》。

一遇艰辛便超然，这在苏轼，几乎是一种条件反射。

小令《望江南》："春未老，风细柳斜斜。试上超然台上看，半壕春水一城花。烟雨暗千家。"

这一年的秋天，政务忙出个头绪了，苏轼率领当地驻军进山打猎，左手牵猎犬，右手擎苍鹰，锦帽貂裘，宝马利箭。从他的诗句推测，他的身材修长匀称，脸略长而微丰，肌骨强健。双目炯然，但不像李太白或王安石目光射人。他着戎装，佩长剑，挽雕弓，一马当先，那神采，那气度，连军中的几员骁将也竖起了大拇指。

狩猎的地点是密州东武县境内的常山，山中多野兽，传说有虎豹熊等食人"大虫"。苏轼带三百余骑驰骋于黄茅冈，突入常山，围追堵截豺狼狐兔，猎犬争吠，苍鹰腾空，马蹄狂卷十里落叶。苏太守轻舒猿臂，五十步箭无虚发，百步犹闻利箭的破空之声。

马梦得、刘庭式激动得大叫：使君神箭！

苏轼带几只野物回家，山珍美酒开夜宴，全家十余口饱餐一顿。秋天野物肥，众人抹得满嘴油。马梦得绘声绘色讲苏太守如何狩猎，苏迈、苏迨、苏过听得痴了，情不自禁比画着，模仿父亲的骑射动作。

几天后，宋代豪放词的开山之作《江城子·密州出猎》问世：

老夫聊发少年狂，左牵黄，右擎苍。锦帽貂裘，千骑卷平冈。为报倾城随太守，亲射虎，看孙郎！　　酒酣胸胆尚开张，鬓微霜，又何妨。持节云中，何日遣冯唐？会挽雕弓如满月，西北望，射天狼。

苏轼在写给朋友的信中说："近却颇作小词，虽无柳七郎风味，亦自是一家。呵呵！数日前猎于郊外，所获颇多。作得一阕，令东州壮士抵掌顿足而歌之，吹笛击鼓以为节，颇壮观也，写呈取笑。"

东州壮士，抵掌顿足而唱子瞻新词，密州的官厅民宅，纷纷流传。英雄好汉们对苏太守抱着敬意，剪径绿林的强人则有所收敛。据马梦得调查，苏轼这首《江城子》，传遍了山东半岛。不久，东、西两京的士大夫，争诵豪放大词，不知者汗颜气索。东京的范镇，西京的司马光，都迫不及待地把这罕见力作写成条幅，挂到墙上。又分别捎话给苏轼，求一幅《江城子·密州出猎》的墨宝。

苏轼知密州，佳作不断。天南地北的朋友们索阅甚急，真是忙坏了这位大文豪、大书家。

苏轼在密州城造超然台，亲自绘图并参与取材、施工。他对建筑颇有揣摩，早在凤翔就跃跃欲试了。做太守的妙处，是能想更能做。超然台是一座旧城台改建的，花钱不多，效果很好。登高台远眺，极目千里。台成，济南的苏辙寄来《超然台赋》，苏轼应之以《超然台记》。中秋节，在部属的簇拥下他登上超然台畅饮，大醉。月亮在天，人影在地。他思念阔别五年的弟弟，写下《水调歌头》。

"明月几时有？把酒问青天。不知天上宫阙，今夕是何年。我欲乘风归去，又恐琼楼玉宇，高处不胜寒。起舞弄清影，何似在人间……"

这首《水调歌头》，全国的初中生都能背。字字珠玑，又晓畅易懂。月之阴晴圆缺，对应人的悲欢离合，真是写到家了。宋人说："东坡咏月词一出，余词尽废。"

苏轼知密州垄断了中秋月，犹如他几年前写诗垄断了西湖风光。

5

秋天苏轼多次出猎，实为解决肚子问题。

密州天灾，复遭人祸，生活物资连年短缺。苏轼紧缩官府开支，拿钱粮去救济穷人。他本人带头勒紧腰带过苦日子，府中的大小官员也跟他受穷。而在两年前，密州已遭灾，但官府中人照样有肉吃。苏轼来了，带了通判刘庭式出城挖野菜，官府中人只能效仿，扛起了锄头，闭紧吃肉的馋嘴，咀嚼一些知名或不知名的根叶，有人叫苦抱怨，有人拉肚子，有人扬言要辞官。苏轼佯装不知。他必须让部下做好持久受穷的心理准备。密州所属各县，如东武、高密、安丘等，所有的文武官员，不管他们愿意还是不愿意，都得向苏太守的作风看齐，习惯吃素，研究野菜，与野地里的动物争食。

州府迎来了朝廷贵宾乔太傅，苏轼请他吃饭，薄酒一壶，羊肉一盘而已，素菜倒不少，还有几条老菜根。乔太傅是皇帝的老师，吃过无数的山珍海味，入席难免皱眉头。苏轼按老家的习惯忍嘴待客，频频劝客人吃羊肉，即席赋诗云："请君莫笑银杯小，尔来岁旱东海窄。"他讲了一个密州穷人的弃婴故事，令乔太傅心酸落泪。这位大人物表示，回京后一定向皇帝禀报密州一带百姓的艰难。

宴席上也偶有官妓唱歌，她们演唱苏太守自创的曲子词《薄薄酒二首》，其一云："薄薄酒，胜茶汤。粗粗布，胜无裳。丑妻恶妾胜空房……"

刘贡父来信，问他这两年居胶西山城的状况，他写诗作复，自嘲说："何人劝我此间来，弦管生衣甑有埃。绿蚁沾唇无百斛，蝗虫扑面已三回。磨刀入谷追穷寇，洒涕循城拾弃孩……"

山东流行喝绿蚁酒，苏轼重养生，爱饮这种酒。可惜粮食歉收，酒的产量随之下降。苏轼酒量小，犹觉不过瘾，倒是与蝗虫有打不完的交道。诗中有两个不同的形象：磨刀入谷；洒涕循城。前者为武装捕盗，后者是寻找弃婴。威武与慈悲，融汇成英雄气概。

不过苏轼向来老实，他也很怀念杭州三年的好时光，《超然台记》说："余自钱塘移守胶西，释舟楫之安，而服车马之劳；去雕墙之美，而蔽采椽之居；背湖山之观，而行桑麻之野。"

《蝶恋花》叹息道："寂寞山城人老也，击鼓吹箫，乍入农桑社。火冷灯稀霜露下，昏昏雪意云垂野。"农桑社是农家祭祀的场所。

苏轼知密州两年多，过了三个上元日（正月十五），回想钱塘三五夜，明月如霜，好风如水，"帐底吹笙香吐麝"，"更无一点尘随马"，两个地方的物质生活反差太大。

春夏寻野菜，入秋打猎忙。

两年的三秋，苏轼出猎七八次，马蹄踏遍密州各县。出猎的规模一般是数十骑，三三百骑以上的仅一次，猎犬苍鹰成群，一路呼啸，逶迤如长蛇，驰骋高丘，突入山谷。苏轼想体验一下古代诸侯出猎的雄壮。一次就够了。

打来的野物让部属解解馋，储存一些脂肪，以备冬春的粮荒。

苏轼已接到平职调动的诏令，来年春将离开密州。他打猎正在兴头上，时常观察天气，稍有晴朗气象就想进山。

密州境内两座山：常山、九仙山。

北方的冬季来得早，暮秋已飞雪，到积雪封山之时，打猎的弓箭就派不上用场了。官府有规定，为长官的安全考虑，冬季禁猎。可是苏轼兴犹未尽，实在舍不得搁下雕弓，怎么办呢？

这一天，他拉着马梦得并二三士卒，不顾官厅条例，踏着冬雪入常山，系马半山农户，沐浴着冬阳，寻猎出洞觅食的狐兔、离巢低飞的大鸟。午后，苏轼坐在一座小孤峰上，抓一把积雪塞进口中，嚼着胶西人爱吃的胡羊肉干，喝两口绿蚁酒，一副爽爽的样子。他还盘腿直腰，引颈唱歌，遥想晋唐以来的那些山中的高人……

也许他唱歌的时候摇晃太甚，也许那些晋唐高人冥冥中开他的玩笑，使他一个趔趄，身子失衡，滚下高坡几十尺，幸好有灌木丛挡住，没有摔到山沟里的尖锐岩石上。面部、脖子被荆棘划出几道口子，酒后的红脸变成了血脸，其中一道口子从左眼旁直拉到嘴边。马梦得赶紧敷上金枪药。

苏轼笑道：天不令我歌，奈何奈何。

他一咧嘴，伤口就出血，只好闭嘴了。

回家时，夫人王闰之对马梦得发了脾气，责怪他侍从失职。苏轼写于纸上说：我自沐阳高丘，滚下山坡亦算享受，夫人不必责梦得。

王闰之笑也不是恼也不是，说：这眼看着要过年了，子瞻嘴也张不得，如何吃东西？

苏轼复用笔说：尔等埋饭瓮，我却饮酸浆。

胶西习俗，将大块肉埋于饭下而食，称饭瓮。酸浆也是饭桌上常用的饮品。

刘庭式到苏家禀报公务，只拣紧要的汇报，官厅那些烦心事儿就自己兜着。

熙宁十年（1077）之始，苏轼居家多日，享受了一回过大年的味道。从初一到十五，家中宾客盈门，每日鼓瑟吹笙。

此间，苏轼知密州七百多天，一腔豪气，提炼了鲁西南的彪悍气。

他那爽朗的笑声回荡在密州的山谷，犹如当年祖父苏序的大喉咙响彻眉州。

6

熙宁十年（1077）初，密州太守苏轼，居家过年，心情很舒畅。他怀着惜别之情在城里转悠，看元宵节的灯火，虽然是火冷灯稀，依然兴致勃勃。刘庭式曾建议拿出官银购买几百盏元宵灯，带动市民的节庆兴趣，苏轼没同意。山城就这样，不必拿它比杭州。市场上的物资供应好于去年，这就不错了。母亲抛弃婴儿的惨事几近绝迹，苏轼还不放心，命巡逻马队四处察看。

居家也不闲着，他给宋神宗写信，恳请皇恩施于小民，将国库积蓄的大量银子用于民生，"衣食之门一开，骨髓之恩皆遍"。

宋神宗正忙于扩军备战，没有理睬苏轼。

自熙宁二年以来，宋神宗与王安石合谋，变尽花样夺天下财利。苏轼呼号奔走，从京城到杭州，从杭州到密州。许多朋友劝他闭口不言，他也尝试过，可是太艰难。在写给三朝元老文彦博的信中，他畅叙了一通之后自嘲说："复发其狂言。"可见狂野性子收敛不易。

居京城，他的为政理念清晰，做地方官又看得那么仔细，思深，情深，很难单为前程、家人计而保持沉默。超然台的含义是超脱，"游于物外"，事实上他总是超而不脱。操心多，牵挂广，目光尖锐，真拿自己的秉性毫无办法。

密州有一位先贤叫盖公，刘邦定都长安后，曹参做了齐相。曹参问盖公如何治国，盖公以八个字回答："治道清静，而民自定。"曹参依其言，齐国大治。后来西汉王朝著名的"文景之治"，核心的执政理念也是与民休息，无为而治，百姓生活幸福，陪葬王陵的彩色陶俑，个个呈现动人的微笑，与秦始皇陵的凶悍兵马俑形成巨大反差。

苏轼重修盖公堂，举行盛大仪式，并作《盖公堂记》，浓墨书于堂上，明言患重病的国家缺少医国手。这是一个指向明确的、符号性的大动作。动作传到京师，皇帝顿时不舒服，但也不生怒。宋神宗三十岁，登基十年，十年挨大臣批，习惯了。他的智慧在于：

能发现那些不听话的官员的忠心和才干。

熙宁十年的春节，苏家热闹半个多月，每日宾客三拨以上，其中不乏处士、庶民、流浪汉。一群弃婴的母亲骨肉团聚，抱儿牵女，上门拜谢苏太守，送匾送东西，感激涕零。苏轼拿出月俸反馈给贫穷的女人们，由夫人王闰之、乳娘任采莲含笑分布。密州太守庭院，重现了眉山老家布施乡里的场景。

元宵节前后，苏轼偕新上任的孔太守巡视州县，将密州十万百姓托付给后任。他曾写诗给孔太守："秋禾不满眼，宿麦种亦稀。永愧此邦人，芒刺在肤肌……何以累君子？十万贫与羸……"苏轼本想为密州做更多的实事，皇命一来，便要准备启程。想做的事没能做完，他就觉得有愧于此邦人。

他望着食不果腹的穷人喟叹："平生五千卷，一字不救饥！"

法国大作家萨特有过相似的叹息，说他享誉世界的小说《恶心》，抵不上送给巴黎穷工人的一双皮鞋。

第十二章　东园里的雄心与柔情

1

苏轼一家子赴济南，出发时天气尚好，两天后遇上了鹅毛大雪。

从密州到济南五百余里，他们沿途住客栈多日。白天顶风冒雪，夜宿旷野中的小客栈，接触村民，品尝野物，喝了几种村酿，听了不少民间故事。

离济南尚有十几里，齐州太守李常派几个"急足"来迎他。

苏轼一家子，风雪入济南。

在济南府做掌书记的苏辙却到汴京去了。

李常太守安排了官车官船，邀请苏轼全家观趵突泉，游大明湖。

这个李常，是黄庭坚的舅舅。

二月中旬的这一天，济南晴空万里，春花方始争艳。李常举行一年一度的"折花会"，请苏轼赴宴于大明湖边的精美楼台，也是为他饯行，命几个女孩儿红巾侑酒。苏轼让朝云同车前去，观摩一下齐地女子的乐舞才艺。马梦得也去了。

次日，苏轼带了两家人离开济南，向汴梁进发。苏辙已上书请辞齐州的掌书记一职，寄寓范镇的东园。王安石罢相后，朝廷人事变动，苏轼受命去河中府（今山西永济西）任知州，但京师传言，朝廷对他的任命可能会更改。杭、密二州他干得不错，迁往富庶的大州做太守，可能性比较大。

苏轼一行走到离汴梁四十里的陈桥驿，朝廷有诏书送来，改任他知徐州军州事，官阶上调。举家雀跃。

次日，苏辙到陈桥驿与兄长会合。这地方曾是宋太祖赵匡胤发动兵变、取代后周而自立的所在，驿舍建得堂皇，迎送过往的官吏。周围栽满了菖蒲，专供官员们饲马之用。苏辙从范镇的东园赶来，瘦高个子骑一匹瘦悍马，眉宇间藏着兴奋。苏轼改知富庶的徐州，他也是刚刚得到消息。

兄弟二人漫步于陈桥，官服颜色不同。苏轼正六品，衣绿。苏辙仍是八品，衣青。这位八品小官给宋神宗写信，力言青苗、市易等熙宁诸法的弊端："上则官吏劳苦，患其难行；下则众庶悲叹，愿其速改。"信中的语气，和八年前他在变法机构中对王安石的质疑相同。当时王安石不予理睬，他辞去了条例司检详文字一职。

眼下王安石已罢相数月，吴充当政，同中书门下平章事。苏轼知徐州，李常知齐州，陈述古、杨元素受到重用，而这些人都是新法的反对者。苏辙从济南到汴梁，也是捕捉这个政治时机。东园主人范镇，当年奋力弹劾王安石，未果，毅然离京，望重士林。

苏轼感慨地说：这五六年我做地方官，也发现了新法的一些好处，比如免役、方田二法，于民于国皆有利。我等攻介甫，并不全对啊。

苏辙说：兄长的意思，不宜对熙宁诸法一概否定？

苏轼点头道：社稷有病，需要医国手。王安石错在专下猛药，但是我们若有机会纠正他，也不可犯他求治太急的毛病。新政搞了九年，局面错综复杂。

苏辙说：范公想去洛阳，请温公出山。

苏轼笑道：以温公的声望与智慧，引领朝政，可能是最佳人选。不过，以我观之，时机还不成熟。

宰相吴充是王安石的儿女亲家，是个中立派，与安石私交甚好。而司马光与王安石因政见不同，绝交已近十年。温公重返朝廷，必做宰相，于吴充不利。另外，王珪、章惇、李定等，在朝廷各有势力，连那个贬到陈州当太守的善于咬人的吕惠卿，也在京城培植他的党羽。这些情况，朝野皆知。

苏轼说：王安石走了，问题的关键就不是宰相，而是皇帝。皇帝最大的问题是什么呢？是他一直想打仗，向西夏、北辽用兵，打大仗，花大钱。此志不消，国无宁日。

仁宗及英宗朝，宋与辽相安无事。仁宗驾崩时，北辽举国悲伤。英宗登基后的大部分时间都在养病，曹太后与高皇后问政，延续了前朝输金求和的国策。英宗去世，神宗上台，二十岁的年轻人一心复仇，要收复五代石敬瑭献给辽人的燕云十六州。

现在，十年过去了，国库日益看涨，军队年年扩充，将军们摩拳擦掌，收拾北辽西夏的声音很大，宋神宗特别爱听。苏轼深忧这一点。司马光也是反对用兵的，神宗怎能让他做宰相？

这一天下午，苏轼、苏辙带家眷入住东园。园子不小，位于开封城的东郊，占地五十余亩，在东西两京的私家园林中属于中等偏小规模。司马光的洛阳"独乐园"占地更少，加上建筑不足二十亩。有些高官的宅第竟夸广阔，几百亩不稀罕。北宋末，官僚"享国"愈演愈烈，豪华园林一座赛一座，蔡京豪宅四十里，仅次于皇宫。

范镇这东园，在高官的园林中显得卑小，却比苏氏兄弟的南园大多了，几重院子，大院中有小院，雕窗隔树相望。范镇亲自安排，苏轼、苏辙两家各居一大院，朝云及另外两个侍女居一小院。

"东园桃李正欲发"，主客济济一堂，热闹景儿不在话下。

2

范镇快马去了洛阳的独乐园，恭请司马光出山。范镇被迫赋闲多年，而国运堪忧，他不能坐视不管。司马光埋头写《资治通鉴》，七八年来，似乎不闻窗外事，只著大书，为将来百代之帝王提供史鉴。冷静的史学家与范镇一席长谈后，身上固有的政治家的热情、对当代现实的深度关切抬头了。他连夜写信给宰相吴充，心潮起伏而下笔严谨，楷书一丝不苟。王安石的书法风格有定评，叫作"横风疾雨"。司马光恰好相反，《资治通鉴》洋洋百万言，一笔一画全是庄严体相。

司马光在写给吴充的信中说："自新法之行，中外汹汹，民困于烦苛，迫于诛敛，愁怨流离，转死沟壑；日夜引领，冀朝廷觉悟，变敝法。今日救天下之急，当罢青苗、免役、保甲、市易，而息征伐之谋。欲去此五者，必先别利害，开言路，以悟人主之心！"

司马光的尖锐言论，与苏辙不约而同。苏轼此时的意见和他们有异，但大方向是一致的。

事如苏轼所料，司马光寄出去的信毫无结果。

而在汴京城外的东园，范镇前脚走，张方平后脚到。这位苏家的大恩人刚接到调往南都（今河南商丘）的朝廷诰书，听说苏辙改官为著作郎，并无实职，便举荐苏辙为签书应天府判官。

苏辙十七岁便受知于张方平，三十岁复随恩公去陈州做学官，如今，四十岁的苏辙再蒙大恩，举家拜谢。

张方平是个爽快人，年近七十犹能豪饮，白发红脸膛，身材魁伟，声如洪钟。他对苏氏兄弟说：老夫到东园本欲议事，不料范镇去了洛阳。你我三人先议他两天，喝空东园里的好酒。

苏轼年少时，闻到酒味儿就要醉，练了二十年，酒量还是上不去，一杯脸通红，两杯已半醉。苏辙略好些，仍比张方平差远了。两条壮年汉子，喝不过一个七旬老头。

熙宁十年（1077）春，苏轼离密州任，盘桓济南与汴梁，官身悠闲。在范镇的东园，他是打算住上个把月的，会会老朋友。他不能进京城，京城内的朋友便来东园会他。兄弟情、夫妻情、子侄情、朋友情、山水情，情情环绕着苏子瞻。此外，尚有一宗大情：情系天下苍生。

官身看似悠闲，其实刚好相反。

范镇去洛阳的独乐园会晤司马光，张方平到东园来商议大事。大人物们马蹄疾，串连穿梭，皆由王安石罢相而起。铁腕宰相自退，谁去影响宋神宗？这个十年难遇的政治时机，朝廷和地方的许多眼睛都在盯着。

张方平在东园住了两夜，诗酒赏花，轻松快乐。与二苏剧谈，便是另一副神态，目露精光如王介甫，口吐妙语如欧阳修。他是集学识、胆识、正气于一身的三朝重臣，为官几十年，老而雄壮。

国事纷繁复杂，皇帝一日千虑，可是总有他提纲挈领的东西，有一根最为敏感的神经。苏轼写了两个字给张方平看，张方平视之良久，叹息一声说：子瞻知皇帝也。

宋神宗即位十年，念念不忘一件事：用兵。

苏辙看了哥哥写下的字，陷入沉思。

皇帝日积月累的钢铁般的意志，谁能撼动分毫呢？

苏辙望着哥哥的脸，想说什么又没有说。

这三十余年，知兄莫如弟啊。

石桌上摆着酒壶，张方平且谈且饮，红脸赛春花。

他对苏轼说：文章你来写，谏书我去送。

苏轼慨然应允。

张方平早已儿孙满堂，自谓"将老且死"，他下决心去见皇帝，把全家的祸福都捎进去了。满朝文武，勇士寥寥。如果他触犯了龙颜，必定祸及子孙。苏轼面临着相同的危险，官运正好，全家幸福，长子苏迈即将娶妻生子。七八年前他两次给皇帝写长信劝谏，而当时，他对家人的牵挂不及眼下。

苏轼敬酒，张方平一饮而尽。

3

这一天，苏轼手书数百字，写下赫赫有名的《谏用兵书》：

"臣闻好兵如好色也，伤生之事非一，而好色者必死；贼民之事非一，而好兵者必亡。此理之必然者也。……兴师十万，日费千金……内则府库空虚，外则百姓穷匮。饥寒逼迫，其后必有盗贼之忧；死伤愁怨，其终必致水旱之报。上则将帅拥众，有跋扈之心，下则士众久役，有溃叛之志。变故百出，皆由用兵！……是以圣人畏之重之，非不得已不敢用也……"

一连串的"必"字，浓墨跳跃，逼人眼目。"好兵者必亡"，掷地有声啊，并且写给血气正旺的神宗皇帝！苏轼长期读史，勤而善思，"有宋一代最具史识"（陈寅恪语）。妄动刀兵者，惨痛教训多，唐玄宗是个例子：国库充盈了，他就去拓边，屡攻南诏、大食，士卒死伤无数，银子花得跟流水似的。国力陡降，并且导致边将拥兵坐大，滋生安禄山、史思明这类恶魔野心家。七年安史之乱，唐朝死者过半。

宋与北辽，一百年前亦战亦和。自真宗朝以来，九十余年北部边境无战事，边贸很兴旺。仁宗去世，辽主哭成泪人，下令举国哀悼。神宗即位后，用王安石变法生财，意在向北辽、西夏大规模用兵，几年间已经打了几仗，胜败各半。朝堂上也不断地发生激烈的争论，张方平曾质问那些高调主战的将军，赵宋自立国以来，与北辽契丹一共打了多少次？将军们瞠目无以对。张方平对神宗说："宋与契丹大小八十一战，只胜太原一战。陛下视和与战孰便？"

现在，苏轼主稿的、以张方平的名义呈送皇帝的《谏用兵书》，言辞尖锐，语气几乎不容商量。这叫"犯颜极谏"。

勇士的行为也不是"莽勇"。宋神宗并不是昏君。

苏轼大文一出，迅速传遍京师，万人争诵。他寓居东园，走马南都，成为官员议论的核心人物。爱戴他的人惊出了一身冷汗。成百上千的人紧张关注皇帝的反应。苏轼也紧张，吃饭停箸，举杯忘饮，漫步走神……如果宋神宗发怒，摘他的乌纱帽易如反掌。

终于有消息传到了东园：皇帝阅《谏用兵书》，为臣子的忠心所感动。但是，用兵之志不动如山。

妇人们松了一口气，闰之夫人念阿弥陀佛……

苏轼对子由说：上书皇帝有三种结果，一是谏用兵受重视，二是皇帝不理睬，三是龙颜大怒，降罪于我，累我家小。还好，还好，结果不算最差。

大丈夫做大事，明知不可为而为之，尽力而已，不问结果。所谓谋事在人，成事在天。皇帝的好战之心由来已久，说服他谈何容易？为臣者，也不能摆出一副志在必得的架势。那很愚蠢。皇帝已是偏执狂，臣子再来偏执，与他针尖麦芒地对着干，只能坏事。

那么，暂且抛开吧。

苏轼很明白，谏用兵无果，将会产生什么样的后果。迟早有一天，皇帝会以倾国之力一搏，将国家置于危险的境地。和则国运长久，战则凶多吉少。苏轼、范镇、张方平、司马光，以及另一个三朝重臣富弼，都把形势看明白了：和，社稷安稳、宋持续的可能性要大得多。朝廷一百多万军队，武备精良，保卫和平绰绰有余。

臣子清醒，皇帝糊涂。而麻烦在于：包括王安石、王韶、章惇在内的另一些文臣武将，反指主和派糊涂、怯懦。年轻气盛、荷包略显充盈的皇帝还认为他自己十分清醒。

治国方略对立，交锋又交成死结。皇帝主导的国家意志出现巨大的盲点。

苏轼仰天长叹，天空灰暗不语。

同时，他清晰地意识到：东园里的长叹，难以抵达近在咫尺的皇宫。即使皇帝听到了，也会笑他杞人忧天。

没办法。放开吧。

苏轼照样吃、喝、睡、玩，享受着范镇的东园。君子忧远不忧近。没有一天睡不着。

不过，由于他的生命冲动多年来呈现"多点喷射"，使他看事物也会产生盲点。生存的向度决定意识的向度，同时也就意味着，意识的向度不可能同时朝着四面八方。有所关注，就有所忽略。

4

驸马都尉王诜是个风流艺术家，画山水竹石，知名于当世。他出身名门世家，娶的妻子宝安公主是神宗皇帝唯一的妹妹。

三月二日寒食节，王诜设宴于四照亭，专请苏轼。这王诜三十来岁，生于四代富贵窝，长于大宅妇人手，天生的一副风流相，气宇轩昂。他对苏轼毕恭毕敬，俨然执弟子礼。他带来了六轴盛唐大画家韩幹画的十二匹马，请苏轼在藏画上题诗。苏轼半醉，握笔沉思。佳人双捧轴，观者数十人，一个个屏气静息。苏轼凝神运笔，一挥而就。题诗中有云："先生曹霸弟子韩，厩马多肉尻腚圆，肉中画骨夸尤难……平沙细草荒芊绵，惊鸿脱兔争后先……"

这六轴藏画乃是珍品中的珍品，既是韩幹的得意之作，传世三百年，品相又好，市价殊难估量。经苏轼题跋，增添了藏品的艺术内涵，增值尚在其次。韩幹画马称唐代第一，杜甫也曾写诗称赞。

王诜大喜，送苏轼羊羔儿酒、乳糖狮子、龙脑面花象板等稀罕物。这位驸马都尉，见了苏轼就要送东西，几年前就送过皇家墨砚、鲨鱼皮、紫茸毡、翠藤簟。他还向苏轼透露，高太后与宝安公主，母女二人，都以欣赏子瞻的诗词书画为乐事。

高太后是宋英宗的遗孀，守寡已多年。

少女懊恼，噘了红唇。好花独自开，香艳谁理睬？这从早到晚的，芳心一直是芳心，芳香只增不减。昨日小院里弹奏烧槽琵琶，弦弦是心声。先生在杭州就填词称赞她："琵琶绝艺，年纪都来才十二。"先生委婉地说："拨弄么弦，未解将心指下传……已属君家，且更从容等待他。"

词牌《减字木兰花》，当时她十二岁，琵琶技艺娴熟，而未解传递心声。如今过了三年了，心如蚌内养成的大珍珠，晶莹饱满。轻轻地一拨弦，"大珠小珠落玉盘"。

先生从容等待她长大，只是太从容！

第十三章　徐州

1

熙宁十年（1077）四月，苏轼携家眷赴徐州（今江苏徐州）任所。苏辙随往，也带了家人，他的新职诰书尚未下来，先去徐州陪兄长住些日子。两家主仆三十多人，男人骑马妇孺乘车，浩浩荡荡向徐州进发，过南京，再拜张方平，复被张方平留居了数日，每日饮酒，剧谈皇城事。

二苏登程时，张方平和他儿子张恕送至城门外。

长亭相揖别，再会无定期。从开封到徐州五百多里。

一行车马，日行百里，不紧不慢地，遇城则入，住一夜再走，尝尝好吃物，问问乡土人情。野外的简陋客栈他们也不避，干净就行。夕阳中问宿，朝晖里上路，小孩子像往常那样喜欢远行。苏过在南京就一个劲地催了，他向马梦得学会了翻跟斗，路上炫耀着，苏辙的小女儿跟着翻。道上的行人，倒以为这是一支以杂耍谋生的队伍。

苏轼不着官服的，戴着他的灰色高筒巾帽。乡野之人不识这鼎鼎大名的子瞻帽。

时在暮春，野花开得很远。

苏辙骑一匹棕色马，瘦长身晃晃悠悠。四十岁的男人，一群儿

181

女的父亲，官职小开销大，手头时常拮据。做太守的兄长接济他。眉山兄弟，向来不分彼此。史夫人与闰之夫人坐一辆车，妯娌颇亲热，摸着手儿说话，说家乡说不够。任妈知道得更多，她与王朝云同车，也是絮叨当年，城里人如何过日子，苏家如何料理生意，苏轼如何顶着夏日暴雨巨雷独游大江，又如何在冬夜里天不亮就起床温书。

苏轼偶然听到了，缓辔冲着车厢内说：任妈又讲我吧。

朝云打帘子望着他，目光停下来片刻，微笑说：先生耳朵倒灵，其实讲着王弗夫人。

朝云接着说：真想去眉山啊！

苏轼纵马前去了，与弟弟、苏迈、马梦得连辔并驰。马蹄漫卷连天青草。

四月下旬抵徐州城，入住堂皇官舍。

徐州为古之九州之一，多平原，杂以丘陵，地域广大，曾辖山东、江西的许多州县。秦末，项羽的大军屯于此地。项羽自封西楚霸王，定都彭城。宋代的徐州版图缩小，但仍为重镇。因此地多产花岗石、铁矿石，冶炼场多达三十余处，各式兵器堆积如山。又产煤，苏轼呼为"石炭"，有诗形容："岂料山中有遗宝，磊落如磐万车炭。流膏迸液无人知，阵阵腥气吹自散……投泥泼水愈光明，烁金流玉见精悍。为君铸作百炼刀，要斩长鲸为万段！"

冶炼场用煤，百姓还是烧木炭。

徐州府的官舍，占地广，各式建筑错落，大院套着小院，花树各异，井梧遮阴。后花园古木参天，绿池塘波纹阔大，亭台竹林之类，更不用说了。有一座著名的逍遥堂，古木直插云霄，竹林环绕池塘。

王朝云仍居一小院，有侍女陪着她。这里是要长住的，三两年说不准，玉人家在使君宅呢，玉人早已是苏家的一员。

那苏子瞻新上任，日复一日地不见人影。

从开封过来，五百多里路，一路上悠闲，访古寻幽登名楼。及至到了任所，新官旧官交接，访问下属与民情，研究徐州各县，马不停蹄的，马背上的苏太守变成了一阵阵的旋风。

苏轼忙了半个月，抽空陪弟弟游玩。

2

徐州城东郊有个名胜叫百步洪，水流湍急，击石有声。二苏去游览，大觉有趣，人在清河边，那水沫扑面而来，水声清新入耳，水波中的大小石头圆润可爱。苏轼命人筑亭于百步洪，名之曰击石亭，又栽了两行杨柳，九棵槐树。槐谐音"怀"，杨柳依依怀远人也。从此，击石亭配了百丈洪，为徐州人新添了游玩处。

可是市井有传言，说新太守苏某人是惯于吃喝游玩的，筑亭的举动表明他对政务不甚关怀。

苏子由在城里闲逛，听了议论，感到很新鲜。子瞻一向是被吏民的赞誉声所包围的，初到徐州筑亭插柳，受人误解。

子由想：不出三个月，彭城人疑虑自消。

他也不用去劝诫兄长。

瘦而高的苏子由独自穿行时，面容略显忧郁。此间他待官，俸禄少而子女多；随兄长来到徐州，终有相揖别的一天。上次一别七年，这次又将如何呢？

子由客居徐州，有《逍遥堂会宿二首》，引言中说："辙幼从子瞻读书，未尝一日相舍也。及壮，将游宦四方，读韦苏州诗，至'哪堪风雨夜，复此对床眠'，恻然感之，乃相约早退，为闲居之乐。"唐代韦应物留下"风雨对床"的典故，韦应物之后，大致定格为兄弟惜别之情。

子由写诗颇伤感：

> 逍遥堂后千寻木，长送中宵风雨声。误喜对床寻旧约，不知漂泊在彭城。

逍遥堂风雨对床，古木森森，夏雨敲窗，夜深里，灯犹亮。轼、辙二人叙着家常，议着国事，谈着文事。子由自从辞去了济南掌书记的职务后，单骑趋汴梁，携家走徐州，难免有漂泊无定的感觉。膝下有一堆儿女呢，养活他们也是个问题。兄长安慰他，叫他不要发愁。大州太守俸禄高，资助弟弟不难。

子由伤离别，子瞻劝他在徐州多住些日子，住到中秋节以后，再去南京。

逍遥堂外风兼雨，仲夏雷电划破了夜空，照亮了高高的古木。

子由一时默然，子瞻只是笑谈……

苏氏兄弟风雨对床，衍生了新典故，传为手足情之佳话。逍遥堂三个字也因之传于后世。今日徐州市，斥巨资重修了若干苏轼遗迹，其中包括著名的逍遥堂。

苏轼有诗叹曰："嗟余寡兄弟，四海一子由。"

这一天的后半夜，暴雨停了，暮云开，明月出，清光弥漫于半空。

对面床上的苏辙睡着了，苏轼披衣出门，踏着一地湿润的月光，嗅到一股浓郁的花香。

3

入秋后，徐州遭遇大洪水。

上游的澶州黄河决口，洪水奔向山东的东平，咆哮而下数百里，徐州城南的清河水一夜暴涨，巨大的浪头昼夜扑打城墙。城墙一旦被冲垮，全城十几万人遭殃。灾情危急，苏轼反应迅速。他有两个大动作，一是严禁有车马的富户逃亡扰乱人心，富人逃起来很迅速，但苏轼的念头疾如闪电，几道城门派兵把守，若有豪强胆敢以身试法，一律抓进大牢；二是亲入武卫营请禁兵协助防洪。按宋制，太守对当地驻军并无指挥权。苏轼冒着大雨深一脚浅一脚走到禁兵首领的住处，平时有些傲慢的首领感动了，命令全营数千官兵听候苏太守的调遣。

大洪水日夜冲击着东、西、北三面城墙，苏轼登上城楼，环走而望，半个时辰一言不发。部属等他拿主意，倒不是因为他官最大。抗洪十多天，苏轼成了全城军民无可争议的主心骨。他下令，调动近千艘公私船只，船中装少许沙袋，用缆绳放到城下的水疾浪高之处，缓解并分散洪水的冲击力。

这法子相当奏效，万民欢呼雀跃。

中秋节，苏轼特于高楼上设宴赏月，笙歌吹彻彭城夜，意在安抚受洪水惊吓的民众。

城外浊浪排空，城内凤箫声起。任凭洪水滔滔，我自岿然不动。

席间，苏轼还书《阳关词》诗给子由，词云："暮云收尽溢清寒，银汉无声转玉盘。此生此夜不长好，明月明年何处看？"

句子轻松，略带伤感，看不出是写于抗洪救灾的紧要时期。

苏轼临危不乱，照样写诗饮酒，真有诸葛亮的风度。诸葛亮安居平五路，苏子瞻谈笑退洪水。

中秋节过后，苏辙出徐州南门，登船向南京，去做签判。两家人惜别于岸边，史夫人送给王朝云一串珍珠佩饰。

弟弟帆已远，哥哥纵马还。

太守府是苏轼的抗洪指挥部，白天吏民穿梭，夜里灯火通明。

为确保徐州城安全，他连月指挥万人大会战，"庐于城上，过家不入"。洪水初来时，他就命令军民于险要处筑长堤，全长九百八十四丈，高一丈，阔两丈。工程量巨大，数万民工、兵工昼夜奋战。苏轼的两个儿子，苏迈和苏迨，也加入了搬运队，肩挑背磨，每天只睡两个时辰；汛情告急时，通宵不眠，年轻人处处生龙活虎。

民工们相顾曰：苏太守父子三人和我等一起奋战！

堤成之日，距最大流量的洪峰袭来只差几天。

徐州城保住了。到九月，洪水归于黄河故道。

苏轼与部下额手称庆，作《河复》诗，序曰："乃作河复诗，歌之道路，以致民愿……盖守土者之志也。"

宋神宗闻奏大喜，下诏曰：

　　敕苏轼：昨黄河水至徐州城下，汝亲率官吏，驱督兵夫，救护城壁，一城生齿并仓库庐舍，得免漂没之害……朕甚嘉之。

苏轼成了大英雄。全城百姓欢呼他的名字。

后来他离任，徐州数千人送他出城几十里，哭成一片。

4

苏轼又要过一过建筑瘾了，上次在密州筑台，今番于徐州起楼，名之曰黄楼，取五行中土能克水的意思。城内有座"霸王厅"，传说为项羽所建，有项羽的塑像。苏轼厌恶这个杀人如麻的西楚霸王，下令拆了霸王厅，用它的梁木和石材建黄楼。既然力能扛鼎的霸王不可一世，那就让他去对付日后可能袭来的洪水吧。几十年前苏序在眉山怒拆欺人哄人的茅将军庙，此间苏轼向祖父看齐。

次年楼成之日，苏轼率众举行盛大仪式，万人空巷争睹盛况，官民军民亲如一家。狂欢持续了三天三夜。

徐州城中，另有一座成名三百年的燕子楼。楼中有个关盼盼，出了名的唐朝美女，诗也写得不错。她心爱的男人张建封死了，她独居燕子楼，十年后，玉陨香消，从张建封于地下。这张建封系中唐高官，三州节度使，徐州即为三州之一。关盼盼是他的爱妾。正当妙龄的盼盼十年不嫁人，并非她苦守贞洁，是爱情使然。白居易是张建封的好朋友，张与盼盼的故事，就是白居易讲的，感动过不少人，燕子楼因之而大受凭吊，三百年享有艳名。苏轼作词《永遇乐》："明月如霜，好风如水，清景无限。曲港跳鱼，圆荷泻露，寂寞无人见。紞如三鼓，铿然一叶，黯黯梦云惊断。夜茫茫，重寻无处，觉来小园行遍。 天涯倦客，山中归路，望断故园心眼。燕子楼空，佳人何在？空锁楼中燕。古今如梦，何曾梦觉？但有旧欢新怨。异时对，黄楼夜景，为余浩叹。"

"燕子楼空，佳人何在？空锁楼中燕。"只三句，说尽张建封事。后世文人玩赏不已，玩味词句，也玩味心情。苏轼笔下涉及若干女人，却干干净净。所谓胸有万卷，笔无点尘。参寥大和尚讲过这层意思。

徐州美事多，忽有良朋自远方来：京城的王巩，浙江於潜县的和尚参寥。此二人，一个是名相王旦之孙，张方平的女婿；一个是云游四海的得道高僧。苏轼与之朝夕盘桓，游山戏水，高兴得手舞足蹈……

秦观专程来拜访苏轼。黄庭坚则从河北大名写信来问候，附古风二首。苏轼以长信作答。他对小他九岁的黄庭坚也是心仪已久，论交之初，不惜笔墨，坦荡胸怀溢于言表。

他在写给黄庭坚的回信中这么说："轼始见足下诗文于孙莘老之座上，耸然异之，以为非今世之人也。莘老言：此人知之者少，子可为称扬其名。轼曰：此人如精金美玉，不即人而人即之，将逃名而不可得也……轼方以此求交于足下，而惧不可得。"

苏轼这风度，不减欧阳修。

这封宝贵的信件，黄庭坚珍藏了一辈子，并传与子孙，激励江西诗派弟子……

秦观字少游，号太虚，江苏高邮人；黄庭坚字鲁直，号山谷，江西修水人。这两个才华横溢的年轻人先后成为苏门弟子，也在中国文学史、艺术史上留下盛名。

5

熙宁十年（1077）的秋天，苏轼忙得不亦乐乎。手头的抗洪大事、诗酒美事、庆功事以及建筑事攒在了一块儿。这个苏徐州忙而不乱，三秋时节，他骑马出现在城内城外的很多地方，冒着暴雨，沐着秋阳，迎着西风……

徐州一城生齿，由衷爱戴他。马梦得半开玩笑说，随便走进哪一家，皆可吃酒啖肉。这话提醒了苏轼，于是换上便服，马也不骑了，长足奔走彭城街巷，专寻好吃的东西。两个男人在杭州、密州、济南的时候就这样了，隐匿了身份，乐呵呵进酒楼逛夜市，一面海吃小尝，一面观赏风俗、倾听异地口音。

此事大乐。梦得有功。

徐州河鲜多，秋水鳜鱼肥。河虾个头大，味道鲜美。不过北方人（徐州原属山东）不吃河虾者亦不少，苏轼带头品尝，吃得嘴角流香。市民中有人认出了他，四处去传播：苏太守吃河虾，咂巴咂巴……

九月初，苏轼、苏迈、马梦得，三个男子汉带了几名府卒，骑马出城，深入丘陵地带，弯雕弓，射狐兔。看来密州出猎有了惯性，想要重试纵马野地的感觉。

一队人马奔驰，过村掠镇，夜宿小村里的古营寨，野火烤野味，原野上空星如斗。苏轼酒酣，环视周遭野茫茫，慨然道：汉高祖刘邦，几十万大军当屯于此也。高祖不敌项羽的三万精骑，败走彭城，未久，又重整旗鼓，垓下一战，韩信十面埋伏，张良秋夜吹箫，楚歌吹断楚军魂，逼西楚霸王自刎于乌江。

苏轼对张子房、诸葛亮是推崇备至的，文集中有《留侯论》《诸葛亮论》。伟男向往伟男，风度只在伯仲之间。苏轼厌恶项羽，对曹操的评价也不高，视曹操为"鬼蜮之雄"。

四十年修炼的道德身，价值判断清晰。

苏轼在徐州秋猎，野地里痛吃野味，酒酣怀古，指点今昔。秋草连天，他倒地便睡，夜里仿佛抱着半圆的月亮睡觉。士卒站岗轮番休息。马梦得拉着苏迈盘坐小丘，不停地嘀咕，苏迈不时望着鼾声均匀的父亲……

清晨，苏轼睁眼时，那东边的朝云七彩斑斓，与山丘上的几棵枫树相映生辉。

<h1 style="text-align:center">6</h1>

公元 1078 年，四十三岁的苏轼在徐州过得格外饱满，官事、家事、文事、朋友事、建筑事、山水事，事事皆如意。中年男人意气风发，举步轩昂。凡事饱满则溢，犹如月盈之后会向着月亏。苏轼很懂得这个道理，但不作沉稳状。这眉山男儿一向豪放，放则放矣，且享受当下，享受日常生活的点点滴滴，包括一杯茶、一盅酒、一块肉。生存不避艰辛，也能惬意，能养尊处优，能锦衣玉食，能优哉游哉。

上苍赐福于人，人若不懂享受，亦是辜负苍天。

苏辙与史夫人生了六个女儿，其中三个女儿已长大，待字闺中，可是她们嫁给谁呢？子由颇犯愁，子瞻为他分忧，先把他的大女儿介绍给徐州官学的优秀学生王适，数月后，又在苏辙的二女儿和文同的次子文逸民之间牵线搭桥。两桩婚事俱美满，苏辙夫妇笑逐颜开。婚礼分别在南京和陈州举行，苏轼委派长子苏迈去祝贺，自己苦于州县公务缠身，去不得，嗟叹连日……

苏迈于一年多以前，娶妻王氏，也是个眉山姑娘。到徐州后得一子，取名苏箪，取颜回"一箪食一瓢饮"的意思。苏轼四十几岁就做了爷爷，高兴得无以复加，写信给朋友说："某轼有一孙，体甚硕重，决可以扶犁荷锄，想公亦为我喜也！"后来他在黄州东坡种麦子，这胖孙儿果然能扶犁荷锄……

黄楼将成，庆典已定，苏轼忙于策划、邀请嘉宾，每日到东城门走几遭，目睹黄楼架屋脊起飞檐、放置地面上的最后几块石板；又手书请柬若干份，命急足快马加鞭送往各地。

苏辙寄来了《黄楼赋》，苏轼以楷体字书之，请能工刻于石碑上。

苏轼请王巩到徐州来参加庆典，王巩回札相戏曰：徐州无好酒。苏轼再去信，叫这贵公子自携家酿来，"子有千瓶酒，我有万株菊"。

那王定国果然高轩载酒从汴京来，打开酒坛子，熏得满庭醉。苏轼尝一小杯，几乎为之"绝倒"，小酒量见了美酒不能尽兴，只好归于一声叹息：真是有愧于恩师欧阳修、张方平啊，他们年过六旬时尚能一饮百杯。

王巩写诗飞快，一日十首。苏轼次韵王巩诗云："白发饶我三千丈，诗律输君一百筹。"

王巩、颜复，一瘦一胖的两个男人画船载美酒，携美人，唱美曲，月夜里畅游泗水。苏轼穿了一件羽衣，立于黄楼上眺望，叹曰："自李太白死，世间无此乐事，已三百余年矣！"

那王巩画船载美，呼子瞻同游，子瞻只登楼观望而已。於潜和尚参寥请他驾小舟漂流清河，他倒不推辞。夏季的白步洪水急石乱，两山夹一水，浪头高数尺，漩涡回水处处险。苏子瞻仗着水性好，在横冲直撞的小船中诗兴犹浓，诗曰："四山眩转风掠耳，但见流沫生千涡。"

黄楼大功告成的庆典上，吏民同欢，万人空巷。苏太守大醉，醉墨题诗赠王巩："我醉欲眠君罢休，已教从事到青州。"王巩将去青州做官，而参寥不久后也要继续他云游四海的生涯，这位诗僧怅然道："白云出处元无定，只恐从风入帝乡。"和尚将去汴京。

苏轼早年受道士的影响，后来到杭州，多与和尚们打交道。参寥来徐州访苏轼，盖因气味相投，时常谈佛说玄。苏轼杰出的玄言诗作于徐州，看来是与参寥大和尚碰撞出了思想火花：

"欲令诗语妙，无厌空且静。静故了群动，空故纳万境。阅世走人间，观身卧云岭。咸酸杂众好，中有至味永。"

空门静无穷，乃是对应着尘世间的万般喧嚣与躁动。二者相异相生，构成精英艺术的持久的张力区。苏轼悟到了这一层。而盛唐的王维把握了诗境与禅境的微妙接点，佳作最多。

苏轼令人感兴趣的，是他角色转换的能力，恋人作绮语，居士禅思深，忧国忧民则下笔沉痛，登高怀古能纵横今昔。而他去了徐州的乡村，又写下几首百代流传的小词。

7

元丰元年（1078）的春夏，苏轼祈雨、谢雨于徐州城东二十里的石门潭，得小词极品《浣溪沙》五首。

徐州遭了秋季洪水之后，再逢春旱，逾月不见一滴雨。苏轼率众祈雨之后，雨就来了。他在凤翔祈雨也是这样，灵验得叫人纳闷。

到夏初，艳阳高照，广袤的田园麦子金黄，麦浪喜人。苏轼复到石门谢雨，沿途所见，已是一派丰收景象："惭愧今年二麦丰，千畦细浪舞晴空。化工余力染夭红。"

苏轼的几首《浣溪沙》，专写徐州的乡村。灾年变成了丰收年，苏轼的欣喜可想而知。欣喜渗入了乡村风物……诗中并无旱灾留下的痕迹。

苏轼无意表功。诗词作为艺术，与述职报告毫无关系。诗人就是诗人，太守只是太守，两者并不胡乱掺和。

《浣溪沙》：

旋抹红妆看使君，三三五五棘篱门。相挨踏破蒨罗裙。

老幼扶携收麦社，乌鸢翔舞赛神村。道逢醉叟卧黄昏。

乡村女孩儿急匆匆着裙抹妆、争看苏太守的模样跃然纸上。太守大人在干吗呢？众里寻他不见，他究竟在哪儿呢？原来他中途停下了，端详着一个路边的醉老头："道逢醉叟卧黄昏。"这乡间老头多么潇洒啊，醉卧道旁，哪管黄昏。

显而易见的是，如果苏轼是贪官庸官，那么，不会有这么多的乡间女子抹红妆换新裙赶去看他。而夏日的乡野点缀了她们的身影，充斥了她们的欢笑声，令人更觉生机勃勃，画图撩人。俄罗斯十九世纪的乡村画派，常把美丽的乡村少妇置于油画中的醒目位置。苏轼这五六首小词，闲笔描绘她们，个个模样生动，美得一派清新。几年前他在杭州写官妓，多呈脂粉香浓，比这《浣溪沙》系列就逊色了。民间的女性清新可爱，起于《诗经·小雅》，承于汉乐府民歌，《古诗十九首》。晋唐诗和两宋词，不乏她们的音容笑貌。苏轼写徐州的乡下，将古道、红裙、麦浪、醉叟、缫车席卷入画。他哪里是单写徐州，分明是描绘乡野中国。

且看第三首：

麻叶层层苘叶光，谁家煮茧一村香？隔篱娇语络丝娘。

垂白杖藜抬醉眼，捋青捣麨软饥肠。问言豆叶几时黄？

乡村女人们为何隔篱娇语呢？俞平伯解释说："从前江南养蚕的人家禁忌迷信很多，如蚕时不得到别家串门。这里言女郎隔着篱笆说话，殆此风宋时已然。"而更多的女孩儿旋抹浓妆看使君，相排走到村口，将蚕时的禁忌抛到脑后……

还有夏日正午的阳光下、绵绵古道上的苏使君：

> 簌簌衣巾落枣花，村南村北响缫车。牛衣古柳卖黄瓜。
> 酒困路长惟欲睡，日高人渴漫思茶。敲门试问野人家。

凡有乡村体验、走过乡村小路的人，谁不为这样的画面所打动呢？酒后人渴，日高路长，老想喝茶，人在口舌之欲中，却能酝酿诗意，为什么？因为诗意强大的统觉功能把身体的欲望纳入自身。太阳底下的行走，衣巾落满枣花，村里的缫车咿咿呀呀，老农背靠古柳卖黄瓜，挥着大篾扇，高兴了他还哼几句，唱得空气也颤动……

小令《浣溪沙》：

> 软草平莎过雨新，轻沙走马路无尘。何时收拾耦耕身？
> 日暖桑麻光似泼，风来蒿艾气如薰。使君元是此中人。

自徐州东城门至石门潭这一带，河沙地比较多。轻沙走马，一路无尘。五月日头暖，桑麻光似泼。风从东方来，蒿艾气如薰。苏轼的眉山老家，既务农又经营布庄，他小时候赶"蚕市"，对蚕丝桑麻以及桑姑们的亲切感是深埋心底的。温馨的感觉被徐州的乡村激活，升华为顶级艺术。

到徐州这两年来，他政绩好，抗洪退洪，祈雨得雨，喜看麦浪千层，闲观村落人家，心情真不错，于是，下笔一派祥和。所谓艺术的强对流张力区，风暴中心有宁静。而宁静的能量，非艺术大师不能摄取。

五首《浣溪沙》，以宁静的意蕴反指生机盎然，怎么读也读不够。它所呈现的平原风物真实得如同梦境。高度提炼的真实，随意涂抹的画面，都有这类效果。影像作品显然难以企及，差得远呢。

8

苏轼熙宁十年四月到徐州，元丰二年（1079）三月接到调任的诰书，去富庶的湖州做知州，刚好两年，和密州的任期差不多。七百多天，造福于一方多矣。徐州父老感激他，说是如果不遇上苏使君，他们早喂了清泗河里的鱼虾啦。苏轼幽默地说：我命穷，走到哪儿都遭遇凶灾；"水来非吾过，水去非吾功"。

对于一个老想着为一方百姓做更多事的官员来说，昨日之功，总是轻描淡写，转头便忘。徐州的男女老少不忍他离去，一提别离，他们就抹泪。苏轼也伤感，连日徘徊于州府庭园，想起徐州的许多朋友，别后再见，遥遥无期，有些好友可能从此永无聚首之日。

唐宋官员，通常两三年就调往别处，并且是全国各地转，"官身如飘蓬"，所以离愁别绪多。没办法，这就是生活。伤感，惆怅，郁闷，以至痛苦，几多情绪撞击着诗人官员，撞出了大量好诗。

苏轼走一路叹一路，逍遥堂中不复逍遥。朝云陪伴着他，穿花径，过小桥，默默无语。

苏轼作《江城子》："天涯流落思无穷，既相逢，却匆匆。携手佳人，和泪折残红。为问东风余几许，春纵在，与谁同？"

元丰二年春，苏轼的眼泪比较多。七年来，他通判杭州，转知密州，复知徐州，眼下将去江南的湖州做太守；文名蒸蒸日上，佳人日夕相伴，举家富足而和睦。然而文同的死讯传到徐州，他就哭成了一个泪人，几天吃不下饭，失眠，困极时小睡片刻，忽又被噩梦惊醒，枕头上全是眼泪。

文同画竹，天下称第一，"胸有成竹"的典故便是因他而起。苏轼、米芾均尊他为师。元代画竹的名家甚多，公推文同的画竹法。不过北宋画坛称道文同的精妙画法之时，苏轼的评价却侧重文同的文化修养，说："文与可诗一，楚辞二，草书三，画四。"

这个观点，是从书画艺术的源头上把握书画。文以气为主，书画也是这样，而养气必须读书。欧阳修、苏轼鄙薄唐代两个草书大家张旭、怀素的书法，认为他们为书法而书法，追奇逐怪，让技术凌驾于修养之上，乃是本末倒置。此风一开，艺术沦为技术。

中国文人书法的开创者欧阳修有名言："书法不可以为怪。"

文同听到苏轼的评价后，大喜，说："世无知我者，唯子瞻一见，识吾妙处。"

文同还喜欢在画上题诗，初不经意而衍成风尚，大大影响了后世。诗配画，宋以前是没有的，这个艺术形式始于文同。文同的题诗本已不凡，却常常对向他求画的人说："勿使他人书字，须待苏子瞻来，令做诗其侧。"

文同居陈州，不无自豪地讲过："吾墨竹一派在徐州。"苏轼也坦陈："吾墨竹尽得与可法。"

可是后人认为苏轼的墨竹图超过了文同："东坡墨竹，写叶皆肥厚，用墨最精，兴酣之作，如风雨骤至，笔歌墨舞，窃恐文与可不能及也。"东坡墨竹图的真迹今尚存焉，那可是价值连城的国宝。

苏轼与文同定交于凤翔，十几年来情同兄弟。各自为官，相隔遥远而互为知音。文同英年早逝，书画圣手断，人间少墨宝，苏轼如何不痛哭？《祭文与可文》："呜呼哀哉，余尚忍言之，气噎悒而填胸，泪疾下而淋衣。"

第十四章　湖州

1

1079 年的暮春，苏轼带了家眷向湖州进发。徐州父老提壶携浆，送了一程又一程。挥泪而别，不在话下。每次都这样。"请君试问东流水，别意与之谁短长？"

苏轼到南京，与苏辙聚了几天，住张方平的乐全堂。兄弟二人，共侍恩师。当初在成都受知于张方平，苏轼十九岁，苏辙十七岁，转眼已过了二十五年。其间多少事，感慨系之矣。

四月初，苏轼一行过扬州，受到扬州知府鲜于侁的盛情款待。扬州著名的平山堂是欧阳修三十多年前修建的，他于堂前种的杨柳，当地人亲切地呼为"欧公柳"。而继任的薛太守也种了一棵柳树，命吏民呼为"薛公柳"，这人是个庸官，可能还是贪官，他前脚刚调走，那薛公柳后脚便被扬州人拔了去，当柴火烧了。此后的扬州太守，纵然是政绩不错的，也不敢到平山堂去种柳。欧公柳春风拂长条，仿佛醉翁犹捋七寸长须。

鲜于侁设宴于扬州南郊蜀冈的平山堂，恭请欧公的得意弟子苏子瞻留下墨宝。阔大而平坦的高冈之上，堂后古木森森，堂下沃野千里。壁上有欧阳修自书的《西江月》："平山栏槛倚晴空，山色有无中……"

扬州本富庶，唐时称"扬一益二"，位居全国三百州之首。如今在"淮南称第一"的平山堂内，击鼓吹笙迎嘉宾，美酒佳肴鲜花，名士如云，红裙穿梭。百余人围绕着核心人物苏子瞻，渴望一睹他挥毫的风采。苏轼饮酒笑谈，忽又沉默，陷入短暂的沉思。鲜于侁停杯，众宾客停箸，官妓们停了歌舞……诗人发现了，摆手说：诸公自宴乐，不必管我。

说话间，新词已成也。《西江月》：

> 三过平山堂下，半生弹指声中。十年不见老仙翁，壁上龙蛇飞动。　　欲吊文章太守，仍歌杨柳春风。休言万事转头空，未转头时皆梦。

满座击节。红颜生动。

座中有人后来回忆说："东坡登平山堂，怀醉翁，作此词。时红妆成轮，名士堵立，看其落笔置纸，目送万里，殆欲仙去耳。"

此时的苏轼，已有"坡仙"的神韵。

值得一提的是，如此盛大的欢迎仪式上，百目注视，苏轼自身的气场不变，下笔直指人生之虚幻。说万事转头空还不够，未转头时已是梦。"古今如梦，何曾梦觉？但有旧欢新怨……"

苏轼四月于扬州平山堂写下的这首《西江月》，和东晋王羲之春日雅集于山阴（绍兴）兰亭所作之《兰亭序》，其大感慨，大情绪，隔千年而一焉。

2

元丰三年（1080）苏轼赴湖州任，春风一般地刮过中原，过扬州，渡淮水，越高邮，官船一帆风顺，向着杭州、无锡。忽一日，薄暮泊舟时，有两个人跳上船来，其中一个圆头汉体形甚伟，莫非是水上强盗？苏轼暗暗有些吃惊，舟车走了三十多年，头一回遇上劫贼……

那圆头汉子大笑：子瞻受惊也，和尚罪过罪过。

原来是参寥子、秦少游。

那布衣秦观跟和尚日久，走北向南，也显得健康。他到徐州拜见苏轼，是参寥子引荐的。大和尚朋友多，秦观与之游，除了长见识阅山川，也有机会认识高人。

眼下的秦观三十出头，白袍长身，相貌英俊。他在高邮，自幼浸润于灵秀山水，填词多属艳科，却能作清新语，意境开阔而隽永。名作如《满庭芳》，其首句云："山抹微云，天连衰草，画角声断谯门。"苏轼戏称他"山抹微云君"。

秦观对苏轼执礼甚恭，写曲子词却有自己的风格。苏轼气场大，如果秦观二十岁就追随他，可能就被吸进去了。再者，苏轼气贯南北，方开宋词之豪放一派，秦观不能学。

这个夜晚，官船缓缓移动在江面上，"无风水面琉璃滑，不觉船移"。苏轼置酒于船头，与参寥、秦观、马梦得共赏春江花月夜。船底的清水，头顶的繁星，岸边的几点灯火闪烁。如此良辰美景，不须饮酒而人自醉也。

半夜过后，船泊于金山下，和尚拉了秦观往金山寺里去，两道黑影"蹭蹭蹭"掠阶而上，半醉敲山门，僧舍借一宿。

暮云遮月，月在何处？

次日金山忽起大风，山中灰云卷，江上绿浪高。金山寺的宝觉长老偕同参寥，登船与苏轼小叙后又飘然而去，山风掀起他的僧袍，这老和尚倒是走得稳当。

苏轼的官船抵达无锡，上岸游惠山，穿林登峰，汲泉煎茶，写诗云："敲火发山泉，烹茶避林樾。明窗倾紫盏，色味两奇绝。"茶醉之后他美美地睡了一觉，醒来细听松风，四肢百骸舒畅。他伸懒腰，舒服得哎哟哎哟，惹得那各色林中鸟儿飞来唱和……

过秀州（嘉兴），又逗留了好几天。秦观约了马梦得，红楼绮陌盘桓……

五月下旬，苏轼到达任所湖州。

自从三月从徐州启程，走了六十多天，一路上几乎全是赏心乐事。

屈指七八年来，杭州、密州、徐州。

膏泽黎庶寻常事，叩问河山无时休。好诗直如潮，佳期恰似梦。

哦，还吃了多少南肴北菜，品尝了无数佳茗醇酿。还盖了几座楼台——地方的标志性建筑。还做了爷爷，儿孙济济一堂，吃饭要摆两大桌哩。

夫人贤惠，任妈慈祥，朝云娇媚，小苏过勤于学习悟性高……
概言之：日子过得真不错。

任它朝廷风波险恶，我自于州郡闲庭信步。

湖州任上的苏轼轻松自如，格外接近了自己的秉性，按例向皇帝进谢表，顺便以自嘲的口吻刺了朝中小人几句："知其遇不适时，难以追陪新进；察其老不生事，或能牧养小民。"

"新进"指熙宁年间蹿上高位的一帮速进小人。小人善于生事，而苏轼老不生事，远离京城的权力中心，做地方官牧养小民而已。

这是冷嘲热讽，还不算投枪匕首。此前的一些文字如《祭欧公文》《谏用兵书》，比这谢表更激烈，直指熙宁朝政的要害处和宋神宗欲用兵辽夏的头等大事。神宗并未降罪，反而自称受了感动。

苏轼治徐州水患,皇帝非常高兴,下诏表彰,昭示全国各地。逾年,苏轼迁湖州任太守,并领京官衔。京官与地方官在相同级别的基础上,俸禄更高。这表明神宗皇帝信任他。

苏轼进谢表,分寸感是有的。顺便讽刺几句,是他一贯的风格。

谢表是呈送给皇帝看的。

他忽视了几个新进小人。

3

苏轼四年做了两任太守,政绩卓著,如果他在下一个太守任上稍事谨慎,回京师做朝廷大臣几乎没有问题。十几年前宋仁宗就讲过,他有宰辅之才。他动用一点官场智慧,稳扎稳打,做宰相的可能性很大。然而他个性太鲜明,压抑性情、伪装起来迂回前进,对他来说实在是太难了。生命冲动,冲到四十多岁,已是禀性难移。

朝廷有一些人,几年来一直在关注他。

宋神宗对小人保持着警惕性。但是小人脸上并未写着小人二字,清除小人,一向是令皇帝头疼的事。

有个非凡的人物名叫沈括。

继汉代张衡之后,沈括是正史有传的科学家,《梦溪笔谈》的作者,堪称北宋一位百科全书式的人物。但沈括是官场小人,道德败坏。他曾攀附王安石,进了制置三司条例司,王安石却一眼看透他,对神宗说:"沈括壬(佞)人,不可亲近。"王安石罢相后,他又去巴结新宰相吴充。

沈括的袖筒里时常藏着不止一封密信,他是告密的专家,是告密者的好榜样。几年前他到浙东监察水利,与苏轼论交,积极性很高，恨不得焚高香，八拜为兄弟。他从杭州带走了苏轼的诗集，回汴京仔细研究，逐一加以笺注，写成报告呈给监察部门，称苏轼"词皆讪怼"、恶意攻击朝廷的新政。沈括此举，意在攀附吴充，更希望在皇帝跟前立一大功。可他没想到，宋神宗根本不予理睬。

这件事在朝廷影响却不小，百官皆知。苏轼在外地做官时也曾听说，没往心里去。只称："不忧进了也。"意思说沈括替他呈送了诗集，不劳自己动手。苏轼被朋友所欺，并没有以牙还牙。

现在，御史台的四个小人拾起沈括的伎俩向苏轼发难。苏辙说过："向者曾经臣僚缴进，陛下置而不问。"臣僚指沈括。沈括密告苏轼，恶意笺注苏轼的诗集，让御史台的言官们受了启发。

苏轼《密州谢表》中的那两句话，令这帮小人蹦起来了。

四个新进小人在《宋史》留名：李定、舒亶、张璪、何正臣。中间两个还是苏轼的朋友、同窗。苏轼做凤翔府签判时，张璪是下级，提肉抱酒跑断了苏家门槛。王弗夫人几番拒收他的礼品。

李定，曾经为了往上爬而隐瞒母丧，恶名传于天下，司马光斥之为禽兽。朝野舆论沸腾，苏轼写诗赞美几十年寻生母的大孝子朱寿昌："感君离合我酸辛，此事今无古或闻。"李定认定苏轼攻他，忍气吞声，咬牙写下日后要加以报复的黑名单，把苏轼列在黑名单之首。

舒亶则是大有来头的小人，礼部考试曾拿了第一名，一生诗文有百卷之多。他和沈括一样，是知识渊博、才华出众的小人。

《宋史》，尤其宋人笔记，关于这四个人的所作所为讲了很多。

元丰二年，他们研究苏轼，陷害苏轼，围剿苏轼。

能量大的官场小人，一般都有丰富的斗争经验，不会轻易地发动攻击。一旦展开攻势，必有几分胜算。台谏攻苏轼只是第一波，他们的最终目标，是扳倒德高望重、很有可能从洛阳卷土重来的司马光。

何正臣首先对苏轼发难，李定唱压轴戏。自视果断的宋神宗被他们弄得晕头转向。何正臣说：苏轼"愚弄朝廷，妄自尊大……一有水旱之灾，盗贼之变，轼必倡言归咎新法，喜动颜色。轼所为讥讽文字，传于人者甚众"。

神宗正疑惑，舒亶上札子又称："臣伏见知湖州苏轼进谢上表，有讥切时事之言，流俗翕然，争相传诵，忠义之士，无不愤惋！"

神宗询问宰相王珪，王珪说：无风不起浪，唯愿陛下明察。

神宗再问另一个宰相吴充，吴充倒为苏轼说话。

皇帝拿不定主意了。苏轼的确有诗文讽刺新法，对他雪宋太宗之耻的强烈意志也是明确表示反对。

皇宫里，朝堂上，这个三十多岁的黄袍男人紧张地思索着。他坐龙椅十余年了，下这样的决心还是头一次。先帝仁宗、英宗器重苏轼，他是清楚的。

担任御史中丞的李定给苏轼最后一击，他对神宗写道："知湖州苏轼，初学无术，滥得时名，偶中异科，遂叨儒馆，有可废之罪四……"

李定列出的四条罪状，均属言论罪。而赵宋立国百余年，对言论是比较开放的。宋神宗终于让御史台连珠炮般的言论给搅昏了，感到苏轼问题严重，下令查办。

张璪是刑讯逼供的好手，数兴大狱，手段残忍。他负责苏轼的案子。

一个叫皇甫遵的人，带了几个御史台的悍卒，星夜赶往湖州拿苏轼。

驸马都尉王诜得到宫中传来的消息，派人火速到南京告知苏辙。苏辙一听，满头流汗，立即差人快马奔湖州报信，让哥哥有个准备。

两拨人比马快。皇甫遵先行一步，"倍道疾驰"，马蹄如飞。不过，这朝廷命官出于一种奇怪的心理，叫他儿子随行，目睹他缉拿名太守。不料，儿子却在润州病倒，耽误了半日行程。

两拨人马同一时辰赶到湖州，奔向太守府。

4

这一天是七月二十八日，午后，苏轼正待在官厅。前院响起急促的脚步声，苏辙派来的人赶到了，慌张报凶信，说得结结巴巴，但苏轼已经听明白了。

来抓他的御史台的台卒，正在路上。

祸从天降。而祸有多大没人知道，一家人顿时吓哭了。

苏轼脱下太守的官服，请湖州通判祖无颇权代州事。

五月到任，七月落官。

苏轼尽量安慰家人，闰之夫人掩面而泣。苏迈夫妇照顾任妈。朝云望着苏轼，面呈刚毅之色。

孟秋蝉声四起。等待抓捕的男人望天不语。他想：祸来了。

祸从口出。十几年来他管不住自己的口和笔，批评皇帝，质疑权臣，嘲讽小人。在关乎国运的大问题上他拒绝沉默，言词如喷泉，如天籁，于是惹来祸端。

七月二十八日，对苏轼来说，是个凶日。后来更有巧合，不知上苍何意。

皇甫遵到了。

皇甫遵拿苏轼，先拿腔调。苏轼这样的高官兼名流，落到他手上，他是不会轻易带走的。他持笏立于官厅的中央，脸色铁青，一派威严。几个白衣青巾的台卒目光凶狠。

苏轼心里没底，颇惶恐。

十余口家人瑟瑟躲在屏风后。整个场景像精心导演的一出戏。

台卒的衣下有物凸出，那是匕首。暗藏匕首什么意思呢？也许他们要择机行事，干掉苏轼。

皇甫遵玩够了苏轼才宣读台牒，喝令将苏轼带走。

这家伙为这桩赴湖州拿苏轼的"美差"自鸣得意。事实上他也的确"永载史册"了。宋人笔记说，皇甫遵"拿一太守，如驱犬鸡"。

官船戒备森严，押送苏轼赴京。唯有长子苏迈偕父同行，王闰之及其余家小留在湖州。

台卒拽苏轼上船，动作粗野。王朝云扑过去，台卒横刀拦她。闰之夫人晕过去了……

船入太湖，行至鲈香亭下暂歇。这一夜月黑风急浪高，茫茫太湖不知几百里。台卒不时在苏轼身边走动，面孔狰狞，还互相耳语，摸摸对方腰间的隆起之物。

月黑杀人夜……

苏轼瞧这阵势，自忖去汴京凶多吉少，途中被杀也未可知。与其连累亲友，与其血溅官船，不如向太湖纵身一跃，葬身于万顷波涛。

朝廷派人火速抓他，肯定有政治大背景。皇甫遵只不过是个爪牙。皇帝下旨抓太守，不是偶然的举动。这些年他讥讽熙宁诸法，与范镇、王诜、张方平、司马光、文彦博等人或往来密切，或诗词唱和，朝廷拿他开刀，显然是要把矛头指向更多的大臣。

苏轼想投湖自尽，但是下决心也难。死了，同样使亲友们伤心伤肝。

次日开船，苏轼仍未打消投水的念头。他吃糙米饭吃得很香，引起了苏迈的疑惑。他对儿子说了一番话，听上去像遗言……

入夜后，苏轼纳头便睡。苏迈细听父亲的鼾声，疑虑渐消。

八月初，船入波翻浪涌的扬子江，苏轼趁人不备冲出了船舱，却因雾湿甲板滑了一跤，爬起欲再奔时，台卒赶来将他扑倒。

苏迈扑通跪下，抱着父亲痛哭。

父亲泪如雨下。儿子哭得那么惨，为父者心软了。

扬州太守鲜于侁，冒着掉官帽的风险赶到江边，为苏轼送行，受皇甫遵恶阻，不得登船话别，拱手揖别老朋友。有人劝他烧掉与苏轼的往来文字，他愤然道："欺君负友，吾不忍为！"

鲜于侁的此举此言，使他永远名垂青史。

押解苏轼的官船驶过平山堂下，堂前杨柳尽枯枝也。几个月前苏轼还在堂中与鲜于侁共饮，红妆成轮，名士堵立。

堂堂苏太守，转眼阶下囚。

苏轼连日来受到巨大的情绪冲击，心潮剧烈起伏，犹如八月里的钱塘江潮。

其时，留在湖州的家人上船去南京，投靠苏辙和张方平。不料在途中受到官兵的追赶、拦截，数十个悍卒跳上船，搜查苏轼的诗文，言语动作凶狠。苏轼后来在《上文潞公书》中说："轼始就逮赴狱，有一子稍长，徒步相随。其余守舍皆妇女幼稚，至宿州，御史符下，就家取文书，州郡望风，遣吏发卒，围船搜取，老幼几怖死。既去，妇女皆恚骂曰：'是好著书，书成何所得？而怖我如此！'悉取烧之，比事定，重复寻理，十亡七八矣。"从恚骂者的语气看，非王闰之莫属。

可惜了，闰之夫人一把火，烧掉多少国宝。王弗若在，岂有此举？王弗在青神县的闺中便能念书，嫁到眉山的苏家，因跟随程夫人数年而颇识大体。再者，围船兵丁已去，何必还要点火？从上述苏轼的亲笔记载推测，王闰之对丈夫写写画画早就有意见了。书成何所得——写书有啥用呢？有啥用呢？写书换不来油盐柴米，倒惹来如此祸端，不烧书何以解恨？

许多人猜测，船上幸存的小部分文稿及书画，是王朝云给藏起来了，她挺身护宝，冒犯夫人却为了苏轼。

十余口家眷寄寓南京后，渐渐平静下来，不复受官兵骚扰。苏辙的夫人史氏含泪劝慰王闰之，妯娌抱头又哭了一回……

押解苏轼的官船，八月十八日抵汴梁。

第十五章　乌台上空的乌鸦

1

苏轼被押至京师，关进东澄街的御史台。这御史台的大门开向北面，专取阴杀之义。汴京人称它乌台。高墙围绕，阴森可怕，有深井一般的牢房，四壁阴湿。狱中数十棵大柏树，栖息着几千只乌鸦，早晚呱呱乱叫，扑动它们黑色的翅膀，扇起一阵阵的阴风，仿佛直接从地狱飞来。

乌台二字，源自这些乌鸦，也含有黑狱的意思。汴京城内，流传着有关乌台的种种恐怖故事。这是鬼都不想去的地方。

乌台关押要犯，宋律称："凡群臣犯法，大者多下御史台。"

宋仁宗时代比较宽松，言者无罪。到了宋神宗执政，由于他力挺王安石，厉行敛财诸法，搞得州县骚动，于是强化刑律。好大喜功的君王，必定会奴役他的百姓。熙宁初，苏辙曾预言说：朝廷"必繁刑以贼民"。若干年后，士大夫也不能免。苏轼以言论罪下狱，是宋朝开国一百二十年来的第一人。当初他严词指责皇帝没事，现在因为写了几首诗，就被打入黑狱。他自己没料到，而宋神宗本人恐怕也对自己的动作感到吃惊。御史台那帮人，经营黑狱有年，罗织各种罪名，将士大夫的言论罪列进刑律，打破了宋太祖赵匡胤针对子孙立下的"家法"。神宗是宋朝的第六个皇帝，他年轻气盛，一心想干大事，使国运永续。而意志太强，盲点会随之出现。他并不是有意违背祖宗家法，而是不知不觉地、合乎逻辑地朝着这个方向走：要在短期内聚大财、兴大兵，他必须这么干。

此风一开，言者有罪。

苏轼入狱，遭狱卒毒打、诟辱通宵。

当时，有个叫苏子容的囚犯关在乌台，他做过开封府尹，亦因得罪御史台那帮人而下狱，狱中赋诗十四首，序言说："子瞻先已被系。予昼居三院东阁，而子瞻在知杂南庑，才隔一垣。"苏子容诗中有："遥怜北户吴兴守，诟辱通宵不忍闻。"

吴兴即是湖州。

接下来是疲劳审讯，李定为主审，舒亶为助手。张璪配合，专打冷拳，这厮当年在凤翔府，巴巴地讨好苏轼。这些人对苏轼，是否诟辱通宵，后人无从知晓。苏轼出狱后的诗文只字不提，包括苏子容记下的情形。

奇耻大辱，谁能说出口呢？士大夫把身体发肤看得很重，尊严不容侵犯。苏轼受辱挨打，默默咬牙忍受。

由此看来，"性不忍事"的苏轼，也有终身不讲之事。

御史中丞李定，绞尽脑汁罗织苏轼的罪名，亲自到坊间购买苏轼诗集，不分昼夜研究苏轼写下的每一个字。朝中大臣，地方官吏，凡与苏轼有书信往还的，一律派人取证。专案组专程赴杭州，清算苏轼的"诗账"，重点锁定《新城道上》《吴中田妇叹》《山村五绝》《看潮五绝》等，一门子心思要挖出苏轼诗句中反朝廷讥皇帝的寓意。比如《山村五绝》，讽刺青苗法："杖藜裹饭去匆匆，过眼青钱转手空。赢得儿童语音好，一年强半在城中。"诗写得出色，直刺青苗贷款的弊端，又易懂易记，传播很广。再如《山村五绝》，讽刺盐的专卖法导致浙江产盐地的百姓吃不起官盐："岂是闻韶解忘味？迩来三月食无盐。"《吴中田妇叹》则为穷人叫苦，指责朝廷敛财招兵："卖牛纳税拆屋炊，虑浅不及明年饥。官今要钱不要米，西北万里招羌儿。"

李定大叫：子瞻拿着朝廷厚禄，偏为小民说话，是何道理！

这家伙与苏轼另有一桩私怨，他儿子曾去徐州攀附苏轼，受到冷落，狼狈而回。

苏轼讽刺朝廷的文字，类似白居易的《新乐府》，火药味儿尚有所不及，而付出的代价更为沉重。以宽厚的标准衡量，宋神宗远不如唐宪宗，虽然二人有相同的中兴之志。

元丰二年（1079）秋的御史台，办苏轼诗案的人职务高，劲头大，手段狠，目光细，所以案子闹得很大，波及许多官员。

李定是右相王珪的人，王珪在神宗面前力诋苏轼。案件牵涉二十四人，其中有范镇、司马光、张方平这些熙丰新法的强有力的反对者，这些人不在朝，却对当权者如王珪、李定、舒亶构成威胁。"乌台诗案"的性质昭然若揭了：这分明是政治陷害。驸马都尉王诜是苏轼的好朋友，他送给苏轼的茶、药、纸、墨、砚、一张鲨鱼皮、一款紫茸毡、一副玉雕弓……皆成物证。连苏轼托王诜裱画三十六轴，没付钱，都成了一桩罪名。

一次又一次的提审，惊起乌台上空的乌鸦，叫声凄厉。

2

这一天，李定对苏轼说：你在湖州多傲慢啊，声称"难以追陪新进"，怎么又到了乌台，天天陪我们这些新进？

舒亶笑道：子瞻自称老不生事，却千里迢迢到京城，给我等生事。每日拜读你的诗集，收获可谓不小。查问你祖上五代，长了不少见识哩。眉山出人才，子瞻进乌台。哈！

张璪皱着眉头说：何必废话，与他生些皮肉事，倒也快活则个。

苏轼靠墙不语。牢狱阴湿、幽暗，白天也点灯。灯光照在苏轼疲惫的脸上。这牢房大半在地下，高高的方形小窗透进少许天光，更多的是乌鸦的叫声，黄昏时分，老鸦小鸦几千只，叫成一大片。

李定屡问时，苏轼只说：乌鸦聒噪。

李定冷笑：我这乌鸦嘴，偏于你苏子瞻有些不利。知道为何追查你的祖上五代吗？

按宋律，只有死刑犯才追查五代。五代之内，若有皇帝赐予功臣的"丹书铁券"，则获罪子孙可免一死。眉山苏氏并不是官宦人家，哪有什么"丹书铁券"。

李定、舒亶，确实想置苏轼于死地。苏轼这种大有背景的人物，既然弄进来了，就不能让他活着出去，留下后患。审讯的过程中，威胁与戏弄并用，恫吓与侮辱兼施。

苏轼靠墙睡着了。舒亶走近他，猛地一声大喝。乌台上空乌鸦乱飞，黑翅膀扑腾。

苏轼虚弱地睁开眼睛。累，饿，困，渴，疼……

李定抹着油嘴说：美食太守，欲啖肉否？

说完他饮美酒，吸得啧啧响。

四个男人碰杯，玉液琼浆晃动。

苏轼真渴呀。头一歪又入梦，梦见徐州五月里的乡村，"酒困路长唯欲睡，日高人渴漫思茶。敲门试问野人家"。

渴极了，梦中张开嘴，却有人抓一把地上潮湿的麦草，塞满他的嘴……

审到半夜，随着一阵杂沓的脚步声远去，牢狱终于空了。长达七八个时辰的疲劳审讯，苏轼打了几十回盹儿。时在九月中旬，入狱近二十天。一轮明月镶嵌在方形的小窗中。此一刻，苏轼格外想念弟弟，不知今生还能不能相见。两年前在徐州过中秋，写诗赠子由："此生此夜不长好，明月明年何处看？"

料知子由正忧心如焚。还有闰之、朝云、任妈、迈儿、迨儿、过儿……

摧肝断肠的思念，更胜皮肉之苦。

"举头望明月，低头思故乡。"

爷爷、爹妈、王弗夫人。眉山西城纱縠行，东郊短松冈……

豪放苏轼，热泪盈眶。

一天又一天，苏轼面对几个凶神恶煞，听着千百只乌鸦叫，忍受着深井般潮湿、阴暗、狭窄的牢房。

九月下旬起，苏迈始能送饭到狱中，肉、菜各一盘，米饭一大碗，酒一壶。这个变化，可能意味着案子有转机。然而李定斜睨苏轼说：圣上仁慈，叫你做个饱死汉。

苏轼刚刚萌生的一线生的希望，复被李定掐断。

内心煎熬着。苏轼对送饭的儿子言语如常，嘱咐儿子捎信到南京去，只说乌台尚能啖肉。

苏轼吃得很香，暗地里攒下了平时服用的青金丹，准备到行刑的那一天吞金而亡。这种养生的青金丹，每日限送一颗。谁送的？史料不载。

入狱不可怕，死刑不足惧。

十月里，苏轼在狱中，吃肉，睡觉，听乌鸦，然后鼓足劲，继续应对那几个凶神恶煞。

3

　　李定等人迫害苏轼丧心病狂，而牢狱之外的"救苏运动"也在紧锣密鼓地进行着。苏辙上书皇帝，愿以在官之身换取兄长的平安，言辞非常谨慎，生怕触怒皇帝。他说："臣窃思念，轼居家在官，无大过恶，唯是秉性愚直，好谈古今得失……"

　　以太子少师致仕（退休）的张方平，派他儿子张恕急速进京，直奔登闻鼓院投书。书中慷慨激昂，称苏轼一代奇才。岂知张恕胆小，徘徊半天不敢投。不过，这倒是件好事：以神宗的刚强性格，看了张方平的上书，很可能反而对苏轼不利。苏轼这样的奇才竟然下狱，这不是指责皇帝是个昏君吗？张恕不敢投书，没能帮上后来才发现的倒忙，当时还自责不已……

　　以刑部侍郎致仕的范镇，亦不顾家人的强烈反对，毅然上书皇帝，乞免苏轼一死。

　　形势朝着有利的方向发展，苏轼免死罪，似乎已成定局。李定、舒亶大为恐慌：苏轼今日不死，将来必成大患。舒亶狗急跳墙，竟上奏折，要把收受过苏轼讥讽文字的大臣全杀掉。他派人再到杭州，取回了苏轼咏双桧的两句诗："根到九泉无曲处，此心惟有蛰龙知。"他如获至宝，急忙呈送主子王珪。

　　王珪拿着诗稿对神宗说：苏轼确有不臣之意。

　　神宗问：何以见得？

　　王珪说：陛下犹如飞龙在天，苏轼公然声称与陛下合不来，反求知音于地底之蛰龙。

　　神宗说：不能这么比附吧，诸葛亮不是自号卧龙么？苏轼自咏杭州的双桧，干朕何事？

王珪还想申辩，一旁的章惇开口了：如此解读诗文，恐怕人人都有罪。

二人退朝后，章惇在殿外质问王珪：你想害死苏轼的全家吗？

王珪涨红了脸，搪塞道：这是舒亶讲的。

章惇站在白玉台阶上大叫：舒亶的口水你也想吃吗？

舒亶献诗失败了，右相王珪又在神宗跟前碰了一鼻子灰，遭章惇一顿臭骂。北宋政坛蛮有意思，论官职，章惇比王珪差了几级，却当众骂宰相，令这位政府首脑夹了尾巴落荒而逃。

李定为苏轼诗案的主审官，有一天上朝，他拦着王安石的小弟弟王安礼，警告说：苏轼反对你大哥，你可不能替他说话。王安礼拂袖而去，在神宗御座前为苏轼讲了很多好话。李定恼怒，又不敢惹这个大丞相的亲弟弟。

又有一天，李定在崇政殿外环视群臣说：苏轼真是个奇才，二十几年来写下的东西，包括引用的各类典籍，随问随答，记得分毫不差！

群臣无人接话，不知李定说这个是什么意思。

小人，是常常叫人弄不懂、猜不透的。

"乌台诗案"牵动四方，杭州、徐州的百姓纷纷为苏轼祈祷，"作解厄道场"，祈求上苍保佑苏轼。和尚道士们，把这感人的消息传播于京城。

后宫内，太皇太后曹氏、太后高氏，都为苏轼求情。曹氏大病初愈，神宗欲大赦天下为祖母求寿，曹氏说：你也不用赦天下凶恶，只放了苏轼就够了。

高太后是神秘消失的宋英宗的皇后，宋神宗的母亲。她的年龄可能比苏轼略大，甚爱苏轼诗词，亦不乏对朝政的洞见。乌台诗案发，她在深宫里并不知情。太皇太后发话时，她才听到苏轼入狱的消息，当即召儿子询问。神宗支支吾吾。

神宗不喜欢太后干政，他登基十余年，与他重用的臣子一起，形成了一道屏障，阻隔后宫与朝堂。王安石做宰相，时常提醒他。他防着有干政愿望和能力的母后，又做着孝子，拿捏二者间的分寸。太后关心苏轼的案子，他不可不听，又不愿全听。

李定、舒亶、王珪、何正臣，见势不妙，发动最后的舆论攻势，不择手段，对大臣们或裹挟或威胁，朝野刮起攻讦苏轼的旋风。

宋神宗再一次举棋不定。

当初苏轼说他"听言太广"，没有冤枉他。

张璪对囚犯苏轼封锁外面的消息，每日恫吓，说是冬至前后问斩，具体的行刑日期待定。苏轼自忖性命难保，将藏下的青金丹带在身上，一旦宣布问斩，吞金自行了断。偏偏有一天，他收到了一个死亡信号：送饭的人送来了一条鱼。此前他与苏迈有约定：送鱼，意味着难逃死罪。

苏轼万念俱灰了，彻夜不眠，思前想后，万分怀念弟弟苏辙，凄然写下两首诗，其一云：

> 圣主如天万物春，小臣愚暗自亡身。百年未满先偿债，十口无归更累人。是处青山可埋骨，他年夜雨独伤神。与君世世为兄弟，更结来生未了因。

这已经是一首绝命诗了，一家十余口托付给弟弟。表达兄弟情，这可能是人间最感人的诗。后来高太后读此诗，潸然泪下。

其实送鱼的人不知情，送错了。那一天苏迈出城借钱筹米，委托他人探监，忘了叮嘱他莫送鱼。

苏轼百般受煎熬，却写下千古诗篇。

第二首也传为名篇：

柏台霜气夜凄凄，风动琅珰月向低。梦绕云山心似鹿，魂飞汤火命如鸡。眼中犀角真吾子，身后牛衣愧老妻。百岁神游定何处？桐乡知葬浙江西。

牛衣不值钱的。

两首诗的小序云："余以事系御史台狱，狱吏稍见侵。自度不能堪，死狱中，不得一别子由，故作二诗授狱吏梁成，以遗子由。"

诗人置身于生死之间，没有亢奋、激烈的诗语，不过是延续寻常家语。还提到儿子眼中有犀角，跟他一个样；提到为官多年，身后家无长物，愧对老妻王闰之。闰之夫人希望过上富贵日子，苏轼心下明白，也理解她那普通妇人的心境。

平静的绝望，凸显了人类生存的大情绪。二十世纪末的西方人为何称他千年英雄呢？境界如此之高，又贴近普通人的生存情态。这高下之间的空间足够广大，恰可容纳苏轼几十年修炼而成的金身。

几千年间，绝命诗当不少，但是能传百代的，寥寥无几。中国历代大文豪，入狱等死，且有好诗者，唯苏轼一人。

乌台狱吏梁成对苏轼挺好，悄悄买些酒肉进来，烧水替苏轼洗脚，烘干牢房里的麦草。梁成藏下苏轼浓墨写成的诗稿，找机会送出去。

苏轼照样梳头洗脚，养生功课不废。

日头出来，日脚下去。苏轼邀梁成共饮，困了便睡，一觉到天明。

听乌鸦叫渐渐习惯了。审讯他的几张丑脸不大出现了。再来辱诟，一任其便。

苏轼梳头洗脚，手捏一把青金丹，坐等最后的凶讯。

4

神宗为苏轼的案子十分头疼，宋朝历来重视言官，御史台的言官们群攻苏轼，他不能不慎重考虑。另外他想得远，担心名望太大的司马光、范镇等人在太后的干预下复出，跟他拧着干。两个宰相吴充、王珪，镇不住朝堂的，而太后不喜新政，对神宗的施政大略有着潜在的威胁。

苏轼的一条命，和朝政密切相关。

神宗心里，杀机犹存。太皇太后和太后的话，不能完全束缚他。这个三十二岁的年轻人大约受了王安石的影响，敢废祖宗家法，敢背太后心愿。

神宗也爱惜人才，但是，必要的时候人才也得死。

怎么办呢？杀也不是，不杀也不是。

苏轼的生杀大权，操在这个黄袍男人的手里。

他想了很久，想出一个主意，派一小太监潜至乌台，观察苏轼的动静。三天后太监回宫报告：苏轼白天夜里睡觉，鼾声如雷。

御座上的皇帝一拍大腿：看来苏子瞻心中坦荡，并未藏奸嘛。

宋神宗这一招，倒胜过现在公安部门的测谎器。

这时候，一个关键人物出来讲话了，他就是闲居金陵的王安石。他有札子呈给神宗，朝廷百官紧张地注视着，打听着，亲者、仇者分成截然相反的两派。神宗敬安石如父执，海内皆知。

札子的内容公开了。王安石说："安有盛世而杀才士乎？"

217

一锤定音。

为何能一锤定音？因为王安石太了解宋神宗，神宗素重名誉。盛世杀才士，朝野将掀起轩然大波，后世也会对这个以明君自居的皇帝谤议不绝。而王安石当政时，苏轼屡攻他。连这样的人都为苏轼上书，乞免苏轼一死，皇帝还能犹豫吗？

于是下旨，命有司对苏轼另作处理。

乌台诗案结案：苏轼以团练副使贬黄州，不得签书公事。涉及此案的司马光、张方平、范镇、王巩、王诜、陈襄、李常、孙觉、刘贡父、黄庭坚、钱世雄等二十二人，各罚铜，三十斤二十斤不等。王巩最惨，细皮嫩肉的公子哥儿，贬到岭南柳州五年多。

从案发到结案，历时一百三十天，爱戴苏轼者喜极流泪，一帮小人向隅而泣：李定气得要递辞呈，舒亶卧病，张璪切齿，何正臣大骂王安石，皇甫遵父子恶名远扬，闭门不出。那王珪倒能够及时改口，称颂当今圣上的广大胸怀。

杭州、徐州的百姓奔走相告……

宋代就有《乌台诗案》一书刊行于世，可见影响之大。

自赵宋立国以来，这是第一次震动全国的文字狱。整个过程像一部大戏，一波三折，悬念高潮迭起，各色人等活跃。

苏轼终于不死。勇士得以活下去。宋神宗得以免除千古骂名。

出狱的那一天，苏轼长时间望着古柏上的乌鸦，倾听那呱呱的叫声。冬日里，乌台上空的乌鸦依旧乱飞，迅速变换着黑色的图案……

5

苏轼携长子苏迈，离开京城赴黄州（湖北黄冈市），时在元丰三年（1080）的正月新年。满城鞭炮声，千家万户喜团聚。苏氏父子黯然离去，顶风冒雪，打马出城门。御史台的几名狱卒跟随。

苏轼保留了官身：水部员外郎，黄州团练副使。同时也是罪臣，俸禄削去大半，不得擅离贬所。台卒对他还算好，不敢有不敬。

京城无人敢送罪臣。漫天大雪舞北风。

路过范镇的东园时，苏轼只遥遥地投去一瞥。三年前在东园一住就是两个多月，正值春风桃李，兄弟两家人，每日笑逐颜开。迈儿娶亲，也是在东园。驸马都尉王诜，设盛宴于四照亭。张方平从南京来，剧谈剧饮。苏轼酝酿惊世文章《谏用兵书》……

苏轼心里叫了一声惭愧，扬鞭催马入风雪，不复回望东园。

良师益友受他连累，罚铜事小，他们的仕途将从此不畅。王巩贬到几千里外的岭南去，能不能活着北归，只有天知道。

内疚。痛苦。无可奈何。

管不住手中笔口中言，惹来多少祸端啊。

勇士无悔，却有内疚挥之不去。苏轼矛盾着。无悔不能抵消内疚。

天地白茫茫，斯人正凄惶……

苏迈望着沉默的父亲，自己也沉默着，一路上只听马蹄踏雪。

家书传消息，数日可到南京。那时候苏轼父子已在半途。从开封到黄州一千多里，罪臣不得滞留，风雪中赶往贬所。

夜宿客栈，苏轼吃饭、洗脚均无语。

天放晴了，心还是沉重。

苏轼离京的第二天傍晚，有一匹灰色瘦马从身后跑来。马背上的中年汉子乃是马梦得。

梦得在半里外就大喊大叫，苏轼蓦然回首，不禁一笑。

苏轼拱手道：梦得不弃我，多谢多谢。

那马梦得并不急于答话，只从身后驮的行囊中取出腌鹅、腌鸡来，晃了晃酒葫芦。

这一幕，使苏轼想起了当年离家时，乡人巢谷，于绵州道上献熟鹅。

梦得穷，不知他买酒肉的钱从何而来。苏轼也不问，唤来台卒共享。黄昏客栈里，入夜野丘旁，苏轼大醉，迎风落泪。他对马梦得说起一代名相王旦的孙子王巩，如今远谪岭南炎荒；说起江西人黄庭坚，才华横溢而仕途艰难，又受到乌台诗案的连累，前途渺茫。黄庭坚的老丈人孙莘老（孙觉）也受到朝廷的惩罚。还有李常、刘贡父、司马光、钱世雄……

苏轼自责不已，说到后半夜，几欲自掌嘴巴。

几名台卒早已睡下，野店灯暗，星月光清。

马梦得忽然问：子瞻戒诗否？

苏轼不答。

梦得说：当初文同先生劝你，西湖虽好莫题诗，你如何听得进去？杭州密州徐州，你写了多少诗词？诗言志，志气在诗难戒啊。只是今后为朋友为家人，下笔谨慎些，谨慎些，别去惹御史台的那帮恶棍！

苏轼点头。

戒酒肉易，戒诗文难。韩愈讲过，不平则鸣。什么叫不平？内心对外物有反应，内心对内心有洞察，是谓不平焉。人是要说话的，或者说，人是因了语言才成为万物之灵。人若不言，犹如天不下雨，天不刮风，天不生雷电。

人死了，文字还要活下去，继续不平则鸣。

自屈原以降，坚硬如铁的表达何曾断绝？柔情似水的书写何曾稍减？

语言乃是思考的唯一工具。善思者发为文字，使人的生存有可能挣脱形形色色的异化、高压，趋向于美好而自由的境域。

"语言是存在的家，犹如云是天上的云。"

云舒云卷，云飘云停……

苏轼骨子里是一条野汉子，忠君爱国，倒激发他的野性，质疑皇权，挑战一切不正当的权力。这真是没办法，妈妈从小教导他，做汉代范滂那样的铁汉。北宋政坛又有此气场，大臣们可以切谏皇帝。元丰之初，由于王安石的退隐，宰相的无能，新进小人便活跃，释放着病毒的能量。乌台黑狱的源头还是在宋神宗，这个年轻人太想打大仗，打西夏，战北辽。宰相软弱了，皇帝就要强硬。苏轼写了几首诗，差点投进浪高三尺的扬子江。四十余年修炼成的伟岸金身，差点吞金丹而亡。

如果苏轼死于乌台，中国文化的传承将会打折扣。北宋以后士子，没有不读苏东坡的。

苏轼在乌鸦遮天的黑狱中继续他的诗人生涯。活着，大脑还清醒，句子自动冒出来，下笔写到纸上。

《咏竹》说："萧然风雪意，可折不可辱。"这话颇似海明威写《老人与海》之后的一句名言："勇士能被毁灭，但是不能被打败。"

狱中的苏轼，绝望中寻觅着一线生机。他写榆树："谁言霜雪苦？生意殊未足。坐待春风至，飞英覆空屋。"

乌台多古柏树，树上的大量乌鸦惊魂累月。苏轼避开那些阴森古木，写槐树下啄雪充饥的乌鸦："栖鸦寒不去，哀叫饥啄雪。破巢带空枝，疏影挂残月……"

勇士有牵挂的，大勇士大疼痛。

元丰三年正月，苏轼贬向黄州去，栉风沐雨，过丘渡河，马背上驮满了沉重。

七尺血肉之躯，是否将被压垮？一家老小的命运又将如何？

第十六章　黄州五年　艺术井喷

1

苏轼以戴罪之身去黄州，秉性不改，一路写诗。"百日归期恰及春，余年乐事最关身。出门便旋风吹面，走马联翩鹊啅人。却对酒杯浑似梦，试拈诗笔已如神……"

百日炼狱后，诗笔已如神。

苏轼因写诗入狱，备受折磨，命悬一线，却照写不误。

活着就要表达！

他又怅然道："平生文字为吾累，此去声名不厌低。"名高惹祸，名低才好。

皇帝下诏拿他，御史台的言官们要置他于死地，像他这种人，此后谁还敢来接近？平生交游广阔，唐宋士子莫及（曾枣庄先生有专著《苏东坡交游考》），可是如今天下皆知他是一个惹祸的罪人，谁还敢与他论交？

御史台排查后立"勘状"，与苏轼有过书信往还的官员，一共四十七人。出于各种可以理解的原因，这些官员多半会回避他。

文字累己，更连累别人。

苏轼面临着贫穷与孤独，这事儿没办法。

英雄往往孤独，何况千年英雄。

处境艰难的苏轼惦记着亡友文同，离开汴京的第三天，他顶着大雪，踉跄奔入陈州（今河南淮阳）的文同家，挥泪凭吊亡灵，安慰亡友的妻子儿女。文同生前拮据，死后一年仍停柩于寺庙，家里实在凑不足运棺返蜀、归葬故园的银子。苏轼把这事揽下来，完全不顾自己囊中羞涩。

苏辙从二百里外的南都赶到陈州，与兄见面。劫后重逢，苏轼来不及向子由细诉乌台事，只急于凑银子，料理文同的后事。兄弟二人多方筹措了一笔钱，使文同的灵柩得以归葬西蜀故里。

苏轼刚从乌台的黑狱中死里逃生，便为亡友奔走。他做这件事也是自然而然，并不觉得是一桩值得炫耀的豪举。一年前他春风得意时，忽闻文同噩耗，悲痛不已，三天不能进食，夜里泪湿枕头；眼下他遭了厄运，正在赶赴贬所的途中，念及亡友的身后事，更不闪避，赶去料理。大得意与大失意间，他对朋友的情谊未增减分毫。情感"是其所是"，不受外力干扰。

李白中年游荆楚，做过一件类似的事情，迁葬朋友吴指南于洞庭湖畔。不过李白干这事，有借侠义之举扬名天下的动机。苏轼与李白不同，他和弟弟凑钱归葬亡友，只因情之所系。若非他在诗中顺便提及，后人对此事不会知晓。

文与可入故土为安，苏轼亦心安。

出乌台黑狱仅三日，在冒着大雪赶赴贬所的凄凉窘境中，苏轼有此举。这个细节须掂量，它的背后意蕴丰富。

苏轼毫不张扬。后世仰望者须为他张扬。

苏轼滞留陈州十日，忙完了文同的归葬事，方与弟弟话别。苏辙受乌台诗案的牵连，贬为筠州（今江西高安）祭酒。哥哥愧对老弟，老弟只担心哥哥的性格，将来遇事，还要说话。

苏轼说："畏蛇不下榻，睡足吾无求。"

当苏辙提到，哥哥的大半文稿及收藏的书画已被烧毁时，苏轼顿足叫道：妇人苦我矣！

过了一会儿，他叹息说：妇人只识柴米，也罢也罢。

苏辙本欲劝慰几句，见哥哥如此，已是原谅了嫂子几分，便将话头停下。

正月上旬，兄弟各奔贬谪地。

元宵节前后，苏轼过中原向荆楚，风雨渡淮水，夜宿小镇，怅然吟诗："回头梁楚郊，永与中原绝。"

下旬度关山，马踏春风岭。《春风岭梅花诗》云："何人把酒慰深幽，开自无聊落更愁。"

人倒霉，喝水也塞牙。春风岭上艳梅花，盛开也是无聊。

旷达豪放之人，先有愁眉苦脸。

前途真渺茫，愁眉展不开。入夜倒床便睡，头也懒得梳，脚也懒得洗了，叩齿咬了舌头……

苏迈烧了水端到床边，屡唤父亲，父亲不答。

那马梦得推门进屋，笑道：子瞻学王介甫脏足污床么？

苏轼一笑，起床烫脚。苏迈为父亲梳头，拔去几根白发……

2

苏轼一行抵达麻城（今属黄冈市），小歇后再动身，向北过了岐亭，忽见一匹白马从远处的山坡疾驰而来，马背上一条巾帽高耸的壮汉子，大呼小叫，胳膊乱舞。

随行的几个台卒吃了一惊，拔刀挺枪以待。

来者却是陈季常，当年在凤翔号称陈大侠的，还跟章子厚学过几招白起剑法。只见他飞身下马，抢上几步，劈手夺了台卒的快刀，同时踢飞了一杆长枪，大喝一声：劫子瞻者，岐亭陈季常也！

苏轼忙道：四公子乱来不得。

陈慥大笑，笑完说：劫你去我家喝酒，不算犯王法吧。

苏轼奇道：你如何居住此地？

陈慥说：大侠变成岐亭居士也。

苏轼做客陈慥家中，一住五天，吃得好，睡得香。陈季常举家盛情款待，顿顿饭菜变着新花样，"抚掌动邻里，绕村捉鹅鸭"。

几个台卒也吃安逸要高兴了，走路拍手笑，醉得东歪西倒。马梦得与村妇村姑开不够的玩笑……

子瞻揖别陈季常夫妇，打马上路。此去黄州城尚有二百多里，夜宿禅智寺，一座荒野中的破庙，和尚几乎全跑光了。僧舍蒙尘已久，佛堂鼠弄灯，床榻肮脏，斋厨索然。一个老和尚并一小沙弥，守着这所破庙。老和尚闭眼敲木鱼，小沙弥忙着做斋饭。苏轼欲与老僧谈几句，老僧爱理不理。

苏轼父子拜了佛祖、观世音菩萨，赠了些香火钱。

步出山门，头顶上星月皎洁。苏轼站了大半个时辰，身如一棵树。苏迈在父亲身边，倚门垂首，沉默着。马梦得的言语声从僧舍那边传过来，这些日子，梦得与台卒已混得熟了。

苏迈望着父亲的背影。周遭老树与新竹，一片深黑色。山中偶尔响起几声狗吠，然后，归于沉寂。

苏轼陷入禅思了么？

王维有佳句："夜禅山更寂。"

后半夜，山风忽来，呜呜地刮着竹子，似乎伴随着雨声。苏轼辗转难眠，想起几十年前在眉山的一座古庙中读到的两句诗："夜凉疑有雨，院静似无声。"

苏轼挑灯起床，向壁留诗："佛灯渐暗饥鼠出，山雨忽来修竹鸣。知是何人旧诗句,已应知我此时情。"

一夜无眠听雨声。

狱中死到临头了,倒能酣睡。出狱后的睡眠反而不佳。为什么?苏轼又有未来了,黯淡的前景终归是前景。

人有未来,人就会有忧虑。

次日一早,苏轼一行人,打马向黄州。

时为元丰三年(1080)的二月一日。

3

苏轼到黄州,照例上谢表,语气和《湖州谢表》不同了,但毫无乞怜之态。乌台的折磨,贬所的荒远,从三州太守一变而为戴罪之身。普通人很难承受这个。巨大的精神压力,谁能处之泰然?苏轼给皇帝上谢表,不卑不亢:"伏念臣早缘科第,误忝缙绅………亦尝召对便殿,考其所学之言;试守三州,观其所行之实……"

罪臣上表,并不回避讲自己的才学和实干,至于神宗看了谢表会怎么想,他也不去计较。这些通常容易被忽略的地方,能说明苏轼过人的勇气。

黄州在大江之滨,地势高低不平。

苏轼暂居定惠院。这寺院位于城中,院子不算小,花树纷披,照人眼目。僧舍比那禅智寺强多了,干净,宽敞。饭菜不算可口,庶几能吃饱。

黄州太守徐君猷对苏轼颇客气。苏轼去"谒告"他,向地方长官报到。后来许多天,苏轼暗暗地企盼徐太守到定惠院来坐坐,却归于失望。地方长官显然避免与罪臣接触。其余官吏,也一个不来。

苏轼只好闭门默坐，听那晨钟暮鼓。定惠院的十几个和尚，自诵经，自吃斋，不与苏氏父子交谈。

宋代的寺庙多属官府。和尚要看长官的眼色。

黄州春花次第开，诗人心中无颜色。

瞌睡多。"昏昏觉还卧，展转无由足。强起出门行，孤梦犹可续。"

4

床榻上翻来覆去，闷头闷脑。到街上转一圈，回来还是提不起精神。小序云："二月二十六日，雨中熟睡，至晚强起出门，还作此诗，意思殊昏昏也。"

梦回乌台黑狱时，天空中塞满了巨型乌鸦，大翅膀扑人，尖利喙啄人，长爪子抓人……

皮肉之伤容易治，心理的创伤愈合难。心病难治，是因为心药难寻。

往事不堪回首，前景又那么黯淡。前后夹击，苏轼抑郁。

命运捉弄人啊。亲人们不知何时才能到黄州。

苏轼写信给王巩说："某寓一僧舍，随僧蔬食。感恩念咎之外，灰心杜口，不曾看得人。"

苏轼自言感皇恩，思过错，也不是搪塞语。他心里的确是这么想的，从此后，再不能由着性子不忍事，遇事要悠着点儿，要学会在很多场合闭嘴巴。

皇权如泰山压顶，伟岸之身也会弯曲。

而在潜意识的层面，苏子瞻口服心不服。生命冲动四十年，哪能一朝变容颜。

所谓大丈夫能屈能伸，屈是暂时的、手段性的，伸，则是恒久的、目标性的。

苏轼常到城南的安国寺去洗澡，长时间浸泡在方形木桶中，头仰在桶边上，长手臂搁向两边。洗身兼洗心。浴罢出水桶，他披头散发的，独于阁中盘腿打坐，每每陷入冥想。安国寺的和尚倒没有冷落他。

"披衣坐小阁，散发临修竹。心困万缘空，身安一床足。岂唯忘净秽，兼以洗荣辱。默归毋多谈，此理观要熟。"

写诗自娱而已，不敢与人多谈。

他写信给朋友，往往会叮嘱对方："不须示人。""看讫，火之。"

噤若寒蝉。终日闭嘴。有时候到梦里去滔滔不绝……

马梦得对苏迈叹息说：子瞻真可怜！

梦得跟随苏轼近二十年，从未见他这般模样。从早到晚，大抵默默。一个人去江边，一个人转山路，一个人立黄昏。

负责看管他的士卒远远地跟着。御史台的那帮家伙还在整他的黑材料，查他的徐州旧事，称苏轼对一桩谋反案勘查不力。王珪、李定，把手伸到了黄州，即使打不死他，也要把他打趴下，再狠狠地踏上几只脚……

宋神宗宽恕他、重新起用他的可能性微乎其微。太皇太后曹氏已经去世了，宫中谁还敢为他说话？高太后也不能左右她的儿子。

那神宗年纪轻，寿命还长。苏轼活不过他。

苏轼仕途绝矣，一家老小十几口怎么办？苏子由儿女众多，仅仅做个高安县收酒税的小官，糊口更艰难。

忧国不能报国，忧家难以养家。

父母的亡灵，王弗夫人的亡灵，会责怪他么？文与可在九泉下，多半絮絮叨叨地说不停。

进退失据。举止无措。苏子瞻不大认识苏子瞻了。

男人四十五，丢了自我。压在后颈上的沉重的铅块，怎么挪也挪不开。天光再明亮，心里总幽暗。

黄州的春天像冬天。冷，透心凉。

然而，生存的无助，灵魂的煎熬，居所的孤独，前途的渺茫，催生旷世词作《卜算子》，小序云："黄州定惠院寓居作。"

全篇如右："缺月挂疏桐，漏断人初静。时见幽人独往来，缥缈孤鸿影。　惊起却回头，有恨无人省。拣尽寒枝不肯栖，寂寞沙洲冷。"

幽人乃是苏轼自己的身影。反观日深，人已分身而去，深夜月下如孤鸿，飞来飞去不肯栖。

反省日久，令人诧异的倒是，句子寒气逼人，却有力度。从北宋起，后人点评甚多。黄庭坚《跋东坡乐府》中的一段话，无数次地被古今学人所引用："东坡道人在黄州时作。似非吃烟火人语，非胸中有万卷书，笔下无一点尘俗气，孰能至此？"

黄庭坚先生点评不到位。

苏轼这首《卜算子》，道出了有良知有洞见有操守的士人的普遍悲哀。善思者不能讲真话，爱民者不能为美政，活着还有多大意思呢？心灰意冷。通篇都是人间烟火。苏轼的冷，乃是持久高涨的生存之热情，忽然走向反面的一种合乎逻辑的结果。看来这股冷气，未能吹到苏门大弟子黄庭坚的身上。

孤鸿悲怆。沙洲茫茫。

有良知的士子栖身何处？栖身何处？

大牵挂，大疼痛，向谁去诉说？"心事浩茫连广宇"，于无声处听无声。

"路漫漫其修远兮，吾将上下而求索。"

苏轼此间心境，足以问天的。

《卜算子》冷彻骨。孤独，彷徨，无助。

这类生存情态，鲁迅命名为"火的冰"。

命运跌向低谷，反起艺术高峰。这个现象，几乎贯穿了一切顶级艺术。苏轼贬黄州达五年之久，提供了华夏精英艺术的、也许是最为有力的佐证。《卜算子·缺月挂疏桐》不过是个开端而已。巨大的、莫名的、仿佛无处不在的精神压力，导致巨大的精神反弹。而反弹的方式和时间，这位深陷于人生苦恼中的艺术大师并不自知。

《寒食雨》："春江欲入户，雨势来不已。小屋如渔舟，蒙蒙水云里……君门深九重，坟墓在万里。也拟哭穷途，死灰吹不起。"

《西江月》："世事一场大梦，人间几度新凉？夜来风叶已鸣廊，看取眉头鬓上。 酒贱常愁客少，月明却被云妨。中秋谁与共孤光？把盏凄然北望。"

苏轼初到黄州悔过，继而情绪低沉、起伏不定，听春雨，望秋月，两不如意。他在致友人李之仪的信中写道："轼少年时，读书作文，专为应试而已。既及进士第，贪得不已，又举制策，其实何所有？而其科号为极言直谏，故每纷然诵说古今，考论是非，以应其名耳。"

宋仁宗嘉祐五年（1060），二十五岁的苏轼考制科试，科目曰"贤良方正、极言直谏科"，考入三等，为宋朝立国以来入三等的第二人，一二等实为虚设。到元丰三年（1080），他极言直谏达二十年，凡事要论是与非，原则问题绝不含糊，不管批评、讽刺的对象是高坐朝堂的皇帝还是炙手可热的权臣。终于惹发了乌台诗案，牵动各方。

苏轼在信中又说:"妄论利害,谗说得失,此正制科人习气……谪居无事,默自观省,回视三十年以来所为,多其病者。"

苏轼反省自己的三十年,追溯到十四五岁待在眉山的岁月。蜀人有傲骨,眉山的苏家尤其如此,苏序、苏洵、苏轼,祖孙三代人,皆以豪壮著称。而苏轼投身历史大风浪,将一身傲骨与满腔豪气发挥到了无以复加的程度。

北宋百余年,苏轼的骨头是最硬的。

华夏几千年,苏轼的勇气是不多见的。

勇士也自责,英雄也神伤。苏子瞻谪居黄州的定惠院,灰心闭口,闭门思过。三十年来妄论利害,横议朝廷得失,连累了许多亲友。他这个人从来不自私,总是心系他人的命运,所以他会深深地内疚。

叹息,痛苦,悔恨,负面情绪交袭。

他想:有些话本可以不说的,有些诗本可以不写……

然而他既要问事又要题诗。于是银铛入黑狱,百日受折磨,出狱正值新年,千家万户的爆竹声中,冒着漫天风雪,踉跄贬黄州。

那么,从此以后,惹祸的天性当改改吧?"制科习气"当收敛了吧?逢人只说三分话,遇事点头复点头……

四十五岁的苏子瞻,自折锐气在定惠院。

走路慢吞吞,吃饭没胃口,睡觉老做噩梦:李定、舒亶变成大乌鸦。苏子瞻的精气神都到哪儿去了?

变个人来活吧:眼观六路耳听八方,官场哼哼哈哈作揖打拱,做个面团人,去掉是非观,拆除价值体系,永远服从上司,不惜欺压百姓,埋藏个性张扬的旧自我,赢得官运亨通财源滚滚的新生活。

苏轼一念及此,自己也忍不住笑了。那怎么可能!别说今生今世了，就是来生，变蠢猪变恶狗也难！

苏轼写给好朋友李常的信，语气变了："吾侪虽老且穷，而道理贯心肝，忠义填骨髓，直须谈笑于死生之际……虽怀坎壈于时，遇事有可尊主泽民者，便忘躯为之。祸福得丧，付与造物。"

苏轼有过欲自杀与可能被杀的死亡体验，向死而生，境界更广大，思考更彻底：思入心肝骨髓了。道理在先，忠义在后。这就意味着，历史的真理高于皇权。

凡属尊主、泽民的事，苏轼将忘躯为之。问题是：如果二者对立起来怎么办？皇帝欺压百姓，秦汉晋唐宋，千余年来何曾断绝？苏轼不明说，但显然倾向于泽民。他尊主是有前提条件的，而泽民毫无保留。自从做官以来，经历了三朝皇帝，倒是三番五次地批评主上。司马光曾推荐他做朝廷头号谏官知谏院，正是欣赏他的敏锐和勇气。

苏轼英勇，而不是莽勇。写给李常的信，末尾说："非兄，仆岂发此？看讫便火之。不知者以为诟病也。"

那李常也是条汉子，把苏轼的这封回信保存下来了。中国历史上，这封信是最为雄壮的信件之一。信中所洋溢的官员的良知与勇气，足以标榜于全世界。这里所彰显的，乃是中国式的普世价值。

苏轼初到黄州的一两个月里，写信不少，收信的朋友们并没把他的宝贵信件"火之"。

苏轼贬黄州的心境，与流放洞庭湖的屈原很相似。

《离骚》名句："夫唯党人之偷乐兮，路幽昧而险隘。岂余心之惮殃兮？恐皇舆之败绩！"

中国历代大文豪，文脉就是血脉。

5

定惠院开门见山，山中农家多竹林。春和景明天气，野花处处照眼。小桥流水人家，桃花红压倒李花白。鸡鸣狗叫小猪跑。

苏轼渐渐能感受风景了。食量增，瞌睡减，噩梦少，话渐多。

苏迈欣欣然，走路也哼歌。马梦得屡去州府，变着法子接近太守徐君猷，回僧舍模样神秘……

罪臣逐臣，难遏诗魂。"先生食饱无一事，散步逍遥自扪腹。不问人家与僧舍，拄杖敲门看修竹。"

多少年来，先生在饭桌旁马背上船舱里也忙着做事，想政务，批公文，判案子，眼下食饱无一事，真有些不习惯呢。

几桩郁闷心事，想过了无数遍之后，也近于无事。

闲。

而官场常见的情形是：今日某人摘官帽，明日举家病歪歪。

且看北宋的苏子瞻贬黄州如何闲法。

念佛，沐浴，梳头，钓鱼，采药，饮酒挥毫，品茶著书，扁舟泛江，匹马漫游……这个中年男人投身于日常生活。也长时间默坐反省，斜倚山坡看云，清理那些随风飘来的思绪。他顶住了巨大的朝廷压力，现在要拆掉"千斤顶"，让通身的感觉朝着自然与人事细腻敞开。——伟人的转身，真是叫人叹为观止。他念佛并不吃斋，一切随缘又随意。

沐浴、梳头、烫脚、叩齿，皆有讲究，比如用黄杨木梳子梳头，早晨怎么个梳法，傍晚又怎么梳法。他研究梳头与睡眠的关系，兴致勃勃地向别人推广他的成功经验。

他采石药，尝百草，攀峭壁，挑灯研究医药典籍，到处收集民

234

间药方，留给后世一部颇有价值的医书《苏沈良方》。

他的烹调手艺更不一般，凤翔初试，杭州再学，黄州上瘾，将亚圣孟子的教导抛在脑后，君子不妨近庖厨，发明的美味佳肴数不清。二十一世纪的今天，尚有"东坡肘子""东坡鱼""东坡羹""东坡豆""东坡环饼""东坡河豚""东坡泡菜"……

他收集峰峦间及沙滩上的小石头，或因形状奇，或缘色泽美，或为手感好。于黄州收获颇丰，共计二百九十八枚"细石"，积于古铜盆所盛的江水中，命名为"怪石供"。

他琢磨几处私家园林，不厌其烦地给人家提意见，画草图，讲木石材料的妙处与用法。

他和江上的渔夫、山里的樵父打成一片，软泡硬磨要听乡村父老讲故事，村里家家户户的大事小情儿的，他听不够，还想听祖祖辈辈传下来的鬼故事……荆楚大地鬼魅多多，有屈原的作品《九歌》《九章》为证。

一个人，如果他既有经天纬地之才，又能醉心于周遭，纵情于生活，那他就跟神仙相差无几了。东坡贬黄州，已被人呼为"坡仙"。

关于生活的智慧，现代人需要学习的东西太多太多。回头看看苏东坡这位全景式的生活大师，方知我们有多么单调、贫乏、无聊、浮躁、狂妄。

人间万事，没有什么东西可以宣称比生活更重要。生活的意蕴层由若干核心元素构成，包括苏轼再三强调的风俗、道德。行文至此，我们要加上神性、诗意、日常趣味、个体修炼。金钱或物质基础乃是题中应有之义。种种核心元素，去掉一个，生活就要出问题；去掉一半，生活将趋于面目全非。而放大其中的某个元素，后果同样不堪设想。比如：无休止地放大金钱元素，不择手段搞钱。

说到底，人之为人，除了精气神，余下还有什么呢？

急功近利者，欲近苏轼难。

苏轼有七律《初到黄州》，前四句云："自笑平生为口忙，老来事业转荒唐。长江绕郭知鱼美，好竹连山觉笋香。"

他的心情渐渐好起来了。

初到黄州的时候，他也是相当孤独。黄州太守徐君猷待他好，仅限于为他安排居所，接触甚少，时常宴饮更谈不上。毕竟他是罪臣。著名信件《答李端叔书》说："得罪以来，深自闭塞，扁舟草履，放浪山水间，与渔樵杂处，往往为醉人所推骂，辄自喜渐不为人识。平生亲友无一字见及，有书与之亦不答。"

事实上，有一些亲友的书信在路上。黄州偏僻，邮递速度慢。

苏轼去野店喝点劣酒，常被醉汉推骂，反而感到高兴。推几下骂几句，可比京城那帮小人的持续围攻好受多了。混迹于庶民草民多好。苏轼从这样的角度感受事物，看似寻常，其实非凡。这才叫修炼。亲友们似乎躲着他，"有书与之亦不答"，他很不舒服，但字里行间的痛苦隐而不彰。这叫高贵。

苏轼琢磨孤独，试图从孤寂中提取生命的能量。历代高僧都有这能耐。城南的那座安国寺，以及天庆观，他常去听经、沐浴，浴后焚香静坐，眼观鼻鼻观心，物我两忘，"表里翛然，得垢秽尽去之乐"。然而生命的律动不可休止，他写信给朋友说："若世之君子，所谓超然玄悟者，仆不识也。"

不识超然玄悟，而是实实在在地领悟周遭，洞察世界，投入生活的激流，不避命运之险滩。"思想的实事"，哪里是玄之又玄。

苏轼之向佛，重两点：静与善。动辄得咎，退而为静，静又反观生命的律动，以期重新跃入生活的激流。没有纯粹的静观。苏轼求僧问道几十载，始终是静穆与律动的两栖者，他的努力方向，就是把异质性的东西集于一身。他成功在路上，因为没有终点可言。毋宁说他像个钟摆，摆荡于生命的两极之间，他赢得了这个"之间"，赢得了"永动"。

苏轼多欲而向善，既是反求诸己、三省吾身的结果，又取决于他对"恶"的领域的深广体验。不知恶，焉知善？

有趣的是，苏轼始终相信善的地盘更大一些。犹如佛法无边，能使恶魔皈依。

6

这一天，苏轼披了团练副使的官衣，独出定惠院。他在僧舍东边的丘陵间转悠，专看布满山野或伸出墙头的各色鲜花。黄州人家，多以赏花为乐。三月花繁于二月花，赤橙黄绿青蓝紫，苏轼想看颜色的时候，颜色向他"蜂拥"。诗人亲近自然，造物青睐诗人。

苏轼转了半天，人也乏了。太阳照着暖洋洋，想喝酒。百步外恰好有酒旗飘在风中，花香酒香随风扑面。苏轼吸吸鼻子，奔入酒肆，从袖袍中拿出仅有的几枚铜钱，递与店家，一面瞅那酒坛子。

村酿胜过宫廷玉液。

苏轼少年时"望杯而醉"，三十年喝下来，还是酒量小。吮酒速度慢，"把盏为乐"。

乡野酒肆，没人似他这般嘬酒。

野店中有七八个布衣饮客，或坐或站，移目瞅他，没个人言语。苏轼穿官衣，口音又不同，喝下几口黄州烧酒，脸通红。下酒菜是一碟咸鱼，一盘黄豆。同桌的一位白发老者只吃寡酒，瞅了苏轼几眼。苏轼恭请老者同饮，将酒壶与菜盘子推过去。

老者谢过，饮了一盏，并不动筷子。

老者问：新来的官？

苏轼摇头答：非也。仙翁高寿啊？

老者捋捋胡须，笑道：今年七十七啦，穷叟吃寡酒，官家莫笑。

苏轼再请他尝尝巴掌大小的咸鱼，他才动了竹筷子，半条鱼塞入口，嚼几下，连肉带刺地吞下肚去，大喉结迅速滑动。

老者说：再过十来天，鱼就多了。

苏轼说：渔家春夏忙。

老者说：夏日浪头高哩，人要吃鱼，鱼也吃人呐。哪年不吞下一二条汉子去？

靠墙的一个穿破旧短衣的后生，没头没脑地说：鳖精拖我入龙洞哩，好长的一条金龙，正舔吃对岸汪员外的美娘子，又要一并吞了我。嗬，我撕开那鳖精大嘴，浮上江来！

后生说得起劲，连比带画，双眼很是兴奋。

苏轼笑问：真有鳖精含你献与金龙？又怎知龙洞中有个汪员外的美娘？

老者对苏轼说：这小子也姓汪，三十多岁，光棍子一根，讲这鳖的故事几百回了，谁知他真假。

姓汪的后生涨红了脸，几乎吼道：穷老头子欺我！

老者笑了：你小子比我还穷。

他扭头对苏轼说：对岸的鄂州城，有些人家溺女婴，冷水缸里按下头去，或者干脆抛入江中。传说女婴有溺不死的，长成了小美娘，年年鬼节七月半，她们结队儿排开波浪，一声声喊爹叫娘。

后生争辩：汪员外的美娇娘，金龙吐舌舔她，我亲眼见了！

柜台后的店家插话：但凡是条汉子，谁不做它几夜美娘子梦？

老者仰面笑：光棍子梦得凶，艳福不浅。

姓汪的后生怒目而视了。

苏轼做个手势，请他饮一盏。他三两步过来了，一口吞下，又用手指头拿了盘中仅剩的半条咸鱼，塞入嘴巴嚼起来，舌头左右舔那嘴角的鱼渍。嚼完舔毕，他挽起半截衣袖，将膀子亮给苏轼看，果然有几个尖齿印子。

老者说：狗咬的。

后生愈怒，又醉了酒，越发不讲礼，他转问苏轼：你这外地来的官人，你说，那龙洞里的美娇娘，有还是无？

苏轼答：我初来乍到，怎知你三年前的事。

醉后生有点儿耍横了，叫道：莫非鄂州城溺女婴有假？

苏轼不答，心想：怎么又扯到女婴身上去了。

后生推他一把：问你话哩。今日我汪短衣，偏惹你长袍人。

原来后生的诨名叫做汪短衣。苏轼忍俊不禁。

汪短衣更气了，一副要寻衅的样子。

老者喝道：滚回你那狗窝去！再胡闹，店家拿绳子绑了你，送交你族叔汪若谷。

后生顿时泄气了。汪若谷三个字吓住了他。

苏轼望着这个黄州后生。下午的阳光照进野店，店外的山坡上开满了桃李花。有人踏青斗草，风筝飘处是大江……

醉后生忽然呜呜地哭起来了，双肩剧烈抽动。老者又怜悯地问他哭啥，他抬起哭脸说：我汪短衣，我、我、我，三十多年了还在打光棍！

饮客们都笑了，那笑声却短。汪短衣的哭声越来越大，几至顿足号啕。

老者对苏轼说：鄂州城男丁多闺女少，黄州的一些人家嫁女过江，我的一个女儿也在那边。这边的穷后生只能打光棍。

鄂州太守是朱寿昌。

苏轼和朱大孝子交情不错。碍于罪臣身份，尚未写信联系。现在他决定当晚就修书。

他起身告辞，老者、店家含笑相送到路边。

诨名汪短衣的后生趴在酒桌上睡着了，哭声变成了鼾声。

苏轼走出百步远，回头瞧那风中的酒旗。

人事有辛酸，周遭依然如画。

苏轼想：那汪短衣生得像一条汉子，只是太穷。马梦得也穷，横竖强于汪短衣。

苏轼自己也穷。罪臣的月俸不过是几条压酒囊，换来二三千钱而已，眼下三个人用还凑合，日后一家十口到黄州来，将如何是好？

多年做高官，落得穷困潦倒。

早知如此，蓄点银子。

苏轼稍后写信对章惇说："黄州鱼稻薪炭颇贱，甚与穷者相宜。然轼平生未尝作活计，俸入所得，随手辄尽。而子由有七女，债负山积，贱累皆在渠处，未知何日至此……"

苏轼、苏辙，俱为官府穷人。

苏轼盼望家人来团聚，又愁着柴米油盐。所幸黄州偏僻，生活成本低。

这一天的日落时分，苏轼从乡野酒店回转定惠院的僧舍，于小山间意外地发现了一株红海棠，娇艳欲滴。蜀中的名花，为何开在了黄州呢？漫山遍野只一株，颇奇特。

苏轼伴海棠，不忍舍去，逗留到黄昏。

是夜，致信朱寿昌，详询溺婴事。落笔之时，想到了那个野肆遭遇的、可怜的光棍子汪短衣……

中夜，他睡不着，复于月下徘徊寺院，回思那株红海棠，成长诗一首。"江城地瘴蕃草木，只有名花苦幽独。嫣然一笑竹篱间，桃李满山总粗俗。也知造物深有意，故遣佳人在空谷……"

小序云："寓居定惠院之东，杂花满山，有海棠一株，土人不知贵也。"

灵感燃烧睡不着，欲持高烛照海棠。

后半夜，诗人溜出去了。大名士踏月破雾看名花，作七绝《海棠》，传为名篇："东风袅袅泛崇光，香雾空蒙月转廊。只恐夜深花睡去，故烧高烛照红妆。"

苏轼谪黄州，浓墨书写海棠诗数十纸送人。

屈原自比空谷幽兰。苏轼自喻黄州海棠。士不遇也，自伤怀抱。

7

五月，苏辙带着哥哥的一家人前往黄州，因长江风急浪高而阻于磁湖。苏辙焦急，写诗说："黄州不到六十里，白浪俄生百万重。自笑一生浑类此，可怜万事不由侬。"

五月二十七日，风停了，苏轼坐船到二十里外的集镇巴河口去迎接，途中写诗回忆狱中的生活："去年御史府，举动触四壁。幽幽百尺井，仰天无一席。"

出狱半年，方能回首，却也不提备受辱诟的情形。

一家终于团聚，悲喜交集。苏辙到黄州住了十天。

由于鄂州太守朱寿昌帮忙，苏轼从定惠院迁入临皋亭，时在五月二十九日。

忙了几天，安顿下来了。临皋亭在官府建造的回车院中，位于大江边，早晚风大，背风的屋子让任妈住。两个儿子苏迨、苏过挤在斗室里。苏迈一家三口也居小屋。马梦得自告奋勇住墙边的马厩，说是树下有阴凉，苏轼不肯，让他和子由居东厢房。稍好的正房安排给闰之夫人，王朝云的房间也小，仅能容下一床一几，梳妆台也没处放。余下一间西向的小屋，权作客房。

罪臣的居所，就这样了。

任妈在途中染了风寒，苏轼忙着请郎中。将息了几日，任妈才见好。苏辙辞别哥哥，去了江西九江，与等在那儿的家小汇合……

临皋亭的家，事无巨细，一天几十件，闰之夫人显示了她的能耐，忙而不乱，井井有条，老人小孩儿各得其所。苏轼称赞她时，她倒讪讪的样子。去年秋，在湖州船上怒烧子瞻文稿及书画藏品的事，使她一直心有不安，怕见丈夫。

六月的一天，苏轼翻检书箱中的文稿及书画，不禁仰天长叹。先已知此事，面对时仍然揪心。他自己写的东西尚能补救几分，但朋友们的书信被付之一炬，哪能重拾？文同书法绝妙，随手写下的信件更是上品，点火烧了，叫苏轼怎不愧对亡友与后人？

司马光的信、范镇的信、张先的信、黄庭坚的信……可都是书法珍品啊！苏轼真想痛骂，好歹忍住了，只给文彦博写信讲了这件事，又拿着残存的文稿对天语：王弗若在，必无纵火之灾！

王闰之听到了，躲进屋去哭。苏轼于心不忍，复去安慰她。

闰之夫人三十多岁了，她也辛酸，她也辛苦……

夜里，苏轼对她说：你且放心，我再也不提这件事了。

闰之说：我几次梦见姐姐骂我，以后，再不敢烧了。

苏轼把狱中写的诗拿出来给她看，当她读到"身后牛衣愧老妻"时，不觉掩面而泣。

临皋亭下，涛声不绝……

大热的天，陈季常托人传话要来黄州，苏轼急了：四公子住惯了华屋美宅的，临皋亭简陋，那间西向的客房每天受烈日烤，炎夏时节，堆杂物尚可，住人可使不得。

王闰之对丈夫说：江边有一条官府废弃的大船，船体还算坚固，可否改作客房？

苏轼一拍脑袋：好主意啊，我咋没想到？大船稳当，浮在水上人舒服，听江声、望江月，享受江风，饱吃江鱼，美煞季常也！

于是全家动手改造大船。苏轼写信给陈慥说："临皋虽有一室可憩从者，但西日可畏……或门前一大舸亦可居。"

陈季常是喝他父亲窖藏的美酒长大的，苏轼造好了待客的"房船"，苦于拿不出好酒。向徐君猷借来几坛吧，横竖有些唐突。这时候，闰之夫人再次解决了丈夫的难题：原来她用葫芦藏下了一些南京佳酿，专等丈夫急需时才用。子瞻的生活细节，数她最清楚。

王闰之初嫁时，便是朝着这个方向努力的。她熟悉卧室厨房，不大清楚书房……

苏轼贬黄州四个月后，第一次迎来了客人，临皋亭摆美酒，朝云唱歌，三子击节，梦得与季常月下舞剑，妇孺喝彩。那黄州太守徐君猷远远地看见临皋亭好生热闹，驱车前来暗察，不觉自笑曰：苏子瞻潇洒，名不虚传哩，日后设宴款待他。

陈季常在大船上一住多日，拽苏轼过江，拜访鄂州太守朱寿昌，意在打开苏轼的交往圈子，消除郁闷。朱寿昌拉着苏轼的手说：你再不来，我就过江来探望你了。

鄂州人家溺女婴的事，这位州官正在展开调查，待取证后，下严令制止。苏轼拜谢……

朱寿昌送了苏轼许多东西，吃的用的一大堆，包括笔、砚、纸、书卷等。苏轼大喜，黄州借书不易，笔砚难求。

小船满载而归。次日近黄昏，陈季常别过苏子瞻，单骑回岐亭，二百里路，只消三个时辰。陈大侠偏爱走夜路，山间长啸，作狮子吼……

苏轼送朋友伫立道旁，顾长身形镶入那圆圆的夕阳。

江风吹着野地的茅草，有个婀娜女子面容姣好。她是王朝云。

苏轼望陈慥背影，朝云望苏轼背影。

朝云立多时，身后起暮云。她穿一件蓝色短袖小衣衫，手腕雪白，长裙及地。夏风刮着几尺高的青草与红花，纷纷向她折腰。

苏轼正沉吟送别陈慥的诗章，忽然回首，见一蓝小袖长裙丽人。再细看，认出是朝云。蓝小袖留给他的印象很深，后来与朋友通信，屡称朝云蓝小袖……

二人相隔百步，朝着对方走过去。

"冰肌玉骨，自清凉无汗。水殿风来暗香满。一点明月窥人，人未寝，欹枕钗横鬓乱……"

苏轼作于黄州的名词《洞仙歌》，明为咏蜀主孟昶与花蕊夫人的情事，实为抒发自家情怀。

成都有摩诃池，黄州有临皋亭。

元丰三年秋，苏轼作《浣溪沙》："风卷珠帘自上钩，萧萧乱叶报新秋。独携纤手上高楼。　缺月向人舒窈窕，三星当户照绸缪。香生雾縠见纤柔。"

把月夜里随风轻飘的丝裙称为"雾縠"，乃是苏轼自创的词汇。三星指二十八宿之一的"心星"，词人随手拈来，见证他的深情。携朝云纤手，登黄州高楼。楼在何处？不得而知。北宋的黄州有两座名楼：涵辉楼和栖霞楼。

黄州的磨难岁月，王朝云情更浓。犹如苏子瞻遭流放，生命力反而强劲扩张。男人骨头硬，女子韧性强。

元丰年间的王朝云艳光四射，高挑的身材，透明的肌肤色，鲜红的嘴唇，天生丽质不需妆扮。她是在伟人身边绽放的一朵鲜花。苏轼志存高远，性情豁达豪放，本"不昵妇人"，却与王朝云两情缠绵，催生了他的艺术灵感。黄州是苏轼的艺术"井喷期"，佳作有如八月钱塘江的潮水一浪赶一浪，当有两个因素：一、苦难中朝着自然与审美的转身；二、佳人的爱情热烈而又绵长。

政治理想跌入低谷，美神爱神携手而来。

对此深有体会的歌德曾说："美好的女性，导引我们向前。"

苏轼《致范子丰书》说："临皋亭下八十余步，便是大江，其半是峨眉雪水，吾饮食沐浴皆取焉，何必归乡哉。江山风月，本无常主，闲者便是主人。"

这段话有意思。苏轼念念不忘家乡，才会安慰自己说：何必归乡哉。江水半是峨眉雪水，而家乡眉山几乎就在峨眉山下。

谁是江山风月的常主呢？苏轼说是闲人。闲人又是什么人呢？显然不是无所事事的人。忙于政务是忙人，身处江山是闲人，但苏轼的闲，不如说是另一种忙碌。他忙着生活，忙着静观天地万物的律动，应对纷至沓来的灵感。这忙，显然不是追名逐利的匆匆忙忙。人的眼睛一味去盯功利，视野、胸怀会收缩，享受生命的能力会降低。这是一条铁律。苏轼提供了截然相反的、也许是最具说服力的例证。

8

七月江面宽，风过波纹平。临皋亭中走出来一个略显瘦削的长身男人，土布小褂儿，麻鞋七寸长，身后跟着一串小孩儿，其中最小的只有两岁多。

男人盘腿坐于沙滩上，学步未久的两岁幼童颠着小身子跑向他，一面叫：爷爷！

男人张开双臂，将乖孙子搂入怀，又起身，长臂举他向空中。幼童咯咯笑，手舞足蹈，不一会儿又跑开了，自去和小伙伴玩耍。

小孩儿纷纷拿石头打水漂儿，有打得远的，也有石头三两跳就沉下去的。他们高叫，跺脚，腾空，扑地，闹得很欢畅。

盘腿坐沙滩的男人想：当初在岷江边、小石堰，扎猛子打水漂儿，攀那大榕树摘酸叶儿吃。暴雨天浪高水疾时，也横渡大江，拍浪有声……

夕阳下山，长江起风了。

一群小孩儿刨沙玩，堆起一座沙城，墙楼、街道、房舍、护城河，倒也分明。

男人陷入了自家思绪。

他想：孔老夫子的小时候，大约玩得不够野吧？

此间，他正日夕运思，撰写《论语说》。又作《易传》九卷，希望能遂先父遗愿。黄州无官一身闲，正好集中精力写大书。写累了，带儿孙及邻家儿童玩玩，活筋动骨。数月后，《致滕达道书》云："专治经书，一二年间，欲了却《论语》《书》《易》。……颇正古今之误，粗有益于世，瞑目无憾也。"

男人身处逆境著大书，思索天地，追问人事，"颇正古今之误"。从他元丰四年（1081）初写信给滕达道的日期看，谪居黄州之初，《论语说》已动笔，同时思考着《易传》。生活大师、艺术巨擘与儒家创始人孔子对话，定有许多精辟的洞见和创造性的发挥吧？苏轼尊崇孔子，但不会迷信孔子。苏轼能够独立思考，具备质疑圣人的能力。

其时，洛阳的司马光正撰写史学巨著《资治通鉴》。

可惜苏轼的皇皇大书《论语说》五卷，今已不传。华夏精英文化，缺了一部对话儒学经典的大书。这部珍贵的文稿曾藏于文彦博家，后来散佚，或毁于禁苏黄文集的徽宗朝。

这会儿，江边的风越吹越大了，小孩儿玩得起劲不想归家。半里地外的临皋亭那边，沿江小路上，黄沙起碎石飞。黄沙里走出个老妪，颤颤身板朝着这边来。大风鼓起她的粗布衣裳，吹乱她的稀疏白发。

男人叫声任妈，爬起来奔她去了。

孩子们迤逦跟在他身后。

任妈年事已高，如何经得起大风沙？她惦记着苏过、苏箪等孙子辈、玄孙辈，犹如几十年前在眉山老家呵护苏八娘、苏子瞻、苏子由。她走得急促，差点摔一跤扑入黄土。

临皋亭中，苏迈奔出来了。

后来，任妈跟跄于风沙黄尘中的身影，长久留在了苏轼的伤感记忆中。

是夜他写信，叹息远离家乡已经十五年。真想回去看岷江峨眉山啊，再堆几个雪人，再打几回水漂儿，再吃一盘地道的蒜苗生姜回锅肉……

9

苏轼治《易》学的体会是："《易》可忘忧。"

元丰三年夏，距湖州被抓近一年，苏轼从噩梦般的境况中缓过神来了。乌台的那些乌鸦不复纠缠他，前景的黯淡也归于平淡。不能当官为民，且回书斋著书。

死神去已远。黄州好风光。

他写信对司马光说："寓居去江干无十步，风涛烟雨，晓夕百变。江南诸山在几席上，此幸未始有也。"

他向年近九十的大词人张先夸耀："所居江上，俯临断岸，几席之下，风涛掀天。"

写出去的信，陆续有回音。当他第一次收到司马光的回信时，高兴得在庭中欢叫起来，疾呼马梦得同看。

闰之夫人也急忙凑上去。这些日子，丈夫收到的书信，她悉数珍藏于一只红木柜中。有一次她半开玩笑说：士卒打死我，我也不烧书了。

任妈说：我们只烧菜，不烧书。

任妈在病中，也能幽默几句。苏家人，个个都善于幽默。

苏轼居定惠院四个月，大抵默默，迁临皋亭后，渐渐神采活现，走路步幅大，笑声很爽朗。写信几番自夸江边的居所，仿佛他住在神仙才能享受的地方。"几席之间，风涛掀天。"他在几案前坐着，枕头上躺着，抬眼望去，巨浪扑断岸，卷起千堆雪。

杜甫避战乱携家逃往成都，过着寄人篱下的苦日子，描绘浣花溪边的草堂曰："窗含西岭千秋雪，门泊东吴万里船。"

老杜的欣悦之情溢于言表。

文豪皆强大，陋室胜豪宅。

试问古今之豪宅，何处可比黄州临皋亭呢？··

一天又一天，"天风海雨逼人"，苏轼胸中酝酿旷古的大思绪，大情绪。对话孔子，研究易理，思量人世，际会历史风云，玩味书法绘画……

劳心累了，便去骑马游荡，打水漂，钓江鱼，饮村酿。

深夜于大舸中，大师抖擞了精神，再提张武笔，铺开那南唐李后主爱用的澄心堂纸，写下一纸又一纸蝇头小楷。

王朝云谨侍，红袖添灯复添香。她像影子般地走动着，蓝小袖在船舱外吹来的小风中舞动，红绣鞋落地无声。

她倚门望着她亲爱的子瞻，长时间一动不动，长睫毛眨也不眨。

苏轼沉浸于浩荡的文气中，扭头忽然见她，心中一喜。而她也暗暗地期待他扭头哩，同一刹那，双双欣喜。

下半夜，通常灯还亮着。劳累的大脑应该歇歇了，舒舒服服伸个懒腰，换一盏粗茶漱口，一漱再漱。这法子洁齿固牙，除烦去腻，苏轼专门写了一篇《漱茶说》，不厌其烦地向人推荐。漱口的风俗起于唐，盛于宋。粗茶漱口的法子则是苏轼首创。

10

离黄州太守府不远，有一座临江的少西山，山形如北斗星，"斗入江中，石色如丹，传云曹公败处，所谓赤壁者。或云：非也。"

苏轼拿不稳：真是三国赤壁大战的遗址么？所以他写下了这段话。少西山隔江对面，还有个华容镇，莫不是关羽放走曹操的地方？

苏轼带了苏迈，驾小舟，屡去赤壁探险。

《东坡志林》说："断崖壁立，江水深碧，二鹊巢其上，有二蛇，或见之。遇风浪静，辄乘小舟至其下，舍舟登岸，入徐公洞。非有洞穴也，但山崦深邃耳。"徐公指《图经》的作者徐邈。

苏轼的攀岩功夫好，胆子大，不惧巨蛇与猛禽。山崦幽险，他竟然徒手而入，倒是儿子持剑相随，紧张得喘不过气来。

父亲扭头笑笑，安慰儿子的意思。

两只猛禽惊飞起，双双护其巢，直扑人面，利喙大爪掠过，黑翅膀扇过，它们的叫声怪而凄厉，回荡于山洞里、岩壁间。

苏迈忍不住东张西望。

他们出山崦，下危崖，又费去许多力气。稍不留神就摔下去了，十丈八丈的，跌落到坚硬的岩石上，不死也要摔成重伤。苏轼下危崖的时候格外小心，脚不踏实，手不抓牢，他不挪半厘身子。这方面他可是训练有素的行家。早年在家乡攀墙爬树，登蟆颐山、连鳌山，留下一字斗大、三字丈余的墨迹，至今犹存焉。在杭州城的生活那么舒适，他却拣小路，专去爬危险的凤凰山北麓。

登山攀岩者，往往有挑战陡峰险崖的欲望，乃至挑战上瘾。苏轼偶尔一试，试试身手罢了，他爬山的目的，从来就不是爬山本身。犹如海明威练拳击、观斗牛、猎狮子、驾飞机穿行于非洲的丛林，也属养气耳，身体的探险与精神的探险同步。

苏轼记赤壁之游说："岸多细石，往往有温莹如玉者，深浅红黄之色，或细纹，如人手指螺纹也。既数游，得二百七十枚……有一枚如虎豹首，有口鼻眼处，以为群石之长。"

苏轼作画，善于画怪石枯木。他对各地的怪石有体验，有沉思。黄州，成就了他的绘画与书法，往往随手下笔，即成精品。

黄州大赤壁，雪浪日夜翻滚，催生了苏轼的文字绝唱。

大江东去，浪淘尽，千古风流人物。故垒西边，人道是、三国周郎赤壁。乱石穿空，惊涛拍岸，卷起千堆雪。江山如画，一时多少豪杰。　　遥想公瑾当年，小乔初嫁了，雄姿英发。羽扇纶巾，谈笑间、樯橹灰飞烟灭。故国神游，多情应笑我，早生华发。人生如梦，一樽还酹江月。

元好问点评："词才百许字，而江山人物无复余韵，宜其为乐府绝唱。"

临皋亭中，他日日夜夜听江声，伫看大江东去，闲观惊涛拍岸。万里长江的节奏渗入了七尺长躯。汴京的乌台，如何能够把他打倒？皇权如泰山压顶，伟男儿伸展自如，生命力朝着人事、自然与审美强劲辐射，风流潇洒臻于极致也，远胜那位打败了曹操又拥有小乔的周公瑾。

苏轼这首《念奴娇》，豪放词中推第一，千年来无人发杂音。

《念奴娇·大江东去》透出波澜壮阔的历史感。历代大文人，历史感是必备的东西。目光不能穿越数百年，焉能写出好作品？即便写眼下，写周遭，没有宏阔视野的参照，小情绪小感觉肯定挡不住，它们争先恐后要出来。三苏父子当年在老家眉山的书房"南轩"，读得最多的可能是史籍。苏轼谪黄州，还把几十万言的《汉书》抄了一遍。抄书是他的读书方法之一。书法那么好，和抄书亦有关吧？抄书的时候意在别处，性情反而容易直泻笔端。苏轼的书法珍品如《寒食帖》《橘颂》，是他随意而为的巅峰之作。

为人、为官、为艺术，苏轼皆随意。随意是个关键词。

这随意，却始终伴随着逆境中的修炼。犹如陶渊明的浑身静穆，杜甫的沉郁顿挫，李白的自由奔放，陆游的至性至情，鲁迅的"出离愤怒"，学是学不来的。

苏轼贬黄州，佳作如潮涌。命运的低谷反指艺术的高峰。

11

历史感通向人生思索，《赤壁赋》《后赤壁赋》是思索的产物。

苏轼载酒夜游上瘾，对自然的奇观要刨根问底，邀约道士杨世昌同游，泛舟访赤壁。杨世昌是四川绵竹人，他云游四方，飘然至黄州，专为拜访苏轼。这道士擅长书画，善于吹洞箫，"洞箫入手清且哀"，且能与苏轼对谈，互相启发思索。

茫茫大江之上，扁舟起伏之间，一轮明月照着苏轼的沉思。

赋云："壬戌之秋，七月既望。苏子与客泛舟游于赤壁之下……少焉，月出于东山之上，徘徊于斗牛之间。白露横江，水光接天。纵一苇之所如，凌万顷之茫然。浩浩乎如凭虚御风，而不知其所止；飘飘乎如遗世独立，羽化而登仙。于是，饮酒乐甚，扣舷而歌之。歌曰：'桂棹兮兰桨，击空明兮溯流光。渺渺兮予怀，望美人兮天一方'……"

苏轼酒后放歌，不知嗓音如何。

赤壁画面如此动人，诗人的沉思又指向何处？

"寄蜉蝣于天地，渺沧海之一粟。哀吾生之须臾，羡长江之无穷。挟飞仙以遨游，抱明月而长终！"

这里，庄子式的逍遥浮出水面了。

古代文人的思考一般都会碰上老庄。老庄玄奥，而苏轼的思考紧贴自然与人事。他探讨《易经》的学术著作《易传》也是"切于人事"。他不是哲学家，却是思想者。他对生活、历史、自然充满了哲思。他是洞见式的，点点滴滴的，既有宏观的把握，又有微观的进入。而他出色的汉语表达，让思绪显得清晰、优美。

"且夫天地之间，物各有主。苟非吾之所有，虽一毫而莫取。惟江上之清风，与山间之明月。耳得之而为声，目遇之而成色。取之无禁，用之不竭。是造物者之无尽藏也……"

造物者赐予人类无尽的宝藏。苏轼若能看到他身后的一千年，会吃惊地发现，宝藏原来有限，经不起人类折腾。

齐万物，一生死，同荣辱忧乐……苏轼与庄子相隔千年而互为知音。哲人迈向虚无的身形何其潇洒。虚无涵盖一切，包括积极进取。这里有一种宇宙式的乐观主义，容积无限大。

赋体散文，《前赤壁赋》可谓登峰造极。

中国文化的源、流，到苏轼这儿，呈现出逼近天然的融合之势。

七月下旬明月夜，苏轼再一次畅游赤壁，通宵的赏心乐事、神游宇宙之后，三个男人全醉倒，"杯盘狼藉，相与枕藉乎舟中，不知东方之既白"。

唉，这般场景，真把后人羡慕得要死。

这《后赤壁赋》，写自然的神秘。苏轼过生日，带上几壶夫人藏下的好酒，偕同两个朋友，月夜泛舟再游赤壁。"江流有声，断岸千尺，山高月小，水落石出。"苏轼独自攀上了危险的峭壁，"二客不能从焉"。二客中的一客，即是前赋中的那位杨世昌。此人闲云野鹤般自由，体魄强健，无论寒暑，无论雨天或晴天，"泥行露宿"满不在乎，湖北汉子也惊叹不已。然而这位杨世昌，攀峭壁的本事不如苏轼。

苏轼攀峭壁，四肢抻开，慢慢往上爬，状如壁虎。

杨世昌和另一个男子止步于陡峭处，他俩看呆了。

这黄州赤壁，苏轼白天早已爬过了，夜里攀爬可能是第一次。

赤壁古战场的遗址在湖北境内的嘉鱼县，而黄州城外的赤壁，原来叫作赤鼻矶，沈复《浮生六记》说："赤鼻矶在黄州汉川门外，屹立江滨，截然如壁，石皆绛色，故名。水经所谓赤壁山是也。"

黄州人传说故事，将赤鼻矶混同于周瑜大破曹操的赤壁古战场，苏轼并不当真，却借它写文章，写下千古流传的词、赋。

二十一岁考进士，他就杜撰尧帝和皋陶对话的典故。

大文豪下笔，一切"为我所用"。这太牛了。天地之间一牛人，是谓黄州苏子瞻。

自从苏轼谪黄以后，黄州赤鼻矶变成了赤壁。他无意中修改了地名，强化了历史感，提升了自然美感。黄州赤鼻矶一变而为逼近古战场的赤壁，真正的赤壁倒逐渐淡出了人们的视野。

今日黄冈市，斥资十个亿，打造七千亩东坡遗爱湖公园，水陆面积各占一半。十二个景点，处处诉说东坡遗爱……

12

在黄州，苏轼的书法绘画跃上了一个新台阶。他自谦说："吾虽不善书，晓书莫如我。"

襄阳米芾（字元章）慕他的大名，不远千里前来拜访他。米芾只有二十三岁，是个书画天才，恃才傲物，学李太白见了谁都不低头。米芾先到金陵拜会王安石，然后到黄州谒见苏轼。米芾对这两位闻名天下的大人物，"皆不执弟子礼，特敬前辈而已"。

宋代四大书法家苏、黄、米、蔡，米芾的风格怪异而不失雍容，用笔力道极强却反近优雅，令苏轼着迷，摩玩连日。那米元章绰号米颠，为得王献之一幅墨宝，曾以跳江相威胁，逼蔡襄卖字给他。他真跳，扑通一声下去了，艄公费许多力气才把他救上船来……

北宋末年，米芾一幅字，可抵一座豪宅。今日米芾真迹，价值亿元寻常价耳。

苏轼在临皋亭满心欢喜地接待米芾，没有一点前辈名流的架子，把他万分珍爱的吴道子画的佛像拿出来，供米芾细细揣摩。二人切磋书画，有时候也争得面红耳赤。各有心得，则急于告知对方，于是都有了长足的进步。

架子、面子，都会妨碍进步。儒家文化讲中庸，讲谦让，却也滋生民族性格中的"弯弯绕"……

苏轼以前多画竹，现在把枯木怪石搬到了画面中，画竹石图、竹木图，新创文人画意境，在绘画史上留下了重重的一笔。他写字画画，随写随赠，妻弟王十六（王箴）来黄州，年轻没顾忌，常常开口求字画，数年间求得的作品竟然多达百件，后来携去汴京、洛阳、杭州等地卖得好价钱。

而苏轼对自己的书画能卖钱，不是很在意的。为官二十几年也没啥积蓄，答王巩诗云："若问我贫天所赋，不因迁谪始囊空。"

他给朋友写信，一再提到"难蓄此物（钱）"。

古今中外，一切杰出人物，没有一个是拜金拜物之徒。原因简单：拜金拜物妨碍生命力的五彩斑斓地喷发。

而弗洛伊德的研究表明，幼童的心理生长期决定一生，但是在生长期间，对金钱的欲望从不占据显著位置。儿童长大了，一味去挣钱，必定扭曲其自由天性。多元自我的缓慢形成与社会强加的单一压力之间，将形成结构性矛盾，几十年化解不开。

一个健全的社会，必须遏制膨胀的物欲、泛滥的金钱之欲。

物欲若持续横流，到处都是"利润最大化"的叫卖声，斗心眼拼狠劲成常态，那么，人的丰富性和社会生活的多元景观将变成天方夜谭。

苏轼贬黄州约半年后，朋友往还渐多，感到手头吃紧，他把铜钱吊在屋梁上，计划开支，日支一百五十钱。一个月下来若有盈余，他另存于竹筒中，用作款待好友的专费。举家厉行节约，王闰之堪称节约能手，昔日的太守夫人，享有朝廷封号的"同安郡君"，眼下衣裳有补丁，金钗银簪送进了当铺。苏轼的乳母任采莲更有高招：她把一块用盐水浸泡过的咸猪肉悬于饭桌旁，小孩想吃肉，便望望咸猪肉。这叫"咸肉止馋法"，二十世纪五六十年代的眉山尚有流传。苏迨、苏过年幼，望着猪肉不眨眼时，任奶奶会说：快吃饭，不怕咸呀？苏过告发哥哥盯着咸猪肉看了好几眼，任奶奶又说：不管他，咸死他！

这位眉山妇女，"工巧勤俭，至老不衰"。多年来，苏轼待她如生母；三个儿子，敬她如奶奶。

元丰三年秋，任采莲卒于黄州临皋亭，享年七十有二。苏家的妇人中数她长寿。全家举哀，丧事亦叫喜事。今日四川，老人亡故时，儿孙办丧事仍称白喜事，对应婚礼之红喜事。

任妈长眠于黄州，苏轼为她作墓志铭。"铭曰：生有以养之，不必其子也。死有以葬之，不必其里也……"前面几段引文，均引自《乳母任氏墓志铭》。按眉山习俗，乳母与保母有别，乳母更亲近些。苏辙的保母名叫杨金蝉，一直跟随苏辙，卒于徐州。

苏轼一生，交往的高官数不清，所作墓志铭寥寥无几。而唐宋豪门缙绅，皆有花重金请名士撰写墓志铭、祭文的风俗。欧阳修之后，苏轼几乎是天下头号名士，如果他想以此挣钱，那将是天文数字。

北宋士大夫矜持，比如王安石、司马光、程颐、程颢，都不借高位以敛财。苏轼在"君子固穷"的道路上走得更远。有趣的是，他做官顺畅时，从不拒绝锦衣玉食的生活，不像司马光那样抠门儿，也不似王安石为了宏大的目标而刻意远离声色。生活的大师，具有良好的分寸感。

苏轼为谁作墓志铭，谁就不朽。

他交往过的许多人，包括他的敌人，也都名传后世。

元丰三年的后半年，苏轼经历了三次伤痛：堂兄苏不疑病死于成都，苏辙的一个十二岁的小女儿夭折，乳母任采莲撒手西去。

十月，任氏下葬。苏轼接连几天独于江边徘徊、伫立。闰之夫人去唤他，他几次听不清。朝云陪他去承天寺，他行坐皆默默，陷入自己绵长而忧伤的思绪。

四十多年来，他经历了多少死亡啊，亲人的死，朋友的死。死亡的念头也曾纠缠他……

书圣王羲之五十岁作《兰亭序》，其中说："向之所欣，俯仰之间，已为陈迹，犹不能不以之兴怀！……古人云，死生亦大矣，岂不痛哉！"

美国哲学家弗洛姆有名著《爱欲与文明》，将爱欲视为人类社会最伟大的动力。苏轼和王羲之一样，爱的能力非同寻常，爱之深就会痛之切，"摧裂心肝"。然而，无论处于何种境况，要保持一种的生存姿态，要能够欣悦于周遭，感受人事与自然的勃勃生机。

西哲云："惟有深刻的悲观主义者才能乐观。"

针对苏轼，我们不妨这样说：他一向是乐观与悲观的混合体。

一味乐观的人往往浅薄，陷入悲观难以自拔的人则会厌世。苏轼的乐观有悲观垫底，所以具有冲击力和感染力。《念奴娇·大江东去》《赤壁赋》《后赤壁赋》将人事化入自然的律动，古今多少事，感慨系之也；又以一己之渺小与短暂，连接天地之广大与无穷。茫茫心绪化入那清风明月，"我执"自消，禅境生焉。

古人点评苏轼，多用旷达一词。这类词的好处是概括性强，坏处是"一言以蔽之"，不利于展开环环相扣的生存阐释。

西方大作家，紧紧盯着痛苦、忧郁、绝望、荒诞的例子很不少，例如卡夫卡、陀思妥耶夫斯基、契诃夫、加缪、萨特……

中国文人多善于开释，要么移情于自然，要么转悟于佛道。这也很好，弊端是遭遇命运的大坎坷时，未能沉痛绝望到底，并于绝望中展开对人性的无穷追问。

北宋苏轼，毫无保留地投身于生存的波涛，亦呛水悲号，亦踏浪弄潮。这个庞然大物总是二话不说就跃入深水大波，排开四肢搅得浪花千尺，却又如同传说中的凌波仙子，笑指惊涛拍岸、乱石穿空。中国古代精英文化，其能量的积聚与释放，至苏轼，造极也。这个被贬黄州的奔五十的眉山男人，始终保有滚烫的赤子之心，饱经忧患之后却依然像个大男孩儿，活向新我，不废旧我。所谓精英艺术的强对流张力区，对别人是迷魂阵，步步皆迷；于苏轼，则如同闲庭散步，随手一划，佳句纷呈。

苏辙说："子瞻谱文，皆有奇气。至《赤壁赋》，仿佛屈原宋玉之作，汉唐诸公皆莫及也。"

弟弟赞扬哥哥，说话不保留。唐宋文坛有此气场。

13

苏轼有夜出散步的习惯，通常由朝云陪着，诗笔画笔中却不关儿女情。

在今天看，多少有些遗憾吧。苏轼崇拜陶渊明，和遍陶诗，漏掉渊明向往佳人的《闲情赋》。佳人日夕在身边，大文豪偏偏不提笔。

有一首苏轼的"婉约派"力作《蝶恋花·春景》，录全词如下：

> 花褪残红青杏小，燕子飞时，绿水人家绕。枝上柳绵吹又少，天涯何处无芳草？　墙里秋千墙外道，墙外行人，墙里佳人笑。笑渐不闻声渐悄，多情却被无情恼！

轻盈。曼妙。描写王朝云也未可知：她在墙里打秋千，欢声笑语传到墙外，苏轼倚墙听，被那银铃般的笑声所吸引。隔墙听佳人，别有一番情趣的。也许她秋千荡得老高，笑声颇为放肆哩。他倚树片刻，索性蹲下。听得痴迷了，把佳人气息全收，连同燕子飞、青杏小、绿水绕，暮春景色围绕着一个中心，中心就是墙内佳人。

可惜佳人远去了，笑声渐消也带走她的倩影。苏轼发了一回呆。

她不及时走开，就没有传神结句：多情却被无情恼。

《蝶恋花》若是写别的绿水人家女子，照样动人。怎么解都行。或曰：苏轼独行到某处，驻足倾听陌生的佳人，感受那青砖墙内般般的曼妙。他巴巴的样子，痴痴的情状，却与滥情无关。海明威先生讲："世间万物，没有任何一种东西的美能与女人的美相提并论。"苏轼谙风情，但不说这种话。清代曹雪芹能讲。顺便提一句，曹公对朝云颇为赞赏。

王朝云极爱唱子瞻的这首词。她清唱，琵琶伴唱，长袖翩跹，且舞且唱……妙词很快传入黄州徐君猷、鄂州朱寿昌的太守府，官妓私妓竞相演练。

苏轼是豪壮词圣手，写儿女情却又炉火纯青，这是一个谜。

元丰四年（1081）三月，苏轼得婉约佳作《水龙吟》，小序曰："次韵章质夫杨花词"。

似花还似非花，也无人惜从教坠。抛家傍路，思量却是，无情有思。萦损柔肠，困酣娇眼，欲开还闭。梦随风万里，寻郎去处，又还被、莺呼起。　　不恨此花飞尽，恨西园、落红

259

难缀。晓来雨过，遗踪何在？一池萍碎。春色三分，二分尘土，一分流水。细看来不是杨花，点点是离人泪。

写暮春离妇的情怀，真是写到家了。国学大师王国维先生点评："东坡《水龙吟》咏杨花，和韵而似原唱；章质夫词，原唱而似和韵。才之不可强也如是。"

苏轼在黄州，豪情与柔情并举。

豪情、柔情之外，尚有闲情。

苏轼初到黄州就像个夜游神，后来夜游成瘾。他有一篇不到一百字的大作，像是随手记下的小东西。小东西竟成千古奇文。请看《记承天寺夜游》：

> ……解衣欲睡，月色入户，欣然起行。念无与乐者，遂至承天寺专寻张怀民。怀民亦未寝，相与步于中庭。庭下如积水空明，水中藻荇交横，盖竹柏影也。何夜无月，何处无竹柏，但少闲人如吾两人者耳。

闲而自适，闲得心旷神怡，没修养可不行。有了修养，闲是一种境界；缺少修养，闲是一件麻烦事。闲得百无聊赖，闲得昏昏欲睡，闲得整天打牌——这么一种情形，如今像瘟疫一样在中国的一些城市流行。打牌打到老，人们会发现，所谓人的一生，不过是由一系列的打牌动作、一间又一间烟雾弥漫的牌屋所组成。人与人终于"一律平等"了：大家都是牌客，区别只在于你是大牌客而我是小牌客。所有的人生努力，被摸牌、出牌两个动作所抵消……

苏轼说：何夜无月，何处无竹柏，但少闲人如吾两人者耳。这话很有点精神贵族的意思。就精神的丰富性而言，人与人很难一律平等。贵族就是贵族。谁不明白这一点，不妨认真读几天苏轼，背下这一篇《记承天寺夜游》。

14

元丰四年初，黄州的朋友越来越多，造访的客人走两个来三个，家里的开销捉襟见肘。《答秦太虚》说："廪入既绝，人口不少。"苏轼平时最怕朋友少的，即便是乡野之人，譬如农夫、白丁、酒鬼、光棍子、流浪汉、假和尚、歪道士，只要走上门了，他必定留客吃饭。黄州这地方也不是年年风调雨顺，碰上旱灾雨灾怎么办呢？为长远计，苏轼不得不想办法。

黄州太守徐君猷真是一个好人，他解决了苏轼的难题，把城东一块废弃的兵营田拨给苏轼，约五十多亩坡地，种稻种麦皆宜。这事儿，马梦得有一功，他跑太守府不下十次。

苏轼率领全家开荒种地，除荆棘，搬瓦砾，挖水渠，合家老小挥舞着锄头扁担，每天累得几身汗。苏轼瘦了，黑了，而饭量日增，能挑百斤重的担子上坡下坎。书童在瓦砾下发现了一口井，井中水尚清澈，原来它直通远处的山泉，打一桶来喝，直沁入五脏六腑，爽啊！全家人大欢喜，儿童雀跃，妇人含泪。

那些远道而来的朋友，比如神出鬼没的绵竹道士杨世昌，原籍青神县的岐亭豪士陈慥，杭州高僧参寥子，黄州、鄂州的朋友张怀民、古耕道、汪若谷、王齐愈、王齐万，连同那个在小酒肆里推骂过苏轼的汪短衣，见此情形，二话不说下地干活，先后加入了垦荒队。

"四邻相率助举杵，人人知我囊无钱……谁能伴我田间饮？醉倒惟有支头砖。"田间醉劣酒，砖头当枕头。

今日油画家、水墨画家，不妨以此作画。妙笔若能传神，传之后世何难。

马梦得与苏轼同年同月生，四十好几的人了，还是挺逗，插科打诨，挥锄刨地也唱歌，苏迈、苏过、苏箪，老喜欢跟在他屁股后头。艰苦的耕耘苦中有乐……

苏轼写诗赞美教他种稻田的老农："良农惜地力，幸此十年荒。桑柘未及成，一麦庶可望。投种已数月，覆块已苍苍。农夫告我言，勿使苗叶昌。君欲富饼饵，要须纵牛羊。再拜谢苦言，得饱不敢忘。"

良农惜地力，绝不促逼地力，《东坡志林》中也讲过这层意思。

苏轼于东坡种麦子，也种稻子。田边空地，栽桑养蚕。

入冬后，麦子种下了，苏轼每天去察看，清除杂草，疏通水沟，很担心种子不抽芽。"种豆南山下，草盛豆苗稀。晨兴理荒秽，戴月荷锄归。"像个老农民的苏轼，吟诵另一个更像老农民的陶潜的诗句。辛辛苦苦种下的庄稼，"常恐霜霰至，零落同草莽"。

田间地头月下，两个瘦而黑的中年农民的身影多么相似，虽然他俩相隔七百年。

渊明说："桑麻日已长，我土日以广。"

子瞻云："喟然释耒叹，我廪何时高？"

渊明说："饥来驱我去，不知竟何之。"

子瞻云："哪知鸡与豚，但恐放箸空。"

几十亩新开垦的处女地，初春一片新绿，入夏满目金黄。

东坡诞生了。苏东坡三个字，从此响彻千年中国历史。

陆游《入蜀记》写他亲眼所见："早游东坡，自州门而东，冈垄高下，至东坡则地势平旷开豁。有屋三间，一灶头，曰居士亭。亭下面南一堂，颇雄，四壁皆画雪。堂中有苏公像，乌帽紫裘，横按筇杖，是为雪堂。……又有四望亭，正与雪堂相值。在高阜上，览观江山，为一郡之最。"

根据陆游的描述，今日黄冈市，再造东坡不难。东坡麦田的麦子，乃是中国人自强不息的符号。凡热爱生活的人，想必都会热爱它：那夏日骄阳红胜火，那风中的麦浪在心头荡漾……

日本、德国、法国、韩国、美国的汉学家，惊叹苏东坡应对磨难的力量竟如此之大。高官更兼大文豪，下苦力轻描淡写，留给世人的，倒是沁人心脾的诗意景象。须知垦荒耕种绝非易事，家中十余口，没一个是种田好手，苏东坡事事请教老农，东坡附近的农民都成了他的朋友。他写诗，幽默而又豪迈：

"形容虽似丧家狗，未肯弹耳争投骨。"

"腐儒粗粝支百年，力耕不受众目怜。"

家中唯一的一头耕牛病了，苏轼十分焦急，请人医治不见效，越发急得团团转。闰之夫人去牛棚看了看说：是豆斑疮，喂它青蒿粥能治。

一试，牛病果然见好，两日便可耕地。苏轼欣喜几若狂，到处游走夸老婆……

15

苏轼夸老婆，梦得夸苏轼。

马梦得几乎逢人便说：苏子瞻了不起啊，一代高士，宠辱不惊！享得荣华富贵，吃得野菜粗粮。昨日士大夫，今日老农民！

然而黄州城东，有个失意于考场的书生嘲笑他：你马梦得也了不起啊，跟着苏高士受穷，扔下鼠须笔，扛起铁锄头。四十几岁光棍子，夜夜搂着枕头睡。似你这般壮汉子，又做过京师太学正的，你跑到黄州来，究竟累不累？

马梦得挺身说：老子不累！老子搂过汴京美娘、苏杭妖姬！

梦得平时文雅，惹他急了，也会出粗口。

苏东坡听说了这件事，为马梦得感到难过。《东坡八首》之一，专写马梦得："马生本穷士，从我二十年。日夜望我贵，求分买山钱。我今反累君，借耕辍兹田。刮毛龟背上，何时得成毡？可怜马生痴，至今夸我贤。众笑终不悔，施一当获千。"

二十年前，苏轼在汴京太学堂的墙壁上题写了一首《秋雨叹》，大意说，秋雨中的决明草即将枯萎，恰同士子求富贵不易，前景如淫雨绵绵的暮秋天气。马梦得当时处境正劣，性倔，与上司合不来。他读罢这首诗，竟然递上辞呈，一拍屁股走人，匹马单身，跟苏轼去了凤翔。

书生意气，汉子性格，是为杞人马梦得。

长期跟随苏子瞻，粗茶淡饭也香甜。

估计他分到了一些"买山钱"，苏轼遭贬谪，他弃田来到黄州，与子瞻共患难。"君子喻于义"，曾经在京城太学为人师表的马梦得，显然是个君子。在凤翔、杭州、密州、徐州，马梦得过得不错，美酒佳肴不缺，时或抱抱南北方的美娘，闹几回无结局的恋爱……

马梦得没有传世之作，看来他诗文一般。他的大作品是"首谋东坡"，没事到处转悠，看中了一块坡地，便去找太守徐君猷。两个男人一拍即合，东坡得以横空出世。

东坡居士追慕香山居士。白居易贬为忠州刺史，写过《步东坡》："朝上东坡步，夕上东坡步。东坡何所爱？爱此新成树。"

几百里外做官的李常，托人运来了橘树苗，此外还有苏家自栽的桑、枣、茶、栗、松，环绕于东坡。

苏轼酒量小茶瘾大，乞茶树于和尚，说："不令寸地闲，更乞茶子蓺。"

苏轼自言"性好种植"，早年在眉山学种松树。王弗夫人去世后，他扶棺回家乡，在城东二十里，"手植青松三万栽"。如今于黄州城之东坡种下了麦子，田边手植树木千百棵，既要吃饱肚子，又要诗意栖居。

亲友们齐上阵，在离东坡麦田不远的地方，又盖起了一座"雪堂"。苏轼写诗："去年东坡拾瓦砾，自种黄桑三百尺。今年刈草盖雪堂，日炙风吹面如墨。"

苏轼一家，大抵住临皋亭。客人来了，通常安排到雪堂。

元丰五年（1082），苏轼往返于临皋亭与东坡雪堂。

回家寻毛笔，出门扛锄头。日晒雨淋习惯了，心忧一桩接一桩的农事，严冬腊月大雪天也要出去。年近半百的男人，自夸身子骨比后生还要硬朗，吃饭用大碗，三两口就吞进肚子，肠胃消化无碍。浑身无赘肉，肌骨梆梆硬。

深夜一盏灯，烛光照千年。

耕种文字，耕耘田地。

马梦得对苏东坡，真是崇拜得五体投地，但也曾叹息着对远道而来的陈季常说：子瞻他也有毛病。

季常忙问：啥毛病？

梦得说：他几十年来口无遮拦，想说就说。古今教训多啊，祸从口出！刚到黄州的那阵子，他遇事还三缄其口。不久，又放开了，写诗填词作赋，著《论语说》，与孔圣人论道理、辨真伪。他写了大量的信件，一封封地寄往各地。我一直替子瞻捏着一把汗呐，劝他百十回，却只当耳旁风。

临窗的几案上恰好有一封苏轼写给王庆源的信，其中称："扁舟草履，放浪山水间。客至，多辞以不在。往来书疏如山，不复答也。此味甚佳，生来无此适。"苏轼此间以收到的来信多为夸耀，是因为他贬黄之初，盼亲友的信件如久旱盼雨。

陈季常阅信后，叹曰：子瞻放浪山水，方有千古诗篇啊。

梦得摇头道：他又何必说什么"生来无此适"？万一让御史台那些歹人看见了会怎么想？既然贬黄州如此舒适，那就贬到更荒凉的地方去吧！我敢说，李定那厮，一旦有机会，定将子瞻置于死地！

季常说：三生有定数。日后子瞻若是再逢劫难，那也没办法。

梦得说：当初有个相面的道士，预言他"一双学士眼，半个配军头"。

季常笑道：那你还要跟着配军去吃苦？

梦得亦笑：七尺顽躯走世尘，子瞻牵了梦得魂。

季常躬身作揖，抱拳赞道：义字当头的好汉子，佩服，佩服。

梦得哈哈一笑：你陈季常三番五次地造访犯官兼穷汉苏轼，你才是义薄云天啊！

两条汉子互夸，一条汉子进门。

那布衣草鞋、背着大皮囊的陌生汉子说：子瞻不在临皋亭中，又不在雪堂内，他跑哪儿去了？

陈恺不认识此人，正欲问他姓甚名谁、从何方来，这人先作自我介绍：在下眉山巢谷，字元修。

马梦得喜道：原来是巢元修啊，昨天闰之夫人还亲自下厨，做了一盘元修菜。

巢谷说：我数月前才将菜籽寄给子瞻，他动作倒快，在黄州种了吃起来。这元修菜性贱如白菜，雪地里也生长。

巢谷五十多岁了，精瘦，面黑，腰间挎了一把刀，刀鞘已斑驳。腰带上插着一管笛，皮囊中有酒葫芦、茶盅、棉袄、书卷、墨砚、磨刀石以及纸帛文书一类的东西。他考过举人，学过剑法，做过熙河名将韩存宝帐下的幕僚。三十余年浪迹天涯，混不下去的时候就返回眉山老家，过个一年半载又仗剑出蜀，孑然一身，雄赳赳在路上，飘飘然于风中，颇似五十年前的苏洵。他对家人发过誓，要混出个人样来，要让家乡父老对他巢元修刮目相看。奇怪的是，苏轼仕途得意时，他从未现过身。苏轼倒了霉，他很快将荽菜籽并几条干肉寄到黄州。苏轼回信致谢，称荽菜为元修菜。

眼下孟冬时节，巢谷从淮南冒雪而来，声称要助苏子瞻一臂之力。他对马梦得和陈季常说：我不会吃白食的，我能办学、种地、打鱼，我还会补锅、磨刀、教人棍棒功夫。

说完他露齿笑笑。黑瘦面孔倒衬了两排整齐的白牙。

梦得说：雪堂容得下十条汉子。

巢谷问：那我是第三条？

另一间相通的屋子响起一个浑厚的声音：你是第五条。

话音未落，一个圆头和尚笑呵呵地掀帘子过来，向巢谷施一礼，自报姓名：道潜，字参寥。

巢谷笑道：原来是於潜和尚参寥子，生得这般阔大，诗语倒是纤丽。

参寥名诗如《临平道上》："风蒲猎猎弄轻柔，欲立蜻蜓不自由。五月临平山下路，藕花无数满汀洲。"两年前他在徐州时，曾对善学苏字的美貌官妓马盼盼赋诗："禅心已作沾泥絮，肯逐春风上下狂。"苏轼大为惊叹。

参寥说：人瘦诗也瘦，当数秦太虚。

巢谷喜问：莫非秦少游也在雪堂？

庭院中有个人应答：秦观居雪堂久也。

身穿半旧裘衣的秦观走进大书房，见过陈季常、巢元修。他去了江对岸的鄂州城，也是刚回来，提了一条十来斤重的肥猪肉。参寥子见了血迹斑斑的猪肉，移目向窗外。这和尚，平时常去承天寺、定惠院吃些斋饭。他自幼不食荤菜，与佛门结缘甚易：只听了一回《心经》便开悟了，剃度出家，似乎永离了红尘。他以杭州高僧的名望辗转黄州诸寺讲经说法，喜欢居雪堂，与子瞻谈诗说禅。

五条汉子聚于元丰五年（1082）冬。室内生了炭火，门外飘着雪花。

秦观说：子瞻先生新创了烹肉法，待他回来，烹这鄂州猪。

巢谷笑道：我一个月未沾荤了，恨不得撕了生吃，打打牙祭。

蜀中普通人家，管吃肉叫作"打牙祭"。秦观买来的猪肉是唤作"五花肉"的，瘦肉少，油水足。

巢谷打开他的皮囊，摸出一包东西，说：我带了福建好茶，沏与诸君共饮。东坡雪堂当有好茶具吧？

秦观笑道：天下好茶具，雪堂何处无？皇宫赐的，高士送的，名妓呈的，不知元修先生偏爱哪一种？

巢谷说：皇帝欺我故人，不用他的劳什子赐物。却拿名妓呈予子瞻的器皿，让我瞧瞧。

陈慥好奇地问：何方名妓，呈子瞻好茶具？

马梦得说：杭州的周韶，济南的巫亮。

巢谷说：那周韶我也曾听说，艳姿称冠杭州，斗茶胜了蔡襄，她表演水丹青，竟然画下了一幅西湖景色。济南的巫亮我就不知道了。子瞻连年做太守，官府内外，粉子佳丽如云。

四川盆地云遮雾罩，女人自古水色好，俗称"粉嘟嘟的"，至宋代，更衍生为香味诱人的"粉子"，令人联想汤圆粉子，圆润而白，香甜而腻。

秦观从一只普通的方柜中取出一套官窑茶具来,漆盒异常精致,茶壶呈浅黑色,茶杯乳白小巧,点缀了黑釉兔丝纹。杯上有一行款识:巫亮拜呈苏轼。

巢谷低了头细看,大奇。

善品茶的参寥说:这叫官窑兔丝盏,名贵极啦,你看壶体上的裂纹,游走有韵致,裂而不漏,走而不滞。茶具本身已是上品,更兼才色双绝的济南名妓巫姑娘,恭呈天下头号名士苏子瞻,若拿到市上去,价值百金。

雪堂外,雪野白茫茫一望无尽,四望亭近,临皋亭远,赤壁断岸江流无声,东坡上的腊梅已经一枝枝地参差绽放,"已是悬崖百丈冰,犹有花枝俏。俏也不争春,只把春来报……"

巢谷打了"抄手"(双手交叉拢于袖中),和尚盘腿坐,秦观倚门立。门上有苏轼浓墨手书的大字匾额:"东坡雪堂"。壁上画的大幅雪景,也出自苏子瞻的丹青妙手。

巢谷说:我先去东坡走一遭,少顷即回。想它大半年了,瞄它一眼,回来再动刀切猪肉。

马梦得、参寥子都说:我等随你去吧。

于是,五条汉子径出雪堂,踏着半尺厚的积雪,迎着呼呼响的北风。五条长长的靴印子拖向东坡去,却看见一灰一红的两个身影定在麦田中,躬着身弄泥巴,斗笠上浮了厚厚的一层白。

巢谷隔老远一眼看清了:那不是苏轼么?那身穿红棉袄的年轻女子婀娜于纷纷扬扬的雪花中,巢谷不识,笑问秦观。

马梦得说:巢谷先生不知王朝云啊?

巢谷一拍脑袋:哦,我倒忘了。子瞻有个侍妾叫王子霞的,莫不是王朝云?

马梦得点头:正是。

巢谷望着东坡上的人影说：天地皆白沉，一朵红云升。

恰好，直起身腰的王朝云朝说话人这边扭过头来。看上去她比麦田边的几棵腊梅还高。红衣雪帽粉腰带，十指纤纤泥巴手……

苏轼也转过身来。

巢谷疾步上坡，一面嘀咕：子瞻瘦了，黑了，可是……壮了！

苏东坡笑迎巢元修，一双大泥手抱拳，表示了一下，泥指头指天曰：这冰雪天，故人何苦远来？

巢谷笑道：黄州竹笋美猪肉香啊，淮南人争传。

参寥子问：子瞻没事玩玩雪泥？

苏东坡摇头答：哪有这闲情。麦地里原有些芹芽，我寻思它稚嫩，破雪泥艰难，所以来看看。等它长齐了叶子，做几盘春鸠炒芹菜，款待巢元修。

巢谷笑道：蜀中名菜，从此传荆楚也。

苏东坡摇摇沾满了雪泥的手说：不敢望此，弄一家常美味耳。

《东坡八首》之三，有专吟雪中芹芽的句子："泥芹有宿根，一寸嗟独在。雪芽何时动？春鸠行可脍。"

曹雪芹的"雪芹"二字，即从这几句诗中得来。而东坡又得自白居易的《步东坡》。曹公十年，守着破书窗撰写《红楼梦》，"举家食粥酒常赊"，其处境心境，其傲骨与伟才，盖与贬黄州的苏轼同。他自号雪芹还嫌不够，复号芹圃、芹溪。

巢谷立在田坎上，环视东坡。

坡地的四周皆栽树，以桑树为多。三间屋子稍稍靠后，门前辟一竹篱小径，通向那口军营挖掘的大井，屋中有土灶、炊具，有几口大缸，分别储粮储水。五月麦收时节，常常是一连串的大毒日头，割麦子的人蹲在田地里的时间长了，汗流如注，颈背烤得痛，可是庄稼人哪里顾得上这些？只担心下雨误了农时，拿镰刀的几双手挥得飞快……

"农家少闲日，五月人倍忙。"

"力尽不知热，但惜夏日长。"

农忙时，朝云协助闰之夫人做饭洗衣，又提篮去"馌田"，将食物和茶水送到田边、茅舍。她系了农妇的围裙，将浓密的乌发绾成高髻状，圆润长臂挎篮提桶，"蓝小袖"随风乱飘，"俏动足"盈盈走在夏季的阳光下。苏轼割麦子累了，饿了，渴了，弃镰坐地喘口气时，突然看见她手挽竹篮子沿着青草田埂走过来，不禁一喜。

长头儿苏迨也成了割麦子的好手，麦田中数他奇怪的长头迅速往前冒，口中嘀嘀嘀，镰刀唰唰唰。苏过苏笔拾麦穗儿，蹦蹦跳跳如小狗。暴雨袭来时，一家子进屋暂避，坐到椅子上、靠到土砖墙上，舒舒服服一阵子，歇歇胳膊腰，伸伸膝关节，摇摇酸脖子……

苏轼盘了腿，席麦草据胡床，绘声绘色讲故事，包括孤村凶宅乱坟岗发生的那些吓人的鬼故事，还提到汪短衣遭遇老鳖精，被拖进龙宫去，有幸看见了本家汪员外的小美娘的故事。

苏轼讲故事，不单小孩儿爱听，连马梦得、陈季常也听得津津有味。有时候故事未讲完而暴雨已停，歇工的老少爷们提镰出屋，互相吆喝说：摸到了摸到了。

这是眉山土话，意为歇工歇巴适了，该摸到手头的活儿了。今尚用于田间、工地、车间。

仲夏如火。仲冬似冰。

此刻，雪落在黄州城东的五十余亩坡地上。六条汉子并一女子，皆在纷纷扬扬的雪花中。

天欲暮，雪越大。

一行人朝雪堂走去，苏轼个头最高，参寥子体形最阔。巢谷走得刚劲，秦观举步如飘。陈季常仰面吃雪，伸手去抓雪。那马梦得箭一般射出去了，眨眼的工夫已至雪堂门前柳树之下，惹得王朝云启齿一笑。

烹五花肉，品福建茶，哼黄州歌，听远处传来的佛门经曲。

两只叫作"铛"的铁锅煮那十斤猪肉，偏用小火，三五条火舌慢悠悠舔着锅底。巢谷性子急，只要去厨房，围着有尖顶的锅盖转，欲添些柴火进灶。苏轼说：莫管它，莫管它。

泡武夷山香茶的，是年初埋下的一坛子梅花雪水。

苏轼与朝云，娴熟而随意地摆弄着兔丝盏。刚才的两双泥手，转而洗茶、斟茶、奉茶。朝云说：先生近来自制了一款提梁壶，颇别致，明日拿出来，斟与各位一试。

参寥笑赞：子瞻务农是把好手，精致生活也引领潮流。

秦观说：苏东坡提梁壶，今年黄州初试，明年各地流行。

巢谷说：偏偏我馋那五花猪肉，想吃大油，想得很呐！

苏轼摆手说：元修莫急，莫急。

陈慥问：子瞻今日游，何处留仙踪？

这个昔日叱咤风云的陈大侠，如今弃武习禅，出言如诗。

苏轼说：我约了朱寿昌过江来，与徐太守共商办育儿会的事。黄州鄂州，协同才好。

巢谷问：啥子育儿会？

朝云答：一些穷人家用冷水溺死女婴，官府禁不得。先生为这事儿愁了许久，想筹钱办一个育儿会，将那些可怜的女婴养到半岁左右，再送还给他们的父母。先生当年做密州太守，循城拾弃婴，用官府募集的钱养到足岁，使父母和婴儿生情，再也舍不得抛弃孩子……

朝云说到这儿，自己的眼眶先红了，遂低下头去布茶。

272

巢谷叹曰：怪不得子瞻受人尊重，受难不利己，专门去利人。

苏轼说：黄州鄂州皆穷，须说动那些富人，每年各出十千钱。两个太守都表示鼎力相助，古耕道、汪若谷等本地人更是挨家挨户地劝说富豪，调查穷人。我大致算了一下，富裕户十之八九要拿出钱来，否则，育儿会形不成规模。

苏轼曾写信给朱寿昌，信中说："若岁活得百个小儿，亦闲居一乐事也。吾虽贫，亦当出十千。"十千钱，大约是苏轼全家两个月的生活费。

陈慥慨然道：我明天就回岐亭去，至少募二十千。

参寥说：贫僧四方化缘，纵是走烂了这双脚，也要募来三五十千。

苏轼笑道：和尚一诺，救活十个小儿，善哉善哉。

巢谷说：我囊空如洗，没钱出力可以吧？

苏轼说：那育儿会烦琐事情多，正愁人手少，你千里赶来碰上了，岂不是天意？梦得、少游，也不可旁观。

二人均点头，并无多话。苏轼叫他们干啥就干啥的。

这一日，雪堂中七人，围着"火炉头"，手持七个兔丝盏，闲品武夷山岩茶，谈笑间，将慈善事大抵落实了。

雪堂外夜茫茫，大雪落无声。"雪被子"覆盖着长江两岸的丰饶大地，兆得好丰年。

天行健无语，人行善如天。

苏东坡的习惯动作是坐圈椅，或腰据胡床，或肘靠几案，手中不是酒杯就是茶盏，"把盏为乐"。有时候他也玩玩端砚，剥几堆炒瓜子……

朝云纤手布茶，不时瞅东坡一眼。

三更后，猪肉的香味儿飘了过来。巢谷深吸一口，咂咂嘴。秦观也去厨房，揭开锅盖闻了闻，回屋称：香死人哩。

苏轼说：有七分火候了。

少顷，他对巢谷说：我书一纸《猪肉颂》给你，闲时一阅，或可解馋。

朝云磨墨铺纸，子瞻提起鼠须笔，一挥而就。《猪肉颂》云：

> 净洗铛，少著水，柴头罨烟焰不起。待他自熟莫催他，火候足时他自美。黄州好猪肉，价贱如泥土。贵者不肯吃，贫者不解煮。早晨起来打两碗，饱得自家君莫管。

参寥子笑道：子瞻妙笔，满纸猪跑。

苏轼的字多肥厚，有"墨猪"的说法。肥而有力，体相如"石压蛤蟆"，神韵乃天成，仿效者常苦于不能学。行书宝典《寒食帖》则飘逸自如，别是一种风格。

巢谷喜滋滋地说：今日一幅《猪肉颂》，他年可换百头猪。

苏东坡净铛小火煮猪肉的方法，渐渐在黄州流行起来，传到其他的州县去，传到了江淮。民间称"东坡肉"，闻起来喷喷香，更别说吃到嘴里头。其后，又有同样著名的"东坡肘子""东坡鱼""东坡野菜羹"等，至今仍是中国人餐桌上的美味。北京享有盛名的"眉州东坡酒楼"，旨在传播苏东坡的美食精神……

元丰五年冬，雪堂香咚咚。

马梦得陈季常饮酒半醉，拍小鼓而歌。参寥子吃素，这禅定和尚，视猪肉香为无物。巢谷打了两碗，吱溜几声下肚去也，再打一碗慢慢尝，满脸满嘴的幸福模样。秦观抱着大肚小颈的"雪堂义樽"，闻那混合酒味，分辨米酒与烧酒。近来州县官员送苏轼许多酒，苏轼混装，命名曰雪堂义樽，专为待客之用。

王朝云悄悄出书房，她做啥去了呢？原来她用发了酵的东坡麦面，在蜀中产的坦锅上摊起了黄州小吃"为甚酥"。这种"锅盔"（四川名饼）大小的麦饼，概而言之三个字：香酥脆。

巢谷嚼一口为甚酥，大呼：且问黄州饼，为甚如此酥？

马梦得说：有个官吏自家做的，子瞻问他酥饼何名，他茫然无以对，于是子瞻替他命名，并让闰之夫人和王朝云学了烙饼的法子，传与四邻。

秦观吟打油诗：雪堂义樽酒，朝云为甚酥。净铛小火煮肥猪，胖大和尚莫奈何。

参寥子大笑而起，只一口，咬下半边为甚酥。

16

次日天放晴，红日照着江城雪野。

雪堂五条汉子，呼呼睡到中午。

日头西沉，陈慥快马归岐亭，募得善款便回黄州。苏轼、梦得连骑相送，送出去二三十里，马蹄踏白雪，雕鞍映红光。

这陈季常隐居岐亭有年，学禅宗，号龙丘居士，与当初的仗剑游侠兼携妓浪子判若两人。独存义字如钻石，久而愈坚。苏轼谪黄，他头一个来访。前后访苏轼七次，苏轼回访他三次。也曾夏日同登扁舟，顺水而下，饮酒赋诗："送君四十里，只使一帆风。江边千树柳，落我酒杯中。"

苏轼在马上对陈慥开玩笑说：你回家募善款，不惧娘子吼么？

陈慥答：贱内行善事，倒比我更积极哩。

陈慥称豪士，偏偏怕老婆。苏轼有诗戏曰："龙丘居士亦可怜，谈空说有夜不眠。忽闻河东狮子吼，拄杖落手心茫然。"

诗语一出，"河东狮吼"成了老婆凶悍的代名词。

陈慥早年居凤翔，数百里之内名头响亮，凤翔十县的各路好汉几乎都拜倒在他的麾下。陈大侠青年时代的标准形象是身骑宝马，利剑在身，美姬在旁，一群好汉随后。路见不平事，他也不消去动手，只于马上一声吼，精通武艺的西北汉子们便一拥而上，打翻歹人，押送官府。陈慥的吼声出了名，终南山中曾作狮子吼，据说吓跑了一群狼。不过，这些年来事过境迁，他隐居岐亭，迷上了南禅宗，日子过得很拮据，"环堵萧然"。他是向往六祖惠能打柴顿悟，主动放弃了荣华富贵，华屋美宅施舍给穷人。老婆日益憋屈，便来吼他。少年时做太守的父亲吼他，中年，由富落穷的老婆又吼他。昔日称雄一方的豪士并不与她反吼，只端坐参禅，冥思禅理。然而进入禅定的境界也艰难，老婆吼声一起，他手上的《坛经》便抖得厉害……

陈慥有拳脚功夫，从未在老婆身上试过。所谓侠客，多是鲁莽之辈、嗜血之徒，陈慥和他们不一样。他对老婆有愧疚，所以任凭老婆吼：豪士惧内，理所当然。

宋人个性，可见一斑。生活的多元景观，哪里是后人杜撰。

苏轼为陈季常作《方山子传》，传扬这位异士。

此刻，三条汉子纵马于黄州古道，雪野马蹄痕，挥鞭向黄昏。

陈大侠是喜欢走夜路的，从岐亭到黄州的水路、陆路，他早已走得烂熟。

月下穿林过丘，人马晃晃悠悠，禅思容易持久。

入春后，陈季常复来黄州，带钱五十千，捐给育儿会。

众人拾柴火焰高，慈善事业稳步推进。苏轼、陈慥、马梦得、巢元修，偕同古耕道汪若谷去了鄂州，协助朱寿昌，调查州县的市井、乡村。

276

鄂州的溺婴事件绝迹了，苏轼大喜，再拜朱太守，一饮十余杯，醉书他的得意新词《江城子》，送给朱寿昌，词云："梦中了了醉中醒，只渊明，是前生。走遍人间，依旧是躬耕。昨夜东坡春雨足，乌鹊喜，报新晴。　雪堂西畔暗泉鸣，北山倾，小溪横。南望亭丘，孤秀耸曾城。都是斜川当日境，吾老矣，寄余龄。"

过江时，苏轼将朱寿昌赠送的银帛转赠汪短衣，并嘱咐汪短衣的族叔汪若谷，替这汉子讨个娘子，结束他三十多年光棍的可怜生涯。约半年后，汪短衣做了黄州府的小吏，一袭长衫，举步望天，并讨了太守府的一名脱籍官妓为妻，次年生一子，取名汪敬苏……

苏东坡举手投足，做好事转眼便忘。

鄂、黄二州育儿会的功劳，分别记在了朱寿昌、徐君猷的政绩考核簿上。苏轼浑不介意。做好事行善事不是手段，是目的。

17

元丰五、六年间的苏东坡，其为人，为文，已是行云流水、花开草长般的自然。

老友蔡承禧，任淮南转运副使，过境黄州，特来看望苏轼，盘桓数日，见临皋亭诸屋简陋，便于附近的水驿高地上盖了三间瓦房。这三间屋子面朝大江，背靠树林，避开了夏季的毒日头。苏轼命名为"南堂"，欣然赋诗云：

"故作明窗书小字，更开幽室养丹砂。"

"更有南堂堪著客，不忧门外故人车。"

"南堂独有西南向，卧看千帆落浅溪。"

眉山的书房叫南轩，汴京的居所叫南园，杭州的官舍曰南厅，黄州的新屋称南堂。

苏轼贬黄州，缔造了一个文化帝国，树起了一道百代仰望的人格标杆。

朝廷王公大臣，民间学子处士，谁不拜读苏东坡呢？

陈寅恪云："有宋一代，苏东坡最具史识。"

《宋史·苏轼传》称："挺挺大节，群臣无出其右。"

苏轼的禅学、史识，均为宋人之冠，他仗义执言的气节胜过朝廷百官。

更兼：诗第一，词第一，赋第一，散文第一，书法第一；勇气第一，爱民第一，慈善第一。

概而言之：生命冲动第一。

由此可知，苏东坡三个字，分量有多重。

宋代头号美男子的称号也应当献给苏东坡，试问，谁有他那潇洒"令姿"、那内在与外形的高度统一？

18

元丰五、六年，东坡雪堂有时高朋满座，当地的太守，过境的高官，朱轮成阵，冠盖蔽空。而在平日里，这高雅之处谁都能来，城里的穷秀才，军营的老士兵，村中的流浪汉，蹭酒喝的，打秋风的，走远路歇一脚的，专门来雪堂讲新闻、说旧事、谈鬼魂的。主妇难免皱眉头：这要吃要喝的……如果客人带了什么东西到雪堂或南堂，苏东坡便用家乡土话打趣：来就来嘛，何必又提又抱又扛的。

某一天，他在雪堂忙碌，等客上门，忽然说："吾上可陪玉皇大帝，下可陪卑田院乞儿。"

上下几千年，能出此语者，恐怕只有苏东坡。

他能够穿越社会各阶层，洞察各领域，以伟岸之躯融入茫茫大地，既汲取能量，又广施悲悯。——贬黄州无权无钱，他还拼着一张老脸，跑衙门，拽朋友，调动所有的"人脉资源"，大力革除鄂州及黄州溺女婴的陋习，让数不清的女婴存活了下来，长成待嫁的姑娘家，减少许多汪短衣那样的光棍汉。

是中国文化铸就了他的伟岸。我们为此甚感欣慰。

他又说："吾眼中无一个不是好人。"

这该是西方圣人耶稣的境界了吧？他可不是说大话。日后有个歹毒人，弄得他家破人亡，使他九死南荒。这不共戴天之仇，他却在有能力报复的时候轻轻一挥手，饶恕了对方。还提醒对方去雷州瘴疠地要保重身体，写专治瘴疠的药方于纸上。

通过他，我们才知道，悲天悯人并不是一句高调的空话。

他诠释了人之所以为人。他提纯了人类的文化基因。他向我们这些自以为是的现代人示范，人的精神，可以喷发到什么样的高度和广度。

皇帝，富豪，好汉，不能跟他比的。

19

苏东坡常被人拉去喝酒。他曾自酿蜜酒，折腾半年，请人喝，紧张地期待评价。然而客人喝下蜜酒狂拉肚子，"暴下"，他只好宣布酿酒失败，以后继续研究。在朋友家饮酒，闻到酒香他就醉了一半。祖父苏序豪饮，这基因没传给他；他久经官场文坛却锻炼不出来，一辈子遗憾酒量太小，不知道这是怎么回事儿。不过，他写醉书、画醉画、填醉词蛮在行，稍不留神就是千古绝唱。

且看名词《临江仙》：

夜饮东坡醒复醉，归来仿佛三更。家童鼻息已雷鸣。敲门都不应，倚杖听江声。　　长恨此身非我有，何时忘却营营？夜阑风静縠纹平。小舟从此逝，江海寄余生。

善于做考证的胡适先生曾表示疑惑：家童怎么会鼻息如雷鸣呢？联系苏东坡在考场上也要杜撰典故，胡适释然一笑。

这首词很快传开了，市井乡野传故事：东坡居士"挂冠服江边，拿舟长啸而去"。故事传到太守府，徐君猷慌了，"以为州失罪人"，跑到苏东坡的寓所一看，才松了一口气。东坡正在雪堂高卧，并未"小舟从此逝，江海寄余生"。

从词中透露的时间看，大概苏东坡在江边待了半夜。倚杖听江声，却听见了世事喧嚣。

有一天他骑马外出彻夜不归。家人、朋友四处寻找未见踪影。闰之夫人喊痛了嗓子，朝云眼泪直流。还是马梦得有经验，纵马画大圈，清晨发现了苏子瞻：原来他和衣睡在一座石拱桥边，桥柱上赫然有新词《西江月》："照野弥弥浅浪，横空隐隐层霄。障泥未解玉骢骄，我欲醉眠芳草。　　可惜一溪风月，莫教踏碎琼瑶。解鞍倚枕绿杨桥，杜宇一声春晓。"

他自序云："酒醉，乘月至一溪桥上，解鞍曲肱少休。及觉已晓，乱山葱茏，不谓尘世也。"

马梦得拴了马，盘腿坐地，等苏轼醒来，自己却眼一闭入梦去了……

不知道溪桥上的早行人碰见苏轼会作何感想。多半蹑手蹑脚绕开他颀长的身躯。天亮了，杨树上的布谷鸟唤醒他。

田间饮酒解乏，他醉倒了，拿块土砖当枕头；单骑游月夜，山野小溪弥漫的月光如同浅浪，诗人下马，醉眠芳草。本欲在桥上打个盹儿，不料一觉睡到天亮。

他也不刻意，举止一派天真，于是，在阳光下的麦田里或月色中的溪桥上，轻松进入化境。

庄子讲逍遥，苏东坡是逍遥的同义词。

宋神宗在汴京万岁殿愁着打大仗，王安石在金陵半山喃喃自语瞎转悠，哪有如此逍遥？

萨特曾经撰写长文，证明一个巴黎酒徒的生活质量超过了百事缠身的法国总统。老子则希望人们绝圣弃智，返璞归真。

事实上，行动家们受贪婪掌控，干了很多害人害己害自然的蠢事。智者们忧心忡忡"愁望"，复以冷眼去打量。

冷热交汇的目光，视域更宽广，穿透力更强。

苏轼是个热血智者。投向朝廷的目光尖利如刀，却拥有一副冲着民间的菩萨心肠，更伴之以山水人事的审美情怀，对自然和生活都充满了洞见。

他瞄准纯粹的哲思，写下了《思堂记》，打破了"学以致用"的儒家式的思维模式。

一个暮雨天，他游蕲水清泉寺，意外地发现了溪水西流，给后世留下玲珑剔透的语言艺术珍品《浣溪沙》：

山下兰芽短浸溪，松间沙路净无泥。潇潇暮雨子规啼。

谁道人生无再少？门前流水尚能西。休将白发唱黄鸡。

南唐后主李煜，做了北宋的俘虏后，写词哀叹："自是人生长恨水长东！"东坡贬黄州，看见水能往西流。心里有什么，眼睛就能看见什么。获罪贬谪而已，罪不至死的。只要还有一口气在，东坡先生就要快乐、要歌唱。大江东去，小溪西流，他尽收眼底。谁说人生不能重返朝气蓬勃的少年呢？

参寥子回杭州，东坡写《八声甘州》寄给他："有情风万里卷潮来，无情送潮归。问钱塘江上，西兴浦口，几度斜晖？不用思量今古，俯仰昔人非！谁似东坡老，白首忘机……"

白首忘机，真是谈何容易！

20

苏东坡倒着活，越来越像个大男孩儿。

三个儿子一个孙子，年龄大的苏迈二十五岁，年幼的苏箪只有四五岁。苏轼与儿孙玩，像当年的爷爷一样趴在地上驮乖孙子，爬出了临皋亭，爬到大江边，被百步外的州府小吏看见了，报知徐太守。太守放下公务，出衙门拄杖笑看，部属指指点点，官妓笑破玉颜。

孩子们玩够了，扔下弹弓、钓竿、草马，拿起经史子集书卷，诵于南堂、雪堂。巢谷做老师，执教鞭很严格，讲眉山话颇地道。苏轼带着孩子们割麦、种树、认花草，打铁、编筐、刨木头，学农又学工。

他是合格的爷爷、父亲、丈夫。

王朝云有了身孕，苏轼欢天喜地，有时整日不出院门，痴痴地围着孕妇转，听胎动，做美味，洗小衣，喂羹汤，陪溜达，梳头发。他端详朝云的面容说：兴许是个女孩儿……前边已有三个男孩，添个女孩儿多好。

然而王朝云十月临盆，生下来的还是男孩，眉眼格外像他，抓周单抓书和笔，东坡朝云相视而笑。取名苏遁，小名干儿。遁者，逃亡矣。——京师斗不过一帮小人，逃向民间总是可以的吧？

《洗儿诗》云：

人皆养子望聪明，我被聪明误一生。惟愿孩儿愚且鲁，无灾无难到公卿。

东坡郁闷时言辞尖刻，高兴了，又要讽刺人。做官做到公卿，原来有诀窍：愚蠢加鲁莽。

苏东坡讲的聪明，是指政治远见及与之相应的良好操守。而事实上，官场小人绞尽脑汁弄权术、翻云覆雨，将愚且鲁变成了他们的聪明。到元丰八年（1085），五十岁的苏东坡否极泰来。

第十七章　浓情别

1

宋神宗登基十四年以后，蓄财巨万，养兵千日，终于下决心启动庞大的战争机器，几乎以倾国之力大战西夏。元丰四、五年，灵武（今属宁夏）和永乐（今陕西米脂县）的两场战役打下来，宋军惨败，损兵折将几十万。战争由他的一个念头而起：西夏国有内乱，他认为进攻的机会来了，兵发五路，大举西进，结果是：搬起大石头狠狠地砸向自己，致使生灵涂炭，国库亏空。三十六岁的宋神宗当庭放声大哭，继而绕室徘徊，通宵达旦。这个年轻人一心想打大仗，摆平北辽与西夏，不料一败涂地。西夏小国，人口不过几百万，却把大宋军队打得人仰马翻。宋廷上下，闻西夏兵而色变。

神宗病倒，良医不能治。

七年前苏轼主稿的《谏用兵书》言犹在耳："贼民之事非一，而好兵者必亡！"

神宗登基之初，一代名臣富弼也曾警告说："陛下……二十年未可言用兵，干戈一起，所系祸福不细。"

而将军们好战，怂恿他动刀兵。

北宋重文抑武，是宋太祖赵匡胤定下的国策。这位以发动陈桥驿兵变而谋取皇位的开国君主，不希望他的子孙像他所推翻的后周

284

国主一样受到武将的威胁，想了很多办法来抑制武将坐大。这也是唐朝、五代的教训留给宋朝的一种历史智慧。北宋百余年，这种智慧总的来说是得到了验证的。国家战略六个字：内抑武，外和戎。真宗以后的九十多年，宋辽和睦，边贸兴旺，通婚成常态。宋军一百多万，主要的任务是保境安民，并不需要被拉出去大打。神宗上台，几乎尽变祖宗法度，其中的重头戏是聚财以强兵，主动寻求战机，虎视北辽，怒目西夏。

结果输给西夏，输得很惨。

几十万人有去无回，做了异乡鬼。

宋军战斗力不强，是因为长期不打仗。生活好了，民不思战。盛唐、南唐都是例子。北宋不例外。而在茫茫大漠中求生存的游牧民族，意志力催生战斗力，但凡有机会，就要马踏中原，挥戈江南。如果宋军不妄动，那么西、北两个方向，均可长期保平安。

苏轼这样的士大夫，脑子里装满了历史的经验和教训，心术正，勇气足，所以看形势很清晰，很到位。宋神宗显然不如他。以高人自诩的王安石，由于意志力太强而导致诸多盲点，也不具备长远的历史性目光。而安石以下，在熙丰年间迅速涌入汴京占据要津的朝廷大员们，多为庸官佞臣，他们争权夺利打破头，年复一年纠缠于眼皮子底下的那些破事，"肉食者鄙"，根本不可能顾及长远。

雄心勃勃的神宗皇帝，缺乏战略性的眼光，勤政而疏于思考，他呕心沥血十几年，却成为自掘坟墓的盲动家。"盲人骑瞎马，夜半临深池。"这是苏轼于熙宁初年对他作出的诊断。

永乐城大败，伤了北宋的元气。此距 1126 年北宋亡于金国，只有四十年。宋徽宗上台，好大喜功，联金攻辽，给了金兵以可乘之机，反被金兵所吞，失去了淮河以北的半壁江山。

皇帝盲动，国家、民族灾难深重。

宋神宗在京城策划愚蠢的战争的时候，苏东坡在黄州小城思考历史，投身当下，钟情于自然，倾力于艺术。可惜临皋亭的智慧不能抵达万岁殿。伟人哲人，"处江湖之远则忧其君"，然而忧思再深广，也不足以影响走火入魔的君王。皇权的运行模式呈封闭状态，皇帝的耳朵听不见有价值的声音。朝堂与民间，形成价值对立。盲动家与思想者各走各的路，终于铸成历史大悲剧。

宋神宗也不可能懂得，他流放苏轼几年，反而成就了百代苏东坡。

皇权遮蔽皇帝，宋神宗是个例子。"求意志的意志"终于使这个勤政的年轻人反噬自身。

元丰二年秋的乌台诗案，宋神宗未必不想置苏轼于死地。苏轼在逼近战争的节骨眼上妨碍了他聚财、打仗的总意志。治言论罪，搞文字狱，也许他是不得已而为之，但此风一开，忠臣也缄口，庸官唯求保住乌纱帽，政治生态随之恶化。

元丰七年（1084）初，病入膏肓的神宗皇帝再次生出复起苏轼的念头，旨意称："苏轼黜居思咎，阅世滋深；人才实难，不忍终弃。"

朝廷告书下，苏轼量移汝州（今河南临汝），为汝州团练副使。

苏轼作《谢量移汝州表》，其中说："疾病连年，人皆相传为已死；饥寒并日，臣亦自厌其余生。"这些话显然夸大了他在黄州的疾病与饥寒。对宋神宗讲话，苏轼学会了迂回战术。他宁愿装病装穷。

而洛阳的司马光，许昌的范镇，南京的张方平，汴京的黄庭坚，筠州的苏子由，金陵的王安石，杭州的杨元素，宦游途中的滕元发，深宫寡居的高太后……则纷纷传抄苏东坡的惊世杰作《定风波》："莫听穿林打叶声，何妨吟啸且徐行。竹杖芒鞋轻胜马，谁怕？一蓑烟雨任平生。　　料峭春风吹酒醒，微冷，山头斜照却相迎。回首向来萧瑟处，归去，也无风雨也无晴。"

《定风波》小序云："三月七日，沙湖道中遇雨，雨具先去，同行皆狼狈，余独不觉。已而遂晴，故作此词。"

苏轼到沙湖去看田，打算在黄州买田长住。沙湖有肥田，据说地力相当持久。苏轼和这片土地结缘，又有了那么多的朋友，就把朝廷、把仕途看淡了。去沙湖看田的路上忽遇风雨，同行皆狼狈，唯独苏轼不当一回事。浑身上下湿透了，淋得像一只落汤鸡，他不跑，不寻躲雨的人家。雨中慢慢走，散步似的，人在树林中穿行，迎着忽明忽暗的天光，感觉挺好。竹杖在手，草鞋轻便，步行胜于骑马。"一蓑烟雨任平生。"

司马光看了这首词，对访客说：子瞻能淋生雨，看来身体不错嘛，比老夫自在多了。

张方平对他儿子张恕说：子瞻贬黄州，酒量看涨也。快快请他到南京来，老夫八旬生日，与他斗个五十杯。

王安石仰天而叹：黄州胜金陵啊，苏东坡的日子，强于王介甫！

高太后读《定风波》，对苏轼独步风雨的潇洒身姿充满了由衷的、秘不示人的向往。她的内心深处，一泓静水风波乍起，却包裹在重重帷幕间……

苏轼说：回首向来萧瑟处，也无风雨也无晴。

此为入禅语。东坡居士认为自己的前生可能是禅宗五戒大和尚，当然也可能是陶渊明，还可能是维摩诘大菩萨。

禅定之人，看风雨也是风雨。

官身不存，精气神在。暴风雨中诞生的精气神，令人联想到大作家高尔基笔下的那只著名的海燕："让暴风雨来得更猛烈些吧！"

试问天地间，还有什么样的风雨能够摧毁苏东坡呢？

冷静而强有力的思索，伴之以热血奔突如岩浆。此二者，乃是泰然任之的前提。

禅意贯穿了血肉之躯。

苏东坡的一首《定风波》，宛如提供给风雨行路人的一颗定风丹，千百年来，丹力依旧。词语蕴藏的巨大能量，源源不断、永不衰减地输送给每一个抵抗命运捉弄的人。

苏轼去沙湖看田，淋了一场生雨，事后生了一场病，感冒发烧六七天。《定风波》一经问世就被广泛传抄，而诗人在家里抱病煎药。留大作生小病，病中晒太阳，嗅春花，看小孙儿苏箪满院子跑……

2

元丰七年（1084）初夏，苏东坡即将启程离开黄州，把东坡麦田、雪堂以及任妈的坟墓托付给潘丙照看，并说，日后还要回来。

他离别眉山想回眉山，离别杭州想回杭州，眼下将离黄州，复出此语，饭桌上停箸发呆，重复了好几回。

饭后，一家子从临皋亭出来，朝东坡走去。苏轼抱干儿，朝云牵苏箪。闰之夫人、王氏走在后面。长头儿苏迨跑在最前头……太阳照着远处的青黛山峦。东坡附近的农家户，一些农人站在门外，或倚于门前树旁，他们望着苏轼和孩子们，点头笑笑，打个招呼。苏轼初不经意，上了东坡才意识到邻居们立于户外，均含告别之意。他们知道他要走了，知道善良和蔼的苏家人都要走了。农人拙于言辞，又羞于表达，他们告别的方式就是冲他点头笑笑，至多说一句：东坡先生来看麦子啊？

苏轼意识到这一层，鼻子有点酸。妇人们亦默默。

小孩儿奔跑在弯曲的田埂，攀桑树和枣树，与农家儿童在草房周围捉起了迷藏。

再有几个艳阳天，麦子就能收割了。明后年，橘树、枣树就挂果了……

泥土把芬芳交给麦穗，交给橘花、枣花，把甘甜交给环绕麦田的桑葚，把苦涩的香味儿交给一畦芹菜。

苏东坡在田埂上坐了很久。

少顷，苏轼夫妇商量起款待邻里的事情来。自从朝廷诏下后，这事已议过几回。

3

夏至这一天，苏轼摆酒于雪堂，杀鸡、煎鱼、炖猪肉，以蜀中习俗摆了九大碗。菜单上写得密密麻麻，其中有扣肉、回锅肉、盐煎肉、脆皮鲤鱼、清蒸鳜鱼、鱼香肉丝、宫保鸡丁、油炸肉丸子、春鸠烩芹菜……凡苏家能做的蜀菜几乎都做了，苏轼夫妇亲自下厨，朝云、王氏并几个邻妇帮厨，苏迈显露了一手好刀功，切菜又快又细，那菜板就像乐板。马梦得劈柴稳准狠，"柴花子"开成十瓣九瓣。蜀人劈柴，是叫作砍柴花子的。参寥子揉面团，嚷嚷为甚酥。巢元修负责去州府搬运桌子板凳，率领儿童团一路哼歌。

雪堂院子里的流水席，从中午吃到下午，从下午吃到夕阳落、月亮升，吃到星星满天眨眼，夜风遍野低旋。几大坛子雪堂义樽，连同樵夫村汉抱来的村酿，老秀才老军人秘藏的佳酿，全喝光了。

有人靠柱子醉歌，原来是马梦得。巢元修打直身子绷着脸，想保持一点师道尊严，却发现脸上有什么东西在淌，伸手摸一把，全是涕泪。

元丰七年夏至夜，雪堂院落中，谁想不感动都不行啊。

今晚哪有大名士，素心人和素心人在一起罢了。

"吾上可陪玉皇大帝，下可陪卑田院乞儿。"

如果这样的境界传播开来，人类会减少大量的纷争。如同人们恒久地仰望星空，会抛弃许多生活中的鸡毛蒜皮。

祈愿中国读书人，皆能仰望苏东坡。

4

徐君猷拉苏轼去喝酒，让州府所有的官员向苏轼敬酒，官员大饮而苏轼小酌。徐君猷吩咐说：莫让子瞻醉倒，我等索诗不成。

州府窖藏的最好的酒拿出来了，苏轼馋酒嫌杯小，徐君猷只不与他换大杯。苏轼说：馋杀我也。

君猷笑道：馋酒时挥毫，留下墨宝。

苏轼说：你送我十坛酒，我回赠一幅字。

君猷说：这交易做得，但须是《寒食帖》那等笔力。

苏轼笑道：那我可亏大了，《寒食帖》三十年一遇。

说着，府中的官吏们已排队向他敬酒。座席之间，五六个官妓起舞唱歌，其中一个长得格外清丽、眉目含羞，唱"花褪残红青杏小，燕子飞时，绿水人家绕"，颇具韵致。她歌喉一开，羞容顿敛。官吏们纷纷竖了耳朵听。

老太守指着歌妓对苏轼说：她叫李琪，本地女孩儿，艳冠群芳啊。李琪姑娘崇拜你得很。

苏轼笑而不言，这种事常有。

君猷半醉了，没一会儿，就趴在桌上打鼾，忽从梦中惊起，手指苏轼，清晰地说了一句：子瞻勿忘留墨宝。说完，鼾声如故，于梦中窃笑：梦里苏轼赠他一幅行草长卷《念奴娇·赤壁怀古》，写八个大字留于官厅壁："饮公遗爱，一江醇酎。"这是去年的重阳节，苏轼为君猷所作词《醉蓬莱》中的最后一句。

东坡居士想起来了，命笔呼砚，为座中人留下墨宝，或斗方，或条幅，或扇面。官吏官妓，一个个眉飞色舞。有人说：苏东坡的书法，在皇宫里也是稀罕物！拿到御街大相国寺，一字卖千金！

官员官妓各得赠诗，欢喜不已。

众人欢畅多时，那个清丽女孩儿一直是情怯怯、欲言又止的模样，她在同伴的鼓励下，终于鼓足了勇气，手持雪白领巾，走到了苏轼面前，薄面通红，低眉向石板，喃喃说着什么。然而苏轼听不清，问她时，她越发说得语音细，长睫毛颤动着，曲线优美的脖子都被羞怯染红了。如此情状，恰似风中的一枝春海棠。

同伴们替她说了，她叫李琪，黄州城里长大的，想要子瞻先生亲笔书写的一首小诗，想了三年多了，只因天生害羞，不敢对鼎鼎大名的先生启口乞字。

苏轼接过她呈上的白绢领巾，写下七言诗。众人凑近，屏气观赏。苏轼一挥之间，落下两行字："东坡五载黄州住，何事无言及李琪？"他略一沉吟之后，搁笔了。

李琪正欣喜，念着有她名字的诗句，看着遒劲而飘逸的书法。不料东坡先生写下这两句便没了后文，她想问又羞于问，乞求的目光移向同伴。可是同伴们已经帮了她一回腔，不便帮她第二回的。

苏轼往醉太守那边去了，官吏们簇拥他。

又过了一阵子，眼看席终人要散了，苏东坡先生今一去，明天可再也没有机会了。李琪抬眼举步，再次走到苏轼面前，手中拿着有半首诗的领巾，恭恭敬敬地问：先生只写两句诗么？

苏轼看了看说：哦，差点忘了。

他提笔，续上了后面两句："恰似西川杜工部，海棠虽好不留诗。"

杜甫居成都草堂，咏花木不少，独不咏海棠。而海棠是蜀中名花，杜甫不留诗，可能是未得佳句配名花。苏轼在黄州见过仅有的一株海棠，喜出望外，月夜秉烛去赏她，写两首诗去配她。眼下把李琪比作海棠，赞美李琪艳冠群芳。

次日苏轼登程别黄州，官船过江，经武昌向江西九江进发。送行的人前前后后百十个，官员和庶民走在一块儿，他们都是苏轼的好朋友，此刻毫无贵贱之分。有人悄悄抹泪，有人昂头踏歌。走过了五十亩东坡麦田，走过了有八间屋子的雪堂，苏轼登高冈而回望，将临皋亭、南堂、定惠院、安国寺、承天寺、赤鼻矶、黄州府一并收入眼帘。

太阳照着这片丰饶的土地。

诗人挥挥手，不带走一片云彩。

船抵磁湖，又有一大群人等在那儿，潘氏祖孙三代人都来了。古耕道全家，王齐愈王齐万兄弟，汪若谷叔侄，郭遘，何胜，韩毅甫……男女老幼，送别苏子瞻。老者言语哽噎时，伟岸苏轼也含泪。

今日一别，再见殊难。但是这句话谁也不会说出口。

巢谷将回眉山，把一件绢帛裹着的东西郑重其事地交给苏轼，并称：它是民间宝物，九天后方可拆看。苏轼一笑收下，再请巢谷同赴汝州。巢谷说：元修与子瞻盘桓久矣，想家乡梦里也哭。

苏轼说：替我问候眉山父老。

巢谷说：我会的。我会常去眉山城东门外的可龙里，在二老及弟媳妇的坟前，替宦游四方不能归乡的子瞻、子由烧几炷香。

巢谷此言一出，苏轼就背过身去了。

闻之夫人和苏迈泪流满面。

巢谷慌忙道：小可失言，夫人莫哭、犹子莫哭……

开船了，巢谷在岸上，在古耕道的旁边，身背他初来黄州时背的那只旧皮囊，面黑，精瘦，背已微驼，二毛稀疏。马梦得向巢谷及岸上人众抱拳，单膝跪地行古礼。

陈季常拱手揖别，参寥子合掌念佛。

大江流不尽，全是别离情。

像苏东坡这样的顶级素心人，一生离别无数，而浓情未曾稍减。大情绪撞击着心房，犹如排排波涛扑断崖，生命不息，涛声不止。他读了那么多书，走了那么多路，经历了那么多的事，而素心浓情依旧。其生命的强大，生存的质朴，实在是前无古人后乏来者。

唐宋六百年，豪杰之最，当数苏东坡。

元丰七年（1084）初夏，苏轼官船过江，夜行武昌，作《过江夜行武昌山上闻黄州鼓角》："清风弄水月衔山，幽人夜渡吴土岘。黄州鼓角亦多情，送我南来不辞远……"

黄州几多浓情，尽在鼓角声中。

293

第十八章　高人拉着高人的手

1

陈慥送苏东坡到江西的九江，要返回岐亭了，这位眉山青神县的汉子，自言将终老于岐亭。也许九江一别，后会无期，但陈慥的性格颇似巢谷，更多的友情是拿行动来表达的。苏轼贬黄州，他往返黄州七次，单骑孤帆几千里，隆冬炎夏不避。"相思则披衣，言笑无厌时。"

陈慥是个典型的素心人，见贤思齐，奔贤只嫌马蹄慢。

他在九江揖别苏子瞻，打马回岐亭，只身走古道。苏轼与参寥伫望他远去的背影，直到马蹄声消失在夏风中。

参寥感慨：所谓古道热肠，和尚今日开眼啦。

四月下旬，苏轼上庐山。长子苏迈即将踏上仕途，去江西的德兴县当县尉。

庐山位于星子县西北，七重大岭绵延起伏，平均海拔 1000 多米，主峰汉阳峰 1474 米，一览山外的大江湖。山形怪伟，时见孤峰直上，插入多变的云霭中，而峡谷直下数百丈，断崖触目，飞瀑照眼。云、山、水、树，几百万年来互相环绕，彼此相依，仰日月星辰，生飞禽走兽。扬子江在山之北，鄱阳湖在山之南。山水形胜，称冠于江南。

庐山是个庞大的、丰富得难以形容的生命体。

公元1084年夏，苏东坡闲步向庐山走去。

山中多古寺，和尚们占据着好地方。"天下名山僧占多。"

寺中的长老们传递消息说：苏子瞻来也！

高僧盼高士。奇山迎奇人。

当参寥对苏轼说，有几个大和尚听说他要来，已经兴奋了好几天时，苏轼淡淡一笑。进山后他话不多，而参寥和一个叫刘格（苏轼老友刘恕之弟）的朋友说个不停。

大山的话也不多，鸟鸣泉响而已。

沉默对应沉默，此刻的沉默是一种更为有效的交流。参寥也不管他，兀自与刘格喋喋不休。这於潜和尚深知，苏轼是极善于闹中取静的。

三个人绕峰、穿林、过涧桥。山光正好，山气正佳。

初升的太阳斜照山谷，光线颇奇特。怒放的鲜花从谷底开向峰巅，形成几条娇媚照眼的鲜花带，仿佛抛向朝云闲停的夏季天空。

苏轼想：朝云该来看看庐山花，可惜她要带干儿……

他又想：以后携她去峨眉仙山。机会总是有的。

苏轼的老家几乎就在峨眉山下，抬眼可见千丈高的金顶、万佛顶，可是他也未曾去过，留下极大的遗憾。

黄州五年，"儿童尽楚歌吴语"。

家里人原是以眉山话为主，但随着苏洵、王弗、任采莲先后去世，子孙辈的吴楚口音渐多。苏轼不甘心，发誓总有一天要回去。

"归去来兮，田园将芜胡不归？"

谁在林中唱呢？苏轼投眼一望，依稀看见陶渊明先生笑呵呵的面影。

渊明拽他思绪。高人拉着高人的手，转山看山。庐山北麓有个著名的虎溪，渊明去游过，单留笑声不留诗……

苏轼想：渊明不留诗，子瞻手痒的时候咋办？

那就写吧。《初入庐山三首》，其一云："芒鞋青竹杖，自挂百钱游。可怪深山里，人人识故侯。"

然而庐山雄且怪，南麓的五岭峰，峰回路转像个大迷宫。青山显得冷漠而矜持，不理睬初访者。深山里人人识故侯，可是山坳上的石头与松风，并不理会谁是坡公。

苏轼想：庐山是只认老朋友的。"要识庐山面，他年是故人。"

也许他有朝一日去了峨眉山，峨眉山也不理他，石头撞他，荆棘刺他，猴子抓他，虎豹吓他，虫子叮他。

名山就是矜持。这也没办法。多少高人在庐山待过？东晋高僧慧远，盛唐诗仙李白，南唐词帝李煜……眼下，眉山苏轼来啦，"如今不是梦，真个在庐山！"

庐山林壑深处，那蜿蜒而下的溪水中，立着一块巨石，由于溪流的冲击，似在摇晃，形如天然雕塑的醉翁。石上的铭文说，白居易贬浔阳游庐山，喝醉了，曾经坐在石头上打瞌睡、晒太阳，它因此得名"醉石"。穿草鞋的苏轼蹚水过去，也坐到了石头上，闭了眼，小憩片刻，挥笔留下了几行大字："眉山苏轼来游庐山，休乐天醉石之上。清泉潺潺，出林壑中，俯仰久之，行歌而去。"

参寥说：子瞻游庐山无好诗，却也留下好字。庐山的和尚刻在这块巨石上，名山从此再添一景。

苏轼说：字也不算好。

参寥笑道：你一向傲岸，为何到了庐山就谦逊起来？

苏轼说：庐山名气大，历代高人魂魄多。我写诗题字，只恐不配。

刘格说：如果东坡先生不配，那么当今之世，谁人可配庐山？

正说话间，林中响起一个老者的声音：当世除了苏子瞻，谁人还能配庐山！说得好哇。

来者是东林寺的常总禅师，圆头阔面，一身锦袈裟，长袍鼓夏风。常总长老的身后跟着两个抬肩舆（轿子）的壮实沙弥，肩舆专为苏轼备下，禅师担心他登山艰难。

苏轼谢过常总禅师，却说：我一口气能登上大汉阳峰，禅师信不信？

禅师笑道：老衲读你的《后赤壁赋》，知道你几年前攀绝壁的功夫，不料今日，雄壮体魄不减。

这个常总长老也不是普通和尚，当初东林寺的宝觉禅师云游去了北方的寺院，举他替代。他逃避，躲到新淦县的深山里，害得南昌太守派人寻他半年，才把他从幽深的山洞中找出来，几乎是押送到庐山。东林寺原是东晋高僧慧远的宝刹，慧远坐化时曾留下谶记："吾灭七百年后，有肉身大士革居道场。"

常总禅师并不知道这事，他到庐山后，随即多方筹款，重修东林寺，恰好与慧远的谶记相符。庐山十几座寺院，一时纷纷盛传。常总禅师居庐山第一寺，僧众多，香火旺，他也享有庐山第一高僧的美誉。

同样奇特的是，重建东林寺的工程历时多年，刚刚竣工，东坡居士就上山了。常总禅师认为这是佛的旨意。

慧远是陶渊明的老友。常总是苏东坡的新交。

一行四人，入住五岭峰下的开先寺。寺中大小和尚，争睹坡仙雄姿……

开先寺两大妙处：观瀑布，喝谷帘泉水泡的明前茶。

紧挨寺旁的两条瀑布，都是从汉阳峰巅倾泻下来的。峰顶上的水向西流向康王谷的，称谷帘泉。此处叫大龙瀑和马尾泉，挂在裸露的岩壁间，垂练百丈，其势壮观，其声宏大。瀑布飞击岩石，一层层的滚珠溅玉。有个漱玉亭建于山崖凸处，视野开阔，亭中观瀑最佳。二僧二俗，坐在石凳上喝庐山汉阳峰茶，喝到那下弦月弯弯地出来，仿佛飞临高架的木桥之上。

苏轼写诗《开先漱玉亭》："我来不忍去，月出飞桥东……"

此刻，漱玉亭中观瀑布，那水雾与月亮的清辉搅和着。山峰如削，山外的鄱阳湖隐隐约约。四个男人喝茶闲谈，说古论今的，说佛谈禅的，忽然将思绪收敛到周遭的美景中，凝视，倾听，顿感浑身清爽。

人与自然交流，无意可达化境。

下午，上行到栖霞寺。苏辙讲的那些巨石，就分布在栖霞寺一带。山上倒挂下来的激流冲击着形状各异的大石头，又见飞珠溅玉，泉水积成一潭，号为"玉渊"。苏轼走过几根木头搭起来的三峡桥，留诗桥墩曰："清寒入山骨，草木尽坚瘦。"

和尚们急忙拿纸临摹下来，日后刻于桥头。

越往山上走，气温越低，仲夏犹如孟春，松风送来凉意。一行人到了圆通禅院，居讷禅师接入佛堂，礼佛之后在古槐下的小亭中品茗叙话。这位居讷禅师曾与欧阳修坐谈通宵，欧公称赞他："五百僧中得一士，始知林下有遗贤。"

逗留圆通禅院一夜，云淡风轻。

苏轼等人五更起床，踏着朝晖、晨露继续山行，领略名山夏季之晓；过简寂观，闲坐悬崖之侧，与几个道士吃了一回玉阳养生酒，啖了几碗山塔菌炖野猪肉。

过归宗寺，复与和尚们吃斋谈诗。

有个可遵和尚从栖霞寺颠颠地赶来，硬要追和苏东坡的三峡诗，还想把自己的歪诗刻到碑上去，被和尚们一阵嘲笑，赶出了山门。参寥子大乐，对一直陪同苏轼的常总禅师说：於潜诗僧不提笔，庐山和尚乱写诗。

常总禅师说：庐山诗僧并不缺，苏子瞻来了，他们知趣，不来冒昧奉和。岂料半山腰跳出来一个可鄙的可遵和尚，令我庐山诸寺蒙羞。

刘格说：东坡居士留诗，复留掌故，也是有趣。

常总点头道：庐山添故事，也好。

苏轼不插话，听他们三个人言来语去，同时听着掠峰过岩的一阵阵松风。

2

四月底，苏轼下榻黄龙山北麓的温泉院，整整泡了三天温泉。这太舒服了，四肢百骸通畅，大脑半迷糊，思绪有还无。意识接近了休眠状态，意志"悬搁"，潜意识里的东西倒像泉眼似的往外冒。

古人常说的所谓空灵，大抵指这类状态。

苏东坡泡温泉不写诗。凭它周身懒洋洋。夜里也泡，把头靠在"长汤"边圆润如玉枕的石头上，两三个时辰一动不动，望着繁星满天，思接旷古之悠远。

五月初，复行山道上。抬脚只觉体轻，爬山犹如"升山"，像王羲之服石药后讲的那种感受。

和尚们追赶他的足迹，最多的时候竟有三十多个，穿林爬坡，不管辛苦。一路上他们互相戏谑，搞笑，装怪，出妄语，"倒栽葱"。如果不是碍于常总禅师的庄严，这些长期抗衡着林泉寂寞的庐山和尚，要与苏轼闹腾畅谈，听听来自尘世的喧嚣……

常总禅师的东林寺，庙宇规模宏大，佛像古老，罗汉环立。苏轼沐浴焚香，再拜释迦牟尼、燃灯古佛、观世音菩萨，为几位亲人的在天之灵、为活着的亲友们的福祉祈祷。

东林寺在著名的香炉峰下，李白写诗说："日照香炉生紫烟，遥看瀑布挂前川。飞流直下三千尺，疑是银河落九天。"

寺外分布的百余棵千年古木，参天干云，聚气生风。古柏，古楠，枝干峥嵘，魂魄生焉。著名的虎溪在此，一丈溪水蜿蜒清澈，足有半腰深，流速相当快，冲击着沿溪矗立的若干大石头。据说慧远禅师七百多年前设道场于东林寺，起白莲社，汇集僧众数百，广传佛法，"三十余年不复出山"。禅心伏虎，从此猛虎守护着东林寺。慧远接待四方访客，送客从不过虎溪，包括送皇亲国戚；只有一次例外：陶渊明和当时的另一个高人陆静修来访，三人笑谈半日，十分愉快，慧远送客时不知不觉走过了虎溪，听到林中虎冲他长啸才回过神来。三个东晋高人相视大笑，笑声响彻七百年，画工作《三笑图》，东林寺专辟三笑堂，苏东坡作《三笑图赞》。

这一天，苏轼早起，独自转悠虎溪、遥想东晋高人的音容笑貌时，忽听一棵古楠树的后面传来一声虎啸，正惊悚间，一颗硕大的僧头从树后露出来，继而仰面大笑，阔嘴白牙晃眼。

苏轼也不恼，看这和尚要怎地。

和尚笑起来浑身抖，衲衣、念珠哗哗地颤动。周遭三丈内，落叶纷披，与夏季的风打着周旋，迟迟不着地。

苏轼等他笑完了，冷冷地说：何方和尚，虎溪撒野？

圆头胖和尚合掌笑道：庐山佛印，恭候东坡居士久矣。

苏轼喜曰：原来是润州金山寺的了元禅师。

佛印曾为庐山归宗寺的住持，所以自称庐山佛印。佛印二字，是宋神宗赐给他的，普天下的和尚无人不知。他与苏轼书信往还，神交已久。见面于庐山，可能是天意。

佛印说：子瞻的《张子房论》，有"泰山崩于前而色不变"的句子，适才贫僧装虎啸，果然没把你吓倒。

苏轼说：你装得不够像嘛，真有猛虎蹿出林子，我跑得比野兔还快。

佛印说：人言子瞻老实，今日一见，名不虚传。

苏轼说：黄州种地的农夫，人人都老实。

佛印笑道：我本想到黄州雪堂吃为甚酥，可惜子瞻奉旨北上，贫僧吃不成啦。

苏轼说：这几天麦子正鲜，黄州城家家户户煎为甚酥，喝鳜鱼汤，跳谢神舞。

佛印说：鱼汤吾不羡，饼香诱杀人也。吃一张东坡为甚酥，皇家点心滋味全无。

苏轼笑道：想不到佛门中也有你这样的好吃嘴。

佛印说：好吃不犯寺规，不好色便是好和尚。

苏轼顺口问：和尚不好色，哪知色与空？

佛印笑答：和尚色色，是为空空。

苏轼说：也可算得一解。

佛印说：居士禅悟深广，和尚佩服得紧。

苏轼笑道：你刚才吓我，这会儿又来捧我。

佛印亦笑：吓你你不倒，捧你你又不买账，大和尚奈何奈何！

二人初见面就斗起了机锋，语速快，句子浓缩，充满了言外之意，又夹杂着顺手拈来的戏谑。所谓禅趣，此为一斑。禅瘾大者如陈季常，"谈空说无不知眠"。而高人斗禅，往往三言两语便知高下。

高人见高人，并不费精神。

佛印生得高大，体重二百余斤，超过了以壮硕著称的参寥子。

两个大和尚长期吃素，身上的脂肪倒不少，盖因食物中油脂含量也丰富。胃口好，食量大，营养多。常总禅师食量也大，却长得精瘦，举止淡然，暗藏力道。北宋三大高僧聚在了一块儿，只为了一个苏子瞻。佛印和尚昨晚就到了东林寺，在虎溪的石头上盘腿打坐，晨光熹微才打个盹儿。早餐是白果、松子、油桃和几口虎溪水。寺中饼香飘出墙来，洒扫山门的小沙弥站在台阶上咬一口、再咬一口，佛印吞口水而已。他辛苦一夜，单为在虎溪作虎啸，吓唬苏子瞻……

三僧二俗，从东林寺游到西林寺。

山路曲折，诸峰倒悬，泉流回波，花树迷离。

和尚谈佛事，刘格嗟路艰。

盛夏的阳光照在苏东坡的脸上。

诗来否？不知道。

三个高僧，一座庐山。

西林寺没啥特色，在庐山众多的寺院中颇不起眼，僧院僧舍皆寻常，撞钟的和尚无精打采，既不识高人，也不管高僧……

苏东坡走进西林寺，眼睛却在发亮。佛印吆喝小和尚，他已经听不见了。连日印象纷至沓来，群山向他蜂拥。一个瞬间拢集了无数的瞬间。

凭借以往的经验，他想：也许诗要来。

一念未已，佳句生焉。

西林寺的院子约五丈宽，苏轼走了一小半，一首七绝已成，呼来劣笔拙砚，挥向僧舍墙壁。身边只有刘格、捧砚的小和尚，三位高僧在别处。苏轼写完了，退后几步再看，点了点头。

进入庐山半个月，这是他头一次向寺壁挥毫。

诗名《题西林寺壁》，几句诗也平淡：

"横看成岭侧成峰，远近高低各不同。不识庐山真面目，只缘身在此山中。"

参寥子一气念了三遍，向佛印叫道：好个眉山苏子瞻，庐山西林寺从此生辉矣！

黄庭坚后来评价："此老于般若横说竖说，了无剩语。非笔端有口，安能吐此不传之妙乎？"般若指佛门智慧。

《题西林寺壁》理趣横生。它所蕴涵的哲理，后人玩味不尽。诗语以大白话的方式讲出来，惠及不同层面的读者。宋诗以理趣胜，于唐诗之外另起高峰，苏轼的这首小诗是代表作品之一。

东坡居士悟禅久矣，隔一阵子总有迸发，从黄州的大江边悟到了庐山之上。无心留佳作，意外有好诗。

三位风度各异的高僧，衲衣飘飘然，陪他转山，陪出了二十八个字的不朽之作。

3

苏轼下庐山未久，又去了湖口的钟山，留下名篇《石钟山记》。他和长子苏迈一块儿去的，月夜驾小舟，载美酒，划到岩石嶙峋的钟山下。这个在黄州就出了名的夜游神，偏挑月夜造访名山。时在六月，长江浪高。父子俱是一身好水性，胆大而心细。他们不怕翻船落水，但最好不要落水。

小舟横截夏江，天茫茫兮水茫茫，石钟山耸峙百丈，大浪击石千层。"下临深潭，微风鼓浪。水石相搏，声如洪钟"，石钟山由此而得名。这是地理学家郦道元的说法，但苏轼有点怀疑。对人世间的很多既定事物存疑，是他的一贯作风。即使是圣人的话，皇帝的话，他也不盲从，不轻信。

苏轼游石钟山，不是冲着郦道元的《水经注》去的。这夜游神首先是游瘾大，很想去玩玩仲夏夜的石钟山。大雕，巨蛇，水怪，传说中的鬼老汉鬼婆婆，倒是有些吸引他。探险者偏往险处奔。而孔子孟子都不是这样，他们的信条是：危邦不入，危墙不过。

苏东坡是什么人？是啥都想去试试的那种人。除了不干坏事，他真想干尽天下事，以一己之身去体验千万身。

不怕做不到，只怕想不到。

船过两山之间，系缆绳于石缝，父子弃舟登山，徒手攀危岩。几只大雕惊飞，"磔磔"而鸣，刹那间展翅近一丈，升空掠过大江，迅疾带走了几团阴影；而鹳鹤的怪叫声，听上去像一个病老头边咳边笑。

应和着这些怪声的，是"大声发于水上，噌吰如钟鼓不绝"。

又有几只鸟惊飞了，一只约三尺长的粗尾巴猫形活物蹿向了岩树巅，可能是传说中的"豹猫"。

大月亮照着石钟山，照着离水数丈的攀岩者。

父子二人，忽然身临平旷之处，原来，他们爬上了一块巨大的、小平冈似的大石头，"有大石当中流，可坐百人，空中而多窍，与风水相吞吐，窾坎镗鞳（象声词）之声，与向之噌吰相应，如作乐焉。"

苏轼这一发现，修改了郦道元的结论。

他进一步生发此行的意义说："事不目见耳闻而臆断其有无"是不对的，不利于探幽发微。

想象力和实证的能力，并存于苏轼。二者的前提，是对世界涌动着海洋般广阔的热情。

大师躺在可坐百人的大石头上，看那空中渐圆的大月亮。夏风呼呼地吹。千层江浪扑石，浪入中空多窍之处，大石头就像巨型乐器。风，浪，石，月，组合成妙不可言的自然交响曲。

石钟山上月有声。这叫通感。

大师跷起了二郎腿，闭眼片刻又睁眼……

千百年间，游石钟山的人何止万千，几人能像苏子瞻呢？

大师内心的狂野已随着血液渗入骨髓。

下山后，小舟向岸边划去。苏氏父子停桨吃酒，再一次倾听山与水的交响。

4

六月中旬，船过芜湖，抵达当涂县，苏轼反复念叨李白的几句诗："四十九年非，一往不可复。野情转萧散，世道有翻覆。"

他追和了这首五言诗，同时追怀李太白的一生傲岸。李白死在当涂，据说他跑到采石矶饮酒大醉，跃入水中捉月亮去了，与月神交上了朋友，不复返回阳世。

高人携家眷舟车劳顿，一路上还想着高人。

当涂县城中，刚死了一个冒牌高人李赤。这李赤自比李白，头戴烟囱似的高帽，腰佩四尺长剑，总是摆出一副旁若无人的样子满街游走，把他自己写的歪诗编成《李白十咏诗》，到处传播，甚至传入了皇家秘阁。王安石的弟弟王安国见过，糊里糊涂加以赞赏。苏轼到当涂，一眼看破伪作，维护了诗仙的名誉，捍卫了精英文化的尊严。李赤怎能去混同李白？此人倒像《水浒传》中冒充李逵的李鬼。李鬼死于李逵刀下，李赤则被厕鬼吓死。

苏轼分析说："今观此诗止如此，而以比白，则其人心恙已久，非特厕鬼之罪。"

换句话说，李赤太想传歪诗，想成了精神病。每次上厕所，总有厕鬼来吓他。他是被自己的心羔弄死的，厕鬼可能是他的幻觉。

当涂城里，另有活着的高士郭功甫，辞官不做，居家写诗，诗名传于江南，梅圣俞誉为"太白后身"。苏轼去拜访郭功甫，在郭家喝得烂醉，提起画笔在髹漆屏上画了一幅竹石图，大气而酣畅，郭功甫正惊喜间，苏轼手中的画笔已迅速转为诗笔，作古风云："空肠得酒芒角出，肝肺槎牙生竹石。森然欲作不可回，吐向君家雪色壁。平生好诗仍好画，书墙浣壁长遭骂。不嗔不骂喜有余，世间谁复如君者……"

这首古风倒像文艺理论，并且画出了艺术家自己的肖像：酒力拽出灵感时，他也不管身在何处，提笔便舞。唐代草圣张旭、怀素醉走市井，见不得谁家有好墙壁，见了就要狂写，有时偷偷入庭院，写满了人家的精致屏风，遭人暴打一顿……苏东坡不至于如此癫狂，但在黄州饮野店，醉"野人"家，那只诗画手痒起来了，也要写一通。"森然欲作不可回"，"书墙浣壁长遭骂"。他是否挨过打，不得而知。黄州小城莽汉多，莽汉哪管书画艺术。

苏轼在当涂画于髹漆屏的这幅醉墨竹石图，写意技法精妙，后世的书画名家点评甚多，被推为无价之宝。郭功甫是个识货的人，当时阅图，大喜过望，拿出两把祖传的古铜剑送给苏轼。

端的好剑！苏轼挑灯看剑多时，却追问说："剑在床头诗在手，不知谁作蛟龙吼？"

问得真好！

从历史长河看，笔与剑，当有高下之分。秦皇汉武信奉刀枪的逻辑，杀人千里，山河动荡，"盗贼半天下"，"小儿三岁始纳税，百姓生子多杀死"。唐玄宗疯狂开边，纵容边帅，导致安禄山史思明之乱，七年，唐帝国人口锐减三千多万。宋神宗贸然攻西夏，几十万人有去无回，黄河变成了尸山血浪。而诗书画以及一切精英艺

306

术，旨在消解人的丛林兽性，强化人的美感，以潜移默化的方式提升人性之善，维系美好的生活。君子也知兵，却只求保家卫国。

苏东坡拿古剑去换了南唐李后主爱用的龙尾大砚，配了他以前所获的凤味石砚。不要利剑，只要好砚。

画工们竞相作《苏东坡玩砚图》，宋代已不少，后世更多……

中国历史上，李煜是罕见的厌恶刀枪杀戮、心向真善美的皇帝。苏轼几十年来，条件允许之时，下笔首选李煜始用的澄心堂纸。如今行至当涂，喜获龙尾大砚，作《龙尾砚歌》，兴奋之情难自抑。

当涂的崇拜者又送他张遇墨，他惊喜之余，呼为"乌玉玦"。张遇制墨丸，在制墨巨匠李廷珪、李承晏之后，称冠于长江南北，一丸难求。

苏轼逢人便说：李煜纸、李煜砚、张遇墨、张武笔！

真是高兴惨了，一张酒后大红脸，舞笔弄砚喜若狂。

接下来，风帆向金陵，拜访王安石。

5

王安石自从离开权力中心后，仿佛一夜间人就老了，须发皆白，牙齿摇动，走路慢吞吞，看人看半天。初看浑如患上了老年痴呆症，其实他做着自我调节，恢复一点元气。他居于距金陵城十几里的"半山"，山中有个不设围墙的小庄园，侯门浅若溪，企盼有人来。他骑驴出行，一般避免进城，因为他的弟弟王安礼做了金陵太守。兄弟间的裂痕修复缓慢。与其见面就争吵，倒不如不见面的好。

春日懒洋洋，王安石在山道上转悠，或骑驴，或步行。一个老兵跟着，没甚言语。驴和老兵轮番引路，走到哪儿是哪儿，安石不问。他对"路"迷茫了，厌倦了。山风忽起，送来了山雨，淋湿老人的三寸白胡须。王安石仰面看云雾，回想那位际会历史风云的高人。他真的是高人吗？如今，半信半疑的高人吟出了两句诗："当年诸葛成何事？只合终身做卧龙。"

他把这两句写成条幅，挂到墙上。书法依然遒劲。

说到底，他和诸葛亮都未能干成什么大事。

原因何在？

安石不想去追究了。山风山雨送来了、又刮走了很多东西。历史谁能说清？犹如阴阳五行，变来变去的，无物常驻，一切皆流。

他一心为朝廷，却闹得众叛亲离。"亲友尽成劲敌，谤怨集于一身。"众叛亲离的滋味真难受啊……

他下决心给因政事而得罪的朋友们写信，一口气写出几十封，写完又踌躇：这些人真能原谅他吗？还认他是老朋友或者老师吗？

他把写好的信都烧了。苍凉的面孔朝着火光。

有一天他骑驴出去，破例让几个门人跟着。走到山坡上，忽然一声长叹：司马十二，君子人也。"言之再四，众莫知其意。"

司马光排行十二。

王安石喃喃自语：洛阳独乐园的倔老头，你还好吧？你那本大书《资治通鉴》写得怎么样啦？吕惠卿那小子做宰相时，每月派人到洛阳问候你的起居，你面无表情一声不吭。都说我介甫牛，你司马君实比我更牛……当初你连写三封信说我的不是，写完你就绝交，一绝十五年呐。也许你是对的，我有错，可是咱们不都是为了国家吗？何必闹到绝交反目的地步？

山风转向时，安石又念叨苏东坡：子瞻啊，这些年你可受苦啦，乌台诗案差一点丢了命，贬黄州五年，率领全家开荒种地……

可是你写了多少好东西啊，你这家伙，肚子里装满珠玉，张口天地生辉。依我看呐，像你这样的天赐伟才，五百年才能出一个。不，也许八百年。你会到金陵来看望我这个失掉权势的老头子么？你是苏东坡呀，你会来的，会来的……

有一阵子，安石迷上了驴拉人赶的江州车，车上一左一右两个箱（厢）子，安石坐一箱，顺路捎个老农或村妇，坐另一箱。江州车咿咿呀呀，王安石嘟嘟哝哝。

驴子歇息时，安石坐于路边泥地上观书。起身时，随手拍拍屁股上的尘土，拍不干净的。老农咧嘴笑笑。

老农坐了两回江州车，安石就送他一顶帽子。老农裹头巾不戴帽的，转眼卖掉，安石又去赎回来，拿小刀剖开夹层，"灿然黄金"，老农傻了眼。安石说：别卖了，灾荒年派个用场。

帽子是宋神宗送的。

安得帽子千万顶，送与田间辛苦人……

安石于普天下的农人有愧么？

他惦记神宗，神宗也惦记他。老相国生点小病，京城的太医就赶到金陵来了，一住数月，慢慢为他调理。

他有了精气神，弄起久违的学术。编唐诗，撰《字说》，抄《金刚经》，写《老子注》，修订《三经新义》。

他迷上神宗，写诗有了禅味儿：

> 云从钟山起，却入钟山去。借问钟山人，云今在何处？
> 云从无心来，还向无心去。无心无处寻，莫觅无心处。

问到无心，不问了。其实他该追问下去：无到深处方见有。
古人的追问，往往止步于"无"的门前……

安石长于五言、六言诗，七绝也好，如《游钟山》：

> 终日看山不厌山，买山终待老山间。山花落尽山长在，山水空流山自闲。

青山绿水，化解几十年人事纷扰。

然而有一个人始终化不掉，横亘在心。那就是福建人吕惠卿。国事、家事，都让此人给搅乱了。安石一生所望，毁在他手上。安石退金陵，不复提吕惠卿三个字，一提如"口塞蛆粪"。他只称福建子。夜来若是做噩梦，定与福建子有关。他绕床达旦，于壁上大书福建子数百遍。

写一遍，就能去掉一点恶人的阴影么？

几年后，却连吕惠卿也原谅了。

世事如烟山水长在。山水间更有释迦、老庄、艺术。高人此间更像高人。

到了元丰八年（1085），宋神宗驾崩，年仅三十八岁。安石黯然，食不下咽。神宗太好强，屡命攻西夏。岂知永乐城（陕西米脂）一战，损兵几十万呐。神宗闻败讯，当庭放声大哭。由此种下了病根，竟至不起！安石泪眼望着汴京方向，千言万语欲诉不能。

臣子理财，君王好战。呕心沥血多少年，落得这般下场。

两个钢铁般的意志碰到一块儿，也许不是什么好事……王安石陷入沉思。

看来，新法真的苦了百姓。

安石晚年倾力而为的著作《字说》，被复起后的司马光列为毫无价值的东西，禁止士子阅读。安石愤愤不平，呼来纸笔，大书司马光数百遍，写出一身汗。他掷笔靠在柱子上，想半天，然后叹息说：司马十二，君子人也。下人困惑地望着他……

而眼下是元丰七年，苏东坡起于黄州，在赴汝州（今河南平顶山市）的途中，取道金陵，看望王安石，人未到信先到，安石那个高兴劲儿啊。隐于金陵七八年，来看望他的人真是不够多，尽管他的半山小庄园连个篱笆桩都没有。他跑到江边去迎接，东坡一袭道衣，从船舱里飘然走出来，深施一礼说：敢以野服拜见大丞相。

安石大笑，执东坡手曰：礼数是为我等而设的吗？

高人拉着高人，几天不肯松手。踏遍钟山，游遍诸寺，谈禅谈诗谈学术，也谈政治得失。当东坡说，司马光欲尽废新法的举措不当时，安石暗暗生感激，浊泪于两只老眼中打转，背过脸去。东坡察觉了，只不说破。

大文豪向安石献上一首诗：

骑驴渺渺入荒陂，想见先生未病时。劝我试求三亩宅，从公已觉十年迟。

安石拱手称谢。又请教动与静的道理，东坡随口答：动出于精，静守于神，动静即精神。

安石拍手称妙。

他这一辈子，是否于动静二字参悟太浅？不善守静，于是伤神，于是动辄得咎。须知守静即行动，不作为乃是作为……人间道理多哇，人已走到墓穴旁，还是想它不透。

苏东坡走了。王安石望着他的背影喃喃说："不知更几百年，方有如此人物。"

安石的心空了一块。曾巩、曾布又来看他，慰藉老人深深的落寞。做金陵太守的弟弟王安礼，终于走进了半山庄园。

可是他身体虚弱，似乎百病缠身，须静养护元气，如同一个百病缠身的国家。

静亦难。

元祐元年（1086）的春天，园子里花红草绿，安石写下一首著名的《新花》：

老年少忻豫，况复病在床。汲水置新花，取慰此流芳。流芳只须臾，我亦岂久长。新花与故吾，已矣两可忘。

这是安石的绝命诗，超旷有哀声。

几天后安石去世，享年六十六岁，寿同欧阳修。

葬礼格外冷清。当年追捧他、受惠于他的人一个都没来。

宋哲宗追赠他为太傅。其时，已担任翰林学士知制诰的苏轼制诰词《王安石赠太傅》云："敕。朕式观古初，灼见天意。将以非常之大事，必生希世之异人……用能于期岁之间，靡然变天下之俗。……王安石，少学孔孟，晚师瞿聃……"

值得注意的是，朝廷尽废熙宁新法，却称赞王安石"靡然变天下之俗"，这话含有深意。折腾了十七八年，官风已大面积败坏，欲中伤、诋毁安石者比比皆是，而司马光以病躯付国，坚决朝着贤人政治的方向前行，他上疏朝廷说："介甫谢世，反覆之徒，必诋毁百端。光意以谓，朝廷特宜优加厚礼，以振起浮薄之风。"

在其他场合，司马光表达了相同的意思："介甫无他，但执拗耳。赠恤之典宜厚。"

此言令人想起安石语：司马十二，君子人也。

君子与君子之间发生的故事，今人当细读。

公元十一世纪，王安石一手发起的熙宁变法，其规模，其力度，前所未有。他是缩短还是延长了北宋王朝？历史学家们众说纷纭。王安石富国的理想不能说没有实现，徽宗朝的枢密院大臣安焘说："熙宁、元丰之间，中外（中央和地方）府库无不充衍。小邑所积钱米，亦不减二十万（贯）。"

然而上有国库之丰，"下有钱粮之荒"。国富导致民穷。元祐四年（1089），苏轼在杭州给朝廷写调查报告说：江浙一带"家家有市易之欠，人人有盐酒之债。田宅在官，房廊倾斜，商贾不行，市井萧然"。

次年，苏轼又说："浙中州县市井人烟，比二十年前不及四五（成）。"富甲天下的江浙犹如此，其他地方可想而知。民欠官债，都是在熙丰年年间欠下的。

时人评价王安石："狷介不容人。"

他性情孤傲，为政一意孤行，配合那位血气方刚的孤家寡人，暮年落得孤单，死后孤坟凄凉。生前意志力太强，形成"求意志的意志"，反而生遮蔽，生盲区，看不见许多常识性的东西，忽略人之常情。比如他的生活习性，偏与常情相背，不沾御赐贡酒，不慕女性之优美，不爱干净，不追求美食华服。再比如他写文章，长于议论而短于抒情，受到师尊欧阳修的批评。他对生活世界的总体把握和细微掂量显然是成问题的，而苏轼从常识出发，读破万卷书又回到常识，视域和胸怀都比他宽广。王安石童年随父宦游，居无定所，飘泊万里，锻炼意志有余，培育温情不足。而苏轼生下来，长居蜀地早年幸福，受到程夫人无与伦比的母爱呵护，成年后又生活在几位美好的女性之间，智商情商健全，直觉出色。

看生活，看世界，苏东坡的遮蔽要比王安石少。爱国家并谋求变革，企盼国运长远，二人是一致的，但是，变革思路大相径庭。苏东坡是坚决朝着富民强国的方向，他那几乎是与生俱来的强大的洞察力，使他几十年风风雨雨走过来仍然目标明确。勇于有为，并能洞察无为。

安石暮年，一再对人讲："子瞻，人中龙也！"

他已经明白，苏东坡才是旷古少见的高人。

两位宋代高人，年龄相差十五岁。元丰七年（1084）的夏秋之交，他们在钟山上携手，半山下分手。彼此都知道，此一别多半是永别。但只说高兴的话，不发半句忧伤语。安石病得不轻了，四季吃药，半山药味儿浓，连小鸟都不肯栖。苏轼诗云："想见先生未病时。"对当年龙睛虎步、眼下疾病缠绵的大丞相充满了挥之不去的伤感。

何谓大情绪？这便是了。

6

元丰七年七月，苏轼从钟山返回江边的官船，烈日当头，水汽蒸发，船舱里闷热难受。他中了热毒，犯了痔疮，卧床连日调理。闰之夫人也病了，风热感冒，浑身酸痛，打发人请郎中上船来诊治。苏轼让朝云母子另居一舱，以免染上热疾。

官船至仪真，十个月大的小儿苏遁也染病了，可能是受了大人们风热病的传染，咳嗽，高烧，又兼腹泻……

朝云慌了神，疯跑上岸请医生。终于不治。七月二十八日，遁儿远遁，苏东坡与王朝云的爱子苏遁，死于舟中。这天，也是他在湖州被抓的日子。

苏东坡泪如雨下。四个儿子当中，干儿的模样和天性最像他……

更悲惨的是王朝云，怀孕那么不易，丧子却在旦夕之间。她真是死的心都有啊，想追到黄泉路上去寻找她可怜的、孤单的干儿……

东坡写诗哀号：

> 吾年四十九，羁旅失幼子。幼子真吾儿，眉角生已似。未期观所好，翩跹逐书史。摇头却梨栗，似识非分耻。吾老常鲜欢，赖此一笑喜。忽然遭夺去，恶业我累尔。衣薪那免俗，变灭须臾耳。归来怀抱空，老泪如泻水。

> 我泪犹可拭，日远当日忘。母哭不可闻，欲与汝俱亡！故衣尚悬架，涨乳已流床。感此欲忘生，一卧终日僵。中年忝闻道，梦幻讲已详。储药如丘山，临病更求方。仍将恩爱刃，割此衰老肠。知迷欲自反，一恸送余伤。

年轻的母亲王朝云，其状之惨，谁也不忍心去详细描述。

7

也许是丧子之痛，也许是黄州诗意生活的惯性诱惑，苏轼有了买田隐居的念头。这念头一动，立刻招来八方吁请，王安石希望他买田于钟山，佛印和尚要替他买田于京口，范镇请他去许昌，滕元发请他去湖州，王巩请他去扬州，张方平请他去南京……古人讲究千金卜居，万金择邻，有苏东坡这样的人做邻居，真是一种莫大的幸福。东坡分身乏术，为难了。只好逐一回信婉拒，如对王巩说："非不知扬州之美，老猿投林，暇不择木。"

老朋友蒋之奇力邀他去常州，到宜兴的一座山中买田，他去

315

了，买下一块可年供八百石谷子的田地。有了这块地，一家十几口，吃饭是不成问题的。他还有退休金嘛。于是两上《乞常州居住状》，恳请朝廷批准。其一有云："臣……自离黄州，风涛惊恐，全家病重，幼子丧亡！"从语气看，归田之志已决。这个志向，乃是黄州五年诗意栖居生活的延伸。从此，像陶渊明那样过日子，却比渊明略强些，妻贤而妾美，诸子有出息，长头儿苏迨还能写好诗。

后来朝廷终于批准了他的请求，他的欣喜之情溢于言表。书法兼随笔名作《楚颂帖》是此间写下的："吾性好种植，能手自接果木，尤好栽橘。阳羡在洞庭上，栽柑橘至易得，当买一小园，种柑橘三百本。屈原作橘颂，吾园若成，当作一亭，名之曰楚颂。"

苏轼性好种植，始于当年回老家丁母忧，手栽青松三万棵。今日眉山市东坡区土地乡的苏家陵园，犹见千亩松林。夏秋风大时，短松冈松涛阵阵。

苏轼不仅熟悉农事，且能自己嫁接果木，他在田地里忙碌时，无论穿戴还是身姿，与寻常农夫无异。但我们觉得他可爱，就因为他不是寻常农夫。他是大诗人大书家，是享有俸禄的官员，是名满天下的苏子瞻，却能谙农事，在土地上朝夕耕耘，他与土地就构成了一种新关系，超越了寻常意义上的农夫与土地的关系。他既是耕种者，又是这种生活方式的赞美者，乡村风物的欣赏者。他既能贴近土地，又能与之保持必要的审美距离，而正是这种审美间距，反倒使他比一般农夫更能亲近土地，浑身散发泥土的芳香。

陶渊明归隐田园，喝酒写诗，贫穷而逍遥，确立了一种文化品格。苏轼追慕陶潜，由来已久，他选择常州为栖居之地，宜兴买田，日子会比陶潜好一些。他毕竟还是官府中人，拿着俸禄。年届半百的人了，他确实想安定下来，过他想过的生活。如果这一愿望得以实现，那么，他的余年或许称得上十分幸福。一方面对田园生活满怀希冀，另一方面又与政治藕断丝连。牵挂政治并不是一件坏事，苏轼为此所做的心理准备，远远多于陶潜。他为五斗米折腰，也属情理中事。政治牵扯苏轼的神经，田园导引苏轼的梦想，两者像是钟摆的两端，苏轼在其间摇来荡去，最终停在哪一端，其实是一种偶然。可以预设的是：苏轼无论停在哪一端，都会对另一端耿耿于怀，念念不忘。

《楚颂帖》与书于黄州的《寒食帖》，是苏轼书法的两大代表作。后者现藏于台湾的"故宫博物院"。这可是伟人、文豪、书画巨擘的亲笔书法呀，多少人想到它，心就怦怦跳。如此绝世珍品，能运送到伟人的故乡眉山市东坡区展出一回么？

东坡另赋《菩萨蛮》云："买田阳羡吾将老，从来只为溪山好。来往一虚舟，聊从物外游……"

这激情句子，多像陶渊明的《归去来兮辞》，"乃瞻衡宇，载欣载奔！"苏轼对未来满心期待："十年归梦寄西风，此去真为田舍翁。"

黄州沙湖看田，常州阳羡买田。

阳羡即常州的宜兴县，苏轼待在这地方，溪山美、鱼米香、朋友多，杭州、苏州、湖州、润州、扬州、泗州、京口、金陵等地，朋友们往来很方便。活动半径大，日常韵味足，具有相当完整的"生活世界"。它对苏东坡的吸引是不言而喻的。

另有一层，要为丧子之痛未消的王朝云考虑：家庭生活安定了，不复舟车劳顿忽东忽西，她或许能再生孩子，重新做母亲。

东坡为自己、也为家人勾勒了未来生活的图景。

美好的蓝图能否实现呢？对此时的苏东坡来说，怎么都行。

宜兴买田并不顺，卖田的曹姓地主收了银子，迟迟不肯交地契，想赖一些田租。苏轼不以为意。他还写诗称赞曹地主的"红友

317

酒"，说是不亚于皇宫里的"黄封酒"。后来这事儿颇麻烦，曹地主一赖再赖……

8

元丰七年九月，苏轼离开黄州近半年了，长江沿岸州县，一路玩儿着走。湖州太守滕元发亲自驾小舟，破浪几十里迎他于金山寺。苏轼突然看见他，又惊又喜，后来写道："昨在金山，滕元发以扁舟破巨浪来相见，出船巍然，使人神耸。"

滕元发生得高大而漂亮，连皇帝都羡慕，盯他看半天。他也曾到黄州看望罪臣苏轼。平生豪爽，久历官场而素心依旧，苏轼感慨："风俗日恶，忠义寂寥，见公使人差增气也。""差"是大致的意思。

二人游金山，秦观拉着润州许元冲太守赶来相聚。金山位于京口长江之最宽处，海拔二百米。人称江心一峰，水面千里。金山也被称为玉浮山。

茫茫大江曾是古战场，帆樯成八阵，号角排九天。四个男人在峰顶上饮酒品茶，"座与天接"，玩星弄月，不谈杀伐。

一轮明月升到头顶上了，那月中嫦娥欲下未下。于是，画船入江，官妓妙舞，星眸与织女争亮，清歌同夜雁齐飞。

苏东坡的一条长臂搭于船舷，笑谈如旧。忧思已内敛，恰如江潮平息，是蓄力焉。

人生苦短暂，诗酒趁年华。

萨特说："除了艰苦的工作，人生应当是一连串的赏心乐事。"

五十岁的苏东坡，释放生命的潜能，仿佛易如反掌。转向的能力令人惊讶。深度生存，转向不易。

山上悲哀沉默，水上表情丰富……

9

两天后，苏轼揖别滕、许二位太守，携全家带弟子去了扬州，
先陪朝云登蜀冈，流连平山堂，浇灌欧公柳。朝云念着墙壁上子瞻
亲自书写的名词："记得醉翁语，山色有无中……"

七年墨犹浓。何处觅醉翁？

王朝云站在临江的高冈上，第一万次想起她早夭的干儿，泪如
泉涌。子瞻替她拭泪。圆圆的夕阳落入江中。

晚霞满天之时，朝云初绽笑颜。

是啊，人不可能永远挖到痛苦的铀矿，再大的悲哀也不会"能
量守恒"，它会自我消耗。海德格尔有名言：各类生存情态中，所
有的情绪都会从它自身脱落。

当子瞻以平静的口吻讲述恩师欧阳修的生活点滴时，朝云不禁
想：子瞻他经历了多少阴阳永隔之痛啊，却是举止平和，言语冲
淡，谈起九泉下的亲友们，如叙家常。

死亡是一种历练。

这些日子，苏轼尽量多陪她。两人住在平山堂，平山堂这种地
方，当然不是谁都能住的。苏轼是欧公弟子，且于平山堂扬名天下
有功，住多久都行。

九月中旬的这一天早晨，知扬州军州事的朝廷重臣吕公著，派
人送来请柬，堂外恭候已久。

苏轼坐了高轩（豪车）兴冲冲去赴宴，不料喝了一通闷酒。

那个向来严肃的吕公著，见了苏东坡照样严肃，板着一张名臣
脸，半个时辰，他只有两三句话，席间无人敢多一句嘴。苏轼闷得

打瞌睡，寻思告辞。

可是吕知州请他宴后一块儿到运河边去散步，他还得奉陪。

走了整整一个时辰，吕公著还是不说话。什么意思呢？苏轼真有点搞不懂。莫非这大臣怕他口无遮拦，再次"横议朝政"？

事实上，吕公著的确担心他一路会友高兴了，臧否时政，授人以口实。这老头善于用沉默讲话，请苏轼吃哑饭，继而散步运河双唇紧闭，等于搞了一次行为艺术。他告诫苏轼，在朝廷的最高权力面临更迭之际，要管紧自己的嘴巴。

刚开始，苏轼大谈阳羡买田，却发现吕知州根本不感兴趣。

老头子面色凝重，仿佛布满了朝廷阴云……

苏东坡半梦半醒间，想到了这一层，差点哑然失笑：他已经志在山林了，山人余年且著书，传承文化，点评历史。哪管朝堂的人事纷争。

吕公著送他上车时，仍然面如木偶。车行几十步，这老头听见苏子瞻与车夫大声说话，大笑不止，不禁摇着头对左右说：子瞻奇才啊，才难，才难。异日复起，又要劳累他。

左右听不大明白，都装作很明白的样子。

"才难"，是宋神宗针对苏轼说过的话。其时，皇帝已病笃，权力正悬空，朝廷将掀起新一轮的人事变动。老成持重的吕公著，憋下一肚子的话，不肯对苏轼讲。苏轼这一走，他有点憋不住了，复对属下说：苏子瞻贬黄州五年，好歹学了一点为官之道，不该问的他不问。哈哈！

属下谨慎地问：苏轼已作归田计了吧？

吕公著捋须笑道：归田不归田，朝廷说了算。

第十九章　从泗州玩到常州

1

入冬后，苏轼携妻孥去江苏的高邮城，在秦观家住了七八天。弟子殷勤伺候，先生很享受，吃的菜都叫作高邮菜。山珍、河鲜、羹汤、点心，每顿饭精心安排，专喝山阴黄酒，秦观早已备下了几大坛子。苏轼微醉，城里走走，乡下转转，听高邮人说土话听不够，半天交了三个朋友，其中一个是号称小鲁班的当地木匠。

到了师生分手的那一天，官厅设宴，满座皆醉。秦观恭送老师渡淮水赴泗州（今江苏盱眙县），饮酒船上，忽闻岸上踏歌声，那三条野服汉子各携礼物昂扬而来。小鲁班送给苏轼一张胡床，为这胡床，他拉锯、推铇、弹墨线，两天两夜未合眼……

帆动了，人远了，苏轼立船头无言。雪落高邮城，情暖一江水。

船抵泗州码头，苏轼问一个当地人：泗州近年来有何妙处？那人妙语回答：先生玩几天，不问自知。

在泗州的一座寺院洗澡，苏轼惊奇地发现有人搓背，《满庭芳》云："水垢何曾相受？细看两俱无有。寄语揩背人，尽日劳君挥肘。轻手，轻手，居士本来无垢。"

泗州船上过除夕，过境高官黄寔，寒夜来敲舱门，送来了一大堆酒肉点心，苏轼感慨："使君夜半分酥酒，惊起妻孥一笑哗。"

泗州境内的都梁山吸引他，在泗州太守刘士彦的陪同下，他几番去冬游，出城健步上陡坡，回驾爽朗填新词，其中有一句："望长桥上，灯火乱，使君还。"

那刘太守个头大胆子小，央求苏轼说："夜过长桥者，判二年徒刑。恳请鼎鼎大名的苏子瞻，将此词火之，火之。传入京师我吃罪也！"

苏轼笑道："轼平生罪过，开口不在徒二年以下。"

随后吩咐苏过，泗州填的这阕新词，十年内不可示人。

刘太守高兴了，又说：东坡居士的《满庭芳》，传遍京师才好呐。

苏轼大笑：你是希望王公大臣们到泗州来洗搓背澡吧？

刘太守习惯性地缩了脖子笑：全国无分店，泗州只一家。

苏轼说：京官垢多，揩背人当下重手。

刘太守摇晃圆头说：重手，重手，京官本来多垢。

苏轼回住处讲这事儿，一家人笑了两三天。

泗州有个张氏园子，园中有一块奇石，乃是中唐名宰相李德裕的爱物，有醒酒的奇效。人喝醉了，趴在石头上，立刻酒醒，浑身舒畅。苏轼喝完美酒，题字于奇石："东坡居士醉中观此，洒然而醒。"

后来，蒋之奇于三伏天过境泗州，复题字曰："荆溪居士暑中观此，爽然而凉。"

那宿州（今安徽宿州市）太守张安中听说了，专程跑到泗州来题字："紫溪翁大暑醉中读二题，一笑而去。"再后来，更被宋徽宗听了去，派人将泗州大奇石运到他的皇家园林万寿山，约了蔡京绕石三天，想题字而无处下笔……

东坡居士所过之处，凡物染神奇，奇物更奇。

黄庭坚的老丈人孙觉，托人送来了几箱名贵的纸墨，包括御赐的张遇墨丸，苏轼大喜，连写四首诗歌颂它们。并书赠闰之夫人，题跋云："过泗州，作此数诗，偶得佳纸精墨，写之，以遗旌德君。元丰八年正月十日，东坡居士书。"

青神乡绅的女儿王闰之，嫁给苏轼二十多年了，从不知书、焚烧丈夫的书稿到珍爱文墨，走过了一条曲折而漫长的道路。苏家书香门第，全国首屈一指，她不进步也说不过去。王朝云的书法，已有十年功力，妩媚而遒劲，有晋代卫夫人之风。

全家都是艺术家，闰之夫人也在暗暗地学习……

2

元丰八年正月里，一家子又上路，车马向南京。在恩师张方平的乐全堂，一住五十多天，苏家祖孙三代，叩拜乐全老人的八十大寿。苏过、苏迨，伺候多病老人的饮食起居。

三月，拜辞恩师张方平，坐船再去扬州。

朝廷已经批准了他乞居常州的请求，这真是太好了！苏轼一阵狂喜，填词曰："归去来兮……船头转，长风万里，归马驻平坡！"

然而三月五日，宋神宗驾崩，消息传来时，苏轼也含悲举哀。致信王巩说："不肖与公，蒙恩尤深。固宜作挽，少陈万一，然有所不敢者尔，必深悉此意。"

过了一个多月，苏轼畅游扬州有名的竹西寺，题诗寺壁：

"道人劝饮鸡苏水，童子能煎莺粟汤。暂借藤床与瓦枕，莫教辜负竹风凉。"鸡苏水、莺粟汤，据说是扬州竹西寺的专供饮品。

他心情不错。

而情绪的特征是：它像风一样自来自去，事先也不打个招呼。人的意志会影响情绪，但不能掌控情绪。意志对于情绪而言，就像一栋破房子之于秋风，风孔百出。

苏轼即将归隐于常州上，"往来一虚舟，聊从物外游。"北上中原、南下荆襄也方便。周遭几百里，朋友太多了，溪山湖泊太美了，水陆珍馐吃不完。常州城里住，阳羡有好田……苏家从此定居于此，三个儿子皆有出息，年轻的王朝云将会重新做母亲。还有弟弟子由，还有四个侄子，六个侄女和几个侄女婿，他们离常州都不太远。如此美好的生活前景，延续了黄州的诗意栖居。

大师从山上下来，欣然再命笔：

此生已觉都无事，今岁仍逢大有年。山寺归来闻好语，野花啼鸟亦欣然。

后来有两个朝廷谏官攻击他闻先帝驾崩，幸灾乐祸，《归宜兴留题竹西寺三首》，是为臣者大逆不道的罪证。谏官质问：山寺归来闻好语，何谓好语？先帝仙逝，天地同悲，你为何偏要说野花啼鸟也欣然？

苏轼有口难辩……

说苏轼对宋神宗的死幸灾乐祸，实在是冤枉了。不过，他并未沉浸在皇帝驾崩的悲痛中，倒是一桩实情。他畅游扬州高兴，下笔欣欣然，也是实情。看来苏东坡把皇帝的死给忘了。

忘记是说，对于决计归田的苏东坡来说，皇帝已经不那么重要了。记忆能够自动选择。忘了一些事，通常有原因。

宋神宗在位十八年，没有让百姓幸福安宁。皇帝违背了祖宗家法，狠治士大夫的言论罪，开了一个很坏的头。苏轼在赵宋立国一百二十年以后，首当其冲，只因写了几首诗便锒铛下狱，"辱诟通宵"，还差点丢了性命。

皇帝死了，苏东坡实在没理由如丧考妣。从扬州到常州，他把新诗题写在不止一处的寺壁上，生怕别人看不到，欣然情绪要传播。

由此可见，在黄州当了五年罪臣，苏轼还是苏轼。

苏轼不仅是苏轼，苏轼还变成了苏东坡。

文化大师不受皇权的掌控，苏轼是个范例。一些学者、教授，不厌其烦地强调苏东坡对宋神宗的深厚感情，是不当也。

3

元丰八年（1085）的春天，苏轼居常州，正是桃花才谢海棠又开的好时光。扬子江中水，青花盘中鱼，苏东坡享了眼福享口福。

他在城里闲转，身后总有一群官衣布衣相杂的追随者，离他十几步远，只不靠近。苏轼回头，他们便停下，嘻嘻地笑，个个都像发神经。

江南春光真是很诱人啊，苏轼携朝云再游扬子江，泊舟登岸闲坐青草地，流连周遭美景，赋诗曰："竹外桃花三两枝，春江水暖鸭先知。蒌蒿满地芦芽短，正是河豚欲上时。"

这七言小诗，江南人争传。

苏轼上街，追随者日众。连王朝云的美貌多情也成了常州人津津乐道的话题。

1085年苏东坡卜居常州，常州生辉也。高僧高人高官，专程前来或过境常州，拜谒苏轼者连月盈门。佛印从金山来，王巩从扬州来，范镇从许昌来，滕元发从润州来……

苏轼于宜兴山中置肥田，在常州城里买了房子，几乎花掉了所有的积蓄。带了小园的几间房子不算大，但主雅客来勤，常州太守府也相形见绌，太守未免抱怨说：东坡居士的普通宅子朱轮成阵，我这豪华官邸倒是门可罗雀。

"买田阳羡吾将老，从来只为溪山好。"

苏轼四十岁始言老，眼下五十挂零了，又称"将老"。看来，老是说着玩儿的，不老之人偏说老。犹如他几十年小酒量，一辈子夸耀醉墨、醉书、醉吟、醉卧……

第二十章　审美目光情人手

1

元丰八年（1085）六月，朝廷的官帽飞到常州了：复起苏轼为著作郎。

没过多久，新的任命又至：苏轼知登州（今山东蓬莱）军州事，官七品。

这是皇权更迭时期常见的现象，所谓一朝天子一朝臣。仁宗死，英宗立，是由曹太后来问政的，延续了宋仁宗四十多年的治国方针。宋神宗上台就大不一样了，年轻人刚愎自用，否定了嘉祐时代行之有效的政治路线，急于聚财强兵。莽天子勇于有为而不懂无为，"欲速则不达"，导致悲惨结局。

宋神宗驾崩，小皇帝哲宗只有十岁。高太后摄政，改年号为元祐，显示出对宋仁宗嘉祐之治的强烈向往。

看来这许多年，高太后没闲着。她年纪轻轻守寡，把美丽多情悬搁起来，挑灯读史书，关注朝政，心系苍生。她的非凡之处在于：儿子执政的十八年间，虽然她对熙宁新政颇不以为然，却未曾动用太后的权威，形成一个"后党"，与"帝党"针锋相对。

高太后发起"元祐更化"，找谁来辅佐她呢？

洛阳的"独乐园"里，一位老者埋头写历史学巨著，转眼便是十五年。他就是司马光，王安石的老对头。这个独乐园既是史学中心，又是隐形的政治枢纽，东西两京的各类政要连年穿梭。司马光人称温公，是个公正而温和的大人物，像王安石一样不近女色，平时有些不苟言笑，但并不呆板。有个幽默故事：他夫人上元节想到街上去看灯，临走时跟他打个招呼。他说，家里不是有灯吗？夫人笑道：街上人多热闹，名为看灯，实为看人嘛。司马光眼皮子一翻：莫非老夫是鬼呀？夫人顿时乐了，出门后跟其他贵妇嘀咕，这故事很快传遍了洛阳。

司马光节俭是出了名儿的，冬不生炭火，于是访客少，他还纳闷说：怎么一入冬家里就冷清啦？他舍不得多点一根蜡烛，皇上御赐的、能烛照十丈开外的"金莲烛"，在他是摆设，苏轼却常用。可是仆人上街卖马，他一再叮嘱："告诉那买家，马有肺病。"由此可见，司马光节俭而不抠门。他是以身示范，带动享乐成风的官僚阶层学会节约。当然这很难。司马光知难而上。

在一般百姓眼中，司马君实几同圣人。他到京城，若是被人发现了，一定会发生交通堵塞。爬树上房者满街都是，以致踩烂瓦折断树，引发民事纠纷。王安石熙宁变法，由于来势太猛而祸及城乡，所以滔滔舆情对司马光寄予了厚望。

司马光组内阁，上表推荐人才，苏轼赫然在册。另一个宰辅大臣吕公著，也向高太后推荐苏轼。高太后真是喜上眉梢。喜从何来？她一向对苏轼青眼有加，只碍于神宗皇帝，不便插手朝政。神宗一去，她垂帘听政，正考虑用什么方式起用苏轼，却接到两个重臣不约而同的推荐，她不高兴谁高兴呢？如果她夹带了一点私心，不便立刻重用苏轼，那么司马光、吕公著的荐表，确实来得正是时候。

高太后下旨，任命苏轼知登州，掌一地军政大权。苏轼领旨谢恩，但在给朋友的书信中，表明他反应平淡："一夫进退何足道。"

他又得调整心态，撇下刚买的宜兴田，告别鲥鱼鲃鱼；隐藏了苏东坡，而让"屡犯世患"的苏轼再度粉墨登场。

真不想走，但是必须走。

驻常州三个月，归田梦一年多，归于一声叹息。

举家掉头向山东……

2

七月抵达润州，金山寺的住持佛印和尚偕同许太守，迎接苏轼于江边。许太守殷勤挽留，苏轼住润州二十多天，饮酒于金山之上，下榻于古木之旁。夜夜听江声，酣梦醒来以为是在临皋亭呢。许太守心细，特于金山下设一大舸，类似临皋亭下的船房，"水床"摇得舒服，睁眼时，舱外的白浪头比红床还高。

八月下旬，官船发润州，飘然至扬州，扬州新任太守杨景略，设宴于平山堂，为苏轼接风。畅饮畅叙，主客大欢。而前任太守吕公著年初请苏轼吃饭，一味喝闷酒，搞他的沉默艺术，弄得苏轼在饭桌旁就睡着了。眼下吕公著去汴京做了宰相，向高太后推荐苏东坡，比司马光还要积极……

徐大受的弟弟徐大正追过来了，要陪苏轼走一段水路。大受已仙逝，大正款款诉说哥哥，苏轼凝神细听。没有徐君猷，哪有黄州东坡？

"平山栏槛倚晴空"，把酒临风，怀想欧公、徐公。

唉，人到五十岁，要怀念多少人！

九月，船抵楚州（今江苏淮安）。苏轼携二子登岸，与杨杰等官于楚州的朋友盘桓了几天，游览名胜，遍尝好吃物。官船走不动，到处都有朋友，有仰慕他的民间人士。等到回船待发时，淮口起了大风，浪高十尺，于是抛锚停帆，以待风停。老朋友蔡允元闻讯，赶来看望他，待在船上不想走，希望江上的大风再刮两天。

舱内观浪吃酒，杨杰、徐大正俱在焉。

苏轼半醉，手书一札赠蔡允元，记云："仆闲居六年，复出从仕，自六月被命，今始渡淮上，大风三日不得渡。故人蔡允元来船中相别，允元眷眷不忍归，而仆迟回不发，意甚愿来日复风。坐客皆云，东坡赴官之意，殆似小儿迁延避学。"

当面写信给朋友，记下当时的情景，或为宋代士人习俗。士人重交游，会衍生诸多生存情态。各种各样的习俗，维系着生活的意蕴层。

天作大风天留客，观浪畅饮秋云高。

苏轼赴官，像个逃学的儿童，寻找逃学的借口。"意甚愿来日复风"，大风一直刮下去才好呢。苏轼重返仕途，赴任不大情愿，走一路玩一路的。官身不自由，而苏轼这几年摇身一变而为东坡，过着闲云野鹤般的日子，举家乐融融，写诗著书，视江南湖山如情人。本来已获朝廷的恩准，买田宜兴，卜居常州，不料朝政刮起了转向风，又将官帽吹到他的头上，吹掉了他手中的诗意栖居规划图……

十月过海州（今江苏连云港）、过怀仁县，各滞留数日，有诗纪行。

下旬，陆路抵密州。霍太守迎苏轼于城外，设宴于超然台。"重来父老喜我在，扶挈老幼相遮攀。"

十年前，苏轼知密州七百多天，造福一方，受人爱戴。

"当时襁褓皆七尺，而我安得留朱颜。"

当年循城拾起的许多弃婴，现在都长高了，苏轼等于是他们的再生父母。城里城外的少年男女，连同他们的父辈祖辈，三姑六姨，几百人蜂拥到超然台，竞相看望苏使君，感恩不已，场面使人泣下。闺之夫人，朝云侍妾，眼泪抹了一把又一把。苏迨、苏过两个男子汉，几番背过脸去。

马梦得动情地说：鄂州黄州，那重获新生的千百个小女孩儿，不知怎么谢她们的恩人呢！

苏轼眼中也含泪，"哀民生之多艰"。

面对着成百上千的由衷感激他的百姓，美政冲动再起。

跃入生存的波涛起伏的大海，亦能诗意栖居。

投身仕途，做点事情。官场风云多变，此心始终如一。

超然台，盖公堂，出猎的平冈，造访的山丘，挖过的野菜……昔日的点点滴滴，重现于此时此刻。

那么，走吧，到登州去。

然而密州还有牵挂。

密州官舍中的最后一夜，苏轼梦见了王弗夫人，"小轩窗，正梳妆"。

王弗的墓园远在万里之外，"料得年年肠断处，明月夜，短松冈"。

苏轼对闺之夫人说，迟早有一天，回眉山去看看。

若干年来，这话说过百十回了。倒不是叶落归根的意思，故乡对人牵连太多，乡愁袭人啊。乡思之来，其势如风，了无凭据，只因乡思袭人的理由太充足……那一年在青神县瑞草桥，王弗对他说，她刚满十五岁的时候，一身新衣裳，远足去看郎。步行六十里哩，俏足沿着哗哗流淌的春江，走过"嗡嗡嗡"的油菜花。峨眉仙山，嘉州大佛，仿佛近在咫尺。七百里川西坝子笼罩着神的光辉。

苏轼睡不着了，不禁想：她只活了二十七岁啊！

331

"绝艳易凋，连城易碎。"这是李后主写给亡妻娥皇的挽词。大周后娥皇、小周后女英，都只活了二十九岁。

《江城子·乙卯正月二十日夜记梦》是苏轼十年前在密州任上写下的。当时他做了一个梦，梦见王弗正梳妆。眼下又来一梦，她是原野上一朵盛开的三色花。

天未明，苏轼披衣下床溜出去了，踏着残月光，徜徉深秋时节的密州城，穿过了一条薄雾蒙蒙的窄巷。

"香雾云鬟湿，清辉玉臂寒。"

苏轼以这种方式，纪念他长眠于眉山的爱人。

3

苏轼到登州任上仅五天，新的任命复至：升苏轼为主管祭祀、贡举的礼部郎中。全家人床还没睡热呢，又得准备启程了。

不过苏轼动作快，五天干了两件大事：请求朝廷变更当地的军事部署；免除登、莱二州的食盐专卖。前者整顿纪律涣散的边防军，并将军队重新部署在海防要地；后者源于他的一贯主张：民间贸易自由。盐、铁、酒、茶的专卖制度他都反对，而且走到哪儿反对到哪儿，手中无权就挥动诗笔。他终极的政治理想是富民强国。

伟人的掉头何其干净利落！归隐田园，以后再说吧。

他抽空到海边看了海市蜃楼，写下长诗《海市》。"东方云海空复空，群仙出没空明中。"春夏时节的蓬莱三岛，海上仙山飘浮，云中万象皆生，宫殿楼阁，城墙河流，车马冠盖，红男绿女，短衣长裙，好一派热闹景象。苏轼到登州已是初冬，一般来说，是错过了观海市的季节。但他运气好，百年难遇的机会让他给碰上了，"重楼翠阜出霜晓，异事惊倒百岁翁。"异人遇异事的概率比较高。

他去爬丹崖山，探狮子洞，喝泠然泉，听海浪扑入洞中的声音。洞外倚礁石，他晒了一会冬日暖阳，然后整理官衣，登上了蓬莱阁，将沙门、大竹、小竹等五个海上小岛尽收眼帘，作《蓬莱阁所见记》，浓墨书于壁上。到登州的时间太短，他本不想题字于著名的蓬莱阁，难辞当地官民的恳请，只好命笔。

"登州蓬莱阁上，望海如镜面，与天相际。忽有如黑豆数点者，郡人云：海舶至矣。不一炊久，已至阁下。"

文字平实，记所见而已。书法犹如蛟龙舞，直把随行的一群登州人看呆。另有从莱州、青州赶来的士子，专为一睹坡仙的风采。

此间东坡名气太大，没办法。

胶西胶东，是他留恋并且向往的地方，胶西密州八百天，胶东登州只待了十八天：十月十五日到达，十一月二日离开。

百姓巴巴地望他来，怅怅地送他走。在路上，他倚马铺纸，再次写奏章《乞罢登莱榷盐状》，为登州莱州的小民请命，修改盐法，维护自由贸易和民生。这是站在民间的立场上，与官方争利，削官府之峰填穷人之谷。

不久，朝廷批准了他的请求，改专卖为收取盐税，惠及胶东湾数州。

半月之内，两上奏章。目的只有一个：不让百姓受穷。

当几十万胶东人念叨他的名字的时候，他的身影已在远方。

今日山东蓬莱有苏公祠，门上一副对联曰："五日登州府，千载苏公祠。"

4

十一月中旬，苏轼一行过境青州（今山东潍坊之青州市），发生了一件事。

青州太守李定，设盛宴迎接苏轼的到来。苏轼去还是不去呢？家里人意见不统一了，闰之夫人听到李定二字就恶心，苏迨握紧了拳头，恨不得揍那恶名远扬的禽兽一顿。

苏轼说：时隔多年，也许李定不似往日嘴脸了吧。

他带了苏过去州府厅赴宴，李定大献殷勤，脸都笑烂了。苏轼回京担任要职，李定变成了苏轼的铁杆崇拜者，随口背诵东坡的黄州诗文，居然一口气背完了《前赤壁赋》，还清唱"门前流水尚能西，休将白发唱黄鸡"。这个秃顶男人趁了酒醉，密语苏轼曰：小弟昔日机心重，如今洗心革面也，苏大人大量，乞勿计较当年。

李定恭送苏轼东海夜明珠、玛瑙、蔡襄字画，苏轼均不受，只瞧了几眼蔡襄的书法。他对蔡襄的字心仪已久。

李定又唤出青州的绝艳女孩儿，专为苏轼侑酒，唱歌起舞抛眼风。苏轼欣赏而已。登州、青州的女儿美，山东境内皆知……

李定三计不成，有些急了，暗示说，他与知枢密院的章惇很有交情。苏轼只笑了笑，一言不发。

李定是长于搞人、捉弄人的，可是这一天，他的心里一阵阵发怵。

苏轼细尝青州菜，赞一句蓬莱小面。饮绿蚁酒，喝济南茶，听海船歌，放眼远眺海面上繁忙的船帆。

李定一直在表演。苏东坡看不见。

此间的坡仙，已经不大看得见他不想看的东西。

席将终人要散，李定拿出了最后一招：以一代巨匠李承晏制的墨丸，李后主酷爱的澄心堂纸，拜请苏轼为青州官厅留下一幅墨宝。

东坡嗜佳墨，众人皆知。并且，是为官厅留字。

这一招可谓高招。苏过想：父亲这一回将如何应对呢？

苏轼嗅了嗅那乌玉般的墨丸，对李定说了两个字：臂疼。

然后，携幼子，登高轩，扬长而去。

回到豪华馆驿，苏轼说了一句：李定还是那副嘴脸，皮相变而肉不变。

言下之意是：他曾希望李定改过自新。

5

次日一大早，苏轼一家子车马上路，沐浴冬阳懒洋洋。

一马平川。蓝天白云。停车坐爱路边的茅舍小酒店，不妨进去喝两盅，吃乡村特有的野味大餐。如今子瞻不差钱。六品京官的官俸，另有书画"润格"，吃不完用不完，分给朋友花，"随手辄尽"。米芾缺钱，秦观缺钱，李廌贫困，他托人捎钱去。

"鸡声茅店月，人迹板桥霜。"

苏轼很喜欢住野店，尝野物，观民俗，饮村酿，南北方各式各样的村酿，米酒、烧酒、药酒、滋补酒，包括孕妇吃的养胎酒。喝醉了，他背靠老树晒太阳，打个盹儿。夜里瞅月亮。辽阔的平原上顶着星星大步走，深入野地，贪婪地嗅着那迷人的气息。

苏轼到济南，有意多待几天，携家人游大明湖，登千佛山，饮酒历下亭，徘徊于轮子般的、由曾巩命名的趵突泉。仍无好诗来笔端，连称：奈何奈何。

元丰八年冬，一场大雪过后，冬阳照着广袤的雪野。苏轼一行十几个人再次启程，上马的上马，坐车的坐车，搓着手，呵着气，咿咿喃喃的，蹦蹦跳跳的。车轮压过官道上的半尺积雪，马蹄掠过路边的树杈子，锦衣帛裳反射温存的阳光。苏迨、苏过骑骏马奔得快了，苏轼像以前那样大声吩咐：莫急，莫急，沿途玩儿着走。

古村落，小山丘，废弃的城池、庄园，流淌的冰河、浅溪……

行进速度慢，一天五六十里。有有趣的、神秘的地方就停下来，投宿野店或驿站。露宿也行。

夜里升篝火，围坐烤狐兔。几条壮汉，以马梦得为首，沿途呼啸弄雕弓……

此刻他们人在路上，在十二月的平原野地，闲坐寸草小丘，领略着冬夜的苍凉。周遭一片平旷，举目便是天边。

多少年来，何止一百次在路上？陆路水路。蜀中的路，甘陕的路，江南的路，淮南的路，山东的路……屈指行程十万里？不，也许二十万里。

自从离开黄州以来，十八个月的时间，拜谒山山水水，访问城市与村落。鞍与笔，不弃不离。

此去汴京做高官，携带一身野草气。

第二十一章　翰林大学士

1

苏轼刚到京师，就迁为起居舍人。起居舍人负责记录皇帝的言行，跟随在皇帝左右。仍是六品官，但其位显赫。苏轼不想待在皇帝的身边，一辞再辞，并向宰相举荐林希代替他，未获批准。

三个月以后，苏轼免试升为中书舍人，官四品，例兼翰林学士知制诰，为皇帝起草重要诏令。赵宋王朝一百多年以来，不试而领此要职者，仅有欧阳修等三人。官场中称之为"内相"，因为欧阳修、司马光等，均以翰林学士知制诰跻身宰辅。苏轼在短短四个多月的时间里，从六品跃居四品，"被三品之服章"，穿紫色朝服，佩银鱼袋。接下来升副宰相，几乎没有人怀疑。朝廷百官为之瞩目，苏轼自己也晕头转向。中唐及北宋的翰林院，均被视为储备宰辅之地。而苏轼具备宰相的才能，宋仁宗早就讲过，那是三十年前的事了。

苏轼很冷静，上辞状称："非高才、重德、雅望，不在此选。"然后高太后看准了他，他跑不掉。

荣华富贵的生活，始于元祐元年（1086）。从皇宫送到苏家的御赐之物一件又一件，从紫袍、金腰带到金鞍马，"里巷传呼，亲临诏使"，轰动半条御街，士大夫羡慕，老百姓翘首。御街在皇宫附近，高官宅子云集，私家园林甚多。苏轼虽然不求奢华，但美宅华服不可免。高官而兼文坛领袖，每天门庭若市，朱轮成阵，冠盖蔽空。苏东坡的性格，是从不以等级取人的，"吾上可陪玉皇大帝，下可陪卑田院乞儿"。侯门浅若溪，故人笑嘻嘻，谁都能来。眉州、杭州、徐州、黄州的老朋友，这个方去那个又到，独不见巢元修、陈季常，苏轼为此连日惆怅……

黄庭坚来谒，送上一件"谒礼"：名贵的洮河石砚。东坡居士正玩赏着洮河砚，秦少游又与晁补之来，都是两袖清风拜坡翁。加上张耒、李廌、陈师道，六个人合称"苏门六君子"。各携礼物来，贵贱且不论。苏东坡的习惯，是常常忽略来客的手中物的。有时甚至视而不见，使送来薄礼的官员很紧张，以为礼轻，闹出误会。苏大学士做官的风格尽人皆知：严格拒贿。

陈师道字无己，号后山居士，诗名仅次于黄山谷，后为江西诗派之领军人物。他属于苦吟派，"世言陈无己每登临得意，即急归卧一榻，谓以吟榻"。他初上仕途，是由苏轼、孙觉、李常三人共荐的，一般人都认为他是苏门弟子，但是他在公开场合宣称自己是曾巩的弟子。苏轼不恼，一笑置之。秦观填词越来越像"浅斟低唱"的柳三变，苏轼在乎了，说："不意别后，君学柳七填词。"秦观说：我也想学先生的豪放词，奈何学不像呀。张耒有诗形容："秦文情丽桃李舒。"长得清秀的高邮才子秦观，风流缠绵有余，豪放旷达不足。

弟子追随老师，主要学精神，艺术道路不必对老师亦步亦趋。

秦观穷，虽然他做着京官。东京生活成本高，一家好几口，孩子们尚幼，全是吃长饭的。"日典春衣非为酒，家贫食粥已多时。"他一脸菜色去苏家，引起老师的注意。老师吩咐厨娘多烹肉，务必让秦观吃个够，并开玩笑说：秦太虚神游太虚，身子不宜虚。

这瘦弟子回家时，总会带走米面干肉一类的东西。他若是讲礼推辞，闰之夫人就会批评他。

李廌屡考不中，上有老下有小的，比秦观还要穷，却比秦观更要面子。苏轼变着法子接济他，送他御赐宝马，写下一张"马券"，证明马的"身份"，其中说："元祐元年，余初入玉堂，蒙恩赐玉鼻（马）……而李方叔未有马，故以赠之。又恐方叔别获嘉马，不免卖此，故为书公据。"苏轼明知李廌要卖掉御赐的宝马救穷，不肯说破。写马券的意思，是希望他连马带券卖个好价钱。这马券，多年后被眉山人刻在了石头上，拓本流传东京与洛阳。黄庭坚体会了先生的一片苦心，十分感慨，题跋于马券拓本。

李廌卖宝马，兼卖苏东坡手书的马券，得了一大堆银子，锦衣玉食一年多……后来苏轼评价这位弟子："李方叔居山林，文字有锦衣玉食气。"苏轼像孔夫子一样了解弟子的秉性。

晁补之穷，苏轼写诗叹曰："晁子拙生事，举家闻食粥。"

有管家之职的马梦得，济贫有经验，没事就各处去转悠、侦察，看看京城的朋友们谁家在食粥。

苏东坡居高位，与优秀的寒士们往来密切。庸俗的官员来叩访，他也不拒绝，只让歌妓迎于前厅，他在后书房待着。戏称歌妓是"搽粉虞候"。言语投机的朋友来了，他才亲自作陪，海阔天空神聊。

时间宝贵。大名人不得不学会拒绝。那些个无聊的应酬，拒绝一回等于拒绝十回：无聊的家伙会去传播，说苏轼官大了，架子也大了……

这些议论，倒让苏轼乐。

米芾来，王诜来，李常来，黄庭坚来，李公麟来，司马光来……苏家总是高朋满座，再现了当年的文坛领袖欧阳修家中的盛况，只歌舞妓少了一大半。

2

夫人王闰之，暗地里庆幸着。家里若是姹紫嫣红莺歌燕舞，她会持久郁闷的。

只是汴京的高官们，谁不蓄后房啊？二侍人三侍人，七侍人八侍人，一个个斗艳争宠跟后宫似的。东京是个色情大染缸！单说大相国寺那一带的勾栏瓦舍，章台妓馆，令多少男人眼热心慌啊。各种各样的酒楼，比如丰乐楼、状元楼、太和楼、潘楼、班楼，规模宏大，服务项目繁多。

但是，渐渐地，闰之夫人发现，子瞻经得起诱惑。别人津津乐道的好玩的地方，他去一次就不想去了。驸马都尉王诜请他去，他说没时间。

闰之夫人与朝云侍妾聊起这个话题，朝云一笑说：夫人放心好啦，先生的心思，一向是放在大事情上面。汴京城再是灯红酒绿，他看不进心里的。

闰之冲朝云翻笑眼，嗔道：就你知道的多。

朝云说：其实夫人也知道的，只是平时操心家务多了，暂时忘记而已。

闰之不禁伸了手，摸摸朝云的一只雪腕说：如今你说话，真让人受听。

温暖的家，其乐融融的家。儿子孙子皆孝顺，并且爱读书有出息。苏迨长成大人了，娶欧阳修的孙女儿为妻，家里越发热闹，平日里围坐吃饭，三张大桌子摆不下碗筷，"钟鸣鼎食之家"呀！虽然翰林大学士苏子瞻力戒奢华，却不喜欢日子过得紧巴巴，更不学司马光待客也吝啬。

不辞荣华富贵，不嫌粗茶淡饭。

收入丰厚，花销也大。知制诰"撰词头"，按规矩有礼金，撰写宰辅大臣的词头，收金一百。苏东坡左手进钱右手花钱，赠朋友，济穷人，替弟弟还债。苏子由长期做小官，子女十多个，"负债山积"，调入京城后，一时也缓不过来。子由差钱时，不须开口，嫂子便将银子送过来了，交给史氏。两家人加起来，有五六十口之多呢。过年过节齐聚一处，那个热闹景儿啊，女眷们小孩儿多么喜欢。

苏轼总结说：这叫"能处富贵，能安贫贱"。

不过，他睡千工雕花大床，入梦慢，也不够香，不如睡黄州的"十工床"舒服。

翻来覆去地睡不着，于是撞上了一件稀奇事。

3

三月下旬的这一天，窗外，雨声依旧，夜色如漆。

苏轼睡到约四更天，依稀听得屋子里有响声。恍惚间觉得门开了，有一条人影蹑手蹑脚地进来。苏轼揉揉眼睛，以为是做梦。他发出了一点声音，那人影就不动。苏轼不动时，那影子便动起来了。室外的回廊有一盏避风的灯笼，挂在拐角处。

苏轼故意打鼾，那黑影就翻箱摸柜。

屋子大，隔着一道丈余屏风，黑影子摸到屏风后面去了，被什么东西绊了一下，惊醒了王朝云。

苏轼手快，拿被子蒙住两个头，对她耳语：有贼，莫惧。屏风那边。

他伸头出来。朝云也悄无声息探出她的脑袋,屏气凝神,身子战栗。他握住她的手,示意她莫惧。

那影子窃贼还在摸,撬,翻,继而摸索着游走,双手老练地试探着,像表演一出慢动作的哑剧。窗外的风雨声替他做了掩护。

苏轼想:此人手段不低,撬门几乎没声音。

蜀人管窃贼小偷叫"撬狗"……

那京城撬狗摸了多时,没摸到什么值钱的东西,竟然一声轻叹,摆出了一个丧气垂头的造型。墙壁上的两幅名家字画很值一些金子,他似乎瞥去一眼,懒得伸手去摘。

撬狗眼尖,奈何不识字画。

如果他伸手摘画,苏轼便会吼他。

撬狗慢慢移动,溜出门去了。

床上的苏轼冲黑影笑道:墙边有雨伞,你尽管拿去吧!

撬狗陡然受惊,发足狂奔起来,转眼间上树跳墙,顶风冒雨,逃之夭夭。哪里顾得上拿雨伞。

苏轼欠身打火镰子,点亮了银烛台。戏曰:这烛台值十两银子,撬狗手段不赖,胆子尚须练练。

朝云说:这撬狗!他还以为苏学士家,金子银子一摞摞地放着哩。

苏轼说:我近得数千缗,都资助亲友了。撬狗探得一点皮毛,便来行动,撬开我的房门。

少顷,复笑道:他大概熟悉贪官的家,摸金撬银习惯了。不拿字画,专取现钱。

苏轼在汴京遭遇窃贼,朝廷百官尽知。后来他写进了《东坡志林》:"近日颇多贼,两夜皆来入吾室。吾近护魏王葬,得数千缗,略已散去。此梁上君子当是不知耳。"一缗即是一千钱。

宰相司马光迅速拿这事儿做文章，整饬官场风气，郑重宣讲：贪官与窃贼乃是共生之物，贪官多，必定窃贼蜂起。如果官员们都学苏子瞻两袖清风，撬狗也会改邪归正。

司马光拿苏轼做京城官员的榜样，深得高太后的赞赏。"元祐更化"，需要改变官风，重振民风。社会各阶层的道德滑坡、风俗混乱、正气不畅，时间不算太长，亡羊补牢未为晚矣。

元祐元年，高太后追慕着仁宗朝，倾力发起"贤人政治"的浪潮，试图挽国运于既倒。

效果将会如何呢？皇权的运行又将呈现出哪些难以克服的弊端？

4

元祐之初，政局复杂。司马光主政，朝着"贤人政治"的方向努力，他德高望重，庶几能够控制局面。高太后支持他恢复仁宗朝的旧制：毕竟仁宗在位四十二年，治理国家有一整套成功的经验。司马光走马上任时，就奏请朝廷曰："请广开言路，不论有官无官，均许将朝廷阙失及民间疾苦，封状进闻。"

高太后迅速下旨，希望天下士子和平民百姓直言朝政缺失。短短两三个月，全国各地的信件雪片般飞向朝廷。

人心思变，汇成大潮流。

司马光勤勤恳恳，几至呕心沥血，豁出老命要让国家走上正轨。然而他犯了一个走极端的毛病：半年内尽废熙宁新法。他外表温和，内心与王安石一般固执。王安石的新法实施近二十年，有些明显失败了，却也不乏成功的例子，比如方田法、免役法、保甲法，司马光一概推倒，有害于朝廷法度的连续性，不利于官员团结。朝廷各部门，许多官员是"熙宁人物"，他们嗅到了掉官帽的危险，必定联手反抗，不惜拼死一搏。司马光等人对此，显然缺乏洞察力。

封建权力的运行，往往把人事放在首位，所谓一朝天子一朝臣。这也意味着一朝反对一朝，后朝推翻前朝的执政方针和人事安排。熙宁初王安石上台，变祖宗法度，骤行新法，奋力赶走了一批嘉祐大臣。时隔十几年，高太后听政，在前朝弊端的基础上建立她的执政理念，复将矛头指向熙宁人物。而具有讽刺意义的是，七八年后宋哲宗掌大权，迅速起用一批人，向元祐大臣发起了猛烈进攻。

皇权显现为封闭式运行之态势，不可能形成皇权之外的制衡因素。民间的广大智慧不能抵达幽深的朝堂。

仁宗朝四十余年，名臣如云，如范仲淹、欧阳修、富弼、韩琦、包拯、范镇、文彦博、张方平、王安石、司马光、苏轼、曾巩。神宗朝近十八年，新进小人多，如吕惠卿、王珪、李定、张璪、蔡确。上下交争利，官风已败坏，对高太后发起的元祐更化颇不利。以司马光、吕公著为首的贤人政治，不过是昙花一现。政府首脑的高风亮节，并不能保证他有足够的政治智慧。恰好相反，道德之身反成遮蔽，形成执政盲区。到了哲宗、徽宗临朝，几乎就是奸臣当道，吕惠卿卷土重来，章惇、刘挚把持要津；蔡京、童贯、高俅、李邦彦这些恶棍式的乱臣贼子，长期为所欲为，终于联手葬送了北宋王朝……

苏轼复起之后，以翰林学士知制诰的显赫身份，直接面对司马光。二人私交本不错，政见又多有相同处，一开始合作愉快。苏轼曾写诗说："先生独何事，天下望陶冶。儿童诵君实，走卒知司马。"对这位名重朝野的大丞相充满了景仰之情。可是到汴京几个月以后，彼此的分歧显露了。这情形，类似当年的司马光从欢呼王安石到抵制王安石，前后仅数月光景。

苏轼向弟弟透露了他的隐忧。熙宁年间他反对王安石的激进，眼下又对司马光的"尽废新法"颇不满。两次皆与铁腕宰相有重大分歧，这将对他的政治生涯产生什么样的影响？

掌枢密院（枢密院在兵部之上）的章惇跟司马光正面为敌，毫不示弱。这个章惇也是北宋一大怪才，有时行事像英雄，有时直接是魔鬼。他敢当着高太后的面对司马光大吼大叫。司马光称：免役法有五害。章惇上书几千言，力加驳斥，不给司马光一点面子。二人闹到太后的御座前，章惇竟然咆哮："它日安能奉陪吃剑！"然而司马光面色凝重，不予理会。

苏轼跟章惇是同年进士，凤翔曾有过愉快的交游。乌台诗案，章惇在紧要关头呵斥宰相王珪，苏轼一直铭记着。现在他十分为难。宰相府、枢密院，他两边走动，试图缓解政府首脑与军事首脑之间的矛盾。

更麻烦的是：苏轼和司马光的分歧又公开化了，苏轼不同意尽废熙宁新法。"法无新旧，以良为是。"

原则之争，苏轼决不让步。当年反对王安石，他位卑职小已经跳得很厉害，如今他位高权重，把司马光弄得非常头疼。议事每每不合，谈不拢，温公渐渐看苏公有些不顺眼了，"始有废公意"。

司马光废除免役法，命令一经下达，各部门五天内就要执行到位。这风格，与熙宁初王安石骤行新法如出一辙。免役法又称雇役法，本着服徭役"有钱出钱，无钱出力"的原则，对抑制富人、限制官吏弄权有好处。何况它实施了十六年，去除了实施过程中的若干弊端，明显强于以前的差役法。朝廷废青苗法、市易法，天下称快。可是恢复差役法，并不能大快人心。苏轼任凤翔签判时，目睹了百姓服"衙前"役，备受官吏欺压、捉弄的情形。后来做太守，推行雇役法很积极。他具有相当丰富的基层经验，和十五年闭门著史书的司马光很不同。

差役法即将推行全国三百州，苏轼嗅到了危险，跑到宰相府，找司马光谈了两天，费尽唇舌，后者毫无松动的迹象。

苏轼真是痛心疾首，苦劝司马光没结果，转与谏官们议论，试图联名上奏高太后，收回恢复差役法的成命。然而一个叫黄庆基的谏官侧目苏轼说：谪黄五年，还嫌不够么？

苏轼倒抽了一口冷气。他意识到，朝廷的一些人不满他升官快，暗中侧目已久……

苏轼几乎孤身奋战，既要质疑政府首脑，又要对付官场小人。勇士如果一直是勇士，那么他就一定孤单。但他只向真理投降，不向权威低头。大丞相拿权威压他是不行的。其凛然正气，数十年不动分毫。

苏轼致信朋友说："昔之君子，唯荆（公）是师；今之君子，唯温（公）是从。所随不同，其为随一矣。老弟与温相知至深，始终无间，然多不随耳。"

苏轼为人随和，为艺术随意，为政却不随波逐流。做官，为国为民而已，此外无他求。官帽再大，俸禄再多，不足以使他变得瞻前顾后、唯唯诺诺。

苏轼与王安石、司马光之间发生的故事，在中国古代，毫无疑问是罕见的。它对现代的启示也是显而易见。

苏轼反对司马光尽废新法，有三点值得注意：一是他的史识，并不在司马光之下；二是做地方大员、朝廷高官，使他的政治眼光高于长居书斋的司马光；三是他勇敢而不偏激，能看到王安石熙宁新法的长处。

苏轼丰于忠信和才智，却被拖入旋涡混乱的人事纠缠，抵达执政的位置，难之又难。

5

司马光执政一年多，由于劳累过度，累死在宰相办公桌上。高太后大恸。雄心勃勃的元祐更化、大力推行的贤人政治失掉股肱之臣。她再有能耐，要镇住七翘八拱的百官、派系林立的政局，确实力不从心了。让司马光大权独揽，是她的一大失误。也许这位太皇太后不得已而为之：司马光威信高，学问大，为官堂堂正正。她考虑宰相的人选，首重威望，把政治智慧放在了第二位。她忽略了司马光的性格缺陷。

荆公、温公都是说一不二的铁腕人物。而封建政权的格局，要么需要独裁皇帝，要么需要铁腕大臣，否则就镇不住朝堂，管不了百官。司马光去世，高太后痛哭，她哭的正是这一点。有学者称高太后为"女中尧舜"，她有尧舜之心，并无尧舜之力。也许她真有过让苏轼当宰相的念头，但政治这东西讲究"势"，时殊势易，苏轼身正而言直，于是备受小人的围攻，"谤书盈箧"，她不得不摁下自己的念头。

高太后是苏轼诗文的忠实读者。苏轼每有新词，她必吟诵再三，安排宫中乐人演唱。事实上，这也是几十年来大宋皇室的一个传统，后来又传到了徽宗、高宗、孝宗。宋孝宗视苏东坡为隔代知己，精读了苏轼卷帙浩繁的全集。

高太后很喜欢"莫听穿林打叶声，何妨吟啸且徐行"，爱唱"花褪残红青杏小，燕子飞时，绿水人家绕。枝上柳绵吹又少，天涯何处无芳草"，哼着唱着，她会叹息，抹去几颗腮边泪。年复一年她抹了多少回？普天下有谁知道？高高的宫墙隔不断无限心事。年年宫墙春柳，只是愁上添愁。花样年华她嫁给了一个病人，病人坐龙椅三年多一命呜呼，她三十来岁就守寡，一守二十余年。至高无上有啥意思呢？苏轼说得好："高处不胜寒。起舞弄清影，何似在人间？"心灵的寒意，肌肤间的寒意，她真是领教够了！闲情抛置太久，夜夜守空房，抱紧玉枕做好梦，醒来双泪流：梦醒的一刹那，她忆起自己的少女情状，平生最大的憧憬，不过是嫁个如意郎君，做幸福的女人、慈爱的母亲。可是丈夫早逝，儿子操心过度死了，女儿又病亡，她垂帘听政，居于权力最高端，实则是个伤心透顶的女人。

诬陷苏轼的朝廷小人贾易，被高太后赶出京城去了。可是小人走一个来两个，赵君锡、赵挺之，二赵攻一苏，明枪暗箭都用上。苏轼屡上辞状，"乞一郡"，希望到一个"不争之地"去做地方长官，比如到他特别喜爱的越州（今绍兴）去，高太后不批准。

年过半百的苏轼不想做朝廷高官，当源于他的自识，以及对哲宗朝政治生态的直觉性洞察。如果是在仁宗朝，他多半乐意跻身宰辅，当时的一批士大夫形成了"贤人政治"的气场。而元祐年间高太后强推贤人政治，她对形势的把握是有欠缺的。让书斋人物司马光大权独揽，是她用人之不当。

温公去世，坡公想走。

元祐三年（1088），苏轼和高太后之间发生了一些故事。

6

宰相吕公著，在司马光去世之后，苦于权力斗争太复杂，执意退休，回家坐禅。高太后只得恩准。

朝廷要换宰相，这可是天大的事情，负责"撰词头"的翰林学士知制诰苏轼，闭锁宫中的翰林院。

时在四月初。而前些日子他"知贡举"，以礼部考试主考官的身份，率领黄庭坚、秦观等人闭锁试院四十天，诗酒书画，酣畅淋漓，再现了嘉祐二年欧阳修知贡举的风采，并且，废除了以王安石《三经新义》取士的熙丰标准，恢复了以诗赋、策问取士的嘉祐标准。这事阻力不小，苏轼得罪了一些官员。

没办法，做事就要得罪人，做大事得罪很多人。

苏东坡锁礼部试院四十天，回家没几日，又被锁进了皇宫中的翰林院。

吕大防、范纯仁分别出任左仆射和右仆射，也就是左、右宰相。宋代官制，左为先。苏大学士撰写诏书，哲宗皇帝盖上玉玺大印，整个仪式紧张有序，黄衣太监们影子般穿梭，绕玉柱踏地砖无声无息。

重要诏书用白麻纸，学士撰词头又称"撰麻"。大太监向朝廷百官宣读诏书，则叫"宣麻"。

撰麻仪式结束，苏轼欲退时，太皇太后高氏忽然传旨：便殿召对。

便殿召对，是宫中单独召见的意思。

高太后垂询：内翰前年担任何职？

苏轼答：汝州团练副使。

太后问：今为何职？

苏轼答：备员翰林学士。

太后再问：内翰知何缘由？

苏轼答：太皇太后的恩典。

高太后摇头，一声长叹：不干老身事。这是先帝对你的恩典！

苏轼缓缓抬头，望着高太后含悲忍戚的面容。

太后又说：先帝在时，用膳也要读你的诗文，读到佳处，往往停箸而叹赏，连称子瞻奇才，奇才！可惜来不及起用你，先帝、先帝就英年驾崩……

太后哭了，苏轼也流泪。

太后带着哭腔说：内翰，你要尽心侍奉官家，以报答先帝对你的知遇之恩。

官家指宋哲宗。

苏轼伏地叩头，谨诺连连。

元祐三年暮春的这次便殿召对，后世几百年，被学人们反复书写。那情景，大抵如上述。情景所隐含的意义却需要加以重新阐释。

高太后对苏轼的恩典，是摆在明处的，确定的，不用说的。而不确定的、需要说的，是宋神宗对苏轼的恩典。高太后重用苏轼，显然不希望苏轼对乌台诗案耿耿于怀。这里所凸显的，是高太后对早逝的儿子的一腔深情。她要打消一代奇才苏东坡对宋神宗可能怀有的怨气。她要确保大臣苏轼对赵宋皇室的忠诚。

但事实上，宋神宗不死，苏轼复起的可能性不大。熙丰大臣与元祐大臣的执政理念是相反的。是高太后和苏轼"君臣遇合"，而不是宋神宗。神宗后期，敛财、用兵之志未变，而苏东坡志在归田，买田于常州阳羡。皇帝驾崩一个多月，苏轼题诗于扬州的竹西寺，"野花啼鸟亦欣然"。高太后"母改子政"，迅速扭转政局，大幅度调整人事，方有苏轼知登州之命。后来大半年的时间里，苏轼从七品升为四品，穿三品大员的紫色朝服。

苏轼登玉堂，功在高太后。

便殿召对一席谈，展示了高太后的用人智慧以及母子深情。

这一天（未知昼夜），高太后赐苏轼金莲烛。

苏轼吃了一惊。

金莲烛的典故，宋代士人皆知：晚唐令狐绹拜受唐宣宗所赐的金莲烛，不久便做了宰相。

高太后此举，是明示苏轼吗？从内翰到外相，只有一步之遥。

太后目视他良久，然后微笑着说：内翰去罢。

苏轼退。返回他值宿的翰林院，发现自己浑身冒汗。半夜里还在凝视金莲烛，喜忧参半。

7

这事儿迅速在京城传开了，百官皆知，市井议论。

家里人个个欢喜，围观那圣物般的御赐金莲烛，把它和宰相的位置联系起来。闰之夫人难掩喜色，拉着史夫人的手指点金莲烛。唯独朝云侍妾的一句话引起了苏轼的注意，朝云说：先生梦回东坡麦田，念叨临皋亭呢。

苏轼对弟弟感慨：朝云难得！

苏辙笑了笑，不作评价。

后来，有人以苏轼的口吻撰对联，上联云："唯有朝云能识我。"

每逢五月的麦收时节，朝云倍思她与子瞻所生的干儿。干儿一去四年多，她未能怀孕。煎药何止百服，吃了无动静。子瞻他今年五十三岁，添个干儿般的乖幺儿那该有多好。俗话说，皇帝爱长子，百姓爱幺儿。乖幺儿会生于雕梁画栋间，长于全国首屈一指的书香人家……然而子瞻他不作此想。不考虑再纳侍妾，对王诜、李常、刘贡父等人的好心张罗一笑置之。

苏轼身边的三位女性都姓王。王弗、王闰之的名字与他无关。朝云的名、字是他起的,包括她的姓氏。

苏轼的母亲、乳母,以及三位姓王的亲密女性,对他一生的影响难以估量。有一点能判断:他的悲悯情怀、日常关切、审美目光,与他数十年身在美好女性的环绕中息息相关。

苏轼小时候备受浸润,长大了又去浸润别人。

王朝云的丽质、浓情、向善、好义,使她更能成为苏东坡心仪的生活伴侣。他们互相激发。

王朝云未能给苏家留下儿女,却连年激发苏东坡的生命创造力。"天意君须会,人间要好诗。"苏轼留给人间多少顶级艺术品?这一层,王朝云贡献大。

遁儿远遁后,朝云不复做母亲。她爱得专一。而闰之夫人分心的渠道多,这也是古代女性之常态。

朝云看苏轼,目光能直抵本质性的东西。她也不费力,一眼两眼就能看到位。而费力者往往不讨好,其极端形态是:相处一生,彼此陌生。闰之夫人当年在湖州的船上烧文稿,只因她理解丈夫不够。她熟悉卧房厨房,未能理解书房:少女时代的生存向度,使她的理解力将书房处理成盲区。这一点,她不如王弗、王朝云。

朝云年幼入苏家,看来是非常重要的。

8

汴京的生活真不错,美宅美食美饰美器,逛大相国寺,登慈恩佛塔,观马行桥夜市,欣赏各大名楼的歌舞杂技、男女"气球"(蹴鞠)表演。画船浮汴水,轺车进朱门。重阳、冬至、除夕、元夜、春分、上巳、清明、端午……节庆一个挨一个。妇人们高兴,小孩子疯玩。苏氏兄弟两家,天天都像一个家。

苏轼做哲宗皇帝的老师已经一年多了。几个大臣轮番"侍经筵",教导小皇帝。不久,苏辙也加入了帝王师的行列……

元祐三年,子由出使北辽,惊讶地发现哥哥的名声传到了大漠深处。子由写诗《神水馆寄子瞻兄四绝》,其一云:"谁将家集过幽都,逢见胡人问大苏。莫把文章动蛮貊,恐妨谈笑卧江湖。"

后来去北辽的宋朝使者,见馆壁题有苏轼的长诗,书肆出售《大苏小集》。契丹人也称苏轼为大苏,称苏辙为小苏。称已故的苏洵为老苏。"毡毳年来亦甚都,时时鴂舌问三苏。"

可见三苏的称谓起于北宋。北辽、西夏、高丽,皆有传播。

苏轼写给弟弟的诗则云:"单于若问君家世,莫道中朝第一人。"

中朝第一人,非苏东坡莫属。

宋辽长期和平相处,华夏文明之风吹动北辽的大草原,渐入契丹人心。可惜这个局面,后为宋徽宗所破。他心血来潮,贸然举兵,联金攻辽,却被强悍的金兵吞掉了北中国……

动刀兵两败俱伤,争文化互利共荣。

皇帝的贪婪催生野心,野心导致盲动,盲动制造悲剧。唐朝宋朝,逃不出这个历史规律。倒是唐宋士大夫精英文化、民间的生活智慧,能够轻而易举地穿越历史,流布于当下并越过当下,遥指未来千万年。

软实力之软,有滴水穿石之功。

9

且看公元十一世纪八十年代末,苏东坡居汴京,道德文章传四海，鼎鼎大名垂宇宙。力推贤人政治的高太后器重他，委以重任。翰林大学士，兼做帝王师。太后便殿召对，明赐金莲烛，喻示天下：苏轼很可能跻身于宰辅的行列。

中朝第一名士，能做百官之首吗？他数十年来"尊主泽民"，永远心系天下苍生，又具有非凡的才能、广阔的胸怀、丰富的为官经验。这样的人当宰相，还会有悬念吗？

悬念不在别处，只在苏轼心中。

知天命之年的苏东坡，对自己、对身处的环境已经十分清楚。秉性就像一棵大树，躯干和根系早已定形，一年年变换枝叶而已。

如何做高官，心中自有数。

士之遇也，高太后重用。士之不遇，盖因官场生态欠佳。

苏东坡带着一双慧眼行走朝堂。慧眼也是锐眼，看人看事入木三分。本质性直观，能看到事物的多方联系，但是，核心价值不变。

高官厚禄，锦绣前程，真不足以使他改变。应该说，此间的苏轼，与三十二年前高中进士时的心境一脉相承："自今为许国之始！"

荣华富贵，也复有趣。日常体验不同，赏心乐事多多。能超然于物外，也能优游于物内，这才是爱物，像庄子讲的"物物"，而不是"物于物"：受物的掌控。苏家向来不搞奢华，但皇宫所赐之物都要派上用场，龙团茶要喝，金莲烛要点，良马要驰骋，犀带要系上，金盒银盒要装东西……

每天滋润着，体重增加了。

初夏的一天，他在自家庭院中散步，忽然笑问浓荫下闲坐的家人：我这肚子里究竟装了些什么东西？

家人七嘴八舌，却是众口一词：学士的肚子里全是好文章。

354

苏轼笑了笑，并不认可。

苏过说：是对太皇太后的一片忠心。

苏轼笑而不答。这还用说吗？

朝云说：依我看呐，先生是一肚子的不合时宜。

苏轼捧腹大笑，点头道：子霞知我也。

她是苏子瞻的知己。

端午节快到了，两人并辔出游百十里。开封城外一马平川，穿城而过的汴水绿波浩荡。忙着过节的汴梁人随处可见，码头边，古榕下，村落旁。苏东坡为王朝云写下名词《浣溪沙·端午》："轻汗微微透碧纨，明朝端午浴芳兰，流香涨腻满晴川。彩线轻缠红玉臂，小符斜挂绿云鬟。佳人相见一千年！"

东坡先生真是情不自禁啊。多轻快的小词，多美妙的朝云，多真诚的祝福。端午节又称女儿节，出嫁的女儿挂符回娘家，上山插蒿草，归家浴陈艾……她们吃粽子抛粽子，踏百草抚百花，替小孩儿围上老虎肚，为老人们斟满雄黄酒。

战国时期，吴国故宫有个香水溪，据说是西施常入浴的地方，人们呼为"西施塘"，类似盛唐杨贵妃泡的骊山华清池温泉。王朝云端午浴香兰，后来渐渐地传为佳话。江南杭州、岭南惠州、西蜀眉州，皆有流香涨腻的"朝云溪"。孔夫子讲过：兰有王者之香。屈原对兰花更是礼赞有加。苏轼自比维摩诘，拿维摩诘方丈中的散花仙女比朝云，复以兰花去配她，精挑若干兰花草，为她准备一年一度的"香兰浴"。

朝云自幼离开了爹娘，父爱的缺失在子瞻的体贴温存中得到了补偿。而任妈又给她母亲般的疼爱，关心她的起居饮食、隐秘心事……

苏轼呵护朝云，只在举手投足间。恋爱絮语不少，温存动作更多。有些事苏轼并不解释，比如他请来道符（赤灵符）斜挂在她的胸前，既能通神明，又让她有女儿挂符回娘家的感觉。

想得真周到。

当苏轼凝视高太后恩赐的金莲烛，目光转忧郁时，朝云便紧搂他，把耳朵贴在他宽阔而结实的胸前。

她听到了什么？

她听到了子瞻的叹息，从胸腔深处发出来的叹息。

10

元祐三年苏轼行走朝堂，对很多事实在看不惯，"如食之有蝇，吐之乃已"。一些京官与地方官长期勾结，鱼肉百姓，蒙骗朝廷。知道内情的大臣并不少，却缄口不语，一个个城府很深的怪模样。官员利益盘根错节，他们信奉多一事不如少一事的处世原则，察言观色十分在行，敏感的神经直指乌纱帽。

讲真话的人寥寥无几，而苏轼是其中之一。他作为哲宗皇帝的老师，迩英阁侍读，讲真话的机会多。

九月，苏轼上《述灾沴论赏罚及修河事缴进欧阳修议状札子》，明确说："而四年之中，非水则旱，日月薄蚀……以伤阴阳之和。所以致此者，皆由朝廷赏罚不明、举措不当之咎也。"他一口气讲了几件事，揭发其真相，"邸报"一出，百官哗然。

例如广东的岑探聚众造反，兵围新州（今广东新兴），朝廷派将官童政前去平叛，这个姓童的斩杀无辜平民数千人，取首级以邀功。

朝廷再派江西提刑傅某去调查童政，傅某一去，畏惧童政势大，马上嫁祸于新州官吏，为童政开脱；却又宣称新州官吏守城有功,希望朝廷将功折过。这家伙大耍滑头,同时应对有权有势的三方:朝廷、童政和新州官吏,只欺几千个平民冤魂,连同死者的家属。

苏轼愤然指出:这是明目张胆地愚弄上下!

苏轼知道,童政在军中有势力,傅某在朝中有后台,他把真相抖搂出来,军政两涉,又得罪广东新州一带的地方官吏。

然而,如果他不讲真话,高太后将受蒙蔽,几千个冤死的无辜平民将不得申冤。

孰轻孰重,一目了然。

苏轼上疏,把自己搭进去了。这是他始终不变的"尊主泽民"的原则使然。

上朝时,官员们瞅着他交头接耳……

再如蔡州(今河南汝南)的官兵捕盗,杀了一家六口妇人,割下她们的头,肢解其尸身,以妇人头冒充强盗的首级以邀功请赏。朝廷发现了,派人到蔡州调查,当地军人坚称:动刀时男女不可分辨。苏轼上札子说:"白日杀人,不辨男女,岂有此理!"

一份上奏的札子,抖出了一群为非作歹的官员。高太后准奏,命有司查办。

《述灾沴论赏罚及修河事缴进欧阳修议状札子》的另一个矛头,指向军事首脑、知枢密院的安焘。二十多年以前,位于北京(今河北大名)的黄河由于淤塞,改道西北方向,渐渐形成了新的河道。工部的官员们以及治河的许多行家都认为:北京境内的黄河北流无碍。可是都水使者王孝先,执意堵塞新河道,筑起一条堤坝,让黄河回复故道。这是违反治河常识的,因为北京的黄河故道地势高,水流向下,筑堤无用。堵塞新河道更是遗患无穷。在杭州、徐州积累了丰富经验的治河行家苏轼,强烈呼吁立即停工,并批评朝廷说："何苦徇一夫之私计，逆万人之公论，以兴必不可成之役乎！"

"一夫之私计"指谁呢？王孝先兴师动众堵河筑坝，全仗着安焘的支持。安焘又与宰相吕大防通报过相关情况，善于做官的吕胖子默认了。苏辙跑到宰相府建言，他一味摇扇子哼哼哈哈。

苏轼的札子中涉及河事的部分，高太后没有表态。

安焘得寸进尺，怂恿王孝先散布说：苏轼管得太宽！

劳民伤财的工程在继续，安焘发动舆论，称王孝先治理黄河有功。王孝先是他的人，此人掌北京河事，朝野皆知，所以他必须有功。调子事先已定下，安焘以枢密使的身份左右着事态的发展。

上朝的时候，安焘和几个武将文官对苏轼相当冷淡，甚至侧目而视。苏轼不示弱，冷面以对。

回家颇郁闷。刘贡父、孙莘老来劝他，透露了一些朝廷内情。军事首脑与政府首脑之间的关系向来微妙，人事问题，利益问题，纠结已久，太皇太后也感到棘手。

有些政事，直如一团乱麻，谁是快刀手呢？王安石当初也被他一手提拔的部属弄得丧子、罢相。

重阳节，苏轼、马梦得偕同"苏门六君子"登高望远，浩叹，剧饮，大醉。

苏轼的弟子和好友，如黄庭坚、秦观、王巩，于元祐三年（1088），仕途皆不畅。黄庭坚还屡受攻讦。官场博弈的一个常态是：攻主帅，先剪他羽翼。苏东坡极不愿意被拽入权力斗争的烂泥潭。历史教训太多。拉帮结派争权斗利，严重妨碍生命力的全方位喷发。

真想"乞一郡"啊，仍做太守，造福百姓。

苏辙《论河事章奏》："臣兄轼，前在经筵，因论河事，为众人所疾。迹不自安，遂求隐遁。"

苏轼自己也上札子，以眼病为由，请辞翰林学士知制诰："臣为衰病眼花，所言机密，又不敢令别人写表，伏望圣慈，特赐宽赦。"

司马光去世后，朝廷形成了以二程（程颐、程颢）为首的洛党，以刘安世为首的朔党，视苏氏兄弟为"蜀党"。苏轼曾经在司马光的葬礼上嘲笑程颐拘泥礼教，导致程门弟子怀恨在心。

一些仕途受挫的"熙丰人物"，暗地里在行动，搞串连马蹄疾。

几股势力斗争，斗成一团乱麻。

政治生态趋于恶化。恶化也意味着：正直的动机和行为不能被广泛理解。事物总会被拉成奇形怪状。苏轼位高而权重，几乎动辄得咎。他知贡举，荐士人，揭露京官与地方官的丑行，指斥北京河事……但凡发力之处，无不招来是非。

蓄意装傻，他又做不到。高太后尚能控制局面的年月，乃是正直的大臣们发力的良好时机。苏轼于此，也有深思熟虑。

然而百官之间，从来百事复杂。几代人的恩怨利害纠结不清。好官良吏，彼此也会产生矛盾、误解。官场小人则挑拨离间，专心干坏事，奋力拓展他们的利益空间，几个能量大的小人足以搅乱朝政，唐玄宗后期最为典型。

苏轼叹息说："二年之中，四遭口语。发策草麻，皆谓之诽谤……以至臣所荐士，例皆诬蔑。"

这位四品高官，其实处境荒诞。

苏轼草麻，引用了一句《诗经》上的"民亦劳止"，便被攻击成比宋神宗为西周暴君周厉王。攻他的人是台谏赵挺之。此人又猛攻黄庭坚。后来更去依附大奸相蔡京，攻他的亲家李格非（李清照之父），为制造"元祐党籍碑"出力不小。

有些人张嘴便是满口犬牙，吠人咬人不知疲惫，吕惠卿、李定、赵挺之可称典型。

苏轼的好友、开封府尹钱穆父，被朔党攻出了京城，到越州去做太守。苏轼写诗《送钱穆父出守越州》："若耶溪水云门寺，贺监荷花空自开。我恨今犹在泥滓，劝君莫棹酒船回。"

汴京政坛，几乎要变成怪虫乱舞的烂泥潭。苏轼劝钱穆父安心待在越州，莫要回京。

如果长期纠缠下去，势必生恶气，变人形。官场龌龊之风，能够充分调动人性中的"恶本能"。

如果苏轼妥协，收敛正直，培养八面玲珑的面团形象，甚或曲意奉承宰相，那么，他拖着一大家子，舒舒服服地居京城，享受荣华富贵，真如同探囊取物。事实上，很多大臣就是这么干的。胖子宰相吕大防堪称"总面团"，凡事眼观六路耳听八方，说话表态模棱两可，是非观模糊，利益图清晰。

元祐年间的苏轼，和嘉祐时期的苏轼没啥两样。贤良方正，而不是圆滑自保、一步三瞧。

"君子喻于义，小人喻于利。"

苏东坡在京城，荒诞感是明显的，动辄得咎，不动又难。荒诞的结束遥遥无期，而生命中的好时光有限，五十多岁的人了，耗不起十年八年。官员面孔，变幻莫测。苏轼感慨："人之难知也，江海不足以喻其深，山谷不足以配其险，浮云不足以比其变。"

磊落坦荡者，对各式变色龙和阴险分子体验尤深。

强大者屡屡受伤。荒诞感在继续，郁闷时或有之。

苏轼上朝、值宿，总把眉头"皱完"，不带郁闷回家。

郁闷日积月累。"恶气"将生之时，苏轼干脆请病假，一个月不上朝，不去被称为玉堂的翰林院。时在元祐三年秋。他写《陈情乞郡札》呈给高太后，"坚乞一郡"。

身居庙堂之高，心向郡县之远。

为什么？做地方长官能有所作为。

可是高太后仍然不放他走，三天两头地遣使问疾，派御医，赐药膳。太后隆恩如此，苏轼只得销假视事，披了紫袍，穿了朝靴，戴了官帽，在僚属的簇拥下登高轩，复去玉堂上班。

销假视事的这一天，宫中又赐苏轼法酒、官烛。

苏轼受感动，写诗云："微霰疏疏点玉堂，词头夜下搅衣忙。分光御烛星辰灿，拜赐宫壶雨露香……"

玉堂值宿，高太后复于便殿召见他，安慰他，像对待一位能推心置腹的老朋友。二人谈政事之外，也说说闲话，各地的美食、风俗、轶闻之类。苏轼见多识广，言语幽默风趣，高太后有时忍俊不禁，开颜大笑。权力顶端的女人，开怀的时光可不多。

北方冬季冷，深宫暖如春。

苏轼在迩英阁侍读，悉心教导小皇帝。这件事的难度更大……

苏轼同时侍奉着高太后与哲宗皇帝。官员们注视着。小人期待着，他们相信，迟早有一天，苏轼的嘴巴和毛笔还会惹祸。

赵挺之跑到扬州去对蔡京说：苏轼不可能当宰相，翰林学士恐怕也做不长。

蔡京笑问：子瞻官运这么差啊，为啥呢？

赵挺之笑答：苏子瞻嘴劲大笔力强，官运如何不差？

蔡京闻毕哈哈大笑。

应该说，小人研究苏轼，也算透彻。

不久，苏轼在迩英阁对小皇帝讲马的故事，又惹祸了。这故事稍后讲。

11

从元祐元年到元祐四年，苏轼在汴京的日子总的说来颇为滋润。遭恶攻，受误解，渐成常态。荒诞郁闷之类，并不能左右他的身心健康。他长胖了，有了肚子，由于个头高，身板直，肩膀宽，照样有身材，有形。高而瘦的苏辙后来做了三品京官，门下侍郎，位列宰辅。两兄弟同受高太后的恩典，显赫一时。两家人又住得近，常常抬腿就过去了。

眼下的苏辙有了北方口音。苏轼一直讲西蜀的眉山话。

苏轼年轻时自创的一种帽子，高筒，短檐，殊不知戴了几回，全城都流行起来了，呼为"子瞻帽"。京城的儒生，外地的考生，几乎没有不弄一顶子瞻帽盖在头上的。一般后生乃至中年男人踊跃仿效，士大夫亦不免。京师各商店有售，聪明的商家还卖到了洛阳、金陵、杭州、成都。逢着二三月的考期前后，清一色的子瞻帽流动于汴京城的大街小巷。以至于有人看不惯，写对联加以嘲讽："伏其几而袭其裳，岂真孔子；学其书而戴其帽，未是苏公。"

学子们崇拜的对象，除了孔子，便是苏轼。

皇宫里伶工演杂戏，两个优伶各戴一顶子瞻帽，互相夸耀学问，小皇帝扭头看苏轼看了很久。高太后抿嘴笑笑。这是宫中梨园的保留剧目。

市井传苏诗、苏文、苏字、苏画。书画仿品多如牛毛。高仿真能卖高价钱……

科举场屋顺口溜，盛行了二三十年："苏文熟，吃羊肉。苏文生，吃菜羹。"

章台酒肆，瓦子勾栏，歌妓乐工们演唱苏词成风，连年不衰。

苏轼改造"艳科"曲子词，引领新风尚，让士大夫的精英文化在民间扎下根来。绝妙好词真多，歌手们唱不过来……

苏轼过朱雀大街（据考古，这条皇城大街宽达 142 米），逛占地上千亩的大相国寺，登世界第一高楼丰乐楼，若是被人认出来，必定行动困难。爬树上房观子瞻，再现了京师市民聚道争睹司马光的盛况。司马光返京的时间短，只有一年多。而苏轼名动京师，时间要长得多，影响的范围也比司马光大得多。

宋代青年真有福，能够崇拜苏东坡。

苏东坡去万岁殿上朝的时候，居然里边穿一件绘着阴阳图案的道衣，外面套朝服。哲宗也不责怪他，至少当面是这样。小皇帝背后嘀咕时，苏大学士听不见。

欧阳修之后，苏东坡乃是公认的文坛领袖，书画宗师。范仲淹、欧阳修、张方平的文集，由他来写序。司马光的功德由他撰文表彰，刻成铭文……皇宫附近的苏家门庭若市，车如流水马如龙，翰林大学士，如驻春风。宫中太监老往苏宅跑，太后的御赐之物一件接着一件，小到一包茶、一盒酥、一锭墨，大到一匹宝马，一条名贵犀带，一盏堆金砌玉、含有符号意味的金莲烛。如此显贵的门第，能进去喝杯茶就足以炫耀于人了。士大夫的信条：能处富贵，能安贫贱。谁是楷模呢？当然是苏东坡。对寒士他有求必应，对达者也尽量帮忙。这些方面资料多证据足，宋人近千种笔记，据说很难找到一种不提苏东坡的。

秦观、黄庭坚这样的大文人，不过是他的门下士；米芾、李公麟这样的大书家大画家，俱为他的子侄辈和追随者。高太后的乘龙快婿王诜、张方平的女婿王巩是他的忘年交，终生的好朋友。

现存于眉山三苏祠博物馆的《西园雅集图》，见证了北宋文坛的一桩盛事：画面上十六个人，全是名噪当时的人物，在王诜的豪华私家园林雅集，或书，或画，或弹琴，或沉思，或与美姬交谈。穿黄色道袍居中而坐的是苏东坡，正运笔写字。东坡道人身后，名流闲观，佳丽翘首。

中国历史上，东晋王羲之、谢安等四十余人在山阴（今绍兴）的"兰亭雅集"，和北宋苏轼、黄庭坚、米芾、李公麟等十六人在汴京王诜府中的"西园雅集"，乃是交相辉映的两大盛事。

西园雅集，时在盛夏。

王诜有一房宠姬，名叫啭春莺，美艳绝伦，苏轼也为她倾倒，写长调《满庭芳》赞美她。其中这么描绘："画堂别是风光。主人情重，开宴出红妆。腻玉圆搓素颈，藕丝嫩、新织仙裳。双歌罢，虚廊转月，余韵尚悠飏……座中有狂客，恼乱愁肠。报道金钗坠也，十指露，春笋纤长。亲曾见，全胜宋玉、想像赋《高唐》。"

从软玉般的俏脖子写到藕丝般的新裙子，从金钗坠写到春笋般的十指"露俏"，艳姿美饰乌发，乃至她躬身拾金钗的一刹那，全在其中。苏轼惊艳啭春莺，类似李白杜甫在长安惊艳杨玉环。苏轼为此颇自得，说宋玉和巫山神女的故事只是出于宋玉的想象。而他近距离阅稀世之美，听她唱歌，看她曼舞，接过她的祝福酒，目睹她的金钗坠……

西园雅集持续到深夜。"主人情重，开宴出红妆。"

苏东坡优秀朋友多。小他七八岁的王巩（定国）很有意思，他是名相之孙，名臣之婿，从小娇生惯养，生得细皮嫩肉，"面如红玉"，人称琢玉郎。这个王定国因乌台诗案受牵连，贬到了广西蛮荒瘴疠的宾州（今柳州），一去近五年，学苏轼泰然处之，居然做到了，俨然是苏门嫡传弟子。其实王巩非常悲惨，"一子死贬所"，另一个幼子因缺少照看病死于京城，他自己"病重几死"，见了苏轼却不提。苏轼屡问他宾州生活的细节，他轻描淡写，倒去赞美岭南的好风物。苏轼追问他夭折的两个儿子，当众哽咽，长袍挥泪不止，王巩还笑话他：豪壮子瞻也拭泪耶？

苏轼回家讲王巩的辛酸故事，子孙皆含泪。当年苏轼贬黄州，心里最放不下的，就是这个王巩。

王巩的漂亮侍妾，复姓宇文，名柔奴，又名寓娘，一直跟随在王巩的身边，受苦受累毫无怨言。苏轼很感动，特为柔奴写下一阕《定风波》：

> 常美人间琢玉郎，天应乞与点酥娘。自作清歌传皓齿，风起，雪飞炎海变清凉。　　万里归来颜愈少，微笑，笑时犹带岭梅香。试问岭南应不好？却道，此心安处是吾乡！

此心安处是吾乡，原是柔奴的话，苏轼身边的一个人默默记下，并与柔奴一见如故。她是二十几岁的王朝云。朝云想：柔奴真了不起，她皓齿一开，清歌一起，岭南炎海也变成清凉世界啦。

朝云和柔奴成了无话不谈的好朋友，她们一块儿试嗓子、唱新歌、逛街市、尝美食……

女子不变节，男人能变脸：画《西园雅集图》的大画家李公麟，后来露出了另一副嘴脸：苏轼倒霉南迁，他在大街上碰到苏家人、苏门弟子，装作没看见，以扇遮面匆匆而过。苏轼在贬所惠州听说了，一笑置之，不当回事。

就像一个快乐的人，看什么他都会快乐。

12

苏轼在汴京的文字佳作不多。以前也这样。"十年京国厌肥狞"，京师的富贵荣华，难以形成强烈的艺术冲动。写字画画倒常有。书画风雅事，于生命冲动的诉求比之汉语艺术稍逊一筹。他变成了文艺理论家，分析自己的作品说：

> 吾文如万斛泉源，不择地皆可出。在平地滔滔汨汨，虽一日千里无难，及其与山石曲折，随物赋形，而不可知也。所可知者，常行于所当行，常止于不可不止，如是而已矣。其他虽吾亦不能知也。

这段文字，是古典文论的经典。

苏辙说："东坡黄州以后文章，辙虽驰骤从之，而常出其后。"

做弟弟的，怎么追也追不上。哥哥的身影永远在前边。

苏轼说："某平生无快意事，唯作文章，意之所到，则笔力曲折，无不尽意。自谓世间乐事，无逾此矣。"

这话值得玩味。写文章是与造物同游，描绘自然诉说人事，天风海雨汇于笔下，以一人体验千万人，等于让个体生命无限延伸。深谙各类世间乐事的苏东坡，把写作行为推向生存体验的制高点。

写作与语言同在，而语言是"存在"的家。语言隐藏着人类生活的全部密码。

苏轼论诗画云："论画以形似，见与儿童邻。赋诗必此诗，定知非诗人。"

绘画的变形、重神似，他是先驱者，是开源性的宗师。这个源头开得大，奠定了宋、元、明、清直至现当代的水墨写意画的基础。

他说文同画竹："其身与竹化，无穷出清新。"

如何做到身与竹化呢？这就牵涉画家的文化修养，个体修炼。

化入自然，谈何容易！画家们要有一种能力，去领略草木"朦胧的欣悦"。苏轼比较唐代大画家王维和吴道子，说："吾观二子皆神俊，又于维也，敛衽无间言。"他推崇王维山水画的境界："画中有诗。"这句有名的画评意味着，许多作品画中无诗。

苏轼点评李公麟："李侯有句不肯吐，淡墨写出无声诗。"

点评吴道子："出新意于法度之中，寄物理于豪放之外，所谓游刃余地，运斤成风。"

他自幼习书画，"平生好诗仍好画"，积几十年的功力，泼墨于纸上。他是文人画的开创者，重写意，重神似，左右了后世九百年的画坛主流风格。

黄庭坚说："东坡居士作枯槎、寿木、丛筱、断山，笔力跌宕于风烟无人之境。"苏轼早期专画竹石，属于文同一派，后来也画山水人物。画面简洁，浓墨淋漓。晋唐绘画多颜色，故称丹青，宋人则专攻水墨，"墨分五色"。苏轼用墨，能做到"墨见七色"。刘体仁称："东坡竹横幅，在北海先生家。醋满俊逸，足移人情，墨分七层。余特疑东坡先生未能工妙至此。"

苏东坡的艺术精神，是兼容了严谨与随意。填词，作画，书法，均收意外之功。

有个叫周济的清代学者说："东坡每事俱不十分用力，古文、书、画皆尔，词亦尔。"这话道出了苏东坡的精神内核，他能逍遥于天地间，"君子不器"，知古不泥古，读破万卷书又能返回到生活常识、人之常情。这种"不器"，不被外在的角色所霸占的生存姿态，能够最大限度地调动生命的潜能。

苏轼说："诗不求工字不奇，天真烂漫是吾师。"

好个天真烂漫！

针对书法他又说："作字之法，识浅，见狭，学不足三者，终不能尽妙。"

苏轼首重生存体验，然后才是各种艺术。活得认真，意志坚定，一步一个脚印。几乎毫无保留地投向生存的万顷波涛，尝试一切可能性，落得浑身是伤也是体验……

不经意之间，他拓展了人类的精神境域。

生命呈辐射状，艺术只是重头戏之一。

南宋理学家朱熹，不轻易动感情的，却激情赞美说："东坡老人英俊后凋之操，坚定不移之姿，竹君石友，庶几似之。其傲风霆、阅古今之气，百世之下，犹可想见也。"

不妨这么理解："千年英雄""生活大师"这一类对苏东坡的评价，朱熹先生已经预言在先。

13

公元十一世纪八十年代后期，苏轼在汴京的生活丰富多彩。书斋生活尤其丰富，不亚于众人争羡的苏家庖厨。他似乎不用斋号。头号人文大师，苏东坡三个字足也。李白杜甫哪用斋号？

他画画写字用的笔、纸、砚、墨十分考究。索要字画的人太多，他不轻易动笔了。不过，朋友以至朋友的朋友，都知道他有两个弱点，一是见不得好纸墨，见了手会痒的；二是请他喝美酒，醉后必有醉书。比如送他南唐李煜常用的澄心堂纸、五代李承晏墨、先朝张遇墨、本朝潘谷墨、广东端砚、安徽龙尾大砚……他必定眼睛发亮，呼童子笔墨伺候。他爱用的两种笔叫诸葛笔、张武笔，后者现已无考。他一般不用绢帛写字，认为那是不惜物。有些穷人衣不遮体，他若用帛写字，委实心有不忍……

求他墨宝的人很多，有时天不亮，朱门外就有人候着；夜深了，求画索书者还赖着不走。苏轼只好对外宣布：凡索书者上门，本翰林便不在家。

翰林院有个姓韩的同事，想出一绝招：凡事不面谈，专门给苏轼写信，意在得到苏轼的亲笔回信。苏轼回了他几封信，才发现不对头……

学士孙觉，像苏子由一样不善书画，朋友偏送他好墨佳砚，他转赠苏轼。于是黄山谷闹情绪了。孙觉是黄山谷的老丈人。

黄州名医庞安常，获苏轼良方，救人一命，那人送他一锭祖传的李廷珪墨。庞安常马上托人捎给苏轼。李廷珪专为李煜制墨，廷珪墨传至宋代，更成了宝贝，是皇帝都想要的东西。它黑得发亮，异香袭人。苏轼玩砚、玩墨，平生头一回，发现超然于物外有些困难。他把墨丸混磨，做试验，一如在黄州调制"混酒"，小有收获便对外宣布。士大夫成群结队到他的书斋，摸摸廷珪墨也很过瘾，瞅瞅龙尾大砚，则忘了身边红颜。若能求得一幅子瞻墨宝，通常就不知酒肉为何物了。

黄庭坚有个古锦囊，时常带着到处走，这做派有来历：中唐大诗人李贺漫游天下，随身携带的古锦囊中好诗多。黄庭坚的锦囊里装的全是佳墨，其中，潘谷墨占了一半。黄与潘是老朋友了。苏欲识潘，无奈潘在外面云游，只好写长诗《赠潘谷》，抒发对一代制墨高人的向往之情。子瞻在山谷的锦囊中摸到了上佳的李承晏墨、潘谷墨，硬要据为己有，山谷大叫不公平，末了还是割爱，却对秦少游抱怨：东坡昨日夺我好墨……

《墨史》称："苏子瞻有佳墨七十九，而犹求觅不已。"

欧阳修、司马光、蔡襄、米芾、蔡京、宋徽宗嗜佳墨，也是出了名的。

佳人，佳茗，佳墨，佳山水。美酒，美器，美宅，美男子。苏东坡日常生活的"四佳四美",胜过了六一居士欧阳修。

马梦得到处去宣传四佳四美……

元祐二年,有人拿羊肉换苏子瞻墨宝,延续了书圣王羲之以字换鹅的佳话。殊不知那人得了便宜,一个劲地送羊肉,苏轼只好说:本官今日断肉。

王羲之为山阴老妪书扇,使她的满背篓扇子卖了好价钱。但老太婆再去求字,羲之就不动笔了。苏东坡与书圣面临着同样的难题。东坡周围,求字画的人更多,他不可能有求必应。于是求墨宝的人转而去敲苏辙的门,苏辙没辙,只将自己的书法藏品散与诸人。哥哥听说了,抱怨说:"昔人求书法,至拊心呕血而不获,裸雪没腰,仅乃得之。今子由轻以余书与人,何也?"

子由不乐书与画,也许由来已久……

黄庭坚说:"蜀人极不善书,而东坡独以翰墨妙天下,盖其天资所发耳。"又称:"古来以文章名重天下者,例不工书。而东坡则例外,故为世所重。"

苏轼读书,喜欢抄书,抄了几十年,"工书"乃是意外的收获。或者说,意外才有大收获。"当其下手风雨快,笔所未到气已吞。"

苏轼自己讲书法的感觉:"吾醉后乘兴作数十字,觉酒气沸沸从指间出矣。"又说:"诗不能尽,溢而为书,变而为画。"

点评人物、诗词、书画,苏轼无疑是超一流的高手。他在黄州雪堂点拨米芾,使米芾书法摆脱了"集古字"的烦恼,从此咬定魏晋书风,终成一代大家。

苏字肥,他称作"绵中有铁",对杜甫单单标榜硬瘦书风表示不满。苏字扁,黄庭坚形容:"恰似石压蛤蟆。"

黄字清瘦,苏轼则嘲笑:"有如树梢挂蛇。"

苏门弟子的价值观是比较一致的,艺术风格、学术追求各行其是。庶几做到了"吾爱吾师，但更爱真理"。

苏轼的书画真品，现珍藏于海内外的，有五十余件。墨迹多鲜亮，仿佛书于昨天，纸上佳墨香犹浓。九百多年前的苏轼专用佳墨，显然是有考虑的，他把几种佳墨混磨，磨出更佳的效果，犹如在黄州混合几种酒配制"雪堂义樽"。这事真好玩儿，但是玩得认真："非人磨墨墨磨人。"苏东坡的佳墨字画，传千年太简单。

2010年夏，黄庭坚书法长卷《砥柱铭》在北京拍卖出了四亿三千多万元，居历代艺术品之首。如果拍卖苏轼的书法代表作《寒食帖》，那一定是天价。

14

苏轼的核心价值观是尊主泽民，后者是绝对的，前者针对某个皇帝时，则是相对的。他尊主，但并不愚忠。凡为至尊，皆是明主，这种秦、汉、晋、唐、宋常有的荒唐逻辑，在苏轼面前完全行不通。皇帝干错事，他倒是看得很分明。对他来说，独立思考早已是立身之本。当朝廷与民众对立的时候，他近乎本能地站在民众一边。这当然也是尊主：他希望国运长远，社稷久安。

杰出的士大夫能看到几十年乃至上百年，中唐的韩愈、白居易垂范于先，北宋的范仲淹、欧阳修等人接力于后。苏轼"以身许国"，是有历史参照的。他的生存姿态，生命冲动，并不是历史长河中一个突兀的意外。只不过他在美政的道路上走得更远，更扎实，几十年一以贯之。

迩英阁侍读，对小皇帝讲马的故事，苏轼借题发挥，掀起了一场风波。

苏轼对宋哲宗讲唐太宗养马：话说唐代贞观年间，各州牧监养的马纷纷死掉，一查，原来是被人克扣了马饲料。唐太宗并不急于惩罚那些牧监，而是亲自养马于殿庭，示范给各州奉命赶来的官员看，当庭指出：马不能言，任人克扣刍秣。

苏轼以这个故事为由头，上札子说："民之于马，轻重不同。若官吏不得其人，人虽能言，上下隔绝，不能自述，无异于马。"

苏轼对小皇帝讲"上下隔绝"，什么意思呢？

他笔锋一转，从历史说到现实，说出了一桩发生在数月前的边事，抖出了其中的重大隐情：西夏骑兵犯边，掠杀万余人，百姓惨遭涂炭，而边将上奏称："野无所掠。"朝廷派提刑孙路前往甘陕边境调查，孙路复奏曰："被杀者只十余人，乞朝廷先行免究，然后考查实数。"这件事疑点甚多，百官一时议论纷纷。但过了一阵子，那些议论莫名其妙地平息了，原来，孙路的奏章得到了宰辅大臣的默认。上朝退朝，无人再提这件凶险边事。而苏轼在迩英阁把事情的真相讲出来，直接讲给皇帝听，上札子呈与高太后。

苏轼一针见血："既行蒙蔽，又乞放罪。"这就把边将和提刑孙路置于被告席上。高太后下旨：重新调查。

时在元祐四年（1089）初。

苏轼上这札子，得罪边将、孙路以及他们的后台"巨室"，也得罪了善于骑墙观风的宰执重臣。

元祐三年秋，苏轼曾上《述灾沴论赏罚及修河事缴进欧阳修议状札子》。前后两份"上达天听"的札子，都是揭露朝廷黑幕，把京官与地方官的丑恶勾当公之于众，为冤死的百姓鸣不平。

苏轼这次"重拳出击"，作了三层考虑：一是选择进言的时机和对象。二是希望重击有效果。三是招来怨谤时，"乞郡避谤"。

事态的发展在他的预料中。重击有效，一石击起千层浪，有良知的官员拍手称快。孙路等人获罪，其后台反击也迅速：弹劾苏轼的奏章连二连三。

高太后置之不理，派太监去安慰苏轼。

孙路的后台巨室再攻，"谤书盈箧"，必欲攻倒苏轼而后快。有个匿名的大人物散布说：苏轼弹劾甘陕边将、提刑官孙路是别有用心，是把矛头指向王公元老，是搅乱朝纲。

苏轼出重拳，大人物讲重话，双方都有效果。

一些是非模糊的"骑墙官"，开始发杂音指责苏轼。谁势大，这些官员就偏向谁。毋宁说，是非模糊原本就是他们的官场信条。这种人历代都有，而政治生态趋于恶化的北宋元祐年间，"骑墙官"数字庞大。

苏轼三上辞状，乞放越州。他说："朝廷若再留臣，是非永远不解！"出京之志已决。高太后终于意识到，她也无力挽留这位爱卿了。朝廷争斗激烈，而苏轼势单力薄，纵然有她这个太皇太后的支持也不行。她不能为了一个苏轼，去得罪一大群人。政治常识不允许她这么做。

元祐四年（1089）三月，高太后下诏："苏轼罢翰林学士兼侍读，除龙图阁学士，充浙西路兵马钤辖，知杭州军州事。"

浙西路辖七个州：杭、湖、秀、睦、苏、常、润，苏轼以龙图阁学士的显赫身份钤辖浙西路，军政两摄，权重位高。

不特此也，太后娘娘复下旨，以前朝执政的恩例，赐苏轼衣一对，金腰带一条，金镀银鞍辔一副，宝马一匹。黄衣太监们敲锣打鼓前往苏家，隆重宣诏，京师市民夹道观看。

苏轼写诗："堪笑钱塘十万户，官家付与老书生。"

欣慰之情掩饰不住。

15

暮春时节，中原大地，百花始争艳。

洛阳，郑州，南京，北京……朋友们从不同的方向捎来祝贺，苏轼心里春意融融。陈慥从黄州来，已在汴京住了一些日子，多由马梦得陪着。苏轼陡见季常时大喜过望，随后却是值宿、侍读、锁宫禁，没了踪影。大学士太忙，愧对平生挚友。陈季常也不恼，找个庙子住下，与和尚们谈空说禅。马梦得、秦少游，隔三岔五去寻他，遍游东京名胜，宋州（商丘）、郑州留蹄痕。黄庭坚抽空来凑热闹，和陈慥气味相投。山谷道人，龙丘居士，"谈空说无不知眠。"

苏轼摆脱了汴京官场，将去杭州。新官赴任，照例不慌上路，有了一段空闲。苏轼要好好陪一陪陈季常。二人定交于凤翔，相知于黄州。苏轼复起，赴汝州，陈慥送他到江西九江才回去。何谓生死之交？这便是了。

苏轼要走了，请季常同去杭州，这眉山籍的汉子摇摇头。江南虽好，可是他有家小，老妻儿子孙子。他来汴梁看苏轼，是担心以后再见不易。五年前送苏轼到九江，就抱着类似的念头。

苏轼将行，朋友们设宴送别排起了长队。王诜、王巩、范镇、范纯仁（范仲淹之子）、范纯夫、米元章、李公麟、李之仪……苏门六君子只好排在末尾。不相干的官员宴请，苏轼照例婉拒。

诸多筵席，陈慥同去。

四月之初，百花怒放之时，王诜宅第的豪华西园再度雅集，规模小了，精致依旧。主题是饯别龙图阁学士、浙西路兵马钤辖苏轼。啭春莺歌舞侑酒，苏子瞻把盏笑看。

那江西修水县人黄庭坚，前身如好女，今世称美男。眉宇间浮着一层淡淡的忧虑。王安石曾经高看他，他做了北京的国子监教授，却拒绝把《三经新义》当教材，于是，冷官一做六七年，热血付与书画艺术。苏轼元祐还朝，一再顶着压力举荐他。然而赵挺之等人咬人很凶，咬上他就不松口，无由挑剔官事，便转而攻击他的私生活。

苏轼此一去，庭坚前景堪忧。

黄山谷还能在京城暗流涌动的官场待多久，心里委实没数。不过他这人，其性之坚，可配苏东坡。他这二十年，也是不向命运低头，不做他平生最瞧不上眼的庸俗、恶俗之人。早年他是神童，后来他是江西诗派领袖，名列宋代第二的书法巨擘。此间，他置身于西园画堂，饮醇酒，观美妇，听丝竹，嗅海棠，忧思随风来，别绪绕方寸。山谷道人，不时望望那大红脸的东坡居士，由衷的感激强化了离别的伤感，他想到几年来汴梁生活的一些细节，想到苏轼盛赞他的、朝野皆知的言语，不禁眼眶潮湿了，挥锦袍悄悄抹去……

秦少游、王巩、陈慥、张耒、晁补之、陈师道，他们此间的情与貌，和黄庭坚相似。苏子由就更不用说了，哥哥此番一去，又是几年天各一方。子由的特点是内敛，喜怒哀乐不形于色。他也五十出头了，官三品，是三个儿子和七个女儿的父亲。他对艺术的兴趣有限，甚至认为画画没意思，不甚理解哥哥大半辈子钟情于丹青。哥哥给他的许多墨宝，他任人拿去。对艺术和艺术家，他的视域不够广阔，比如他对黄庭坚可能有偏见。二十年前他质疑熙宁新法言辞激烈，接下来多年做小官，憋屈而拮据，眼下身为紫袍象笏的朝廷重臣，稳扎稳打。儿女孙子一大堆，哥哥又不断惹权贵，苏子由的家族意识抬头，政治锋芒稍敛，和他的天性也是合拍的。子瞻多次称赞弟弟学习道家之守静、守拙比他强。

一轮明月升到头顶上了，挂在庭院中的古槐与修竹之间。周遭小桥流水，点缀茅舍酒肆。芝兰、牡丹、海棠、芍药、石榴……空气中弥漫了芳香，更兼酒香、墨香、脂粉香，而所有的芬芳积为心香。

素心人相聚，幽香不绝如缕。心灵的香味儿不是杜撰。

黄庭坚吹洞箫，箫声悠长如诉，略带伤感。这也是他的心声：东坡先生一去千里，相逢不知猴年马月。

"此生此夜不长好，明月明年何处看？"

陈慥秦观皆不语。王诜王巩俱默然。张耒米芾望别处……男子汉们突如其来的沉默，向四月的浩瀚夜空写满了惜别。

苏轼打破"深情沉积"的沉默，笑问陈季常：尊夫人柳氏，近来可好？

陈慥说：我带给你的岐亭蜜酒，就是她酿的。还叫我捎话道歉，说那一年不该当着你的面吼我。

苏轼乐了，再问：这几年她不吼你了吧？

陈慥笑答：偶尔吼我几句，权当听她雷鸣。

一座捧腹。佳人笑弯纤腰，高官笑落乌帽。

陈慥夫人柳氏的"河东狮吼"，固定为九百多年的悍妇形象。北宋元丰、元祐年间，这形象已随着东坡的诗传向全国。苏轼为此感到抱歉，却也无法补救。诗词一旦离手，他就够它不着了。京城官绅乃至普通市民，凡遇老婆凶，便称河东狮吼。有些人还吟坡诗："忽闻河东狮子吼，拄杖落手心茫然。"

陈慥对此倒没啥意见。东坡诗笔挥向山川，草木染神奇；落到他老婆身上，老婆的吼声、连同丈夫的可怜相俱不朽也。

柳氏曾经自嘲说：老娘吼几吼，千年也不朽。

今天赶巧，陈慥把这顺口溜也抖出来了，举座再次捧腹，笑得东歪西倒。绿衣丫头、皂衣侍者中有放声大笑者。王诜、范纯仁并不见怪。

饯别东坡先生，陈季常有意助兴……

王诜是不惧内的，虽然他的夫人贵为公主，是高太后的亲生女儿。黄庭坚、秦观也不惧内。苏子由和史夫人之间，未闻不和谐的故事。闰之夫人则吃过王朝云的醋，苏轼在黄州的诗云："子还可责同元亮，妻却差贤胜敬通。"他五十几岁居京城写诗，再一次提到汉代著名的惧内官员冯敬通，可见对冯敬通的印象始终不浅。冯惧内，不能正眼看美姬，实在忍无可忍，终于闹到写休书离婚的地步。男尊女卑的背景下，这种事颇稀奇，所以唐宋人津津乐道。

苏轼还有些得意：他终究不是冯敬通。妻差贤：妻子王闰之比较贤惠。

自从有了苏轼笔下的惧内的陈季常，冯敬通就渐渐被人淡忘。柳氏"河东狮吼"，固定为悍妇形象。曹雪芹写薛蟠的凶悍老婆夏金桂，屡用河东狮吼来形容。

事实上，柳氏刀子嘴豆腐心。丈夫把家产送人，又曾经让她吃尽醋坛子，她吼他十几年以释放满肚子的积怨，也是应该的。吼与被吼，显现为夫妻间恒定的情态。

而陈季常可怜兮兮，老婆也吼声渐稀……

夫妻间建立平衡，"狮吼"并非无用。类似的情态多，情态有差异，"趣味"在差异中显现。

陈慥素称豪士，偏偏不搞家庭暴力，老婆一吼他还抖，拄杖落手，两眼茫然，患上了多年难愈的惧吼症。这也叫"君子有所不为"，而趣味性也随之就出来了，社会上的各种人都爱听，妇孺皆敏感。

苏东坡原本是"摄趣"的行家，人间多少事，经由他的嘴和笔而变得趣味横生。

坚定不移的高尚情操，无处不在的幽默感，二者相融太难，却在苏轼身上近乎完美地、淋漓尽致地体现出来。

朱光潜说：文学天才的一大特征是言辞刻薄。

北宋士大夫，幽默者多于盛唐官员。苏轼的幽默，庶几称冠于唐宋士大夫。他知识面广，洞察力强，加上性不忍事，于是妙语如珠，幽默气息逼人。

幽默感的源头是对诸多事物能形成本质性直观，同时对敏感语言进行诸般妙用。一语中的，入木三分。

苏东坡这样的顶级素心人，说话写诗，虽损人而无恶意。不过，这种"无恶意"，可能也助长了他的刻薄话。

汴梁的暮春时节，王诜驸马的西园之夜，离愁别绪被湮没在笑语声中。座中多硬汉，不作女儿态。

苏轼赠银与陈慥、张耒、秦观，委托子由在他离京后转交。当面赠银，只恐朋友们不受。

包括王巩、黄庭坚在内的好几个朋友，此后再未与苏轼相见。

也许苏轼已有预感，陈季常上马时，他不肯登车，立于门外，要看着季常走，直到那熟悉的背影消失在朱雀大街的拐弯处。

第二十二章　西湖苏公堤

1

元祐四年的初夏，苏轼一行过南京，拜谒张方平老人，居乐全堂一个月。张方平八十五岁了，尚不服老，吃饭用大碗，每日饮酒十余杯。白发萧萧，红脸生动，只是步态垂垂老也，"三只脚"（拄杖）走路，咫尺之间挪半天，跨门槛的动作要分成几个步骤。

苏轼黯然，却尊重老人一辈子的倔强脾气，并不伸手去搀扶。三十多年前在成都初谒见，那时候的张方平，走路像刮风似的，酒后的啸声震落半树木叶。现在他老了，离坟墓很近了；半夜里咳嗽，躬身辗转于床榻。而苏轼这些日子，为数月前去世的范镇撰写墓志铭，繁星之下徘徊庭院，怅然凝望老人房中的烛光。

不久，李常、孙觉也相继病故。

苏轼此刻为范蜀公铭，也许明年就会为乐全老人作墓志。

"访旧半为鬼，惊呼热中肠。"

苏轼体验着杜甫的苍凉心境。那挥之不去、不召却来的大情绪，叫作绝望。

死亡之光照耀着生存。这事要从爷爷苏序的逝世算起，屈指四十三年。至爱亲朋多少人，苏轼与他们，阴阳永相隔。

张方平捂胸咳嗽的身影晃动于窗纱。苏轼徒自叹息，把视线投向浩瀚星空。星空永恒，人世短暂。短暂者所有的努力，都将归于灰飞烟灭。人啊，微不足道，微不足道！

接连几个夜晚，苏轼徘徊乐全堂。追思范公，心忧张方平。辍笔再三，魂不守舍。沮丧与亢奋看上去是同一种东西，再是奋厉当世，激情澎湃斗志昂扬，也复终归于惘然，跌入无常之深渊。

死亡收尽一切。

萨特说："人是一个无用的激情。"

这位法国大哲学家、社会活动家、拒领诺贝尔文学奖的文学大师，暮年回顾其波澜壮阔的一生时说：回想经历过的一切，并不觉得有多大意思。萨特这句话，引得记者哈哈大笑，于是他笑着补上一句：要保持笑的能力，这点很重要。

人活着，做点事而已。而已，而已……

公元十一世纪八十年代末，五十四岁的苏东坡居南京乐全堂，连日深夜不寐，仰望夏季的星空，置身于已逝者和将死者之间。

几株白海棠散发着死亡的幽香。

王朝云在室内抄写《心经》，抬头时望望他移动的身影。红烛，红面，红的微笑。

莫可名状的情绪"交袭"苏东坡。

看天久也，天上的繁星仿佛组合成了一个巨大的"范"字。

熙宁初，知谏院的范镇力抗王安石，上书皇帝曰："陛下有爱民之性，大臣用残民之术。"他自请离京，理由是："臣言不行，无颜复立于朝。"苏轼去送他，说："公虽退，而名益重也！"范镇摇头说："使天下受其害，而吾享其名，吾何心哉！"

林语堂形容范镇：躯体肥胖，而内心有如钢铁。

北宋勇士真不少：司马光、欧阳修、张方平、范镇、郑侠、孔文仲……

苏轼遭遇乌台劫难，百官噤若寒蝉，范镇、张方平奋然上书论救。元丰五年（1082）苏轼在黄州生病，外面误传已死，范镇闻而大恸，要奔赴黄州吊丧……

范镇致仕后，"一朝思乡，遂轻车入蜀，归至成都。日与乡人乐饮，散财于亲旧之贫者"。

他不顾年迈之躯，还去登青城山、峨眉山，"下巫峡、出荆门，岁暮乃还京师，在道作诗二百五首"。

范镇居许下时造大堂，名之曰"长啸堂"。

蜀人范镇，一生长啸。

据李廌描述，范景仁（范镇字景仁）去世前数日，"鬓眉皆变苍墨，眉目郁然如画"。

苏轼评价："平生虚心养气，数尽神往，而气血不衰，故发于外者如是。"范镇享年八十四岁。回光返照使他眉目如画，鬓眉返黑。养气七十年，方有此奇观。

约两年后，苏轼知颍州，为金陵人张方平撰写墓志铭。张方平享年八十七岁。恩公夫了天堂，苏轼含悲于颍水边的灵堂，遥跪南都方向，仰视千万颗星星向他蜂拥。

欧公、范公、张公，或与苏洵共饮于九重天上。温公、荆公也来助兴否？

苏轼写罢范镇的墓志铭，怅然久之，转问朝云，是否相信来世？朝云说：既有前世、今生，怎么会没有来世呢？

苏轼后来写信给朋友说："轼于天下，未尝志墓，独铭五人，皆盛德。"五人中，有富弼、司马光、范镇、张方平等。

2

元祐四年（1089）夏，苏轼的官船抵达润州（今属江苏镇江），润州太守黄履远隆重迎接顶头上司。苏轼只身去赴宴，不带家眷。这姓黄的是个深文周纳的官场打手，当年在乌台打苏轼，现在摇身一变成了苏轼的崇拜者，将润州府的官厅布置成东坡居士书画长廊。这些年他煞费苦心，收集了不少苏轼墨宝，包括苏门四学士的作品，处处炫耀于人。苏轼过长廊也扭头观书画，但不驻足，不发一言。

座中居然有沈括，颠颠地从家里赶来，只为向"苏龙图""苏钤辖"献上几句殷勤。十六年前在杭州，沈括也是这副嘴脸，当时苏轼钦佩他无所不通的超人才华，欣然与之论交，不料这厮整人也有一套。

沈括敬酒时，苏轼也喝下。

姓黄的率领一帮部属，高声称颂苏龙图，并引用陈师道两天前刚写的诗："一代不数人，百年能几见？"

苏轼移目去看墙角盛开的一树玉兰花。

两个具有表演才华的男人，一个是州官，一个是技术型专家，苏轼作为浙西路最高军政长官，并不想得罪他们，更无意趁机报复。

五年前他过境青州，赴李定设的盛宴，也是这种态度。

吃完了走人。事情比较简单。

作为优秀的官员，苏轼早已能多方掂量。他性不忍事，但要看具体情况。严格意义上的勇士并不莽勇。

所谓"热血智者"，热血与智慧共属一体。

士大夫苏轼，与一辈子抱着处士情怀的苏洵，拉开了距离。而这一层，苏轼本人是不会讲的。他的朋友也不讲。礼教不允许。

3

润州金山寺，佛印大和尚并不知道苏轼的到来。

庐山一别五年多，佛印在僧界的名声就像东坡在俗界，南北皆知。佛印这法号原是皇帝御赐的。传说他是个酒肉和尚，其实，非也，只因他的般若智超过万千僧众，平时不苟言笑，模样总是趋于鲜活，容易给人留下不守戒律的印象。苏轼这种方外高人，幽默的行家，与佛印最相投。

依江而立的金山寺规模很大，宝刹庄严，诸佛时降祥瑞。苏东坡随着仲夏的清风潜入寺，径直走到佛印讲经的大堂。

佛印一见，启口笑道：学士从何处来？此间却没你坐处。

苏轼说：暂借和尚四大，用作禅床。

佛印说：贫僧有一转语，言下即答，即从所请。若稍迟，须解下所系玉带，镇我山门。

苏轼笑道：只怕我这条玉带，和尚未必拿得动。

他解下玉带，置于几上。佛印笑吟吟瞧他半刻，忽然朗声道：山僧四大皆空，五蕴非有，东坡欲于何处坐？

苏轼一愣。佛印大叫：快收玉带，镇我山门！

几个小和尚将玉带拿走了，一溜烟出僧堂，没了踪影。苏轼摇摇头，奈何不得，胖大和尚哈哈大笑。

苏东坡的玉带，从此留在了镇江金山寺。

这故事见于《五灯会元》。

东坡居士输了机锋，寻思要赢回来。一日，与佛印对坐说禅，佛印问：学士看我像啥？

东坡脱口道：和尚体阔衲衣黄，堪比一堆老牛屎。

佛印一笑：我看东坡，就像一尊佛。

东坡忙问：佛与牛屎，孰为尊？

佛印说：自然是佛为尊。

东坡拍手笑道：这回我赢啦，大和尚老牛屎，虽有益于稼禾，亦不免于秽臭。

佛印点头说：只管臭，只管臭。

东坡回馆驿，把这事儿讲给朝云听，颇得意的样子。

朝云嗔怪说：子瞻你真傻呀，佛眼观世界，万物都是佛。只有那些市井鄙夫村野莽汉，才把牛屎看成牛屎，将猪粪视为猪粪。你戏弄那佛印和尚，其实戏弄了你自己！

东坡一拍脑袋：哎哟，我咋忘了佛门常识？

朝云说：你求胜心切，犯了"执"的毛病，如何不忘常识？如何不败山门？

东坡挠头，颓然道：当败，当败。

他这认错的模样，倒把朝云给逗乐了。她说：你呀，你也不能老是正确，岂不闻，水满则溢月盈则亏？那了元禅师修行四十年，皇帝赐法号佛印，号称两浙第一高僧，东京府、西京府传他的盛名哩。先生斗不过他的机锋，也不必颓唐。

东坡笑了，作揖说：子霞点拨了子瞻，谨记，谨记。

朝云粲然曰：点拨先生不容易啊。

东坡说：你也点拨过几回了，去年你说我一肚子不合时宜，说到我骨子里去了。别说这家里人，就是外面的高朋高士，几人可说得如此透彻？

东坡随口一赞，朝云脸若红霞。

4

苏轼官船过湖州，"伤心旧地，罪官重来"，感慨系之也。

"往事只堪哀，对景难排。"

烛光下，苏轼对妻妾儿孙讲一些从未讲过的细节，比如欲投江自沉，免得牵累亲朋。时隔十年，他谈起这些事，语调平静。家人嘘唏，长头儿苏迨猛一掀帘子，冲到漆黑的舱外去……

苏过含泪说：父亲以身许国，竟然被打入黑狱！

闰之夫人合掌曰：阿弥陀佛，现在终于好了，太皇太后以仁政治天下，大臣知无不言，言无不尽！

苏轼默然。

他想：有些事，高太后也镇不住的。

离京时，文彦博告诫他："愿君至杭少作诗，恐为不喜者诬谤。"

而十八年前他通判杭州初上任，文同寄诗柬苦劝："北客若来休问事，西湖虽好莫吟诗。"

不问事，不写诗，哪里还有苏轼？

政坛的宽松局面，什么时候能变成常态呢？

在"伤心旧地"湖州，苏轼想了很多。湖州官吏设宴于州府，觥筹交错，苏轼恍惚。

5

七月初三，苏轼抵杭州，锦衣玉食的日子要在人间天堂延续下去。当年的苏通判，如今的龙图阁学士兼浙西路军政大员，飞黄腾达不在话下。重游雨西湖，"不见跳珠十五年"。但是，苏轼这个人，为官要做事的，决不会忙着去享受。他有巨大的名望，有高太后这样的后台支撑，即使做个享乐型的庸官，谁会责怪他呢？以官场进退术来看，他做庸官效果更佳，京城那帮争名夺利的小人将不复记挂他。相反，他做出成绩了，朝野注目了，小人则会盯上他。他这种正人君子，一旦当宰相统帅群僚，贪官庸官将无地自容。木秀于林而风必摧之。苏轼的仕途悲剧，正源于此。

江南好山水，好茶好酒好丝竹好女人，苏轼也欣赏，也享受，却严格限于忙完了郡务之后。杭州一年半，他救饥荒，治运河，浚西湖，筑苏堤，设"安乐坊"治病救人，惩治有官方背景的黑帮头目颜氏兄弟……在杭州的地方志上写下了重重的几笔。他张弛有度，忙里偷闲游山戏水，居然把办公桌搬到西湖边上，"却将公事湖中了"。他跟禅宗大和尚佛印比试机锋，与江南名妓琴操较量顿悟，留下的佳话载入《五灯会元》，害得后世文人郁达夫专程到杭州，看完了八卷《临安志》，未见琴操一段情……

伟人的一年半，不得了。

历史故事要细说。

6

十一世纪八十年代末的杭州，与二十年前是不能比了。旱涝交袭，苛政贻害，人口锐减。人间天堂究竟得了什么病？

这个节骨眼上，治郡的良吏恰好来了。

苏轼初上任一个多月，杭州等地久旱之后复涝，秋雨连绵到九月，城内外到处是积水。秋粮大减产，米价开始上涨。然而三吴鱼米之乡，百姓并无囤粮备荒的习俗，与苏轼老家眉山的风俗很不同。杭州城里房子漂亮，"户盈罗绮"，而家无隔夜粮者，十户有八户。苏轼正忙着筹款修官厅、军营、仓库，忽闻粮价将有飙升之势，立刻下令，把筹集来的银子拿去买粮食，平抑粮价，以备冬春之荒。一些官员闹情绪，说官仓倒塌已经压死了四个人，再不修筑，后患无穷；军官则抱怨营房漏雨将卒受冻……苏轼严令：花钱要分先后，"先济饿殍，后完破产"。

百姓的利益与官府的利益发生冲突时，苏轼向来重视前者。

苏轼《上吕仆射论浙西灾伤书》："自经熙宁饥疫之灾与新法聚敛之害，平时富民，残破略尽。家家有市易之欠，人人有盐酒之债。田宅在官，房廊倾倒，商贾不行，市井萧然……"

浙西七个州，经熙宁年间的天灾以及市易、青苗、榷盐诸法折腾后，不再是富甲江南了。眼下又逢凶年，苏轼向朝廷紧急请求度牒一百道，对浙西数州"意外持护"，恢复她的生机。度牒是出家的和尚道士的身份证明，由朝廷专卖。持度牒可免田赋，所以许多地主也花钱买。当时一纸度牒折合白米一百多石。

乞度牒的同时，苏轼着手疏浚杭州的两条运河：茆山河与盐桥河。上游修闸门拦水以提高水位，调动厢军配合民工挖河中淤积的泥沙，只数月，两条河通畅了，货船连帆而来，市民结队欢呼。"父老皆言自三十年以来，开河未有此深快者也。"

引淡水的工程也开工了。杭州城内有六口大井，十七年前苏轼协助陈述古整治过一次，如今又淤塞。苏轼重治六井，恭请内行主持，一面深淘井，一面将引水的竹筒改为瓦筒，瓦筒再置于石槽中，从此，"永无坏理"，瓦筒水清流不绝。复于北郊新挖两口大井，将西湖水引入，使以前长期饮水困难的城北市民得以近便取水。"西湖之水，殆遍一城，军民相庆。"

欢呼声中的苏太守，再度强行军，挑灯研究西湖，要彻底解决它的淤塞问题。这事重大，关乎百年，并且十分紧迫。西湖"水面日减，葑莠日滋"，葑田占去了湖面一半，"更二十年而无西湖也！"

杭州父老请求，苏轼彻夜难眠。

前几任太守也忧过西湖，但他们更忧工程的巨大和复杂，望而却步。苏轼铁了心治湖，连上几道奏章，苦口婆心进言，最大限度地"动用"他的政治资源，恳请朝廷批准。

十万民工动起来了，兵工、吏工、和尚道士、自愿者，也各自出力，服从调遣。苏轼有三个得力助手：两浙兵马都监刘季孙，杭州税监苏坚，钱塘县尉许敦仁。各方面协同作战，分头忙碌，有矛盾不扯皮，协商解决。"总指挥部"寥寥数人而已，可是效率惊人。

为赶工期，苏轼不分昼夜地巡视，在工地上，吃民工饭，喝民工水，一点不勉强。

领导带头，部属仿效。官民一条心，不是说故事。

挖出来的葑田多达二十五万丈，这么巨量的泥沙土，如何处置？苏轼夜巡白公堤，灵感烧烫了脸颊：用这湖泥筑一条贯通南北的长堤，将大大缩短市民绕湖而行的距离。当时，绕湖到对岸，要走三十余里。

优秀的工程师是需要美感和想象力的。西湖筑长堤，起于南屏，止于曲院，便民而又美丽。苏轼《续与章致平书》："葑积初无用，近以湖心叠出一路，长八百八十丈，阔五丈，颇消散此物。"

诗人欣然命笔："六桥横绝天汉上，北山始与南屏通。忽惊二十五万丈，老葑席卷苍云空。"

南宋的《梦粱录》记载苏公堤："自南迤北，横截湖面，绵亘数里。夹道杂植花柳，置六桥，建九亭，以为游人玩赏驻足之地。"

九亭，是后人依照北宋元祐年间的景观修建的。

388

苏东坡救了西湖,又亲手构筑了长堤美景。他鼓励杭州人种菱角于湖边浅水处,大大减少了葑草对湖面的侵占。种菱是有收益的。种菱人下种前要先除杂荇芜草。苏轼寄诗给林希:"卷却西湖千顷葑,笑看鱼尾更莘莘。"百姓笑吃鸡头米,畅游红菱荡,便会想起连月辛劳的苏使君。

明朝的大名士杨升庵说:"宋修六塔河、二股河,费百十万钱谷,溺死数十万丁夫,迄无成功。如东坡杭湖、颍湖之役,不数月间而成不世之功,其政事之才,岂止什佰时流乎?"

今日杭州人,亲切地称苏东坡是"我们的老市长"。

东坡,西湖,山水正相配,莫非其中赫然有天意?

东坡诗云:"我凿西湖还旧观,一眼已尽西南碧。"

杭州之有西湖,苏轼居功第一。近二十年间,命名,疏浚,筑长堤,堪称划时代的三部曲。难怪杭州人在他活着的时候就为他建生祠,家家户户供他的画像,"家有画像,饮食必祝"——喝水吃饭皆为他祝福。这两句引文见于《宋史·苏轼传》。

熙宁年间,苏轼通判杭州三年,配合两任太守,缓解新法对城市和乡村的冲击。苏轼调走后六年多,遭遇了乌台诗案,杭州人纷纷为他作解厄道场。他出狱贬黄州,杭州百姓又凑钱买了许多土特产如荔枝、螺酱、茶叶、干肉,派人千里迢迢地送去,一年送了两次,货物不同。苏诗叹曰:"一年两仆夫,千里问无恙。"

杭州人重情义,此为一显例。

开湖成大功之日,官、军、民同庆之时,苏东坡乐得像小孩儿似的,在七里长的新堤上流连,他唱歌,种树,饮酒,挥毫,写《饮湖上初晴后雨》数十纸送人。

杭湖越歌妓们乃是花中之花,她们一字儿排开茜罗裙,红唇玉齿,"女声小合唱":

水光潋滟晴方好，山色空蒙雨亦奇。欲把西湖比西子，淡妆浓抹总相宜。

五十五岁的苏东坡，整日笑呵呵。

席间有人当众问他，如此厚爱杭州，是否因为杭州人一向对他情义重？他笑而不答。

美政冲动无穷，何处不是杭州？

只不过他眼下位高权重、能有大作为罢了。

后来林希继任，顺应民意，正式命名了苏公堤。杭州人在堤上为苏轼建生祠，立彩色塑像，逢年过节烧高香，为他祈福。再后，吕惠卿于 1099 年守杭州，不顾杭州民众的强烈反对，派凶悍衙役毁掉了他的生祠，砸碎了他的镶金雕像。

生祠可毁，口碑难销。

今日杭州西湖，苏堤春晓美景如画，南屏晚钟悠悠扬扬……

7

元祐五年（1090），杭州洪涝之后复遇大旱，疫病流行，来势甚猛，城市乡村陷入恐慌。苏轼手头的宝贝药方"圣散子"派上了大用场。药价相当便宜，一服只收一文钱。苏轼率先拿出数年来的私蓄五十两黄金，拨官钱二千缗，带动富豪捐赠，办起了一座规模很大的慈善医院，名曰安乐坊。"千钱活千命。"——这是他宣传圣散子的广告词，浓墨写在众安桥安乐坊的大门前。各街口、各城门架起了煎药的大锅，市民排长队喝汤药，连绵十里，秩序井然。

马梦得、苏迨、苏过，连同十来岁的苏箪，皆为志愿者，每日忙到深夜。苏家的女眷们个个积极，照顾重症患者，趋奔房前庭后。闰之夫人逢人便说：救人一命，胜造七级浮屠！

全家笃信我佛，善举发自内心。

王朝云的"好事心肠"，在这些日子里特别突出，她关心病人，奔走汤药……

圣散子有奇效，药价又如此便宜，其中也包含了药材商们的一片善意。苏轼到杭州的时间只有一年，却以高风亮节，带动了良好的社会风气。这与他毕生强调"道德之醇，风俗之厚"是直接相连的。安乐坊是中国历史上的第一座颇具规模的慈善医院。元祐五年，安乐坊救活了几千条命。

这一年（1090），苏太守在杭州做了三件大事：救西湖，救名城，救人命。

当有人祝贺他，说朝廷必将提拔他时，他摇头说：如果为了调回汴京才做这些事，那我去年何必屡请外放？

事实上，他倒是忧虑政声太好，被高太后调回去。

忧己是小忧，忧民是大忧。

投身一连串惠及民生的政务时，他近乎本能地"忘躯为之"，把宦海浮沉抛到脑后。所谓义无反顾，说的就是这回事儿。

入仕三十年，一直是这样。

政绩卓著，反而受恶意中伤，以前有过教训。徐州治大洪水，一城生齿得救，宋神宗下诏嘉奖："敕苏轼……"然而他转知富庶的湖州，上任才三个月，便遭乌台悍卒捉拿，打入黑狱。

说到底，自身也摇摆不定的宋神宗，看他是不那么顺眼的。

如今，苏轼知杭州有了大建树，朝廷又将是什么态度呢？

说不准的。

元祐后期，汴京官场叫作"测不准"……

只有一点他心里有数：高太后对他的信任和器重。

四年京师"谤书盈箧"，高太后仍然信任他，委以浙西七个州军政两摄的重任，毫不怀疑他的才与德。

那么，就放手干吧。为百姓，为报答太后的恩典。

处于美政巅峰期的苏东坡，庶几是这样的生存姿态。

圣散子活人无数，带给他的欣悦之情是难以测量的。支撑着恒久愉悦的那种东西，离佛陀的至善境域很近了。它高于任何动物性的满足，超越一切欲望的逻辑。

圣散子是巢谷送的，苏轼记云："其方不知所从出，得之于眉山人巢君谷……巢初与余约不传人，指江水为誓，余窃隘之，乃以传蕲水人庞君安时。安时以善医闻于世，又善著书，欲以传后，故以授之，亦使巢君之名与此方同不朽也。"

苏轼不赞成秘方家传，巢谷送他的宝贝方子，他传给名医庞安。

秘方家传乃是千年陋习，苏轼素重风俗，却对陋习保持着敏锐的洞察力，必欲清除而后快。另如三吴百姓崇尚华屋精舍，不蓄隔夜粮，盖由鱼米之乡的生活惯性所至，经不起天灾的袭击。苏轼指出这种"浮靡"风气，动手予以纠正。

密州弃婴，黄州溺女婴，更是陋习之尤。

重风俗，除陋习，二者不偏废很难。

由此可见，现象学大师们所强调的"看见生活"，绝不是一件简单的、现成在手的事情。

思绪不能悠长，目光必定短浅。短浅倒不是说，近距离看事物会比较容易。

洞察生活世界，非有思之力不可。否则，连眼皮子底下的东西都看不见。

8

苏东坡在杭州，旋风般地活着，对待工作有火一般的热情，同时又能成竹在胸，优哉游哉。他的习惯是：把工作日程写在纸条上，一天公务结束后，夜里，把当日做完的事情勾销。"日事日尽"，不拖到明天。躺到床上一般不想公务。吹灯后半刻，人已呼呼入梦。

无论有多忙，每天看书。

看书看了四十多年了，他喜欢夜读，靠在枕头上，凑近灯或烛。窗外或是碧月澄照，或是江浪拍岸，或是松涛阵阵。抛书掉头向雕窗，良久，"心事浩茫连广宇"。

欧阳修读书有"三上"：枕上，马上，厕上。

苏轼记忆力超强，曾经使博学的李定惊讶不已。谁知他的脑海装下了多少书，飘起过多少富有价值的思绪。

陈寅恪名言："华夏民族文化历数千载之演进，而造极于赵宋之世。"博学而善思，复以浩然之气贯穿者，苏东坡无疑是宋代的巅峰人物。他是大师群中的大师，是泰斗中的泰斗。

秦少章记云："某于钱塘从公学二年，未尝见公特观一书也。"

苏轼这年纪，同时看许多书。鲁迅先生暮年，提倡"随便翻翻"。

万千河流奔大海……

苏轼的钱塘二年，恰是最操心的。每夜看书，常到深夜，方块字将思绪弹向高高的星空。脑子太活跃的时候，便披衣出门，庭院里走来走去。夜读，夜游，夜谈，夜徘徊，苏东坡的白天和夜晚同样丰富。

那日月星照耀的身影，一千年来激动着亿万人心。

官员的楷模，学者的楷模，文学家艺术家的楷模，为父为子为夫、为弟子为师尊为朋友的楷模。

他也习惯了，视为寻常事。像孔夫子那样知天命，所不同者，他三十多年来向死亡学了很多很多。向死存在：先行到死，然后反观一切生存环节、所有的人生情态。不同阶段的诗词文赋，连同他的行为方式，都有虚无的气息透出来。虚无，乃是存在的唯一对应之物。

苏东坡担当世界，是以死亡作底线的。

不死就要做事，要思考，要表达。

也要享受生活。

9

杭州水陆交通便利，许多朋友从其他的州郡来到凤凰山下探访苏轼，有些人直接住到他家里，比如从眉山来的王箴、仲天贶，从江苏高邮来的秦少章。治水专家苏坚、将军诗人刘季孙是他家的常客。刘季孙高大魁伟，苏轼写诗，形容子由与季孙犹如西湖上的南北二峰。子由的身高，多半超过了一米八，而苏轼稍矮，亦当在一米七五以上。弟弟瘦高，哥哥伟岸。

苏轼称赞刘季孙的七绝传为名篇："荷尽已无擎雨盖，菊残犹有傲霜枝。一年好景君须记，最是橙黄橘绿时。"

杭州府的两个通判，一姓梅，一姓袁，与苏轼相处甚洽。后来又有写梅花诗知名的杨公济，自请调来杭州，协助苏太守，公务之余诗酒酬唱。

苏轼治浙西七州政绩好，僚属们助力不少。

有些方外朋友是来喝茶谈天的，比如金山寺的住持佛印，智果院的住持参寥，龙井山圣寿寺的住持辨才老法师。苏门学士秦观作《龙井记》，宣扬龙井茶、龙井泉。寿星院的梵英和尚，向苏轼透露新旧茶混饮味更佳的奥秘……

每天有佳客，樽中酒不空。

10

元祐四、五年，苏轼知杭州十八个月，留给史学家和笔记杂家们数不清的话题。美政彪炳史册，佳作接二连三，轶事众口争传。此前他的几任太守生涯，建树亦多，但不及杭州。做地方长官，这次到顶了。权重，经验丰富。杭州人家家供着他的画像：丰颊，广额，双目炯然而含笑。有画坡公美髯的，其实他的胡须仅有三寸，类同王介甫。坡公上街，入庙，登山，常常苦于被市民认出来。小孩子都认识他。连街头的醉汉流浪汉都笑嘻嘻向他行礼。

圣散子救活了几千人，造福千万家。安乐坊从众安桥挪到西湖边，防疫治病常态化。擅长医术的和尚道士，此后多年，出入安乐坊，轮番坐诊。有南宋的百岁老人叹息：朝廷定都杭州，改杭州为临安，沿西湖造楼无数，唯独没有"安乐坊"这类济世救民之所……

苏东坡使西湖"还旧观"，使杭州在水旱凶险、米价暴涨的大灾年渡过了劫难，恢复了生机。他让全城市民彻底告别了饮水的困难。打算背井离乡的人不走了，早已背井离乡的人回来了。杭州的人丁渐渐兴旺，财富日积，城湖俱美，稳步恢复到四十年前的嘉祐之盛："烟柳画桥，风帘翠幕，参差十万人家。云树绕堤沙，怒涛卷霜雪，天堑无涯。市列珠玑，户盈罗绮，竞豪奢。　　重湖叠巘

清嘉，有三秋桂子，十里荷花。羌管弄晴，菱歌泛夜，嬉嬉钓叟
莲娃……"

柳永写得真好。苏轼做得更好。

五六年间，苏轼写诗填词亦多，只是精品远逊于黄州那几年。

苏轼不解，知密、徐二州共四年多，苏轼的政声与文名双双远
扬。传世力作南北共仰。

梦得说：天降大任于子瞻，亦当有所侧重。

言下之意是：美政美文，哪能总是双丰收。

11

元祐五年底，朝廷的调令来了。

这一年当中，朝中大臣几番动议，要调苏轼回去。翰林学士知
制诰范纯夫疏请召还，其词曰："臣伏见苏轼文章，为时所宗，名
重海内。忠义许国，遇事敢言，一心不回，无复顾望……"

这范纯夫的名望极高，司马光曾赞叹：本朝无人出其右。

高太后两次面谕政府首脑：以吏部尚书召还苏轼。

吏部尚书管着全国官员的官帽，苏轼忠肝义胆，他不管谁管？
然而他固辞。刘挚为宰相，党羽众多，已咬上苏辙。苏轼以吏部尚
书还朝，难免陷入权力斗争的泥潭。他赶紧写信给范纯夫："老病
有加，那复堪此。即当力辞乞闲郡耳！"

苏轼固辞获准。苏辙做了吏部尚书，不久，升尚书右丞，跻身
宰执大臣的行列。高太后重用苏氏兄弟，也为牵制日益势大的
刘挚。

苏轼在杭州接诏：回京担任翰林学士承旨。是为内翰中的头号
人物。苏轼再辞，上疏高太后："窃观邸报，臣弟辙已除尚书右丞，

兄居禁林，弟为执政，在公朝既合回避，于私门实惧盈满。伏望除臣一郡，以息多言。"

他想去哪儿呢？还是想去越州（绍兴）。

然而太后诏示：不许。

这么好的臣子，忠义敢言第一，政治才能越群，单治一郡是大材小用了。太后真是用心良苦，她力推"贤人政治"的初衷未改。

而时殊势易，苏轼两难。

那么，上任吧。荐林希为杭州后任，接力为民趋奔。

他又要启程了。

杭州秋雨连绵，有卖扇者夏日积扇甚多，听说太守爱民，跑到公堂里来了，诉说他的生计艰难，米缸子空空如也。苏轼题字于二十把折扇，叫他出府衙后便叫卖，一把扇子不少于一千钱。千钱可买十斗米……

只题二十把，救急不救穷。

仲夏以来杭州连月大雨，诸山所出之水，皆为疏浚后的西湖所纳，躲过了几十年一遇的大水灾，城与湖俱无恙。官民相庆，大念阿弥陀佛。东坡居士真是佛陀派往余杭的使者啊！其他州郡如苏、湖、润、秀、常诸州，就不那么幸运了，灾民无数，饿殍遍地……

苏轼上《乞赈济浙西七州状》，详述灾情，"血恳"朝廷放巨款赈大灾。时隔不久，又上《奏浙西灾伤第一》《相度准备赈济第一状》《相度准备赈济第二状》……他对浙西七州放心不下。

要走了，今生今世，多半永别了西子湖。

元祐六年（1091）春，苏轼踏波去孤山寺，受寺僧之请，命名了"六一泉"，永远纪念恩师欧阳修。泉后有室，和尚取名叫"东坡庵"。

当日，复去智果院告别参寥大和尚，汲泉煮茶。泉极甘洌，苏轼手书"参寥泉"三个大字于泉边石头上。

别了，余杭佳山水。"故乡无此好湖山。"

百姓送他，官吏送他，淫雨晴时泪不晴。杭州人纷纷写伤感诗，此举一首为例："来时吴会犹残暑，去时武林春已暮。欲知遗爱感人深，泪洒多于江上雨。"

安乐坊救活的数千人中，有善苏体字者，题诗于坊门前，两行浓墨大字："从今宁忍看西湖，抬眼尽成断肠处。"

杭州市民相顾曰：没有苏子瞻，哪有西子湖？

苏堤上，苏祠中，万千市民为苏公祈福……

值得注意的是，天竺和尚惠净赠他一块珍藏了二十余年的丑石，他为可爱的丑石题绝句，小序云："余去杭十六年而复来，留二年而去，平日自觉出处老少，粗似乐天。虽才名相远，而安分寡求，亦庶几焉。"他的杭州二年之功，白乐天是比不上的，却说"才名相远"，认为自己与崇拜了五十年的白居易距离不小。

所谓高风亮节，就是这么来的。永远谦逊，永远自省。

三月初九苏轼离杭，特意绕道湖州、苏州、常州几个重灾区，考察太湖、吴淞江，昼夜思索治水之法，综合范仲淹、郏亶、沈括的经验，作《论三吴水利状》，准备抵京呈送太后。

苏轼治水，历来受推崇。明朝人修三吴水利，也从苏轼写于1091年的这份文献中受益。

暮春官船发杭州，仲夏舟车抵京城。

家眷留在杭州，苏轼自有考虑。

千里赴京，再入险恶官场。只王朝云陪着，或可为他分忧。

途中，哲宗皇帝派人悄悄送给他一包茶叶，并且命他勿使人知，不知道小皇帝是什么意思。

12

其时，刘挚为右相，架空了左相吕大防。吕胖子似乎乐意被架空，凡事哼哼哈哈，但求乌纱帽稳当。

贾易、杨畏、朱光庭……一群刘挚的党羽活跃得很。杨畏绰号"杨三变"，极言其善变。谁势力大他就坚决依附谁，过河拆桥、落井下石、打人咬人的本事不在吕惠卿之下，典型的毫无节操的风向标、墙头草。他依附的对象后来全都成为他攻击的对象，这情形很可能创下了宋代之最。

善于依附者，一般都善于咬人。包括咬主子。后数月，贾易、杨畏咬刘挚……

苏轼作为翰林学士承旨，哪里看得下去。上任即上札子，尖锐地指出："朝廷以安静为福，人臣以和睦为忠，若喜怒爱憎，互相攻击，则其初为朋党之恶，而其末乃治乱之机，甚可惧也！"

史识良好之人，既能洞察当世，又能预言未来。后来的二十多年中，哲宗、徽宗二朝，朋党恶争导致乱象丛生，朝廷进入赵宋立国以后的空前的黑暗期。

苏轼看得远，不禁说："甚可惧也！"

然而小人庸人只争眼皮子底下的功名利禄，根本不可能忧及长远。

苏轼再上札子，详述浙西七州的大水灾，太后下旨："赐米百万石，钱二十万缗。"

半个月之内的两份札子，一份斥朋党之相恶，一份请求救灾民。前一个札子点了贾易的名，暗指杨畏、朱光庭等人。

杨畏嗅到了危险的气息，立刻上蹿下跳，昼夜磨犬牙，把攻击其他大臣的矛头转而对准了苏轼，兼攻秦观。这人甚至对贾易说：朝廷的钱米都让姓苏的放出去了，我等如何享国？

这话也道出了一批官员的心声。享国一词，曾受到司马光等力主节俭的重臣们的强力遏制，眼下又悄悄流行开来。而苏轼奉行"尊主泽民"，他尊崇的是高太后，泽惠的是穷苦人。若长期泽惠下去，四方拨去钱粮，各级官府岂不是要被掏空？

贾易、杨畏联章弹劾："苏轼所报浙西灾伤不实，乞行考验。"

给事中范纯夫上疏反击："国家根本，仰给东南，而今一方赤子，呼天赴诉，开口仰哺，以脱朝夕之急！"

两股力量针锋相对，而刘挚力挺贾、杨，朝廷的救济粮款暂缓，一时发不下去。苏轼焦急，命部下去找御史中丞赵君锡，"欲其一言，以救两浙亿万生齿"。这个赵君锡近年来赞美苏轼甚多，并执掌言路，苏轼希望他帮助范纯夫击败贾易，救两浙灾民的燃眉之急。

赵某依言。救济粮款按高太后的旨意发下去了。

岂料事后几天，赵君锡审刘挚势大，反口咬苏轼，说执政官不得与言官"交通言语"。

朝廷有这规定。苏轼情急之下，以非常规的手段，催促朝廷迅速赈灾，结果，授小人以口实。事情闹大了，太后也为难。

两浙百万饥民得以果腹，而苏东坡的京官乌纱帽难保。

他认为很划算，照吃照睡不误。

八月初二，贾、赵联章弹劾，拿元丰八年苏轼的扬州竹西寺题诗说事，攻击苏轼为先帝宋神宗驾崩感到高兴："此生已觉都无事，今岁仍逢大有年。山寺归来闻好语，野花啼鸟亦欣然。"

这可是大逆不道，如果罪名成立，苏轼难逃牢狱之灾。

刘挚夜访吕大防，协调言词。出吕府，他车马招摇，故意惊动四方。次日上朝，百官交头接耳……

形势对二苏一范颇不利。可是执政们到延和殿太后帘前再上奏疏，吕大防的态度突然变了，称"详究贾易疏状，前后矛盾"。

太后趁势降谕："贾易排击苏轼太甚，须与责降。"

那吕胖子复奏："贾易并苏轼，两罢为便。"

苏子由已是执政大臣，苏轼再留京师，对吕大防究竟不利。这胖子宰相有自保的高招。

刘挚隔帘观太后颜色，也称："两罢甚公平。"可是他卖了贾易仅仅三个月，复被贾易、杨畏所卖，抖出了他私下不忠的秘语秘事，被贬到山东郓州去……

吕大胖子，一副猪相，心中明亮。

苏轼出知颍州（今安徽阜阳）军州事。上谢表曰："力求便郡，盖常怀老退之心；伏读训词，有不为朕留之语。殊私难报，危涕自零。"

太后的训辞中，有"不为朕留"几个字，真让苏轼感动到死。叵以想象的是，太后垂圣谕，也是双泪流。

太后加封苏轼为龙图阁学士，赐对衣、金腰带、银鞍辔马。

苏轼致信在南京任职的王巩，有云："得颍藏拙，余年之幸也。自是剟心钳口矣。"

乌台诗案，竹西寺诗案，相距近二十年。而苏轼聊感欣慰的是，高太后针对后者明确讲："作诗也是小事。"攻击苏轼的赵君锡被赶出了京城。太后降谕：赵君锡"久远为朝廷大患，故贬之"。

苏轼此番还朝，不足三个月。

第二十三章　颖州·扬州·定州

1

接下来的两三年，苏轼出知颖州、扬州、定州。三地各有政声，史料确凿，包括苏轼本人的诗文、书信和奏折。用勤政爱民这类词来形容他，再平常不过了。做地方大员建树多，并且得心应手。他试过若干次了。美政如美文，巨手所至，佳境生焉。

泛舟绕郡十余里的颖州西湖，苏轼写下著名的五言诗《泛颖》。

> 我性喜临水，得颖意甚奇。到官十日来，九日河之湄。吏民笑相语，使君老而痴。使君实不痴，流水有令姿。绕郡十余里，不驶亦不迟。上流直而清，下流曲而漪。画船俯明镜，笑问汝为谁？忽然生鳞甲，乱我须与眉。散为百东坡，顷刻复在兹……

这首诗就像是说颖水不疾不缓地展露姿容——当然是优雅女性的清丽姿容——东坡与之嬉戏，须眉皆乱。转眼间又还原了，东坡还是东坡，颖水还是颖水。

像极了苏轼当年通判杭州时，整夜幽会西子湖。一人驾小舟，仰看夏夜明月，侧听渔人唱歌……

玩水复治水，一生缘分多。

上任不久，他以龙图阁学士的显赫身份，直接干预朝廷斥巨资开八丈沟的大动作。其时，开封一带常有水患，于是开沟挖渠，注入惠民河，把水患转移给陈州。陈州闹水灾了，有水利官员就建议开八丈沟，将陈州的水引入颍水，复由颍水排入淮河。尚书省审议后认为可行，下令相关各州郡准备开工。总计征用民工十八万人，首拨钱粮近四十万贯石，耗时一年以上。

苏轼直觉不妙，派行家实地勘察，从颍州查到陈州，行千余里，"仔细打量，每二十五步立一竿，每竿用水平量见高下尺寸，凡五千八百一十一竿。然后地面高下，沟身深浅，淮之涨水高低，沟之下口有无壅遏，可得而见也。"

由于朝廷诏下，各地全面动工在即，勘察工作十万火急。苏轼派出的勘探小组昼夜兼程，他本人走访沿河村落，披星戴月，马不停蹄。结论出来了：颍水一带的地面高于陈州，如果开挖八丈沟，遇大水必倒灌，洪水滔滔回泻，淹没陈州不说，还会威胁京城开封。

苏轼上《奏论八丈沟不可开状》，论点明确，论据充分。尚书省收回了成命。一项明似惠民实为祸端、牵动千里的大工程，终止于实干家苏东坡的手中。

朝廷和地方闭门造车、邀功心切的盲动家们，惊出了一身冷汗……

2

五十六岁的苏东坡在颍州，并不知道阻止八丈沟以后，他还会做些什么大事。他也不去想。他在天地之间，在颍水之畔，享受赏心悦目的生活，享受旋风般的工作。

有一天，苏轼叠桌椅挂画，不慎摔下地来，自己哈哈笑。笑完了问家人：我笑啥呢？

闰之夫人想了想说：大约你瞬时反应，不令我等恐慌吧。

苏轼说：也不尽然。

他攀岩爬壁几十年，一朝跌倒在厅堂。也许笑这个。

元祐二年（1087）刘贡父请他吃"皛饭"：白米，白盐，白萝卜。二十几年后他还以"毳饭"，请刘贡父品尝，害贡父傻等半天，后来才明白啥叫毳饭：米也毛（"没"的谐音），盐也毛，萝卜也毛。这个幽默故事传了九百多年。

苏轼自己闹笑话，每年总有几回。他曾以浙西路军政大员的身份过境润州，受到当地太守的隆重接待，轩冕客济济一堂，歌舞妓映照三月。盛宴的压轴表演，是润州头号歌妓高曲儿唱黄庭坚的咏茶词："惟有一杯青草，解留连佳客。"东坡曰："却留我吃草。"他面无表情，官厅一阵大哄笑，"诸妓立东坡后，凭胡床（椅子）者大笑绝倒，胡床遂折，东坡堕地，宾客一笑而散"。

诸妓、宾客们笑安逸了。出了官厅大门，他们还在笑。"笑渐不闻声渐悄"，东坡先生并不恼。

那局面多么宽松，头号长官成了盛宴收场的笑料。苏钤辖作何反应？他自己以手撑地爬起来，不劳随从来搀扶。回家还比画着讲一通，逗得家里人又笑……

在汴京翰林院，有个胖同事叫顾子敦，苏轼取他绰号曰"顾屠"，写诗说："磨刀向猪羊。"顾胖子于炎夏天常常在官厅伏案而睡，"东坡大书案上曰：顾屠肉案"。

这笑话传遍士林、市井，童谣形容胖小孩儿皆曰："顾子敦，胖墩墩，走路走不稳，一头栽粪坑。"那苏门大弟子黄庭坚再添笑料：老是趁顾胖子伏案午睡时，在他肥而阔的肉背上勤练书法……

轶事、笑话，诸如此类。

优伶们逗东坡笑，东坡却不笑。

"俳优者作伎万方，坡终不笑。一优突出（突然跑出来），用棒痛打作伎者曰：'内翰不笑，汝犹称良优乎？'对曰：'非不笑也，不笑所以深笑者也。'坡遂大笑。"

这故事见于《诚斋诗话》。

两个优伶演双簧，巧用苏轼《王者不治夷狄论》中的文字："非不治也，不治所以深治者也。"

京城的一流优伶（良优）"作伎万方"，使尽了浑身解数，抖完了看家本领，苏轼始终不笑。

为什么呢？

放大娱乐元素，叫嚣"娱乐到死"，乃是对情绪丰富性的直接威胁。喜怒哀乐大循环，单嚷娱乐为哪般？娱乐化的生活若成常态，那生活的本质势必被掩盖，人之为人的个性还会鲜明么？一切坚实的、认真修身的个体，都会近乎本能地拒绝浅笑。

3

颍州通判赵德麟、州学教授陈师道是苏轼的好朋友，皆善诗。后者先为曾巩的弟子，近年来跟随苏轼，人称"苏门六君子"之一。才华横溢，性耿介，不减苏门头号学士黄庭坚。若干年以后，陈师道冒严寒参加汴京的郊祭仪式，因断然拒绝赵挺之送来的裘衣，当场冻僵，送回家竟病发身亡。那赵挺之作恶多端，攀附奸臣，恶攻苏黄，陈师道宁愿冻死也不纳裘皮衣裳。这事传播很广。

北宋一百五十年，耿介士人众多。为什么？需要多方追问……

元祐六年（1091）冬，张方平病逝于南京。苏轼率同僚设祭于荐福禅院，追思恩公，手书《方平别子由诗》，刻于寺壁。苏轼题记于恩公诗后，其中说："元丰三年，家弟子由谪官筠州，张安道口占此诗为别，已而涕下。安道平生，未尝出涕向人也。"

金陵好汉张方平，一生不在人前掉泪，唯于元丰三年（1080），为苏氏兄弟同遭劫难而大哭一场。那一年，苏轼出乌台牢狱，风雪千里贬至黄州。

安道老人退休后长居南京，苏轼去了六次。

苏轼次年在扬州为张方平作墓志铭，长达七千字。

深度生存者，才有深切怀念。这是铁律。而浅表性生存、功利化生存的合乎逻辑的极端形态是：将一切珍贵的情感处理成过眼云烟，把父母也视为路人……

4

元祐七年（1092）二月，朝廷的调令来了：苏轼以龙图阁学士充淮南东路兵马钤辖，知扬州军州事。知颍州仅半年。

僚属贺曰：苏钤辖又回来啦！

浙西路，淮南东路，苏轼俱为兵马钤辖。军政大权集于一身。

阳春时节，举家启程在即。而苏轼正陷于两个心病：一病流民。颍州周边的三个州（庐州、亳州、寿州）因天灾，流民成千上万涌向颍州。苏轼火速上表："若流民至颍，而官无以济之，则横尸布路，盗贼群起，必然之势也！"

他为钱米犯愁，夜不能寝，绕室徘徊。闻之夫人说："赵德麟做陈州签判时，赈济饥民有功，何不请他一议？"

苏轼找来赵通判，议到天亮，终于想出了一个"倾官仓民储以救流民"的办法，同时请求朝廷，补颍州之不足、保证颍州的粮炭供给。此一心病，在他离任后才得以消除：赵通判干得不错。

另一心病为思乡。

乡愁突然就袭来了，它的来势恰如爱情，事先也不打个招呼。

苏轼忙完了颍州的赈灾事，官船向扬州，三月颍水茫茫，两岸桃李争艳。苏轼立船头，扶桅杆，长风吹官袍。这时候，他忽然在想象中望见了一条归乡之路，《东坡志林》记云："我当请广陵（扬州），暂与子由相别，至广陵逾月，遂往南郡，自南郡诣梓州（四川三台县），溯流归乡，尽载家书而行，迤逦致仕。筑室种果于眉，以须子由之归而老焉。不知此愿遂否，言之怅然也。"

脑中呈现的这幅归乡路线图，与现实谋划不沾边的。

故乡拽他的思绪。不能归乡，于是倍思乡。

家在峨眉山下，岷江之畔。"每逢蜀叟谈终日，便觉峨眉翠扫空。"思念家乡无数次了，以致他出现幻觉，在颍水上，望见了一条弯曲而绵长的归乡水路。

哪一年的清明节，能回眉山为双亲、为王弗扫墓呢？

游子万里，心系眉山城东可龙里之苏家墓园。"手植青松三万栽"，如今松涛连山响，越秦岭，过荆楚，刮到了江南……

松风吹不尽，三月满乡愁。

试问那官船，如何载得动许多愁？

归乡是一种近乎绝望的企盼。它深入到每一个体细胞。日积月累，点滴成河。"抽刀断水水更流，举杯消愁愁更愁。"

毫无办法，"此情无计可消除，才下眉头，又上心头。"情憋生积郁，积郁起幻觉。幻觉并不能释放乡愁的能量，乡愁还会转移。

五十六岁的苏东坡坐船到扬州去做官，乡愁袭来，抵挡不住。这一次似乎比在黄州来得更猛。怎么回事呢？不得而知。

高官朝野瞩目，名士中外皆知，然而乡愁只在别处，与世俗意义上的成大功、立大业没有关系。这也不是衣锦荣归。只想亲近家乡一抔土……

去年在京城，他忽然想念家乡的元修菜了，怅然久之。巢谷安在？

累了，累了，真想回眉山，筑室种果。看看乡人依岷江而建的远景楼。他受乡绅之请，曾写下《远景楼记》，刻在楼前的石碑上。

苏轼到扬州，始和渊明诗。

这是中国文学史上的重大事件，一个伟大诗人眺望另一个伟大诗人。陶渊明揭示了中国古代最具生命力的审美符号，让艺术在官场与丘山之间所形成的张力场中持久地发力，让人性中之真与美千年站立。

孔子若读陶诗，也会有反思。

苏东坡"屡犯世患"，乡情长期激烈，心路历程盖与渊明同。中国历史上的两个顶级素心人，很难不成为知音。王维、杜甫、白居易、欧阳修，他们都知道陶渊明的分量，而苏东坡所知之深，又超过了这些光芒四射的前辈。陶渊明的人格与审美的双重高度，是由苏东坡来测定的。北宋时陶诗流传极广，版本数十种，点评不计其数，东坡形容："一夕之间，陶渊明满人目前矣。"到南宋，辛弃疾、李清照、洪迈、陆游，都是渊明的崇拜者、追随者。此后八百年，"田园诗圣"的桂冠，非渊明先生莫属。而田园诗意乃是农耕文明进程中最大的审美符号，波及包括建筑、音乐、书画、烹饪、制陶、家具制作在内的几乎所有的艺术门类。

苏东坡和陶诗有云："我不如陶生，世事缠绵之。"

顺便提一句，苏辙并不认同哥哥的这个价值判断，大约六年后他作《子瞻和陶渊明诗引》，对渊明先生有微词。苏轼修改了弟弟的引言。兄弟二人的价值观，也见差异。

与苏子由形成对照的，是黄庭坚对陶渊明的评价，《跋渊明诗卷》说："血气方刚时，读此诗如嚼枯木；乃绵历世事，如决定无所用智。"

智者无所用智，乃是中国智慧的至高境界。

苏轼说："吾于诗人无所甚好，独好渊明之诗。"这话把渊明置于李杜之上。

苏轼说："陶渊明欲仕则仕，不以求之为嫌；欲隐则隐，不以去之为高。饥则叩门而乞食，饱则鸡黍以迎客，古今贤之，贵其真也。"所以他断言："陶渊明意不在诗，诗以寄其意耳。"

赢得本真性情，是苏东坡入仕三十年的努力方向，百折而不回，撞得头破血流而本性不变。

东坡读陶诗，读得血脉偾张：那是宁静的深处所蕴含的巨大能量。地表平静，地下岩浆奔腾。陶苏二人，都是一团扑不灭的火。

活着就要燃烧。炙热反如阴凉。

苏轼在扬州官邸，得到一本江州庐山东林寺的陶诗印本，如获至宝。他说："字大纸厚，甚可喜也！每体中不佳，辄取读，不过一篇。唯恐读尽后，无以自遣耳。"

诗太好，怕读完。字大适合眼病之人，纸厚则经得翻。体中不佳才取读，体佳则忙公务、约朋友、访山川、逛寺庙去了。

苏轼和陶诗称："我坐华堂上，不改麋鹿姿。"

高官厚禄，视若无物。华堂倒像高原，苏东坡是林中活蹦乱跳、身形优美的麋鹿。"我的心儿在高原，我的心不在这儿。我的心儿在高原，追逐着鹿儿，跟踪着獐儿。"十九世纪，有欧洲诗人这么唱。

反抗异化的生存姿态，中西一焉。

朝堂日趋衰朽，笏袍高官，大都面目可憎。"何昔日之芳草兮，今直为此萧艾也！"苏东坡不改麋鹿姿而又心系庙堂，情系苍生，正是他的可爱处。

在朝堂，有勇气和智慧与小人共事；在州郡，将美政冲动、丘山向往双双落到实处。

从五十岁到六十岁，苏东坡的生存姿态，庶几可作如是观。

5

苏太守三月十二日到扬州任，十六日，就干了一件大事。

洛阳的牡丹很有名，太守每年作万花会，上级下级花天酒地，成为一大民害。

扬州万花会，谁开的头呢？蔡京。

扬州的芍药很有名，蔡京做扬州太守时，仿照洛阳牡丹花盛开时官府搞的万花会，用芍药花十多万枝。蔡京调走了，继任者沿袭。而苏轼到扬州，首先停止了这类粉饰太平、劳民伤财的活动。

芍药花是好东西，人人都喜爱，大诗人尤其喜爱，然而鲜花泛滥成灾，市民为其所累，上头几个人高兴，下面几万人受苦（官府命百姓种好花，以低价收购），花就不再是好东西了。不管你是牡丹花还是芍药花。

苏轼说："以一笑乐，为穷民之害。"

不罢万花会，他倒宁愿罢官。

《墨庄漫录》赞曰："公判罢之，人皆鼓舞。"

苏太守罢除了蔡京带头搞的、年年沿袭的三月万花会，百姓相约鼓且舞，张张脸儿红彤彤，不是花红胜似花红……

苏轼非常高兴，写信给王巩："花会用花千万朵，吏缘为奸，已罢之也。虽煞风景，免造业也。"

州府大小官吏热衷于这类活动，既讨好卖乖，又从中搞钱。

《东坡志林》又载："余始至，问民疾苦，以此为首，遂罢之。"

然而蔡京听到后，对苏轼恨之入骨……

苏轼哪管他，对扬州的官员说：此后不管谁来做州官，一律不许劳民伤财！

扬州的一些官吏相顾曰：苏钤辖发了话，我等岂敢命人种花。

苏轼说：劳民伤财，何止种花？

6

苏东坡的动作真快：刚罢万花会，又禁"丰收舞"。

他到扬州的这一年，扬州一片丰收景象。然而丰年不如凶年。州官县官都说丰年好，他们精心准备了丰收舞。丰年本来就是好嘛，自古以来，人人都说丰年好。好收成带来好生活，好生活带来好心情，普天同庆丰年好。一般的行政长官，想来是乐意附和的，然而苏轼并不。他做过多年的地方官，深知官吏的猫腻。他在赴扬州任的途中就展开了调查，"屏去吏卒，亲入村落，访问父老"。

有些时候，连吏卒都不能带。吏与卒，蒙领导的鬼点子多……

父老向苏太守吐露真言：凶年节衣缩食，犹可糊口；丰年要交积欠，胥吏在门，枷棒加身，老百姓反而活不下去。苏轼算了一下，全国有二十万从事催欠的吏卒，等于二十万只虎狼奔走咆哮于民间。苛政猛于虎，猛于水旱之灾。

这二十万虎狼全都变成绵羊，或者干脆解散，就地消失，百姓的日子就好过了。不过，这样一来，朝廷的财力会十分紧张。解散全国的虎狼吏卒是不可能的，苏轼为官一地，总是忙于解决积欠的问题。在杭州如此，在扬州亦如此。这可能得罪朝廷。其他地方官想必不会这么干，但苏轼不管。他的目光绕不开穷人的脸，这使他有了一种广大的悲悯。朝廷总有办法的。富人总有办法的。而穷人的生死，对富人而言是微不足道的。

苏轼一以贯之地向着民间，此志如泰山，不移毫厘。

他在扬州一带调查国家漕运的问题，发现朝廷每年发放的六百万石军粮，短缺竟高达百分之八，远远超过漕运法所允许的百分之一，各地的有权人都要从中捞一把，已成惯例。苏轼上札子大呼"运法之坏，一至于此！"

又严禁淮南路各州的税官以"超收"为功，年终大领奖金。奖金的名目叫"税务岁终奖格"。

苏轼上《乞罢税务岁终赏格状》，强烈呼吁朝廷禁止地方官以各种名目刮地皮。他这么写："礼义廉耻，国之四维。四维不张，国乃灭亡！"

苏东坡在元祐后期声嘶力竭的喊叫，听上去真令人沮丧。几个忠臣的倾力挽救，难阻赵宋王朝的颓败。

短短半年后，苏轼要调走。扬州许多事，刚开了个头。可是朝廷也需要他。全国各地的庶民百姓都需要他，他分身乏术。

或许他这一走，扬州官府被他革除的积弊又会抬头，税务奖金照发，万花会照办，吏卒追缴民欠，照样其势汹汹……

苏轼写诗叹曰："二年阅三州，我老不自惜。团团如磨牛，步步踏陈迹。"空前豪迈的男人，发出如此沉重的叹息。

"世事缠绵之"，他看不惯的太多，操心太甚，忧虑太广。犹如暮年的诸葛亮，鞠躬尽瘁，死而后已。

知颍州尚能玩着工作，"却将公事湖中了"，知扬州，铃辖淮南路，他玩不起来了。积弊如山积，官衙正腐朽。他嗅到了赵宋王朝腐败衰朽的气息，焦急上札子，忧愤其辞，几番"血恳"；他忙得团团转，却如同老牛拉破车，还得上坡过河……

他不去扬州平山堂，不写诗，不留墨迹。不想面对蜀冈上长条垂拂的欧公柳。四十多年前的仁宗朝，六一居士知扬州，"文章太守，挥毫万字，一饮千钟"，那是何等的风光啊！

仁宗朝的大臣们尚能行美政，现在很艰难了。苏轼遇上了一代明主高太后，却不遇其时。官风日坏。元祐初年轰轰烈烈的"贤人政治"，虎头蛇尾已不可免。

然而，只要还有一线希望，苏轼就会拼尽全力。

只要高太后继续掌朝政，希望就不会破灭。

7

元祐七年（1092）九月，苏轼以兵部尚书召还，兼端明殿侍读学士，仍做哲宗皇帝的老师。此前，他已是龙图阁学士，一身而双学士，有宋一代的翰林院不多见的。

苏辙时任门下侍郎，相当于副宰相。兄弟俱荣耀，"内翰外相"，一些个官员非常紧张：这不是兄弟俩把持朝政了吗？苏轼有朝一日真的当上宰相，他们必定没戏。于是，这些人条件反射动起拳脚，先下手为强。

苏轼还在从扬州到汴梁的路上，种种诬陷就像箭一般飞向他了。

入京，他请辞兵部尚书，高太后倒是恩准了，却让他担任礼部尚书。他再辞，乞一郡，比如出知越州太守，太后不允。苏轼惧怕谣言，可是有她在呢，一切替他担着。

苏轼硬着头皮上，专心一件事：做帝王师。

教出一个好皇帝，胜做百年好官。

宋哲宗已长到十七岁，快要亲政了，但没有具体的时间表。小皇帝很不耐烦，每次上朝，太后在前他在后，他抱怨说："朕只见她臀背。"元祐初，他问司马光宫廷事，司马光根本不理他。积郁连年，使这少年患上了心理疾病。但凡高太后宠信的元祐大臣，他几乎都不喜欢。苏轼煞费苦心准备的教材，他听得心不在焉。

苏轼的上任谢表洋洋千言，其中说："国家安危之道，只在听言得失之间。陛下即位以来，问道八年，寒暑不废，讲读之官，谈王而不谈霸，言义而不言利……虽所论不同，然其要不出六事，一曰慈，二曰俭，三曰勤，四曰慎，五曰诚，六曰明……"

侍读半年后，苏轼强化了针对性，会同六位侍读官，联名上札子，以晚唐德宗朝的忠臣陆贽为例，极谏宋哲宗。陆贽的特点是"尽言极谏"，敢于冒犯唐德宗，后贬忠州别驾，悲愤地死于贬所。苏轼尽倾三朝老臣心，字字号呼，几如泣血："德宗以苛刻为能，而贽谏之以忠厚；德宗以猜忌为术，而贽劝之以推诚；德宗好用兵，而贽则以消兵为先；德宗好聚财，而贽以散财为急！"

这一席刚烈语，出自《乞校正陆贽奏议进御札子》。苏轼把陆贽的奏疏编成册子，呈送皇帝，凛然道："使德宗尽用其言，则贞观可得而复……愿陛下置之座隅，如见贽面，反复熟读，如与贽言，必能发圣性之高明，成治功于岁月。"

苏轼此间的形象，和当年完全一样：贤良方正，能言极谏。

七个侍读学士合议后得出的进谏方式，要把小皇帝扶上光明大道。

苏轼二十六岁考制科殿试，入三等，为百年第一。制科试的科目就叫"贤良方正能言极谏"，这显然强化了他的秉性自识，却也伏下命运的悲怆线条。

结果是悲剧性的。宋哲宗哪里听得进去，却又伪装"纳谏"，以保住他的皇位。皇帝蒙几位老师，蒙太皇太后……

侍读的地方叫迩英阁。教皇帝读书称"经筵"。苏轼教哲宗始于元祐二年，是小皇帝的老师傅了，却是越教越艰难。想让皇帝学习唐太宗，这发育迅速的男孩儿却迷上汉武帝：大权在握，后宫八千……哲宗小小年纪，对女色的经验已积累了不少，宫中猎艳频频得手。苏轼在这边绞尽脑汁，他在那边与宫女滚作一团。

苏轼只能仰天长叹。

子由劝哥哥说：我们尽力就行了，只求问心无愧……

而苏轼想得很远。

古代士人，做帝王师是他们共同的最高理想。

苏轼对哲宗一筹莫展。自己身上始终有高太后的影子，他不可能去掉这影子。一切努力均被它抵消。偏执少年阴郁的目光，盯着影子不放，又不明说。

这少年平时话不多，心血来潮时，会劈头盖脸地说一通，面孔涨得通红。偌大的宫中他喜欢摸黑行走，挥剑刺破宫灯，脚落地衣无声，瘦长身影飘过多重帷幔。有宫女精心装扮，藏在帷幔中，蓄意让他扑倒。

多欲而少慈，不是好兆头。

高太后注视小皇帝，每每默然，嘴唇多时颤动，却吐不出一个字。七八年来她说够了，越说越拧。而拧劲在他皮下流动，比通身分布的毛细血管更隐秘。他甚至会主动讲一些祖母爱听的治国道理，高太后闻而欣喜，事后又转狐疑……

哲宗小小年纪学会了蒙、骗、绕、拧，斗智的对象是他几次抱怨"朕只见臀背"的高太后。太后仁慈，对神宗的早逝不能释怀，看哲宗的目光含着她自己也拎不清的"妇人之仁"。她的智商固然很高,而有时情商更高,两相交锋,形成盲点。

国家的盛衰兴亡,只在几个闪闪烁烁的念头之间。

元祐八年(1093),宋代历史原本可能有另一种走向……

苏轼汇报迩英阁的侍读情形,并不敢完全照实说。而太后心知肚明。君臣相对,听着宫漏,瞅一眼对方的眼神。在这样的时候,有些相同的念头,有些想说的话,会以沉默的方式打个照面。但是,他们不会说出来。

高太后的儿子岐王赵颢,心智健全,性情温和,强过宋哲宗许多。如果改由岐王坐龙椅,君临天下,那么延续元祐的大政方针是没有多大悬念的。岐王也不可能在短时间换掉大批重臣,导致朝廷再度陷入剧烈动荡。

高太后叹息。苏东坡垂首。

一切都取决于高太后的身体状况。

苏轼极言谏君王,希望小皇帝不要学好兵敛财的唐德宗,却不会建议高太后废掉哲宗的皇位。

臣子所能做的,只有这些了。

此间,苏轼的命运被三个人所决定,一为高太后,二为宋哲宗,第三个是大魔头……

8

大魔头现身之前,先有口齿锋利的小动物围咬苏轼,从元祐初咬到元祐末。——此系史家公论。贾易、赵君锡、赵挺之、黄庆基、张商英等十余人,因围攻苏轼而名留史册。乌台诗案之后又有竹西寺诗案。苏轼回朝廷,总有麻烦。

眼下他的一大罪名是：推荐蜀人及门下士做官，形成所谓蜀党。他结党营私。

元祐八年（1093）的四五月，谏官黄庆基等，连上七个奏章弹劾苏轼，小人反指伟人是小人，其中说："苏轼天资凶险，不顾义理，言伪而辩，行僻而坚。故名足以惑众，智足以饰非，所谓小人之雄，而君子之贼者也。"

应当承认，这姓黄的以君子自居的小人，言辞功夫不差。

朝廷沸沸扬扬了，欲巴结苏轼者，转过身磨刀。然而宰相吕大防一改平时的面团形象，站出来主持了一回公道。高太后乘势发力，罢免了黄庆基。

苏轼苏辙额手称庆。

可是天有不测风云，这一年的秋天，苏轼生命中两个极为重要的女人仿佛携手而去：王闰之病逝，高太后骤亡。

两年前的正月初五，春花刚开，闰之夫人在杭州过生日，到庙里去放生。苏轼作《蝶恋花》：

> 泛泛东风初破五，江柳微黄，万万千千缕。佳气郁葱来绣户，当年江上生奇女。　　一盏寿觞谁与举？三个明珠，膝上王文度。放尽穷鳞香围围，天公为下曼陀雨。

三个明珠迈、迨、过。膝上娇孙儿指苏箪。晋代王文度，十来岁还在长辈的膝头上撒娇。闰之夫人疼爱儿孙，可见一斑。

王闰之四十五岁，家里为她祝寿，三子一孙同举杯。苏轼称她"奇女"，她生于眉山青神境内的玻璃江畔。曾经牵着堂姐王弗的手，沿春江步行六十里，到眉山城西的纱縠行苏家布庄。苏轼丁母忧返乡，居眉山二十七个月，携王弗去中岩寺读书、写策论，留连

417

江上之佳景瑞草桥。那时候，王闰之已是情窦初开的少女。

她嫁给苏轼，生二子，爱长子苏迈如同己出。二十余年锦衣玉食，但她并不贪图富贵。雕梁画栋，广厦豪居，她视同蓬门草屋，苏辙祭嫂文曰："嫂居其间，不改声色。"闰之夫人的定力有两个来源：一是笃信我佛；二是丈夫影响。

元祐八年八月初一，王闰之卒于汴梁，享年四十六岁。

苏轼在祭文中写道："妇职既修，母仪甚敦。三子如一，爱出于天。"

闰之夫人的灵柩，暂厝开封城西惠济院。十年后迁葬于河南郏县。

王闰之魂归故里没几天，病中的高太后下旨：苏轼作为封疆大吏出守定州（今河北定州）。苏轼直觉颇不安，《答眉州乡邻杨济甫书》云："此月一日，以疾不起，痛悼之深，非老人所堪。奈何，奈何！又以受命出帅定武，累辞不获，须至勉强北行，家事寥落，怀抱可知。因见青神王十六秀才，亦为道此。会合何时？临书凄断。"

王十六即王箴，闰之夫人的胞弟。

苏轼辞定州之命，累辞不获准，什么原因呢？他丧偶刚过头七，就接到诏书，短时间内要赶赴新任。这不像仁慈的太皇太后的行事作风。那么，命他出帅定武的诏书究竟意味着什么呢？

宫禁秘传，太后病重。

而蔡确、邢恕那些被太后贬黜的奸人大放谣言，说太后欲立儿子，废哲宗皇帝……这是往病人身上捅刀。

废了倒好。

高太后能"母改子政"，八年多呕心沥血，庶几挽回了一点赵宋国运，她为何不能另立皇帝呢？普天之下，唯有她具备这能力。

很可能，她有过这念头。惜乎一念而已，若是真做起来，瞬间一念可定百年。

然而废除皇帝，历来是皇室大忌……

高太后的病是越来越重了。

苏轼因妻丧居家，抱病煎药，听到各种传闻，感觉很不好。秋风起兮云飞扬，梧桐树三更雨，一声声滴到明。

秋月无限凄凉。

草木知秋，人也知否？

三子一孙，王朝云，欧阳氏，无言望苏轼，中夜起徘徊。他咳嗽，厌食，左臂风湿疼……两三天瘦下了五六斤。

国运连家运，此事最揪心。

能让这个中国历史上屈指可数的英雄人物身心交病，也唯有这种事了。抱病守灵，复忧九重。

元祐八年八月，英雄黯然神伤。

八月下旬，高太后病情稍缓，单独召见右相范纯仁，对这位一代名相（范仲淹）的儿子寄予厚望，要范纯仁力谏哲宗走正道，并见证她为国的一片苦心。范纯仁叩头，斑斑见血。

八月底，太后病情反复，趋于恶化。召集五个军政大臣到崇庆殿后阁，哭着说："公等试言：九年间曾施私恩于高氏否？"

她垂帘听政九年，对高氏家族未曾有过私心。外戚弄权，太监争宠，一向是宫廷斗争的两大因素。九年来，高太后严加防范，外戚、太监都长不大。可是哲宗皇帝亲政后，很可能迅速培养这两股势力，以巩固他的权威。他所宠幸的刘妃，与章惇等人暗中打得火热……

太后垂泪对五个大臣说："官家要另用一番人了。"

官家指哲宗。这话，太后在半月内讲过三次。

太后临终前，对这少年皇帝已洞若观火，却未能下决心另作安排，调整皇帝。在她的精力尚可支撑的上半年，她错过了一些决断性的瞬间，现在即使想做，也是力不从心了。

她安排苏轼到定州去，免受京师小人的围攻。

太后撒手西去，东坡命运难料……

九月初三，高太后崩逝。此距闰之夫人的死，只有三十二天。

苏轼伏地痛哭，哀声震动街巷。哀太后，忧国运……

9

宋哲宗亲政的第二天，就宣布重用十个宦官。舆论大哗。中书舍人吕希纯封还词头，拒绝起草诏书。苏辙、范纯夫也明确表示反对，哲宗只得说：留作后议。

十八岁的宋哲宗为这事儿恨得咬牙。那章惇瞅准时机，秘献民间的绝色少女……

范纯夫在朝堂上，博引古今史实，极言宦官、小人之祸。明确说，王正中、章惇、蔡确、吕惠卿辈用不得。

大太监王正中在神宗朝就一味弄权，"上负先帝，下负万民"。范纯夫慷慨陈词，宋哲宗昏昏欲睡。

范纯夫退朝后，再上奏疏。苏轼附名同奏，他的身份已是外臣，不能上殿议事。奏疏曰："太皇太后之政事，乃仁宗之政事也。九年之间，始终如一，然群小怨恨，亦为不少……此辈既误先帝，又欲误陛下。天下之事，岂堪小人再破坏耶！"

后来朱熹称赞范纯夫的奏疏："文字纯粹，下一个字便合当是一个字，东坡所以伏也。"

然而奏疏再好，抵挡不住内心阴暗的皇帝释放病毒的能量。小人，宦官，一个个被起用。吕惠卿、蔡确卷土重来，杨三变、赵挺之上蹿下跳。朝廷盛传，章惇要当宰相了。

宋哲宗临朝，坐在龙椅上，样子极端可怕了。说话的腔调越来越严厉，"龙颜泛青"。他要全盘推翻高太后的执政方针，切断历史的连续性。

次年春，改元祐九年为绍圣元年。

皇帝改年号，通常意味着改弦易辙。

这个男人欲盛，心邪，性刚。权力欲憋了九年，一朝亲政弄玉玺，无所不用其极。

君权至上，削弱相权。范纯仁要辞职，哲宗不批准。范仲淹、范纯仁，父子皆名相，宋哲宗要利用他们的名声。

宋代的相权比唐代大，比如中书可以驳回圣旨、调整皇帝钦定的人事安排。宦官、武将、外戚，三股势力争权斗狠的机会有限。

宋哲宗削相权。宋徽宗勾结奸相。皇权独大，又为所欲为，终于在1126年葬送了北宋王朝。金兵二十万铁骑攻破洛阳开封，血淋淋的屠刀切下了北中国……

10

1093年的9月，苏轼将要离京，按惯例上殿辞行，哲宗不见他。

小皇帝自创的这个大动作，朝廷百官紧张议论：圣上这是讨厌苏轼吗？是轻视边帅吗？

苏轼愤然上书《赴定州论事状》，严厉批评这个"学生皇帝"："陛下临御九年，除执政台谏外，未尝与群臣接，今听政之初，当以通下情、除壅蔽为急务。臣日伴帷幄，方当戍边，顾不得一见而行，况疏远小臣，欲求自通，难矣!"

苏轼一针见血地指出："陛下听政之初，将帅不得一面天颜而去，有识之士，皆谓陛下厌闻人言，意轻边事，其兆见于此矣!"

话说到这个份上了，皇帝还是拒见。

学生心里怕老师。他亲政不到半月，邪念已露端倪。苏轼上殿面辞皇帝，必有教训语。哲宗拒见，主要原因当在此。轻边帅之类，他也顾不得了。拒见抛出明示：首先在心理上与教了他八年的老师拉开距离。

只命太监塞给了苏轼一包茶叶。

去年夏，苏轼入京途中收到过一包黄封御茶，今年秋又收到茶。两包茶的含义是不同的，前一包意在拉拢，后一包聊表师生情。

11

北方的深秋木叶凋零。苏轼的心境与暮秋合拍。东府别子由，诗语直如九月冷雨扑面："庭下梧桐树，三年三见汝。前年适汝阴，见汝鸣秋雨。去年秋雨时，我自广陵（扬州）归。今年中山（定州）去，白首归无期……"

又揖别马梦得。梦得早就攒足了"买山钱"，并与在杭州沙湖塘结识的美寡妇颜氏飞鸿不断。苏轼催他去杭州，结个好姻缘，他找理由迟迟不行。这次答应与子瞻分手了，只求先送走子瞻，他再留子由府第几日。马正卿与苏轼苏辙，早已情同手足。

梦得追随苏轼三十多年。

这位古道热肠、"首谋东坡"的汉子，年近五十八岁，有望去杭州沙湖塘成个"倒插门"的家。他向东坡先生展示身上的块状肌

422

肉，重阳节登高，翻跟头给苏家人看。苏过黯然，朝云唏嘘。马梦得笑呵呵，不当回事儿。苏轼执他手说：我缘在东南，后会当有期。

杭州万松岭下，苏轼买过三亩地。他嘱咐梦得，如果需要的话，不妨到那地上盖几间瓦房居住，万松岭风景好……

他又打发了一名书童到王诜府去。书童会踢球，后转端王府，变成了高逑。端王赵佶，变成了将北宋王朝一锅端的"嬉皮皇帝"宋徽宗，高逑是几个帮凶之一。不过这个"球太尉"对苏家后人不错，他始终铭记着东坡先生的恩典。坏人做好事，此为一例。

西园别王诜，再听啭春莺唱新词。她还是那么漂亮多情，拉朝云一同起舞，彩袖奉觞侍子瞻。

那天月将圆，秋夜长空如洗，苏轼望月良久。王诜问他想什么，他说，想起了远在几百里外的王定国……

东坡思王巩。朝云想柔奴。

惆怅一时半刻，东坡复对王诜说：李公麟画的《西园雅集图》，请妥善保存。

画在王诜处，他轻易不肯将真本示人的。

苏轼手书新词《青玉案》，赠王诜。小序曰："和贺方回韵、送伯固（苏坚）归吴中故居。"词云：

> 三年枕上吴中路，遣黄耳、随君去。若到松江呼小渡。莫惊鸥鹭，四桥尽是、老子经行处。　　辋川图上看春暮，常记高人右丞句。作个归期天已许。春衫犹是，小蛮针线，曾湿西湖雨。

词人贺铸，浙东山阴人，后退居苏州。苏坚，福建泉州人，曾协助苏轼开西湖，是个相当能干的人，也善诗。

苏轼将去河北定州，在王诜的西园手书《青玉案》，归隐之志跃然纸上。王维画的辋川图，写的山水诗，牢牢地吸引他。作个归期天已许，小蛮针线西湖雨……

陶潜、王维，他们背向人事纠缠，面朝园田丘山，日子优哉游哉，又创造了极为丰富的美感。渊明长寿，活了七十六岁。

园田丘山的拙朴，乃是人事扭曲的"反向投影"。

苏东坡想杭州苏州越州，想得胸口疼。

仕途上高峰，高处不胜寒呐。

哲宗非明主，只怕他是个由着邪性子乱来的昏君……

没办法。谁有办法？

东坡这些天老做梦，梦中一片好湖山。"梦时良是觉时非"，他在颍州梦见杜甫讲的洞天福地仇池，感慨万端，激情落笔："但见玉峰横太白，便从鸟道绝峨眉。秋风与作烟云意，晓日令涵草木姿。一点空明是何处？老人真欲住仇池。"

他把一块心爱的绿石头命名为"仇池石"，日夕摩玩。后人把他的短文辑为《仇池笔记》，与他作于海南儋州的《东坡志林》相映照。仇池、东坡，类似陶潜的桃花源。苏东坡研究过桃花源，认为不拘一地，凡人与景皆古朴处，俱可称桃花源。陈寅恪说："古今论桃花源者，以苏氏之言，最有通识。"

精神家园何处寻？黄州东坡麦青青……

12

十月下旬，苏轼抵达任所定州。定州是当时宋辽交界的军事重镇，苏轼以两学士充河北西路安抚使，兼马步军都总管，干了一年多，渐渐理出头绪。他带去的两个人，定州签判李之仪，字端叔，有干吏之誉，且能诗；眉山人孙敏行做幕僚，处理杂务，聊补马梦得之缺。三个人配合默契，公干之余，并辔远游大草原。

契丹人闻"大苏"至，喜形于色，奔走相告……

苏轼大名垂北辽，已逾二十年。

然而赵宋的边防军数量大、吃粮多，却是军纪涣散、军容不振。马步军副总管王光祖，耍派头，摆架子，他的心腹手下就狗仗人势，城里设赌场，又放高利贷。赌场叫作"柜坊"，定州一带搞了一百多家，公然贴告示，招揽军民参赌。赌场附近的酒馆、当铺生意红火，赌徒输光了寻衅，醉汉满街乱叫，盗贼昼夜奔走……整个一片乌烟瘴气。官府管不了，军队太厉害。驻扎定州的是朝廷禁军。

苏轼致信钱世雄说："边政颓坏，不堪开眼，颇费锄治。"

那个武人王光祖，很让苏轼伤脑筋，有他作梗，政令下不去。苏轼查禁了街上的赌场，赌徒们就一伙伙地转入地下。苏轼命人抓了一批赌徒，一查，发现半数是军官。军官们张口闭口只提王总管，哪知什么苏总管。

苏轼查实了，下重手锄治，凡是作奸犯科的军官，一律严惩。士卒犯军规，倒放在第二步。例如云翼指挥使孙贵，到任四个月，敛财巨万。苏轼送孙贵到司理院（法院），"枷项根勘"（上枷锁彻查）。

治王光祖这种人，得先剪他羽翼。拿了他的心腹将领，看他作何反应。孙敏行报告说：副总管王光祖闭门狂饮……

苏轼理军务比较顺手了，搞起了阅兵式，命王光祖协助指挥。这人称病不出。苏轼突然到他家"探病"，看见他正在练拳术，奋力击打后庭的一棵槐树。那情形，多半将苏轼当成了他疯狂击打的对象，一拳复一掌，咬牙又切齿。马步军苏总管驾到，他也不惊不诧的，收了一对老拳，还做个"收式"，缓步踏石板，甩袖闲作揖，口称：光祖有礼了。

苏轼看他表演够了，冷冷地说：光祖无礼！

苏轼就地写弹劾状，一面对凑到身后的王光祖说：你的拳头硬，我的笔头软。软硬不妨较量一回。

东坡笔下飞龙舞凤，光祖额头冷汗欲滴……

笔头赢了。

宋代文官治军，是为了防范武将坐大称雄，重蹈唐、五代的覆辙。宋太祖赵匡胤原本是后周的禁军首领，发动陈桥兵变，灭后周，开宋朝，创下重文抑武的治国方略。禁军分两大块，一是拱卫开封洛阳，二是驻扎边防重镇。将领积极性不高，导致武备不修，兵不习战。安史之乱前的盛唐也复如此："中原百年不识刀兵。"

总的说来，北宋抑武是成功的，边将骄横并非普遍现象。王光祖这类居功自傲者，并无朝廷的深厚背景，苏轼治他，也比较容易。苏轼做过兵部尚书，又兼两学士领封疆大吏，枢密院的头号人物也对他礼让几分。

苏轼帅定州时，宋辽和睦已近百年，和平事大，所以他整顿武备不声张。数万禁军的战斗力增强了，阅兵大礼使定州百姓耳目一新，赞曰："自韩琦去任后，数十载未睹军威，今日方见此礼也！"

苏总管又组织民兵队伍，恢复定州城乡原有的"弓箭社"，总兵力达三万人，"严加训练，昼夜勤习"，让民兵们放下锄头能扛枪，平时维护城乡治安，战时拉出去就能打。

禁军，民兵，两支队伍精神抖擞了。

苏总管"常服"视察军营，戎装英武的将士们一阵欢呼声。

他入庙礼佛，照例穿佛门道衣。军官们评价说：咱们的苏总管，到哪儿都不一般呐。听说他上朝见哲宗皇帝也穿道衣，潇洒到顶啦，坡仙，坡仙！

定州府的官员们则感叹：以前太守老是去看军官的脸色，现在终于回到正轨了。伟哉苏公，军政双雄！

而苏轼掉头向一枚来自太行山的"雪浪石"，连日摩观，示与诸画师，叹其"雪浪势"。他一般不用斋号，定州书斋却命名为"雪浪斋"。李之仪、孙敏行几乎每天来，谈诗论画，连同苏迈、苏迨、苏过、苏箪，济济一堂，茶香酒醇，剧谈高论。官妓们穿梭奉盏，歌舞燕乐。直把副帅王光祖看傻了，发誓戒赌瘾，努力学文化……

李之仪后来回忆说：东坡先生能化契丹，何况化一王光祖。

长此下去多好。

东坡先生在，光焰万丈长。却有群愚儿，年年要谤伤。

第二十四章　惠州

1

绍圣元年（1094），苏东坡知定州，一大家子就待在那儿。他打算干到致仕的那一天，迁江南宜兴定居。还对朝云许愿，要带她去老家眉山看看，在二老及王弗的墓前上香烧纸。

前景看好，至少过得去。长子苏迈早已踏上仕途。次子迨，幼子过，皆已成家。苏迨娶欧阳氏，苏过娶范氏。范氏生一子，取名苏箪。

眼下的苏轼五十八岁了，也许再过一年半载就能退休。就他永远高涨的生活热情而言，退休后的生活更像生活……

这时候，那个大魔头现身了。

大魔头不是别人，却是苏轼几十年的老朋友章惇。

章惇害苏轼，苏轼可能至死都想不通。

学者们也有疑问。章惇害苏轼，好像理由不够充足：这人怎么回事儿？专拿老朋友动刀？他当年不是挺身而出救过苏轼吗？

哲宗亲政，改元绍圣，清除了一批"元祐骨干"，包括左右仆射吕大防、范纯仁，门下侍郎苏辙，翰林侍读学士范纯夫。小皇帝野心大，数月之间另用一番人，包括臭名昭著的吕惠卿、杨三变、张商英、赵挺之、蔡京。

章子厚为了做宰相，把矛头直指苏子瞻。他的动机，多半是除掉这个潜在的政敌。他自视为"熙丰人物"，神宗朝他是变法机构制置三司条例司的中坚分子，哲宗朝初期，他当过军事首脑枢密使。高太后听政后，苏轼得意，他失意。哲宗十八岁亲政，他病毒复活似的卷土重来，同时巴结皇帝，谋立新皇后刘氏，勾搭太监，上下狂舞大棒。

章子厚打苏东坡，下力最狠。

苏轼曾作《送章七出守湖州》，其中有两句："方丈仙人出渺茫，高情犹爱水云乡。"章惇怀疑，这是暗指他的出身不体面。

章子厚是他父亲章俞与其岳母杨氏私通的产物，差点被溺死，为杨氏之母所救。漫长的童年，不断地遭人议论、鄙薄，导致他一辈子心怀鬼胎，疑心重。年轻时他行事如乃父，私通庶母，坏就坏到底。又携带了英俊面目、高大身材，颠颠地跑到京城去，屡与贵妇鬼混。有个贵妇在床上开玩笑提到他的出身，他立刻翻脸要用绢丝勒死她，可见童年的阴影之深。

章惇这家伙，天不怕地不怕，苏轼曾于凤翔拍着他的阔背预言："尔日后能杀人！"

殊不知，事隔三十九年，章惇的屠刀架到了苏轼的脖子上。

苏轼贬黄州，有书信曰："子厚平居遗我药石，及困急，又以救恤之。"当时，躲避苏轼的人不少，而章惇赠药复赠金，几如患难之交。不过，这是他一贯大胆的个性使然，并非通常意义上的见义勇为。

章惇这种凶人，意志可谓坚定，行事决不会婆婆妈妈，他要打人，必下狠手，断无半点妇人之仁。他一旦把苏轼视为政敌，就会紧紧地盯住对方，一打再打。"无毒不丈夫"乃是章子厚的最佳写照，而苏东坡永远大度……

君子斗不过小人，盖因君子有恒定的价值体系，"有所不为"。小人则刚好相反，小人为所欲为。

哲宗亲政之后，章惇凶神恶煞。

章惇开了一个黑名单，一次性打击的朝廷高官多达三十人，首列四朝元老、早已致仕的文彦博。

元祐大臣们一个个被打出京城，面团宰相吕大防也"面"不下去了，遭人算计、被列出了六条罪状，谪知随州；翰林学士范纯夫对皇帝说了一句"章惇不可用"，就被贬到陕西。右相范纯仁愤慨于政坛的空前污浊，坚决离京，自请出知颍昌府。副宰相苏辙被贬为汝州太守。铁面无私的监察御史安常民，被贬为滁州监酒税……

章惇麾下的恶狗黄履，更上章呼吁，要挖开司马光、吕公著的坟墓，撬棺鞭尸。哲宗征求许将的意见，许将说："此非盛德事。"于是改为砸毁二公墓前的神道碑。

曾受恩于苏轼的林希，一夜大翻脸，恶攻苏氏三父子，连九泉下的苏洵也不肯放过。而几年前，这个林希由苏轼推荐，接任杭州太守，亲自命名了苏公堤，煞有介事拜谒长堤上的东坡生祠。更早，苏轼辞中书舍人，也举荐林希去担任。此人嘴脸，类同沈括。

朝廷、地方大换"血"，人头攒动狂争利。人性之恶被充分调动。

狗咬狗的事情时有发生，比如吕惠卿快马加鞭进京，要分一杯羹，杨三变密奏："惠卿天性奸险，事王安石而背之。今抵京师，必言先帝而泣下，愿陛下深察。"

那吕惠卿见了哲宗，果然说起神宗，伏地大哭不止。哲宗厌恶，拂袖而去。吕惠卿叫苦不迭，当场自扇耳光，拍得满脸污泪。几个太监在圆柱子后面捂嘴窃笑……

"闹哄哄你方唱罢我登场。"曹雪芹对清朝官场厌恶至极。

宋哲宗登基半年，释放头号病毒的能量，朝野受其害。

百官百夜不眠，潜出敲门，回府徘徊，一个个紧张站队，要弄清楚依附和打击的对象。

绍圣元年四月，章惇正式拜相。八尺大汉穿紫袍，威风凛凛在朝堂。

同月，朝廷诰下：苏轼"责知英州（今广东英德）军州事"。罢免龙图阁、端明殿双学士。

定州任上他做了那么多，稳定了边陲重镇，整顿了禁军武备，训练了数万民兵，到头来，落得削官降职的处分。

罪名是"讥谤先朝"，翻出竹西寺诗案的老调重弹。

他想：这只是开头……

朝廷那帮奸佞，打人有步骤。

一大家子居定州官邸，三个儿子，三房媳妇，孙子苏箪也长成了翩翩少年。苏迈三十几岁，原在河北某县做官，因父亲任河北西路安抚使，按官制回避，居家一年多了。

四月里，满庭鲜花，举家黯淡。苏过的妻子范氏没见过这阵势，向隅而泣，朝云去安慰她。

苏轼贬向黄州，是在十五年前。全家人在黄州过了四年，备尝艰辛。如今厄运又来，英州比黄州更遥远，更荒凉……

苏轼上《英州谢上表》："伏念臣草芥贱儒，岷峨冷族，袭先人之素业，借一第以窃名。虽幼岁勤劳，实学圣人之大道；而终岁穷薄，常为天下之罪人。……恩深报蔑，每忧天地之难欺；福眇祸多，是亦古今之罕有……"

如此悲凉的文字，不知那个龙椅上的"学生皇帝"读了会怎么想。长期变态的年轻人，不复有正常人的情感。

苏轼下笔，追溯到岷峨冷族，这是第一次，也是最后一次。

没有哀怜，只有悲怆。

他对皇帝说："累岁宠荣，固已太过；此时窜责，诚所宜然。瘴海炎陬，去若清凉之地；苍颜素发，谁怜衰暮之年?!"

字里行间，隐忍的愤怒呼之欲出。

变态皇帝整自己的老师，想必有一种邪恶的快感。章子厚痛打老朋友，其快感一焉。

皇权之运行，变数太大。皇帝一旦变态，朝野顷刻变形。

文明的连续性被几双粗暴权手所切断……

蔡京出任礼部尚书，后来更成为一代奸相，怂恿嬉皮皇帝宋徽宗干尽坏事。单是汴京的蔡府就占地四十里，强行拆毁民宅一千多家。金兵马踏中原，民怨激烈，皇帝拿蔡京、童贯、李邦彦等一批乱臣做了牺牲品。蔡京死在赴贬所的路上，五天无人收尸。稍后，汴京城破，满城生灵涂炭，徽宗、钦宗被金兵抓走，皇后、嫔妃、宫女做了金人的奴隶。中国被拦腰切成两半，赵宋王朝偏安江南……

绍圣初年的朝廷大动荡，忠臣良吏俱窜，乱臣贼子登场，使本已有起色的国运重新面临着黑暗的深渊。

2

绍圣元年（1094）的初夏，苏轼踏上了贬谪路。

按宋制，"责知"某地，马上就要启程的，不像迁升可以磨磨蹭蹭。一夜间全家卷铺盖。灰云千里，原野上阴风呼号，太行山烟雨茫茫。道路泥泞，野店灯小，狐兔夜窜……

苏轼嗫村酿，吃小菜，坐于野店的屋檐下，听着屋檐水成串地落到阶石上，嘀嗒嘀嗒。

风还在刮。夜漆黑，伸手不见五指。无形的风，听上去犹如鬼哭狼嚎。

苏轼倚方桌，以手托腮，望那夜深处。心里也没有亮光。

他想：这阴风刮起来没完没了……

连日心情沉重。国事、家事两堪哀。这还不算朋友们的辛酸事：多少人和他一样，正在风雨兼程赶往贬所。

当年韩愈贬潮州、白居易贬忠州、柳宗元贬永州，他们的心境如何？韩愈谏唐德宗，勿耗民财迎佛骨，被贬出长安八千里……

有良知的士人，怀耿介的汉子，为何命运总相似？屈原流放洞庭湖，贾谊贬长沙，司马迁受宫刑，嵇康上断头台，阮籍狂饮装疯，杜甫半生苦难诗语顿挫……

百代豪迈大士，此刻郁闷、沮丧。

五十九岁贬岭南，此生尚能北归否？

问天天不语，问山山寂寂。

章惇、蔡京辈，正盘踞汴京狂欢吧？

王朝大厦将倾，总有一些人会疯狂，升官发财享乐……形形色色的蛀虫掏空了坚固梁柱。

几多皓首佞臣，谄事十八九岁的君主？

然而说到底，恶之源在圣意。他登基九年了。

已历仁宗、英宗、神宗、哲宗四朝的苏东坡，目睹了多少臣子的奋厉当世啊。只因皇帝变态，顿时天下骚动。

如果高太后去年废了哲宗，形势肯定不同。

天不祚宋，奈何奈何！

夜色里屋檐下的苏东坡，攥紧了拳头，几欲长啸了。

苏东坡沉重的叹息回响在千里太行：

"许国心犹在，康时术已虚。"

谪岭南途中的诗作，此二句最令人扼腕。

"许国心"完成于嘉祐二年（1057），苏轼二十二岁，名动汴梁城。三十七年来，辗转南北东西，走过了一百多个城市（另据尧军、吴健先生考证，苏轼的遗址遗迹地有六百多个），脚印遍及无数的乡村。夙兴夜寐，呕心沥血，谋求康时之术，医治国家的病患，还时代以健康。

满腔的热血，换来六十岁万里投荒。

"康时术已虚"，实在是力不从心了。一介罪臣，还能做什么呢？

野店风雨夜，四朝老臣心。

儿孙们倒显得镇静，喝豌豆大麦粥，咬糙米饼，喝薄薄酒，胃口很好，食量大。也不是装出来的。黄州的苦日子是个铺垫。昨天锦衣玉食，今日粗茶淡饭，能对付。

朝云和几个女眷在屋里聊着家常，不时有笑语声传出门帘……

苏轼想：没啥大不了的。女眷们也能挺住。

次日天晴了，太阳照着无边的田野，稻谷长势喜人。苏轼记曰："西望太行，草木可数。冈峦北走，崖谷秀杰。"句子短促，铿锵。

过赵州城（今河北赵县），停车两个时辰，逛了食市，吃了汤包，看了半场猴戏。十几口人上车马，谈兴犹浓，七嘴八舌。

连日赶路程。

夜宿相州（今河南安阳）的汤阴县城，晚餐仍是大麦粥，烩新豌豆。夜空有个大月亮，看上去像黄州吃的为甚酥……

过滑州（今河南滑县），炎炎烈日，道路皆尘土。"陆走炎荒四千里"，死在路上也未可知。苏轼上表，乞舟行。

过陈留，眉山老乡杨济甫派他儿子赶来送行。

入雍丘县境，日暮宿野店，离县城仅十余里，苏轼停车投宿，不想惊动城里的县令，以免牵连于人。县令是米芾。

米元章派专使来迎，呈上手书请柬。苏轼据案近灯，答书曰："辱简，承存慰至厚，哀感不已。平生不知家事，老境乃有此苦……奈何，奈何！入夜目昏，不谨。"

做高官十年，手中钱不多。老境穷苦。

四月下旬，苏轼绕道临汝，看望先期抵达贬所的弟弟。兄弟黯然相对。读邸报，得知章惇正式拜相。苏轼叹曰：章七得势也！

弟弟分俸七千，交给哥哥。

夜里两家开会，决定由苏迈带部分眷属先到常州宜兴去，宜兴有苏家的田产。议事完了，一时默然，四十多双眼睛望着苏轼。苏迈的妻子王氏忍不住哭出声来，三十几岁的苏迈忽然跪下，抱紧了老父腿……

长头儿苏迨，一路上长歌当哭。

五月抵南京，第二道谪命又至：苏轼降为从七品官。走到南京城外，苏轼写信给孙敏行说："某旦夕离南都……英州之命，未保无改矣。凡百委顺而已，幸勿深虑。"

果然，六月走到安徽的当涂县，第三道谪命来了：苏轼，责授建昌军司马，惠州安置，不得签书公事。

苏轼被降为罪臣，七品官、两学士及相应的俸禄一律取消。

三改谪命，都是章惇所为。但是还没完。苏轼一路向南，谪命改了五次。

秦观、黄庭坚、陈师道等"苏门学士"均遭贬黜。黄庭坚贬到了四川……

苏轼的抉择是：带幼子苏过一人远赴贬所，翻过大庾岭到惠州。苏迨带领其他眷属到宜兴去，和苏迈同住。家人不同意，但苏轼态度坚决：这事儿没得商量！

他铺开澄心堂纸，磨了李承晏墨，浓墨书写自己的六篇赋，留给次子。赋后记云："予中子迨，本相从英州，舟行已至姑熟，而予道贬建昌军司马，惠州安置，不可复以家行。独与少子过往，而使迨以家归阳羡，从长子迈居。迨好学，知为楚辞，有世外奇志，故书此六赋以赠其行。绍圣元年六月二十五日。"

"道贬"，打乱了原定的计划。

苏迨自幼体弱，三岁多不能行走。苏轼放心不下，叫他跟苏迈一起住到宜兴去。

本来是打算同去英州的，新来的谪命不许苏轼多带眷属。

姑熟的船上，苏迨挥泪别老父，带二三房眷口奔常州而去。

连日来，两次生离如死别，家人哭成一团。唯独朝云沉静，她也决定了，和王巩的爱妾宇文柔奴一样，跟随心爱者到任何地方，"此心安处是吾乡"！

苏轼劝她没用。

她和苏轼一样坚决，所以她沉静。

苏轼作《朝云诗》："不似杨枝别乐天，恰如通德伴伶玄。阿奴络秀不同老，天女维摩总解禅。经卷药炉新活计，舞衫歌扇旧因缘。丹成逐我三山去，不作巫阳云雨仙。"

相爱至深者，自是形影不离。

但是朝云是侍妾，不能升格为夫人。《宋刑统》明确规定："以侍妾作妻，徒一年半。"改侍妾为妻，判徒刑一年半。

妾与侍妾不同。宋代的侍女也称妾，包括女主人的侍女。

苏家的几个仆从、丫鬟，各得若干银两细软，各奔前程去了。

所有这一切，就像一台戏。

然而什么样的戏剧，能揭示出苏东坡的内心？

3

贬谪路上有好诗，《望湖亭》：

> 八月渡长湖，萧条万象疏。秋风片帆急，暮霭一山孤。许国心犹在，康时术已虚。岷峨家万里，投老得归无？

他在汴京曾抱怨："断送一生消底物，三年光景六篇诗。"

官做得大，艺术冲动反而小了。汴京官场尤损诗性，人事纠缠无休止，磨损英雄气。三年才写了六篇诗，未必都是佳作。长此下去，岂不断送大诗人的一生？

现在，精神受到刺激，风物处处沉痛，逼来眼底。

过湖口，过庐山，舟入慈湖峡，诗人命笔，一挥五首，其二云："此生归路愈茫然，无数青山水拍天。犹有小船来卖饼，喜闻墟落在山前。"二十三岁的苏过，一次吃下三张大饼……

《慈湖峡阻风》之五，传为名篇：

> 卧看落月横千丈，起唤清风得半帆。且并水村欹侧过，人间何处不巉岩。

奇境，奇句，人生哲理通向古今任何人的生存体验，类似他的庐山诗，理趣横生。只恐章七、蔡京辈，又要拿诗说事。

仕途若顺畅，哪有灵感如潮涌？

"充满劳绩，但人诗意地栖居在大地上。"

八月，苏轼到豫章（今江西南昌），赣江三百里、险滩十八处等着他的孤舟。赣江流急，水下怪石恐怖，有些巨石耸立如山峰，撞沉过无数的帆船，吞噬了千百条人命。时在水上之凶月，秋风掀浪高。苏轼雇了船工，自己也协助掌舵，毕竟走水路四十年，舟行不知几万里，出入凶险的长江三峡就有四次，是个老水手了。

赣水上的十八个险滩中，以黄公滩最可怕，水下的怪石多而混乱，吞噬的舟楫最多，行者闻而惶惶不安。

苏轼过黄公滩，作《八月七日，初入赣，过惶恐滩》："七千里外二毛人，十八滩头一叶身。山忆喜欢劳远梦，地名惶恐泣孤臣。长风送客添帆腹，积雨浮舟减石鳞。便合与官充水手，此生何止略知津。"

自苏轼作此诗以后，黄公滩这地名，让位给了惶恐滩。

4

九月，苏东坡携爱妾与幼子过大庾岭。另有知润州的张耒派来的两个士兵：王告、顾成。苏轼致信张耒："来兵王告者，极忠厚。顾成亦极小心，勿念。"

五个人过五岭。此前同船，过了赣江十八滩。

岭在今之江西省大余县南，广东南雄市北。号称大余五岭，分隔内陆文明与南国炎荒。宋朝奉太祖家训不杀大臣，惩罚重的，就是贬到岭南去。

元祐、绍圣逐臣多，苏东坡为最。

最优秀的男人，命运最坎坷。

五岭九峰半个月，山中的遭遇一言难尽。投宿山野人家，睡杂草铺，吃山芋饭，蹲"悬崖厕"，他还手捧书卷听着松风。蚊子大而毒，怪虫到处爬。山中有虎、豹、狼，有猴子、獐子、野猪，猛

438

禽巨蛇不可数。所幸岭上人家及寺庙形成了一条线，虎豹白日不能侵，隔山啸叫而已。

王告、顾成，是张耒在军中挑选的武艺高强的硬汉，长枪短刀在身，迤逦护路，问宿打前阵，夜里轮番站岗。

走险路，爬岩壁，过深潭，顾成每每去探路，挥刀砍荆棘，双手刨踏步，挽藤条，支树干，试溪流。苏轼这年纪，爬山还行，只是心跳快，出汗比较多，跟十几年前攀赤壁爬石钟山的矫健身手不能比了。偶有轿子坐，行者一路看行云，觉得异常舒服……

崎岖的山道，是盛唐名相张九龄贬官时走过的。沿途所见的许多梅树，系张九龄手植。

"梅花欢喜漫天雪，冻死苍蝇未足奇。"

梅傲雪，菊傲霜，东坡傲世。

苏轼《过大庾岭》，题于山巅古寺的龙泉钟上："一念失垢污，身心洞清净。浩然天地间，惟我独也正。今日岭上行，身世永相忘。仙人拊我顶，结发受长生。"

后两句，直接用李太白的句子。坡仙眺望诗仙。

"浩然天地间，惟我独也正。"这大庾岭上的空山绝响，听上去令人生豪气，却也转悲凉。一生养浩然之正气者，命运多不畅。为什么？"自私与贪婪"搅动的面积太大……

苏轼如此豪壮，后人也复沮丧。

下岭不久抵韶州，过曹溪，拜谒六祖惠能的道场南华寺，作五言诗《南华寺》："云何见祖师？要识本来面。亭亭塔中人，问我何所见……我本修行人，三世积精练。中间一念失，受此百年谴。抠衣礼真相，感动泪雨霰。借师锡端泉，洗我绮语砚。"

苏东坡虔诚礼佛，自视为惠能的大弟子，借来南华寺中的锡端泉，洗他携带一生的绮语砚。绮语是佛教禁忌之一。

而语言乃是存在的家。人活世上，要抗争，要表达，"绮语砚"如何洗得尽？此间的苏东坡，正是站立在语言中，华夏汉语艺术，紧紧包裹着他一生不变的价值观。

千年英雄之法宝，正是一方绮语砚。

苏轼过英州，畅游圣寿寺、碧落涧。

过广州，登上白云山，流连蒲涧寺。又造访道教名胜罗浮山，细观《抱朴子》的作者葛洪先生留下的炼丹炉。王朝云同观。

道士吴复古突然出现了，手持玉拂尘，身披阴阳衣，见苏轼更不多语，说起了《枕中记》里卢生邯郸一梦的故事，似乎想以道家式的棒喝，喝破苏东坡的尘世梦。

吴复古来而复去，像罗浮山古道上的一阵风。

这道士以四海为家，行踪飘忽不定。苏轼在济南、开封都见过他。看来这一次他是专程上罗浮山讲故事，讲完了，飘然而去。

东坡对苏过说：道士此来，专为造梦。

浮生如梦，所到之处都像是梦游。苏轼买了几斤檀香，打算到惠州"杜门思过"。

5

十月初，东坡抵惠州，暂住合江楼，楼下是奔腾不息的东江。

惠州距广州约三百里，城南有飞鹅岭，又称"鹅城"。风景极优美，山，湖，江，海，分布于惠州九县境内。

东江穿过惠州城，丰湖亦在城内，湖面广大，水清如镜。

丰湖得名于其物产丰富，因其美，也称西湖。秦观写诗曰："先生所至有西湖。"南宋杨万里想必到过惠州的，他说："三处西湖一色秋，钱塘颍水更罗浮。东坡元是西湖长，不到罗浮便得休？"

好个西湖长！东坡与西湖，天赐佳偶。

苏轼作《十月二日初到惠州》："仿佛曾游岂梦中，欣然鸡犬识新丰。吏民惊怪坐何事，父老相携迎此翁……岭南万户皆春色，会有幽人客寓公。"吏民惊怪，苏轼这样的中原大人物居然到岭南惠州来了。父老喜相迎，哪管罪臣逐客。

苏轼的才名与政声，岭南有流传。

惠州太守詹范，是徐君猷生前的老友，待苏轼甚厚，几乎每天到"三司行衙"合江楼来看望。这合江楼是贵宾馆，詹范命部属恭请苏轼先住上半个月，再安排长期的住所。其他州县的官员，如李安正、侯镜叔、林抃等，皆来合江楼探访苏轼。这与苏轼初贬黄州时的情形有反差。

岭南皇帝远，官员不避苏子瞻。

所谓化外之地，往往人情厚。吏民想见东坡，理由不复杂。

苏轼刚到惠州就有好诗，可见他心情不差。又有《寓居合江楼》："海山葱茏气佳哉，二江合处朱楼开。蓬莱方丈应不远，肯为苏子浮江来。江风初凉睡正美，楼上啼鹅呼我起……"

南来的路上，多遇大毒日头，住处也简陋。入住惠州东、西两江汇合处的合江楼，江风初送爽，天鹅栖楼上。锦衾绵绵，檀香袅袅，两情依依，贪恋一夜好睡。

6

十月十八日，苏轼携朝云、幼子迁往江东的嘉祐寺。

常态化的日子开始了，生活清苦，蔬菜缺，肉更少。嘉祐寺离州府远，来客渐少。晨钟与暮鼓，声声敲寂寞。

惠州是个小城，杂居着汉人、客家人等，发音奇特，内地人听不懂。物产虽然丰富，商业可不发达。市井萧条，行人稀少。

檀香袅袅，斯人独坐，残灯向晓……

苏轼将息数日后，用他一向平和而又幽默的眼光打量周遭了。他在写给苏辙的信中说："惠州市井寥落，然犹日杀一羊，不敢与仕者争买，时嘱屠者，买其脊骨，骨间亦有微肉……意甚喜之，如食螃蟹。"写信不谈别的，专说吃羊脊骨的方法，如何炙烤，如何用木针挑出骨间的微肉，给人美滋滋香喷喷的感觉。末尾却说，这么细致挑吃羊骨，"则众狗不悦矣"。

佛印大和尚写信来安慰他。这是历代高僧著名的书信之一：

> 子瞻中大科，登金门，上玉堂，远放寂寞之滨，权臣忌子瞻作宰相耳。人生一世间，如白驹过隙，三二十年功名富贵，转盼成空，何不一笔勾断，寻取自家本来面目！……昔有问师佛法在什么处，师云：在行住坐卧处，著衣吃饭处，屙屎撒尿处，没理没会死活不得处。子瞻胸中有万卷书，笔下无一点尘，到这地位，不知性命所在，一生聪明，要做什么？
>
> 三世诸佛，则是一个有血性的汉子。子瞻若能脚下承当，把一二十年富贵功名贱如泥土，努力向前，珍重，珍重！

大彻大悟的和尚，也给了苏轼一份力量。

他写信对参寥和尚说："惠州风物不恶，吏民相待甚厚。"

苏轼善于各方借力，不管是在书本上，还是在生活中。融会贯通中国文化的精髓，修炼成钢铁骨头，却不失血肉之躯。而这向来是佛教的两难，西方哲学家如叔本华的两难：无限的欲望导致无限的痛苦，倒不如冷却成石头。苏东坡不冷却，始终保持躯体的热度和柔软度。他甚至学会了向各种各样的苦难借力。

翻遍古代史籍,修炼到如此境地的,可能只有苏东坡。

他有一篇意味深长的短文《记游松风亭》:

> 余尝寓居惠州嘉祐寺,纵步松风亭下。足力疲乏,思欲就林止息。望亭宇尚在木末,意谓是如何得到。良久,忽曰:"此间有甚么歇不得处?"由是心若挂钩之鱼,忽得解脱。若人悟此,虽兵阵相接,鼓声如雷霆,进则死敌,退则死法,当甚么时,也不妨熟歇。

岭南十二月,梅花已盛开。

苏轼名诗《十一月二十六日,松风亭下梅花盛开》:"春风岭上淮南村,昔年梅花曾断魂。岂知流落复相见,蛮风蜑雨愁黄昏……"

当初贬黄州,经过湖北麻城的春风岭,正值满山梅花开;眼下贬惠州,复见梅开于松风亭下。前后十几年,断魂梅花两相映。

而苏轼依前韵写第二首,语气变了:"罗浮山下梅花村,玉雪为骨冰为魂。纷纷初疑月挂树,耿耿独与参横昏。先生索居江海上,悄如病鹤栖荒园。天香国艳肯相顾,知我酒熟诗清温。蓬莱宫中花鸟使,绿衣倒挂扶桑暾……"

东坡自注"绿毛":"岭南珍禽,有倒挂子,绿毛,红喙,如鹦鹉而小,自东海来,非尘埃中物也。"王朝云很喜欢这种倒挂树叶上的绿毛小鸟,曾置于掌中,看它往丰湖飞走。

绿毛红喙娇语,堪堪地喜煞人。

清代大诗人曹雪芹,对苏东坡的惠州梅花诗烂熟于心……

东坡酒醒绕梅树,慨然落笔:"酒醒梦觉起绕树,妙意有在终无言。先生独饮勿叹息,幸有落月窥清樽。"

又云："酒醒人散山寂寂，惟有落蕊沾空樽。"

东坡写，苏过和，朝云唱："天香国艳肯相顾，知我酒熟诗清温。"以前东坡在黄州为海棠留佳句："只恐夜深花睡去，故烧高烛照红妆。"海棠与梅花的香艳，均喻朝云否？

朝云万里相随，不惧岭南炎荒。国色天香，真是斗志昂扬。

东坡对她的感激是不用说的。

次年春夏之交，他们吃上惠州的鲜荔枝了，色美，肉厚，有嚼头。诗人的欢愉之情掩不住，挥笔写道："罗浮山下四时春，卢橘杨梅次第新。日啖荔枝三百颗，不辞长作岭南人。"这几句诗被惠州人视为永远的骄傲，也是今日惠州市最好的旅游广告。

六十岁的苏东坡，重现了"老夫聊发少年狂"。荔枝性热，他不管的，一日吃下三百颗。并饮酒，三五盏不能休。不能让惠州父老见笑。

王朝云纤指剥丹荔，情态远胜于杨贵妃。

东坡作《荔支叹》，严厉批评杨玉环："十里一置飞尘灰，五里一堠兵火催。颠坑仆谷相枕藉，知是荔支龙眼来。飞车跨山鹘横海，风枝露叶如新采。宫中美人一破颜，惊尘溅血流千载……"

杨妃吃鲜荔枝，几颗一条命？人马颠坑仆谷，尸身交横，只为那宫中美人破颜一笑。

千里送荔枝的具体情形，杨妃实不知。罪在老昏君唐玄宗。

苏轼愤怒地写道："我愿天公怜赤子，莫生尤物为疮痏。雨顺风调百谷登，民不饥寒为上瑞。"

怒斥尤物，直指宠尤物、轻天下的君王。

苏轼发出这样的声音，颇似写《新乐府》"力忤权豪"的白居易。

一贬再贬，个性不改。他在惠州写诗，汴梁的高官们能听到。

444

自从他三十七岁通判杭州以后，一直有人在搜集他的诗文。雕版印成书，坊间书肆销售。无论他走到哪里，总是受到高度关注。

宋哲宗多欲而邪，其能久乎？

皇帝短命事小，国运不畅事大。

苏东坡在惠州吃荔枝的形象，延伸到了斥皇家之贪婪，哀民生之多艰。

7

东坡先生和惠州人打成一片，主要源于两件事：一是造桥，二是种药。

连接东江两岸的原是一座简陋的竹浮桥，江流湍急，每年都有不少人落水，被浪头卷走、吞没。东坡建议修桥，惠州官府苦于拿不出钱来。东坡捐出了一条御赐的犀带，并写信给子由，动员弟媳史夫人拿出皇宫多年赏赐的金银、器物。其实不须动员，东坡开了口，史夫人二话不说，拿出了价值数千金的东西，派人急送惠州。也许她手头就这点钱了。

造桥的方法，是以四十舟联为二十舫，覆以坚如铁石的石盐木板，铁锁石碇，随潮涨落，过江的人如行平地。苏轼《两桥诗·东新桥》："岂知涛澜上，安若堂与闺。往来无晨夜，醉病休扶携。"

夏秋江水浩大时，桥上市民更如织。"舫桥"非常坚固。

东新桥也成了惠州人游玩的好去处，乘凉、观景、男女幽会，游泳好手腾空"栽蛙式"……今日风俗，仍在沿袭。

东新桥成之日，东江两岸全是欢呼声，三日不绝，许多人喜极而泣：东坡先生早一点到惠州该有多好！

后来，丰湖上的西新桥也建成了，东坡《两桥诗·西新桥》描绘盛况："父老喜云集，箪壶无空携。三日饮不散，杀尽西村鸡。"

而瞅着鸡血遍地，东坡居士又心生怜悯，为杀生感到难过。不得已，找到了一句安慰自己的话："世无不杀之鸡……"

多欲而向善，是为苏东坡。

惠州瘴毒弥漫，常有疫病流行，而当地人不大懂得医药。东坡托人从广州购买多种药材，如去瘴疠的黑豆，一次就买了三石之多。居所前后种满了药材，就像在黄州的东坡种麦子。人参、枸杞、苡仁、甘菊、地黄……药材种类甚多。他又开方瞧病做起了郎中，频繁与中原名医庞安常等人通信，讨论医理和药理。

他彻夜研究孙思邈的《千金方》，晨光初露才躺下，忽起一念，又披衣起床，查书做笔记。

太阳升起的时候，东坡先生伏案睡着了。

朝云醒来见此，不觉潸然泪下……

她想：先生欲以一己之力，祛除千里瘴疠啊！

苏轼向岭南人传播医药，显然是有紧迫感的。良医首先是良心，见了病人，恻隐顿起，要研究，要行动。后来陆游在山阴老家行医，救人不少，就是向东坡先生看齐。"活人吾岂能？要有此意存。"

经苏轼带动，官府宣传，惠州从此药材渐多，郎中渐多。

他将无锡农民发明的、武昌人善用的一种快速插秧的农具"秧马"，介绍给惠州人，亲手制作，下田试验。农民坐秧马插秧不累，又提高了效率，于是逐步推广开来。凡有去江南、西蜀的朋友，他必叮嘱：要让三吴乡村川西坝子的农人普遍用秧马。秧马好呀，他写了《秧马歌》，希望借助自己的声誉，把这省力的插秧好农具推广到全国。

8

罪臣苏东坡，在惠州忙着呢。

他替广州人设计"自来水工程"，画了设计图，写了长信送去，嘱咐广州太守、王巩的堂弟王古倾力为之，大大缓解了广州人的饮水困难。

事情的缘由，是道士邓守安从广州来，说广州人多年饮水艰难，他就坐不住了，仿佛广州人全是他的亲朋好友，马上找人合计，连夜讨论方案。日后，他在写给引水工程负责人仲敏的信中说："广州一城人，为饮盐苦水，春夏疾疫时所损多矣。唯官员及有力者得饮刘王山井水，贫下何由得？唯蒲涧山有滴水岩，水所从来高，可引入城，盖二十里以下耳……"

接下来，他详细讲了"五管分引"的方法，所有的引水细节、包括天长日久竹筒的损坏淤塞都考虑到了。

后人评价，东坡为广州城引水，充满了奇思妙想。

工程顺利实施，二十里外滴水岩的清水涌入五羊（广州）城，万众欢腾，占人口八成以上的贫下市民尤其狂喜，一个个手捧泉水，双泪长流。

章质夫、王古，两任广州太守，皆有政声。而东坡远在三百里的惠州，操心广州百姓比他们更甚……

仁者爱人。

东坡先生几乎囊空如洗了，又为惠州新建的海会禅院张罗放生池，推动一方风俗教化。他捐三十贯，鼓励缙绅解囊。写信请朋友、弟弟捐钱。

海会禅院，今名永福寺，寺中湖边有碑刻大字："宋苏文忠放生湖"。

想做的事太多，若遇事不顺，东坡写信向朋友抱怨："老人没用处！"早年在山东密州，他就这样了。做了很多还自责。

有些人实在不理解他，"无病而多蓄药，不饮而多酿酒"，这是干吗呢？不是有悖于人的自私天性吗？"劳己而为人"，莫非其中有啥见不得人的动机？东坡回答，他干这些事全是为了自己："病人得药，吾为之体轻；饮者困于酒，吾使之醺适，盖专以为己也。"

撰写《苏氏易传》，他上升到理论高度说："君子有责于斯世，力能救则救之，力能正则正之。"

《答陈师仲书》云："人生如朝露，意所乐则为之，何暇计议穷达？"犹言：乐意做就做吧，哪用计算那么多。

素心人的朴素语，因其朴素，颠扑不破。

"谁似东坡老？白首忘机。"历经坎坷与磨难、却有能力去掉机心的人，应该是这个世界上最为快乐的人吧？

有此境界存，人类文明生辉。自私贪婪会缩小地盘。

惠州城外，多有野死者的枯骨，被野兽叼弄，东一根西一堆，日晒雨淋，夜生磷光。东坡见而哀之，四方筹措经费，为野死者造老屋修阴宅。他致信官吏罗某说："掩骼之事，知甚留意，旦夕再遣冯、何二士去回禀。亦有少钱在二士处……"

这善举后来做大了，官府设了专门机构收葬暴骨，惠州以外的一些州县也来仿效。苏轼《惠州祭枯骨文》："尔等暴骨于野，莫知何年。非兵则民，皆吾赤子。恭惟朝廷法令，有掩骼之文；监司举行，无吝财之意。是用一新此宅，永安厥居。"

东坡居士，慈悲如此！

9

东坡试验独居，服从养生的法则尝试去欲，其动力，是为了活着北归。

贬到岭南惠州后，北方的朋友们书信不断。参寥、马梦得分别派人来，捎来了许多好东西。居湖北岐亭的陈慥致信说，要到惠州来看望他，他赶紧回信，劝老朋友莫来："季常安心家居，勿轻出入。老劣不烦过虑，决须幅巾草履相从于林下也！亦莫遣人来，彼此须髯如戟，莫作儿女态也。"

须髯如戟，真好词也。不唯骨头硬，连胡须都硬。"真的猛士，敢于直面惨淡的人生。"

东坡所造的须髯如戟这个词，当列入成语词典……

苏州定惠院，有和尚名叫卓契顺的，从江南走到岭南，几千里路，只为送一封家书。卓契顺是定惠院守钦长老的门下弟子。守钦长老和卓契顺一样，并未见过苏轼，只多年景仰而已。一日，苏迈去苏州，访问正在苏州府做事的钱世雄，为送信的事犯愁。钱世雄转告守钦长老，卓契顺在旁边听到了，当即表示，愿去惠州。

守钦长老说：你知道此去惠州有多远吗？

卓契顺笑了笑说：惠州又不是在天上，走，总能走到的。

好个卓契顺，揣了信就上路，过千村走万户，沿途托钵乞食，裹衣"道睡"。他生病了，自采草药；饿极了，跟猴子争抢野果，吞吃生野菜、半熟的草莓；驱赶毒蛇与怪虫……

跋山涉水几个月，翻过大庾五岭，走到惠州城，人都走变形了，见了东坡也没甚言语，只一味傻笑。在场的人无不抹眼泪，倒是东坡视为寻常，问卓契顺想要点什么。

卓契顺说：我无所求才来到惠州，有所求，就上汴京了。

东坡再三问他，他才说：想要一幅先生亲笔写的陶渊明《归去来辞》。东坡亲手铺开纸笔，浓墨挥毫："归去来兮，田园将芜胡不归……"（《归去来辞》书法长卷，今犹存焉。）

十几天后，卓契顺只身上路返回苏州。一切平淡得如同花开水流。

卓契顺这样的人，有足够的理由名垂史册。

苏门后四学士之一的曹辅，不避官身之嫌，到惠州来，陪老师兼罪臣的苏轼住了一些日子。吴复古的儿子吴芘仲，从潮阳赶来探望东坡，携物甚丰。虔州处士王原，浮江而来，留居嘉祐寺七十天，跟随苏轼父子游览了好几处惠州名胜。

这些人回去以后，到处讲惠州好风物，谈岭南苏东坡……

惠州詹太守，博罗林县令，罗浮山的道士，寺庙里的和尚，还有邻近州县的官员们，均与苏轼往来密切，交往甚欢。

几千里外的章惇闻讯，皱起眉头。

大魔头高居朝堂，念念不忘岭南东坡。

10

章惇找蔡卞商量，决定提升程之才为广南路提刑官，密令此人到岭南后，找个借口杀苏轼。或者，制造一个意外事件也行，只一条：务必灭苏轼于惠州。

为何用程之才杀苏轼？因为程家与苏家有"世仇"，前文已提及。另外，此人行事，以干净利落著称。

宰相章惇给程之才许愿说，如果去广南路干得好，回京再升一级，不在话下。汴京民谣："章加蔡，一手盖。"

广南路提刑官程之才一路南下，听到很多吏民盛赞苏东坡。有人言及苏轼在惠州修桥种药的盛德，竟泪流满面。

程之才陷入沉思。

抵广州，广州太守王古更称苏轼"岭南伟人"。城里的数万百姓吃上了二十里外滴水岩的泉水，每饮，必念苏公……

苏轼在惠州得到程之才提刑广南的消息，也很紧张。惠州官吏说，程提刑来者不善。

然而程乡县令侯晋叔去广州打探情况，派人快船报信：程提刑对苏轼并无恶意。或者说，恶意已消。

苏轼连写二信给程之才，第一封发出不久，苏辙派人捎话，说程之才对苏轼颇为关切，有意赴惠探望。于是，苏轼松了一口气。后一封信有云："窜逐海上，诸况可知。闻老兄来，颇有佳思。昔人以三十年为一世，今吾老兄弟不相从四十二年矣，念此令人凄断。不知兄果能为弟一来否。"

三月初，程之才气派十足的大官船开到惠州来了。

兄弟一笑泯世仇。

携手畅游惠州各县，盘桓半个多月。谈家乡谈不够。苏轼写诗："世间谁似老兄弟，笃爱不复相疵瑕。"

程提刑命令惠州地方官，请苏轼仍回合江楼居住。岭南贵人，当住贵宾馆，而且，住多久都行。

绍圣二年（1095）三月十九日，苏东坡携娇妻妾、幼子又进合江楼了，这次住了一年多。

程之才因此而仕途不畅。好在他非常能干，受到皇帝的器重，章惇未能害他。

章惇对蔡卞说：我等正忙，日后再弄苏轼不迟。

章蔡辈在朝廷拳打脚踢排除异己，确实忙得昏天黑地。又有一批人遭贬逐，其中包括知润州的张耒……

11

苏东坡王朝云居合江楼。画栋雕窗红地衣，檀香每日青袅袅，天鹅环绕着攒角楼顶，绿毛幺凤挂满了红花绿树。

朝云喜出望外，"倒挂子"竟然挂上了她的衣裳，小红嘴儿冲她叫，悦耳极了，可爱极了。子瞻他说，这是她多年拜佛向善所致。当初王维参禅于终南山，"阶前虎心善，人兽也相亲"。

朝云说：先生也是维摩诘大居士啊！

东坡点头笑道：散花仙女者谁？钱塘王子霞也。

这类情话他们说过多少次啦，说了还想说。屈指才二十年，很短暂很短暂呢，"佳人相见一千年"！

王朝云的生日是在春天，东坡隆重为她祝寿，祈望相爱者百年缱绻。绍圣二、三年，惠州为朝云寿，邀客满庭，比之定州、汴梁的寿宴热闹多了。其中有个原因，在中原为侍妾做寿，有所不便。到惠州，不必计较所谓名分。东坡心里，早已将亲爱的朝云视为妻子。一些惠州宾客敬酒，称王朝云为王夫人。詹太守佯装没听见……

而朝云听了喜洋洋，一双美目闪闪发光！

东坡献给朝云的名词《殢人娇》，作于绍圣二年（1095）端午：

> 白发苍颜，正是维摩境界。空方丈、散花何碍。朱唇箸点，更髻鬟生彩。这些个，千生万生只在。　　好事心肠，着人情态。闲窗下，敛云凝黛。明朝端午，待学纫兰为佩。寻一

首好诗，要书裙带。

她两年来念经，礼佛，吃斋，放生，协助东坡先生帮助穷苦人，影响了许许多多官绅人家的女眷。难怪先生赞她"好事心肠"，喻她散花仙女……

绍圣三年（1096）春，朝云三十四岁生日，苏轼作《王氏生日致语口号》："罗浮山下已三春，松笋穿阶昼掩门。太白犹逃水仙洞，紫箫来问玉华君。天容水色聊同夜，发泽肤光自鉴人。万户春风为子寿，坐看沧海起扬尘。"

紫箫是神男，玉华君是神女。当年秦观填词，赞美"师母"朝云，比拟苏轼为楚襄王，朝云为巫山神女。

襄王神女，氤氲调畅。紫箫玉华，雨腻云香。

万户春风来祝寿，王子霞与苏子瞻，爱到沧海变桑田、起扬尘。

请记住绍圣三年的春天。朝云寿事，东江潮涌。

这事的蹊跷处在于：无限美好的三春之后，"凶夏"接踵而至。

也许上帝召她去，又温柔地怜悯着她……

12

苏轼在白鹤峰买了一块地建房子，打算把全家人迁来，长住惠州。苏过负责建材诸事，苏轼画建筑图，施工图，并指挥工程。新居已盖了一大半，三子皆有室，他和朝云居一别致庭院，种下了竹子、梅花、油桃、桂树、枇杷。推窗看见东、西两江，两座新桥历历在目。朝云暮云，行舟行人，太阳星星月亮，全是新居好景象。

东坡携朝云，屡上白鹤峰去看房子。栽下连理树，浇灌合欢花。诗意栖居兴头高。朝云欢快地说：夏天就要竣工啦！

下石阶，她蹦蹦跳跳。金钗掉了，乌发抛向蓝天白云。

任妈若在，会夸她"蹦蹦俏"……

梦里住进了白鹤峰新居，她化身为仙鹤，飞向东坡宽阔的肩膀。

子瞻笑话她说：向来我梦多，现在你也多梦了。

朝云粲然曰：你叫梦多，我叫多梦！

少顷，她又说：真想明天就住进白鹤峰啊，真想每天游丰湖，登泗州塔，拜栖霞寺，吃荔枝浦的荔枝，泡白水山的汤泉，看百里外的大海，抄经卷，烧药炉，点檀香，逗小鸟……

苏轼笑道：快了快了，惠州风物千般好，你我长作岭南人。

东坡炼石药、煎补药，学葛洪先生的养生术。黄州他就炼过，痔疮发了，两个月卧床呻吟，很可能与连服性大热的石药有关。

晋朝盛行"五石散"，三百年不衰，可见吃石药的人，受益、受害者参半。书圣王羲之长期吃石药，致信友人自夸"体轻"，爬山如"升山"。他妻子郗子房，乃是金陵第一贵族美女，也极善养生，六十多岁还艳光照人。夫妻住在金陵城里著名的乌衣巷，又居浙东山阴（绍兴），过着神仙般的快活日子。郗夫人寿过百岁，《世说新语》载有她的故事。

苏轼居惠州，也曾苦于痔疮，当为石药所致。石药强体、壮阳、延寿，其实毒性也大，掌握分寸殊难。

这两年多，王朝云一直气色好，与迁岭南之前的年月无两样。绍圣三年春，她"发泽肤光自鉴人"。东坡的诗文书信，从未说过她体弱。

然而仲夏时节，瘴疠袭击惠州。

苏轼六月十五日《与林天和信》："瘴疫横流，僵仆者不可胜计。"疫病有时也奇怪，对身体好的人威胁更大，例如鼠疫。可能是由于年轻体壮者的肌体，更有利于病毒的滋生、扩散。

王朝云染上了瘴疫。

她病倒了。高烧不退，说胡话，不能吃东西。勉强喝粥，喝了又吐，服药无起色。

青春活泼的躯体，迅速消瘦下去了。

红颜日损。

四肢无力，软得骨头疼。多少年的舞蹈手，抄经手，现在抬起来指物都艰难。一头茂密的青丝散落在玉枕上，双眼微翕，目光游离。

语音半日一变，微弱下去了。

美妙歌喉二十年，她唱过多少子瞻词啊。

红唇玉齿为谁开？长腿蜂腰为谁舞？柔情蜜意为谁倾？

哦，他在她的身边，寸步不离。苏过到河源县买木材去了，往返一个多月。

白鹤峰上的新居，看来她是无福享受了。宽敞而别致的爱巢，不会有她时刻俏动着的身影……

她只要醒着，便目不转睛地望着子瞻，望着他的双眸欲语而不能，泪便浸在眼眶，除非她昏迷。杭州的凤凰山，密州的小庭院，济南的大明湖，汴梁的东园，徐州的同心池，黄州的临皋亭，扬州的平山堂，定州的演武场……

她虚弱地翕动着已失血色的双唇，对子瞻说：没去过眉山呢，双亲墓前，替我栽两棵松苗。还有王弗姐姐、苏序爷爷。

说到王弗，王朝云眼中一亮，闪出天使般的光芒。那个不曾亲见过的女人，她在子瞻的文字中活着。每念"十年生死两茫茫，不思量，自难忘"，朝云就忍不住要掉泪，子瞻涌上她的心间。如今，

455

她也要走了。

"幽室一已闭，千年不复朝。"子瞻再也看不见他的朝云、他的子霞、他的蓝小袖了。

爱她疼她，二十三年。

仿佛她昨天还在杭州吟唱："玉人家在凤凰山。"

人生如梦，如电，如朝露……

绍圣三年七月初五，王朝云口诵《金刚经》而亡。

苏轼大恸，哭昏于至爱者的病榻旁。

七月是苏东坡的"凶月"……

东坡种了那么多的药，未能挽救朝云的生命。

未病前似有预兆：她老唱"枝上柳绵吹又少，天涯何处无芳草"，唱着，眼泪直流。此后，东坡终身不听不书这首《蝶恋花》。

临终前她口诵《金刚经》六如偈："一切有为法，如梦幻泡影。如露亦如电，应作如是观。"

有着惊人美丽的王朝云葬于惠州丰湖之六如亭。

后世九百多年，凭吊者络绎不绝。直到今日，朝云墓前总不乏鲜花的明艳。

　　　　不生不灭不垢不净不增不减，如梦如幻如露如电如泡
　　如影。

"试上山头奠桂浆，朝云艳骨有余香。宋朝陵墓皆零落，嫁得文人胜帝王。"

"何年云雨散巫阳，瘴雾沉埋玉骨凉。合种梅花三百树，六如亭畔护遗香。"

有记载说，元、明二朝，朝云墓周围有"梅松千株，守墓百

家"。

四百年间，守墓者代代相继。谁在为朝云守墓呢？是爱戴东坡与朝云的惠州百姓吗？

而南宋虔州（今江西赣州）的草寇谢达，于绍兴二年（1132）攻陷惠州城，"民居官舍，焚荡无遗，独留东坡白鹤峰居，并率其徒，葺治六如亭，烹羊致奠而去"。

洪迈记下这事，称"盗敬东坡"。

应该再补上"盗敬朝云"。

1946年，重建六如亭。1984年，重修六如亭……

亭上古对联："从南海来时，经卷药炉，百尺江楼飞柳絮；自东坡去后，夜灯仙塔，一亭湖月冷梅花。"

笔者两次到惠州，拜谒朝云墓，为永不凋谢的鲜花献上一束鲜花。而惠州学院的一位老教授，偕同他的夫人，几乎每月都去献花，十年来毫不声张……

且看东坡为朝云写的墓志铭："东坡先生侍妾曰朝云，字子霞，姓王氏，钱塘人。敏而好义，事先生二十有三年，忠敬若一。绍圣三年七月壬辰，卒于惠州，年三十四。八月庚申，葬之丰湖之上，栖禅山寺之东南。生子遁，未期而夭。盖尝从比丘尼义冲学佛法，亦粗识大意，且死，诵《金刚经》四句偈以绝。铭曰：浮屠是瞻，伽蓝是依。如汝宿心，唯佛之归。"

朝云感动了上帝，她去世后第三天的夜里，风雨大作，天亮，人们在她墓旁发现了五个巨大的脚印。东坡闻讯，亲往察看，于栖禅寺设供佛事，写《荐朝云疏》："既葬三日，风雨之余，灵迹五踪，道路皆见。是知佛慈之广大，不择众生之细微。敢荐丹诚，躬修法会。伏愿山中一草一木，皆被佛光……湖山安吉，坟墓永坚。接引亡魂，早生净土……"

苏轼亲笔写下的文字，见证了丰湖栖禅寺朝云墓前的灵迹。惠州人为朝云守墓几百年，看来是有原因的。

三个月后，东坡为朝云作《西江月》：

　　　玉骨那愁瘴雾，冰姿自有仙风。海仙时遣探芳丛，倒挂绿毛幺凤。　　素面翻嫌粉涴，洗妆不褪唇红。高情已逐晓云空，不与梨花同梦。

明代大学士杨慎点评："古今梅词，以东坡'绿毛幺凤'为第一。"

花魂鸟魂也难留。蓝小袖，绿毛幺凤，皆喻朝云焉。今日岭南倒挂子，命名为朝云鸟。

面孔白里透红，常嫌脂粉玷污。红唇玉齿，婉转歌喉。朝云清扬的歌声在云朵中流转。

徐州、黄州、杭州、泗州、常州、开封、定州……多少欢娱啊！

惠州无限伤悲："驻景恨无千岁药，赠行惟有小乘禅！"

佳人已杳，花落无痕。

苏东坡心灰意冷，下笔见哀声："今年吁恶岁，僵仆如乱麻。此会我虽健，狂风卷朝霞。使我如霜月，孤光挂天涯。西湖不欲往，暮树号寒鸦。"

有一阵子，他不去丰湖了。

而当思念撕肝裂肺的时候，他又去了。拄了杖，由苏过护着，颤巍巍地走在海上吹来的带着涩腥味的风中。

白鹤峰新居落成，他迟迟不愿意搬过去；推迟落成典礼。

他守着和朝云共住过的房间，守着合江楼、嘉祐寺中的一堆记忆。《雨中花慢》："嫩脸羞娥，因甚化作行云，却返巫阳？但有寒灯孤枕，皓月空床。长记当初，乍谐云雨，便学鸾凰。又岂料，正三春桃李，一夜风霜……"

佳人相见一千年！

子瞻喏嚅着这句，看云，飘走了。蓝天万里了无痕迹。

《和陶诗》："长春如稚女，飘飘倚轻飔。卯酒晕玉颊，红绡卷生衣。低颜香自敛，含睇意颇微……"

朝云三十多岁，模样、情态、语调，还像个小女孩儿。东坡是她的爱侣，同时也是哥哥，是朋友，是老师，是父亲。东坡这混合型的角色，满足她多方的、显性或隐秘的渴求。身心长期欢畅，方有小女孩儿的模样。年龄相近的夫妻，难有这般光景。

二十三年幸福如意，然后，她到天上去了。

丰湖朝云墓前的灵迹，向人们透露了这一消息。岭南人，中原人，相信东坡的亲笔记载。

《荐朝云疏》可不是普通的文字。

第二十五章　儋州

1

朝云走了，年逾六旬的苏东坡，还能挺住吗？

苏过很孝顺，东坡在给朋友的信中多次赞扬他。坡翁的饮食起居，"独过侍之……不知其难"。

让孩子细致照顾，这还是头一回。以前他生病也撑着，保持着苏家几代男人的硬汉传统，示范给儿孙。

东坡的三个儿子都一样，包括三房儿媳妇，包括他的朋友、学生，无不感染他的傲岸气息。想想黄庭坚、王巩、张耒、米芾、陈师道。张耒官居太守，两次派士兵护送罪臣苏轼，是冒着落官帽的风险的。米芾亦如此。

伟人引力大、磁场强。

爱侣远走，硬汉心神俱伤。

他早晨起来，待在有梅花的院子里，举头望朝云。有时天不亮就要出门望，冬日的风中，他裹紧了衣裳，固执地等着东边的第一抹朝霞。

过大年，过元宵，桌上一直有朝云的碗筷。东坡夹了汤圆，放到她生前爱用的官窑青花瓷碗中。

请客也这样。座中有人唏嘘，东坡便说：朝云吃汤圆，样子甜甜的。

玫瑰糖心子，蜀人、杭人都这么说。

2

绍圣四年（1097）春，东坡抱病迁入白鹤峰的新居。长子苏迈带着他的两个孙子以及苏过的妻子范氏到惠州来了。新居落成仪式，官民同贺。盖这二十间房子，惠州人出力不少。詹范资助，市民帮工不要工钱。

惠州人说：东坡先生捐资建桥，没钱盖房子了。

又说：东坡先生要在白鹤峰建屋，不走啦。

于是，纷纷相约来帮工，推荐能工巧匠。白鹤峰的工地上，人多时，有义工六十余人。那场景，暖人情怀。苏过写信告诉哥哥。

东坡北归无望，决定在惠州度过余年，做个惠州人。《和陶诗》曰："环州多白水，际海皆苍山。以彼无尽景，寓我有限年。东家著孔丘，西家著颜渊。市为不二价，农为不争田……"

宦游四十年，何处不是家？又何处青山不埋骨呢？

士大夫所到之处，要做点事情，要播下文明的种子。

他每到一地，总是说似曾相识，猜想自己前生去过。他倾向于三生之说，但不持决然的肯定态度。盲目的肯定和否定，不是苏东坡的作风。他是既要实证，又要展开想象，始终对不可知的神秘之物保持着非实证式的虔诚。毕竟宇宙浩瀚，人，不过是沧海一粟。

何谓宇宙式的虔诚？这便是了。

白鹤峰真不错，周遭景色，不减黄州的临皋亭。

朝云住在丰湖，他会常去看她，和她说说话。

子由的贬谪地离此不远，兄弟相聚不难。秦观贬雷州，也会专程来看望老师。道士吴复古，飘然来惠州。二人煨芋头，烤羊肉，饮小酒，馋坏了不期而至的邓守安……

野性苏东坡，六十多岁野不休：罗浮山炼丹，白水山泡汤泉，荔枝浦吃鲜荔，半径村尝田螺，江边湖边，钓鱼捉螃蟹。甚至再挽雕弓，纵马郊野去打猎。

"钓鱼丰乐桥，采杞逍遥堂。罗浮春欲动，云日有清光。处处野梅开，家家腊酒香……"

罗浮山距惠州城有一百三十多里，东坡屡去。山上有他亲手搭的草庐。

踏月夜游，游瘾大，天亮才归家。黄州四十多岁，惠州他年逾花甲，夜游神到处逛。

平心而论，丰湖之畔的生活很丰富。

长子苏迈朴实厚道，且有实干之才；幼子苏过能诗善画，更富孝顺之心。苏迨正考进士，考完了就南来，陪老父住些日子……

东坡写道："过子诗似翁，我唱而辄酬。未知陶彭泽，颇有此乐不？"苏迈、苏迨，也是手不释卷。

陶渊明的五个儿子，"总不好纸笔"，东坡比渊明强些。

东江边的白鹤峰新居，一似合江楼，"临大江，极轩豁"。厅堂叫"德有邻堂"，书斋叫"思无邪斋"。房前屋后，遍栽果树与药材，各十余种。庭中多桂树，他还要试验酿桂酒。致信眉山陆道士："桂酒，乃仙方也，酿桂而成，盎盎玉色，非人间物也！"

写诗得意洋洋地说："捣香筛辣入瓶盆，盎盎春溪带雨浑。收拾小山藏社瓮，招呼明月到芳樽。"

又作五言长诗《种茶》。他把松树上寄生的茶树移栽到白鹤峰："移栽白鹤岭，土软春雨后。"

东坡不独四海为家，到一地，四方为家。博罗林县令，多次邀请他游博罗香积寺……

嘉祐寺的僧舍要差一些，苏过曾抱怨。苏轼不言。

年轻人抱怨几句，可以理解。

绍圣四年（1097）二月十四日，苏轼携二子三孙住进了白鹤峰的新居。正是阳春时节，鲜花烂漫，天蓝云白。苏轼《和陶诗》："旦朝丁丁，谁款我庐？子孙远至，笑语纷如。"诗前小引曰："长子迈，与余别三年矣，挈携诸孙，万里远至。老朽忧患之余，不能无欣然。"

陶诗名句："众鸟欣有托，吾亦爱吾庐。"

白鹤峰上，大鸟飞小鸟叫。苏过的儿子苏籥才几岁，乳口稚语，喊爹爹叫爷爷，东坡乐陶陶也，伏地驮乖孙，恰似黄州的临皋亭外驮苏箪。

长房儿媳妇王氏，三房儿媳妇范氏，含泪携手，望着慈祥笑着的、双手爬行青草地的公公。

六十年前在眉山，苏序也驮苏轼……

二年不见乖孙，如何不驮他？趴在地上真幸福啊，祖孙一同接地气。

此间东坡情绪好，又展露仙容了，欣然命笔：

"白头萧散满霜风，小阁藤床寄病容。报道先生春睡美，道人轻打五更钟。"

这首题为《纵笔》的小诗传到京师了，大魔头章惇笑道：苏子瞻还这么快乐吗？贬他到海南儋州去。

一纸令下，全家人再次恸哭于江边。白鹤峰的新居刚住了两个月零五天。苏轼别子孙，苏过别妻儿。

东坡过海去，生还希望渺茫。

3

四月十九日，苏轼离开惠州，与苏迈及三个孙子分手。江边尽哭声。做父亲的，本欲独往儋州，苏过坚决同往。这位大孝子，苏家后人为他感到骄傲。

临行的前一天，东坡去了丰湖栖禅寺的朝云墓，伫立良久，絮语多时。

那一天，朝云墓地的周围，绿毛红喙的倒挂子特别多，叫声婉转而悲凉。

东坡贬惠州，两年零七个月。

后人感慨："一自坡公谪南海，天下不敢小惠州。"

北宋末年以后，岭南小城惠州，因苏东坡而扬名天下。

东坡走水路，顺东江而下，朝着广州。

东江浩浩荡荡，江面宽阔几千尺，夏初，水清而波平。

东坡立于船尾，望着惠州城……

船到五十里外的博罗县，县令林抃来相送，置酒笑谈，并不管是否有人去偷偷举报。

抵广州，东坡匆匆晤王古，一揖而别。

王古正接受朝廷的调查，即将贬官，罪名是动官仓"妄赈饥民"。官利与民利，此间又对立了。官员为民众，要吃亏的。苏轼不想连累他。但王古和他堂哥王巩一样，是一条汉子，约苏轼再见一次面，盘桓广州三五天。广州百姓吃上滴水岩的泉水，饮水思源，对苏轼的厚德是抱着感激的。

苏轼回复王古：不必再晤了。

当年，王巩因他而贬岭南宾州五年，殇一子，他至死抱着深深

464

的内疚。

致信王古曰："某垂老投荒，无复生还之望。昨与长子迈别，已处置后事矣。今到海南，首当作棺，次便作墓，乃留手书与诸子，死则葬海外……生不挈家，死不扶柩，此亦东坡之家风也。"

官船过新会、新州，溯江过梧州，抵藤州与苏辙相会。兄弟三年多未见，此番重逢，盘桓二十余日分手，竟成永诀。子由此时贬到了广东南端的雷州半岛，正在赶赴贬所的路上。

"嗟余寡兄弟，四海一子由。"

这份兄弟情，足以写成书的。

哥哥总是牵挂着弟弟……

《和陶诗》曰："萧然两别驾，各携一稚子……相逢山谷间，一月同卧起。"史夫人跟随在苏子由的身边，她也是一头白发了，但看上去健康而开朗，不负眉山大族之名。她有一块玉佩，四十几年随身，那是王弗在家乡送她的。当时她才十五岁……

六月初，苏轼抵雷州（今广东海康），住行衙，晤太守张逢。

夏夜，写信给乡邻杨济甫，托他照管祖坟、老宅、几块薄田。

故园情太重，苏轼落泪。"念之感涕"，对四十年始终留意照管祖坟的杨济甫，"生死不忘厚德"。

这语气，已是托付后事了。

苏子由踉跄相送，连连挥袍拭泪。也许弟弟预感不妙，此一别，是永别。

夏季的大海上波涛连天。苏轼祈祷于伏波将军的古祠。

渡琼州海峡，需一天一夜。苏子由携史夫人，长跪观音菩萨……

东坡致杨济甫："今日到海岸，地名递角场。明日风顺即过矣，回望乡国，真在天末。留书为别。"

传说东坡过海，船上放着一副空棺。

风帆，空棺，大海。老水手苏东坡在船上，身边立着年轻的水手苏过。也晕船，还算好。能吃能睡，还能与掌舵的艄公开玩笑。

京城里玩弄权术的权臣章惇，玩名字游戏，子由的由带一田字，贬雷州。子瞻的瞻接近儋字，贬儋州。宋哲宗觉得很好玩儿。

东坡写诗，直接讽刺宋哲宗："莫嫌琼雷隔云海，圣恩尚许遥相望。"

雷州与琼州，相隔四百里，苏家两兄弟尚能遥相望。亏得圣恩"仁慈"，二人才隔了这么一点距离。

苏轼下笔写到皇帝，讽刺，愤怒，化为一腔豪气："他年谁作舆地志？海南万里真吾乡。"此二句，使今日的海南人倍感自豪。

可以猜想，东坡过海，船行万顷波涛上，他的内心是比较平静的，大不了一死。乌台早就试过了。宋神宗、宋哲宗，都不管他的死活，后者还做过他八年的学生。

4

北宋设广南西路，置琼、崖、儋、万安四州，"分据岛之四隅"。黎母山、五指山耸峙岛中央，黎人环山而居。

黎人又分熟黎、生黎，后者多居于幽深之山洞，刀耕火种，茹毛饮血。

苏轼过海后，经琼州府治（今海口）而西，至澄迈县，少歇，再向儋州行，陆路二百里。他坐轿子，山路上悠悠晃晃，睡着了。梦中得来两句诗："千山动鳞甲，万谷酣笙钟。"

一阵山雨飘来，送走了他的梦，留下了梦中诗。

《行琼、儋间，肩舆坐睡。梦中得句云：千山动鳞甲，万谷酣笙钟。觉而遇清风急雨，戏作此数句》：

> 四州环一岛，百洞蟠其中。我行西北隅，如度月半弓。登高望中原，但见积水空。此生当安归，四顾真途穷。眇观大瀛海，坐咏谈天翁。茫茫太仓中，一米谁雌雄？幽怀忽破散，永啸来天风。千山动鳞甲，万谷酣笙钟。安知非群仙，钧天宴未终？喜我归有期，举酒属青童。急雨岂无意，催诗走群龙。梦云忽变色，笑电亦改容。应怪东坡老，颜衰语徒工。久矣此妙声，不闻蓬莱宫。

五言长诗，大气不衰，应和着夏日海南岛的山气。

诗从潜意识来，梦中浑无愁绪，且听万谷笙钟。这海南岛上独具的天籁，连蓬莱宫中也听不到，坡仙胜过了神仙。

也叹息"四顾真途穷"。老实人讲老实话，素心人发真心语。

庄子又来了，还带着陶渊明。

寄给弟弟的诗则说："我少即多难，邅回一生中。百年不易满，寸寸弯强弓……"

七月二日，苏轼抵昌化军贬所。昌化，古名儋耳，唐代置昌化郡，宋朝改为昌化军。

致雷州太守张逢书曰："海南风气与治下略相似，至于食物人烟，萧条之甚，去海康远矣。到后杜门默坐，喧寂一致。蒙差人津送，极得力，感感！"

张逢派得力后生、熟悉航海的船工送苏轼过海，又帮助苏辙在雷州租房子，得罪了京师权臣，次年遭贬……

5

对中原人来说，海南的气候水土，比广东更难适应。

《儋县志》："盖地极炎热，而海风苦寒。山中多雨多雾，林木荫翳，燥湿之气不能远，蒸而为云，停而为水，莫不有毒。"

苏轼病中写信给友人说："至儋州十余日矣，淡然无一事，学道未至，静极生愁。"

过大海，过高山，诗兴高涨而体魄下降。

再者，他初入海时，是调动了身心潜能。住下来了，身心归于常态，静极而生愁。

七月下旬，儋州的秋雨下起来了，苏轼连日饮酒，追和陶诗。

值得注意的是，东坡到海南，只带渊明诗集。后来才从黎子云家借来柳宗元的集子。精神支柱，一根足矣。

饮食习惯，须慢慢对付。

黎人说话，他也学着听，比手划脚，倒也能猜得一二。

连日秋雨出不得门，东坡先生想什么呢？

愁！没情没绪的。头戴斗笠的黎人从门外走过，好奇地朝他张望，笑着走开，木屐在地上吧嗒吧嗒。秋风刮着高高的椰子树左摆右晃……

苏过坐在矮凳上，看看门外不断脚的雨，捂捂衣襟，又看看倚坐在一旁静默的父亲，眼中弥来云雾。父子二人无语相对，小矮桌上搁着两杯残酒。

苏过今年，将满二十七岁了。

东坡记曰："过子不眷妇子，从余来此。其妇亦笃孝，怅然感之。"

苏过何尝不眷恋老婆孩子，然而老父贬岭南、谪海南，他必须跟着去。三兄弟当中，总得有人陪父亲。

苏过的面容举止，颇似乃父。东坡称他小坡："小坡能与竹传神。"苏过字叔党，诗与画皆出色，并且擅长下围棋。东坡下棋不行，可能因为他好动，缺耐心。否则，雨天不出门，父子手谈也有趣，黑白棋子落，芭蕉雨相和。

苏轼居惠州三年，未曾学围棋。惠州的朋友很多。

而儋州寂寞，大坡小坡，听大雨小雨、闲敲棋子……

海南的雨，说来就来的，说停也停。风从百里外的海上来。

儋州闲，雨声多。

东坡初至儋州的情形很像初至黄州，一路上写诗有豪情，到了贬所，"杜门默坐"，愁了又愁。黄州愁于定惠院，儋州愁于破官舍。

6

天晴了，黎人汉人，远远近近地在唱歌，男女老少都唱，声调相当奇特。小坡大坡侧耳听，瞧着彼此惊讶的表情。

黎族人阴雨天也唱，调声抑郁，和着海风轻泣。晴日，歌声转高亢，仿佛从山巅飘来。黄昏里，黎族的青年男女互相对唱。

一大早，田野起歌声……

父子二人，把门敞开，迎着儋州古调走了出去。调声中有某种难以形容的情愫和力量，唱得人眼发亮、血滚烫。

东坡记云："夷声彻夜不绝。"

后二三年间他又屡听，发现自己怎么听也听不够。调声单纯而古朴，透着儋耳人的内心。听宫廷乐，哪有这种深入体细胞的持久震颤。东坡叹曰："蛮唱与黎歌，余音犹袅袅。"

他学着哼唱，身子扭扭……一唱而三咏叹。

东坡所听到的，叫作儋州古调声，变调微妙，多达七百多种，对应着黎人的生存情态。

今日儋州调声，依然如火如荼。传了两千多年，生命力依然强劲，在中国很罕见了。调声与舞蹈水乳交融，激情澎湃，节奏鲜明，千万人能唱七八个钟头，甚至能通宵达旦。

百年经典芭蕾舞《红色娘子军》，用了儋州调声。

激情不会被消耗，乃是民间之神奇。

二十世纪的非洲人，秋季跳丰收舞，尚能跳七天七夜……

儋州调声式的激情，不能被消耗。所谓化外之地，皇权染指有限，礼教不能掌控。苏东坡从未说过，听宫廷乐让他感到余音袅袅。

孔子听韶乐，余音绕梁，三月不知肉味。听呆了。

可以肯定的是，儋州调声令苏轼魂牵梦绕，他曾经彻夜倾听。

东坡向来认为自己在音乐方面是个外行，曾说："吾不解乐。"他所点评民间音乐更少。然而，一句足也。

儋州三年写诗，再起一座高峰，是否有古调声对他的潜在影响呢？

陶渊明所创造的精神家园令他沉醉再三。海南儋州调声，又让他如此着迷。此二者，耐人寻味。

王安石讲过："桃花源有父子，无君臣。"

儋州苏东坡，栖息在皇权式微之地。

7

没过多久，苏东坡对儋州这地方有了新的感受，《书海南风土》云：

> 岭南天气卑湿，地气蒸溽，而海南为甚。夏秋之交，物无不腐坏者。人非金石，其何能久？然儋耳颇有老人，年百余岁者，往往而是，八九十者不论也。乃知寿夭无定，习而安之，则冰蚕火鼠，皆可以生……秋霖不止，顾视帏帐中有蝼蚁，帐已腐烂，感慨不已。

东坡关心长寿，希望活到八九十岁。范镇、张方平，分别活到八十四岁和八十七岁。张先活到九十岁。爷爷苏序享年七十五。乳母任采莲享年七十二……

东坡到惠州，已经适应了岭南的气候。如果他从北方直接到儋州，则适应艰难。惠州的三年对他帮助不小。

儋州饮食是个难题。

东坡喜欢吃猪肉，但本地人常吃鼠胎、蝙蝠、蜈蚣。苏辙到雷州，因吃进去的东西又作呕吐出来，体重骤减。东坡寄语老弟，说自己也能吃熏鼠了，体重反而有所增加。

蝙蝠、蜈蚣之类，以老饕自居的东坡，大约也要尝尝吧？此间有《老饕赋》，历数他平生吃过的各种美食。

儋州的情形是："五日一见花猪肉，十日一遇黄鸡粥。土人顿顿食薯芋，荐以熏鼠烧蝙蝠。旧闻蜜唧尝呕吐，稍近蛤蟆缘习俗……"

蜀中的风俗，黄鳝、泥鳅、蛤蟆之类，是不吃的。二十世纪六十年代犹然。大河小河，鱼虾多得是。大宅小宅，鸡飞鸭走鹅发呆……东坡嗜美食，自幼年吃到老年。山珍海味河鲜，几乎让他吃遍。儋耳人吃的蜜唧，是蜂蜜渍的熟鼠胎。东坡讲给子由听，希望老弟勿挑食。他吃薰鼠，尝蜈蚣，看人吃蜜唧。

他发明了山芋羹，美其名曰"玉糁羹"。

苏过也吃薰鼠，尝蜈蚣，喝山芋汤。

父子二人，商议着酿天门冬酒……

他们居住的地方是几间破官舍，比杜甫在秋风中的茅屋更糟糕，不仅漏雨，而且漏树叶。

有一天早晨，东坡在风雨中醒来，满身都是湿漉漉的黄叶。

"如今破茅屋，一夕或三迁。风雨睡不知，黄叶满枕前。"

以前住京城的华宅，睡千工雕床，垫安徽宣州的贡品丝毯，"困来卧重裀，忧愧自不眠"。

而在黄州麦田，"醉倒惟有支头砖"。单骑踏月游通宵，"我欲醉眠芳草"。大自然的怀抱中，坡仙最能眠。

可是旁人看了心酸。

8

暮秋这一天，五更时分，开封人张中便来敲门。这汉子头戴官帽，进屋后，却将乌纱帽摘了下来，随手一扔。东坡先瞧他这个无意识的动作，再移目去看他的脸。

张中清瘦，双目有神。他是考过进士的，做过江南某县的县尉。

苏过定神望张中……

父子索居两个月了，来客便是贵宾。

邻家有个菜园子，苏轼常过篱墙去摘菜，与菜园子的主人黎仲表说几句话。黎仲表后来对人夸耀，说内翰大人每天去找他，吃他园中菜，更与他"攀谈"。菜吃多了，东坡写下字画，权折菜钱。

他又开垦了一块地，重新扛起了锄头，要经营他的美园圃。开口即是名言："人间无正味，美好出艰难。"

昌化军军使张中，带了酒菜来叩门。此人话不多。昨夜风兼雨，床上的黄叶未及拂去。张中扭头四顾，"环堵萧然"。

这汉子，话未说两句，眼睛已潮湿。他不好意思地低头笑笑。

三条汉子喝卯酒。张中说起他的仕途不畅，淡淡地。他是文武双修，考过武举人，榜上有名……

东坡先生的卧榻上有一队蝼蚁在爬。

张中走了。次日午后又来，带来了一群人，其中，兵民参半。他们来修葺破官舍。官舍叫作伦江驿。

黎族人也来帮忙了。他们干活也唱调声，房顶上也要手勾手地摆几摆。

张中的副手汗涔涔地跑来，耳语一番，表情奇怪。

张中把那人打发走了。

地方长官为苏轼这样的罪臣修房子，可能要惹祸。雷州的张逢替苏辙租房子，已经得罪了上级。

张中说：海岛偏僻，没事的。

伦江驿焕然一新。张中又送来一些家具、日用品。

这开封人成了苏家的常客。他和苏过下起了围棋。

春夏椰林中，"不闻人声，时闻落子"。

苏东坡观棋，说："胜固欣然，败亦可喜。"

黎族男女来观看。东坡置酒相待，黎汉笑语纷如。

有妇人笑着说："内翰昔日富贵，一场春梦！"

东坡闻而开颜，呼她为"春梦婆"。

海南风俗，出嫁后的女人都称婆。春梦婆不是指老婆婆。

儋州的环饼小有名气，苏轼尝了尝，欣然挥毫曰："纤手搓来玉色匀，碧油煎出嫩黄深。夜来春睡知轻重，压匾佳人缠臂金。"

从此，这香脆的薄饼叫"东坡环饼"。黎家姑娘叫卖，跟唱歌似的。城里仅有的一位老秀才符林，把苏东坡的诗到处写。

自然而然地，朋友们多起来了。黎子云兄弟、符林父子，威、徽、先觉等几个后生。

东坡拄杖，跋了厚厚的木屐，吧嗒吧嗒去串门。他原本个头高，踏三寸木屐更高，走路便微微躬下了身子。雨天戴一顶斗笠。有时借用，男女用的都行。妇女用的斗笠略小，边缘有颜色，丝带很漂亮。今日仍如宋代。妇女赶牛车，下农田，男人抱双臂，喝茶观看。

东坡的一天，通常要串几道门。

《被酒独行，遍至子云、威、徽、先觉四黎》，一气呵成三首，全是传世佳作。其一："半醒半醉问诸黎，竹刺藤梢步步迷。但寻牛矢觅归路，家在牛栏西复西。"

黎人居所，和他们的日常生活一般散淡。家家栅栏都相似，迷宫似的。东坡转昏了，误入陌生人家，却有笑脸迎来。

其二："总角黎家三四童，口吹葱叶送迎翁。莫作天涯万里意，溪边自有舞雩风。"

其三："符老风情奈老何，朱颜减尽鬓丝多。投梭每困东邻女，换扇惟逢春梦婆。"

黎子云的家里竟有柳子厚诗文集，东坡喜出望外。

这简陋的家成了聚会的场所、讨论诗文的沙龙。东坡先生是教过当今皇上的，听不懂的也来听。张中有空必到，符林有疑必问……

东坡与张中商议，替黎子云家扩建房子。他私蓄很少了，分出一半。

昌化军使张中说：听先生的。

于是，干起来了。帮工的人数不清。古调声，从早晨唱到黄昏，唱到月照椰子林……

黎子云的这座房子，东坡命名"载酒堂"。后数百年，一直是官办学府，传播华夏文化。今为"国保"级文物单位，四方宾客如云，欧美人、日韩人纷纷造访。内外两口东坡井，千年水犹甘，与眉山三苏祠的苏宅古井并称于世。

且看东坡先生写载酒堂，《和陶田舍始春怀古二首》其二："临池作虚堂，雨急瓦声新。客来有美载，果熟多幽欣。丹荔破玉肤，黄柑溢芳津。借我三亩地，结茅为子邻。鴃舌倘可学，化为黎母民。"

陶潜名句："长啸掩柴门，聊为陇亩民。"

东坡在惠州的时候便长啸，到儋州，啸声浑厚，转清亮。

不相识的樵夫，送他卖柴所得的木棉布……

于是，他由衷写道："华夷两樽合，醉笑一欢同。"

汉黎和睦，先生有功。

先生高唱："我本海南民，寄生西蜀州！"

今天的儋州城、中和镇，数以百万计的民众一次又一次朗诵这句子，多少人热泪盈眶。

9

岛上曾一度闹饥荒，海峡数月风波险恶，雷州那边的粮食运不过来。东坡父子练龟息法，将食量减到最低，朝着初升的太阳做深呼吸，要将热能化为体能。这叫"阳光止饿法"，据说还真的有效。

苏过饿得半夜呻吟了。

东坡外出摘野莓，寻涩果。

海船终于来了，苏过梦中也唱歌……

而东坡寻思垦荒种地。蜀中的习俗，家家要蓄半年粮。

儋州真苦。东坡父子刚来时，居无所，食无肉，出无友，读无书，夏无寒泉，冬无炭火，写字作画没纸墨。

温饱尚可忧，东坡先生已开始造墨，修墨灶，取松煤，做试验。历百余日而大功告成，他高兴极了，择其精者，命名刻字："海南松煤""东坡法墨"。对友人说："当不减李廷珪、张遇也！"

一同在海南儋州造墨的潘衡，后来将墨丸运往杭州苏州，卖了大价钱……

东坡学海南土语，讲得比较顺了。黎人又学他用眉山语音讲的"官话"。时至今日，海南儋州，仍有两个村庄讲眉山话。

他沾酒就上脸的。小孩儿觉得他好奇怪，争看他，追赶他。他扭头一笑，诗已出口：

> 寂寂东坡一病翁，白须萧散满霜风。小儿误喜朱颜在，一笑那知是酒红。

他不甘寂寞："溪边古路三叉口，独立斜阳数过人。"

当时有海南的无名画家作《东坡笠屐图》，太感人了，观者欲掉泪时，却又不自觉地微笑起来。东坡赞画曰："人所笑也，犬所吠也，笑亦怪也。"一派幽默与祥和。

他戴着椰壳帽，走在椰林中。

孔子、庄子、陶渊明……连同一地风俗，满目黎庶，全在苏东坡的身上。

苏东坡的岭海形象，永远激励着那些身处逆境的华夏士子。

10

海南人生病杀牛，据巫医称：杀牛可除病。而耕牛有限，从海船运来岛上，"百尾一舟，遇风不顺，渴饥相倚以死者无数。牛登舟，皆哀鸣出涕。既至海南，耕者与屠者几相半也"。

牛可怜，病人更可哀。"病不饮药，但杀牛以祷。富者至杀十数牛。死者不复云，幸而不死，则归德于巫。以巫为医，以牛为药。间有饮药者，巫辄云：神怒，病不可复治。"

东坡父子为病人、为可怜的牛奔走呼号，但作用有限，巫者串通抵制他，甚至上门吼他。

他采药煎药，医治朋友、学生，希望慢慢影响当地。熟地黄、元参、当归、苍术、羌活、苍耳……这些药名以及配成的药方子，渐为岛上人所知。他首创专治跌打损伤的"四神丹"，丹力几通神，迅速传到了汴京、洛阳、南京，风靡一时。

他蛮有信心地对张中说：不出三五年，定能广传医道，革除海南陋习。

张中说：先生果能居儋五年，风俗当大变矣！

东坡又屡劝本地男人务农，减轻妇女干粗活的劳累。风俗一时难改，他尽力而为，劝一家是一家。黎子云兄弟、王介石、符林，加入了他的破除陋习宣传队……

这笠屐老人每天外出转悠，背个药囊，挂根拐杖，笑呵呵的。家里书可不多，而渊明在路上，在海岛的风中，朝夕陪着他呢。渊明在他的血液里，举手投足，全是五柳先生的风貌。

次年，惠州的朋友们运来了满船书，他开始接着撰写大书。这工作，始于黄州。华夏文化之精髓，在他的如椽巨笔下展开。强劲的思之力，要穿透圣贤经典。书成，他致信苏坚："某凡百如昨，但抚视《易》《书》论语三书，即觉此生不虚过……其他何足道！"

苏轼的《论语说》，直接思考儒家圣典，他在传承孔子思想的同时，是否也有质疑与批判呢？

苏轼另有《中庸论》上、中、下三篇。

他把自己的学术著作，视为平生之功业。

名诗盛传海外，《汲江煎茶》："活水还须活火烹，自临钓石取深清。大瓢贮月归春瓮，小杓分江入夜瓶。雪乳已翻煎处脚，松风忽作泻时声。枯肠未易禁三碗，坐听荒城长短更。"

月亮，江水，茶雨，松风，皆在茶中。

岭南茶道传千载，东坡先生有一功。

然而，祸又来了。

11

张中屡助东坡，掉了军使官帽。

一帮从外地赶来的狗衙役将东坡赶出了官舍，父子几天吃住于污池旁。不得已，桄榔林下草草盖房子，东坡为之命名"桄榔庵"。黎族父老兄弟，数十人来帮忙，他们头上没有官帽，不怕得罪远在京师的凶神恶煞。

苏东坡于载酒堂、桄榔庵讲学，大名鼎鼎的帝王师，悉心教诲黎族子弟。变态皇帝不想听，而海南多有知音。椰林深处书声琅琅。色土为墨，阔叶作纸，课本却在东坡先生的脑海中——这才叫脑海呢。我们这些人，只能叫"脑溪""脑河"吧？

苏东坡居海南，教出了海南有史以来的第一个进士：姜唐佐。

这里有个辛酸故事：唐佐原是琼州人，过海求学，临走向先生

478

乞诗，东坡写下两句："沧海何曾断地脉，朱崖从此破天荒。"并许愿说，等唐佐考上了进士再补写后两句。后来姜唐佐高中，先生已在九泉。苏辙续写成篇："锦衣不日人争看，始信东坡眼力长。"

中国诗歌史、科举史，这悲喜故事绝无仅有。

《琼台记事录》这么评价："宋苏文忠公之谪儋耳，讲学明道，教化日兴。琼州人文之盛，实自公启之。"

今日海南人，感激苏东坡传播了中原文明。

自从东坡贬儋州，天下不敢轻海南……

好人张中要走了。张中与东坡父子情深，迟迟其行，"赖"在儋州半年，不理会上司的催促。临走的那一天，他不睡觉，和东坡座谈。他原是军人出身，而兵学乃苏氏家学之一，言语投机。老东坡困了，靠墙打个盹儿，睁开眼时，看见张中还坐在那儿，而自己的身上不知何时盖了一件军用棉袄。

四更天了，五更天了，张中不走。

事实上他话也不多，他就是守着老东坡。

夜凉衣衫薄，他双臂交叉坐着。烛光摇曳，冷风嗖嗖。

这个张中啊，这个张中啊。

东坡后来为张中写诗："海国此奇士，官居我东邻。卯酒无虚日，夜棋有达晨。小瓮多自酿，一瓢时见分……"

12

道士吴复古，飘然过海看东坡来了。

临淮人杜舆，卖了家当，带领全家人上路，要到海岛上与东坡先生同甘共苦。

参寥也准备了行囊，要从江南来儋州。苏轼劝他打消这念头，详述过海的危险，他不听。苏过又写信，写诗，力劝他莫来。

东坡说过的：彼此须髯如戟，不作儿女态。

然而参寥和尚不顾一切要奔海岛，惊动了官府，竟然受惩罚，勒令还俗，编管广西柳州，成了一名"管制分子"。

这位於潜县大和尚的暮年岁月，也是写满了贬谪的凄凉……

眉山人巢谷，和东坡自黄州一别十几年，从家乡启程，以七十三岁的老迈之躯，万里迢迢赴岭海。水路出蜀，过三门峡，过洞庭湖，从湖南向岭南，翻过了绵延数十里的大庾岭。

苏东坡富贵时，巢谷总是在别处。

这一次，他那简单的行囊中又不知藏着什么类似"圣散子"的灵丹妙药。他决不能让东坡死于瘴毒。

元符二年（1099），白发苍苍的巢谷筋疲力尽走到了梅州（今广东梅县），见过苏子由，缓得一口气再奔海南，瘦弱身子像是飘进了海风中。不料途中宿野店，包裹被人偷了。

巢谷老人又气又急，赶去追包裹，昼夜辗转于村落，竟然累死在新州（今广东新兴）道旁。东坡、子由闻噩耗，相隔数百里，同声恸哭。

巢谷亦如三苏父子，是眉山人永远的骄傲！

东坡写信给广州官员孙叔静，恳请他帮助巢谷的儿子巢蒙来岭南料理后事。巢蒙从眉山到新州的往返路费，迎丧的花销，均由东坡筹集，请杨济甫转交。

东坡在恳求信中说："元修有子蒙在里中，某已使人呼蒙来迎丧，颇助其路费……旅殡无人照管，或毁坏暴露，愿公悯其不幸……死罪，死罪！"

元修为东坡，不辞万里奔波。东坡为元修，甘愿折腰求人。

第二十六章　伟人之死

1

朝廷又起变故，时在元符三年（1100）。

宋哲宗二十五岁就一命呜呼，宋徽宗上台，他是哲宗的弟弟，神宗的第十一子。章惇曾经反对他做太子，"押宝"押错了，随之失势，贬到雷州去了。

弹劾章惇的谏官，是一个名叫任伯雨的眉山人。

元符三年正月初九，哲宗死了。哲宗病重时，东坡可能知道。

没有哀悼宋哲宗的任何文字。

海南元宵节的月亮格外明亮，苏东坡年年夜游。

《夜游上元》："己卯上元，余在儋州，有老书生数人来邀曰：良月嘉夜，先生能一出乎？余欣然从之，步西城，入僧舍，历小巷，民夷杂糅，屠沽纷然。归舍已三鼓也……"

儋州人过节，哪分昼夜。燃情调声彻夜不休。情人相约唱月亮，唱星星，唱星空下的无边椰林。

东坡作春词："春牛春杖，无限春风来海上。便丐春工，染得桃红似肉红。　　春幡春胜，一阵春风吹酒醒。不似天涯，卷起杨花似雪花。"杨花似雪花，海南如江南。

情绪多么欢快！东坡与海南，血肉已相连。

481

可是皇帝又召他。

元符三年六月，东坡奉诏北还。十九日，离儋州，黎人数百哭送。黎子云、王介石、符林、姜唐佐、春梦婆……一个个泪盈盈，有黎人号啕于道路。

道士吴复古，伴随着东坡父子，二十日于澄迈过海。

夜里，月光照着大海，东坡心潮，与六月的海浪一样高。

名篇出海上，字字波涛间，《六月二十日夜渡海》：

参横斗转欲三更，苦雨终风也解晴。云散月明谁点缀，天容海色本澄清。空余鲁叟乘桴意，粗识轩辕奏乐声。九死南荒吾不恨，兹游奇绝冠平生。

"九死南荒吾不恨，兹游奇绝冠平生！"华夏文明几千年，这是最为雄壮的声音之一。

六月下旬，东坡抵雷州，秦观赶来拜迎。师生相聚五日，觞咏而别。秦观作词《江城子》："南来飞燕北归鸿，偶相逢，惨愁容。绿鬓朱颜，重见两衰翁。别后悠悠君莫问，无限事，不言中……"

苏轼与秦观，七年未见面了。老师想知道弟子别后的情形，弟子轻描淡写，不叫老师伤感。这情形，与当年的王巩同。

其时秦少游正病着，强撑着。

东坡过雷州后，陆行七百里，连日大雨滂沱。途中，宿徐闻古庙，他望天发愁。紧紧抱着他的三部书稿，担心淋湿了。夜里置于枕边，生怕窃贼偷去……

大师二十年的心血，点点滴滴在书中。

书稿之外，别无抄本。

在雨中行进，戴斗笠披蓑衣的东坡老人，紧紧抱着书稿不松手，像抱着三个孩子。

七月，新的诰书下：苏轼授舒州团练副使，永州（今湖南永州）安置。

八月，东坡走到广西桂林，传来秦观的死讯。东坡最得意的弟子英年早逝，年仅五十二岁。老师欲哭无泪，数日食不下咽。他不顾病躯，驱车夜奔昼驰，赶到藤州去哭灵，却扑了一个空：秦观的女婿范温，已于几天前扶柩离开了藤州。

东坡站在路上，望着灵车去的方向，老泪纵横。

《与欧阳元老》哭曰："哀哉痛哉，何复可言！当今文人第一流，岂可复得！"

一路伤心，慢慢将息。

九月抵广州，与长子迈、次子迨及诸孙团聚。全家三十口，终于抱成团。逗留广州四十天，然后上路。

一度离开他的吴复古，得讯又追赶他，要与他同行。这个一生以道路为家的道士却暴死于道路。

东坡旧悲未去再添新伤，人在路上，不觉跟跄。平生伟岸五十年，此间，朝朝暮暮黯然神伤。念叨吴复古、秦少游、巢元修。

深度生存之人，如何不想他们？

慢慢走吧，慢慢地抬起头。

广阔的大地还他生机……

十一月，朝廷诰书又改：苏轼提举成都府玉局观，任便居住。

他决定居常州的宜兴。不去许昌，以免拖累弟弟子由。子由三番五次地叫他去……

腊月过境韶州（今广东韶关），留十数日。见过了从惠州来的朋友们，拜托他们照看丰湖栖禅寺的朝云墓。

复游曹溪南华寺，与老友苏坚、南华寺的住持明辩法师等人会于谈妙斋，品曹溪水泡的雀舌茶，交谈甚洽，妙语连珠。

韶州曲江县的陈县令设夜宴款待他，他于席间作《鹧鸪天》，称赞以拍板侑酒的官妓素娘："笑撚红牙弹翠翘，扬州十里最妖娆。夜来绮席曾亲见，撮得精神滴滴娇。　　娇后眼，舞时腰，刘郎几度欲魂消……"大师阅女性之美妙，尚能激动如此。

他在写给李之仪的信中说："端叔亦老矣，迨言：须发已皓然，然颜极丹且渥，仆亦正如此。"

岭南冬天的这些日子，东坡先生的面色相当红润：极丹且渥。

2

正月里，东坡北返，过大庾岭。感慨赋诗《赠岭上老人》："鹤骨霜髯心已灰，青松合抱手亲栽。问翁大庾岭头住，曾见南迁几个回？"七年南迁客，又活着回来啦。

苏东坡一家子，过岭抵虔州，因赣江的水位低，不能行船，滞留至暮春。他在城里行医，到寺庙里坐诊，救治了数十人，虔州百姓奔走相顾曰：东坡大学士，神医也！

宋人笔记说："坡翁遇有疾者，必为发药，并疏方示之。"

虔州一带慕名而来的人，前呼后拥，争睹仙姿。东坡先生"纵笔挥染，随纸付人"。

东坡北归路上，欣然之情可见。提举成都玉局观，当有机会返蜀，回眉山老家去看看，拜谒双亲墓，会会老朋友……

真好啊。

公元1101年的初夏，苏轼乘坐的官船抵江西南昌。南昌太守叶祖洽开玩笑问："世传端明（学士）已归道山，今尚游戏人间耶？"

东坡答：途中碰上章惇，趄回来啦。

说章惇，倒遇上章惇的儿子章援，带着一封千字长信呈给东坡，言辞诚恳，那言下之意，却是希望东坡登相位后放过他父子。东坡就地回复，也是一封长信，提及章惇时说："轼与丞相定交四十年，虽中间出处稍异，交情固无所增损也。闻其年高寄迹海隅……"

书信背面，还写了专治岭海瘴毒的白术药方，荐与章惇备用。

章子厚的儿子抹着眼泪走了。苏东坡这封手书长信，后来成了章家的传家宝。

稍前，东坡曾致信章惇的亲戚黄寔，信中说："子厚得雷，闻之惊叹弥日。海康地虽远，无瘴疠，舍弟居之一年，甚安稳，望以此开譬太夫人也。"东坡提到的太夫人，是章惇的姐姐。

章惇屡害他，置他于死地。他却这样待之。

仁慈的胸怀，逸出了常人的视线。他的亲友们、后世的崇拜者们，也从未因此而埋怨他半句。

五月底，风帆向仪真。正在办西山书院的米芾，赶来仪真东园拜见，见东坡腹泻，便忙着煎麦门冬汤，每天顶烈日跑药铺。

东坡伏枕，作书与他："岭海八年，亲友旷绝，亦未尝关念。独念元章迈往凌云之气，清雄绝俗之文，超妙入神之字，何时见之，以洗我积岁瘴毒邪！今真见之矣，余无足言者。"

这段话，乃是对米芾艺术之定评。

他在病中，听苏过朗读米芾的新作《宝月观赋》，"未半，跃然而起"，坐于几案前，提笔致信米芾："公不久自当有大名，不劳我辈说也！"

当初，东坡赞黄庭坚、秦少游、陈师道、张耒、李公麟……也是这般情貌。华夏文化的接力棒要传下去。

后数日，再致米元章："某食则胀，不食则赢，昨夜通宵旦不交睫，端坐饱蚊子耳。不知今夕如何度……"

六月中旬，船行于运河赴常州，两岸百姓上万人，争睹苏东坡的风采。他头戴小帽，身穿小背心，坐在船舱里，环顾左右说："莫看杀轼否！"

江南百姓，祝愿他早日做宰相，造福于天下百姓。

官员中也盛传他将出任宰辅。"初复中原日，人争拜马蹄。"

画过《流民图》驰送皇宫的郑侠，希望他"衣被华夷""霖雨苍生"，他回答："孤云倦鸟空来往，自要闲飞不作霖。"

3

邀请者甚多，东坡盛情难却，沿途赴宴，积热积食。

回船继续向常州。船舱里异常闷热，东坡腹泻。老友钱世雄及儿孙在他身边。情形不妙。

抵常州登岸，居城里一个朋友家。东坡曾在常州城买过一所房子，却听街上的一位老太太哭儿子不孝卖掉祖业。细问之下，方知原来他是买主，于是把房契退还老太太，购房款也不要了。在他心目中的第二故乡常州，他却是个无房户。

现在，病转沉重的东坡，住进钱世雄租来的孙氏馆，斜靠一块"懒版"。三个儿子迈、迨、过，环侍病榻。他长时间瞅着一幅画，那是李公麟于金山寺为他画的像，旁边有他的亲笔题诗：

心似已灰之木，身如不系之舟。问汝平生功业？黄州惠州儋州。

这样的诗，令我们无言。一切解释都是皮毛。

"九死南荒吾不恨，兹游奇绝冠平生。"这是他对惠州、儋州五年生活的总结。加黄州恰十年。

七月十三日，病况好转，次日又高烧，热毒大作。强撑病体写《与钱济明书》："某一夜发热，不可言。齿间出血如蚯蚓者无数。细察疾状，专是热毒，根源不浅，当专用清凉药，已令人用人参、茯苓、麦门冬三味煮浓汁。余药皆罢也。庄生闻在宥天下，不闻治天下也。三物，可谓在宥矣。此而不愈，则天也，非吾过也。"

钱世雄每天来，陪他聊天。东坡似回光返照，连日谈笑风生。钱世雄后来回忆说，东坡先生"眉宇间秀爽之气，照映坐人"。

苏东坡病入膏肓了，还坚持每天跪菩萨，求龙王，为夏秋久旱的常州祈雨，为百姓祈福。墙上挂的龙王图，系江南名画家黄筌所画。从几十年前的凤翔任上起，东坡祈雨常有效……

十八日，自知难起，唤三子及诸孙于懒版前，说："吾生不恶，死必不坠（地狱）。"

致信亲爱的弟弟，嘱托后事："即死，葬我嵩山下，子为我铭。"

二十五日，致杭州径山寺维琳长老："某岭海万里不死，而归宿田里，遂有不起之忧，岂非命也夫！然死生亦细故尔，无足道者。维为佛法、为众生自重。"

二十七日，恶化。日午面壁饮泣，依稀可闻。不肯转身向亲朋。

维琳长老从杭州赶来了，俯到他耳边大声道："端明勿忘西方。"

东坡答："西方不是没有，但个里着力不得。"

钱世雄喊："至此更须着力！"

东坡闭目答："着力即差！"

钱世雄再问："端明平日学佛，今日如何？"

东坡再答："此语亦不受。"

长子苏迈上前问后事，东坡已不能语。为华夏文化，为人的尊严，那吐珠滚玉千万次的嘴唇，再也张不开。

溘然长逝。时为建中靖国元年（1101）七月二十八日。享年六十六岁。

不知道用什么可以形容苏东坡的死。人们会联想起恒星的爆炸，坍塌收缩成白矮星，演变成黑洞。

其黑洞般的精神伟力，足以吸引我们这个蓝色星球上所有的万物之灵。

举国震悼不消细述。

"吴越之民，相与哭于市，其君子相吊于家。讣闻四方，无贤愚皆咨嗟出涕，太学之士数百人，相率饭僧慧林佛舍。呜呼，斯文坠也，后生安所复仰！"

东坡的弟子李廌在祭文中说："道大难容，才高为累……皇天后土，鉴平生忠义之心；名山大川，还千古英灵之气！"

后　记

这本书写了两年。

主要是写实，辅以少量虚构。写实的重点是生存阐释。虚构，则是尽我之所能，展开各种合理的想象，丰盈苏子形象。

东坡诗存二千七百余首，词三百余阕，文数千篇，包括一千七百多封书信。这要部分归功于宋代印刷术的发达。

北宋以后读书人，没有不读苏东坡的。

苏东坡出现在宋代不是偶然的。唐朝能出李白、杜甫，不大可能出苏东坡这样的文化全能。北宋的苏东坡并非孤峰直上，他是群峰中的最高者。引领他的，是另一个文化全能者欧阳修。其余如司马光、黄庭坚、王安石、米元章、李公麟等，诸峰耸立各呈景观。

文化的柔性实力，超越了时空，具有滴水穿石的功效，不同于任何刚性的国力。唐宋王朝早已灰飞烟灭，唐宋文化却能弥漫于当下，并且，还将轻松穿越当下，传向后世千万年。

而在全球化的背景之下，需要培育一种眼光重新打量苏东坡。需要向西哲借力，激活传统文化，以避免老是自己碰上自己的"同质性"尴尬。古典文学史、思想史、生活史，需要注入大量的"异质性干扰素"。

我个人，对苏东坡总的印象是：他能看见生活。

看见生活不容易，小到柴米油盐，大到国家、历史。换句话说，他具有总体把握生活的能力，纵向千年，横向万里。

他既能看见普通人眼中的生活，又能看见普通人看不见的生活。宏观微观都胜人一筹，所以，称他为生活的大师。他对生活永不衰减的热情和无穷无尽的想象力，在今天已经构成了巨大的谜团，并且有可能，未被解开就自动隐匿。

如果他的丰富正好对应我们的贫乏的话，那么，对他的研究、靠近就只能说刚刚开始。

欲靠近苏东坡，要下点功夫。

我们要学着看生活，然后才能看见苏东坡。"看"不是静观。投入生活的激流也是看。看是行动与思索的混成状态。当代生活纷乱复杂，苏东坡教我们看两点：

活着要有意义；生活要有韵味儿。

而个体的幸福，又取决于社会生活的完整性。这完整性好比地球上空的臭氧层，臭氧层被撕出空洞，恢复需要时间。在越过了温饱线之后，生活的完整性显然比金钱物质更重要。庄子曾言："物物而不物于物。"——驾驭物质，而不是反被物质所操控。

马克思研究异化，海德格尔质疑技术，马尔库塞描述单向度的人，都包含了庄子的这层意思。

物质相对丰富的时代，如果物比人大，社会对个体行为的评价系统趋于单一，权钱价值观持久地统摄生活，那就没多大意思了。权钱无限放大，吸附人众，多元的价值取向被逼向死角。——若如是，精神贫乏不可免，无聊、颓废、贪婪、放纵的恶性循环不可免，生命的丰富性将无从谈起。

物欲汹汹之辈，则又必定对大自然虎视眈眈，加速消耗这个星球的有限资源。

针对所有这些，苏东坡是一面镜子。他向我们标示生存的高度和广度：良知、美感、活力……

拿什么做本书的结束语献给苏东坡呢？海德格尔《什么是思想》一文中，引用荷尔德林的诗句："思想最深刻者，热爱生机盎然。"

2011 年 6 月 7 日

再改于四川眉山之忘言斋